U0585500

中国肉鸡产业经济

ZHONGGUO ROUJI CHANYE JINGJI

2015

王济民　辛翔飞　等　著

中国农业出版社

图书在版编目（CIP）数据

中国肉鸡产业经济.2015 / 王济民等著.—北京：
中国农业出版社，2016.6
ISBN 978-7-109-21670-9

Ⅰ.①中…　Ⅱ.①王…　Ⅲ.①肉鸡-养鸡业-产业经
济-研究-中国-2015　Ⅳ.①F326.3

中国版本图书馆 CIP 数据核字（2016）第 101999 号

中国农业出版社出版
（北京市朝阳区麦子店街 18 号楼）
（邮政编码 100125）
策划编辑　赵　刚
文字编辑　边　疆

北京中科印刷有限公司印刷　　新华书店北京发行所发行
2016 年 5 月第 1 版　　2016 年 5 月北京第 1 次印刷

开本：720mm×960mm 1/16　　印张：27.75　　插页：1
字数：482 千字
定价：45.00 元
（凡本版图书出现印刷、装订错误，请向出版社发行部调换）

本书得到"现代农业产业技术体系建设专项资金"资助，特此感谢！

前　言

　　肉鸡产业是我国畜牧业的重要组成部分。经过改革开放以来三十多年的持续发展，鸡肉已经成为我国第二大肉类生产和消费品，我国已经成为世界第二大肉鸡生产和消费国。肉鸡产业已成为当前我国农业和农村经济中的支柱产业，为提供农村劳动力就业渠道、促进农民增收发挥了重要作用，同时也为保障城乡居民菜篮子供应、改善城乡居民膳食结构等方面做出了不可替代的贡献。肉鸡产业发展状况牵动着我国畜牧业经济的可持续健康发展进程，关乎着产业链条上 7 000 万从业人员的就业和收入，也直接决定着肉类产品的供给保障。

　　受 H7N9 流感疫情影响，2013—2014 年我国肉鸡产量已经连续两年下降，肉鸡产业遭受到沉重打击。2015 年，随着 H7N9 流感疫情逐渐消退，我国肉鸡产业逐步回归正轨，肉鸡生产和消费止跌回升，但产业恢复仍然没有完全到位，国民经济下行对肉鸡产业恢复仍然形成一定阻力。此外，在当前由传统向现代化转型的关键时期，肉鸡产业同其他畜产品行业一样，越来越多地受到来自各方面的挑战和冲击，生产和价格大起大落、养殖户利益不稳定、突发疫情使产业遭受重大损失、供需错位等问题逐步凸显，并困扰着我国肉鸡产业的发展。

　　《中国肉鸡产业经济 2015》主要是国家肉鸡产业技术体系产业经济岗位课题组在 2014 年和 2015 年围绕我国肉鸡产业发展的一些重大、热点问题和基础性专题进行研究的阶段性成果，内容涉及我国畜牧业发展宏观环境，以及肉鸡产业发展供需状况、产业预警、国际形势、疫病防控的经济学分析等多个方面。研究成果针对产业发展新阶段面临的新需求和新问题，在紧密结合实地调研的基础上深入思考，探究原因，判断形势，并提出相应的对策建议，一方面为客观呈现我国肉鸡产业发展状况提供一个平台，另一方面为我国肉鸡产业政策的制定及肉鸡产业科学发展提供决策支持。此外，"十二五"期间，国家肉鸡产业技术体系产业经济岗位每年在京召集举办两次分析研讨会，每年年中举办一次"中国肉鸡产业经济分析研讨会"，侧重于肉鸡产业经济学术方面的研讨；每年年末举办一次"中国肉鸡产业形势分析研讨会"，侧重于对当年肉鸡产业发展形势方面的研讨。相关研讨会的召开，在交流肉鸡产业经济学术研究成果、实地调研情况，在探讨我国肉鸡产业发展形势、问题及对策等方面均取得了有益的成果。本书包括了 2014—2015 年国家肉鸡产业技术体系产业经济岗位召集举办的四次肉鸡产业经济相关研讨会的会议综述，会议综述较为全面地记录了会议相关研讨成果，也较为翔实地记载了 2014—2015 年我国肉鸡产业发展历程和重大事件的来龙去脉，在此与大家分享，也希望更多对中国肉鸡产业经济研究感兴趣的专家学者和企业家们参加我们后续的研讨会。

《中国肉鸡产业经济 2015》的相关研究工作得到了国家肉鸡产业技术体系首席科学家、各位岗位科学家以及各综合试验站给予的大力支持和帮助，在此深表感谢！由于本书汇集的是国家肉鸡产业技术体系产业经济岗位团队成员在不同阶段针对不同主题的研究报告，涉及对历史资料和产业现状的描述方面难免会存在小部分的重复，但为了保持各研究报告的完整性，本书在统稿过程中没有将部分重复内容删除。由于目前国家统计局尚未发布关于我国肉鸡生产等方面的权威统计数据，部分研究报告根据研究的需要分别采用了联合国粮农组织（FAO）和美国农业部（USDA）等机构发布的相关统计数据，不同渠道的数据因统计方法和统计口径不同会存在差异。当然，由于各研究报告分析的角度和研究的重点不完全相同，得到的结论和提出的对策建议也各有侧重。随着我国肉鸡产业的不断发展，国家肉鸡产业技术体系产业经济岗位课题组对肉鸡产业经济的研究还将进一步深入，我们恳请读者对本书提出宝贵的批评和修改意见。

王济民

2016 年 3 月

目　录

前言

◆ **产业发展**

2015 年我国肉鸡产业形势分析与政策建议 ………… 辛翔飞　王燕明　王济民（3）

2016 年我国肉鸡产业形势分析与政策建议 ………… 辛翔飞　王燕明　王济民（15）

2014 年我国肉鸡产业发展监测报告 ……………………………………………

……………… 郑麦青　宫桂芬　高海军　腰文颖　文杰（25）

2015 年我国肉鸡产业发展监测报告 ……………………………………………

……………… 郑麦青　宫桂芬　高海军　腰文颖　文杰（34）

我国肉鸡产业可持续发展战略研究 ………… 文杰　王济民　辛翔飞　王祖力（47）

肉鸡产品走私原因分析及政策建议 ………………………… 王济民（82）

广西黄羽肉鸡产业发展分析 ………… 贾钰玲　吕新业　辛翔飞　王济民（85）

山东肉鸡产业化经营典型模式分析 ………… 贾钰玲　吕新业　辛翔飞　王济民（95）

◆ **宏观环境**

世界畜禽养殖业发展形势及我国畜禽养殖业发展趋势分析 ………………………

……………………… 王济民　王祖力　辛翔飞（109）

我国肉类产业"十三五"发展战略研究 ……………………………………………

……………… 王济民　文杰　徐幸莲　辛翔飞　王祖力　周慧（122）

五大理念引领畜牧业"十三五"开局之年 ………… 王济民（141）

京津冀畜牧业协同发展的思考 ………………………… 王济民（145）

我国现代畜牧业发展面临的挑战和对策建议 ………… 王济民　孙振（148）

◆ 产业预警

我国肉鸡产业波动及预警研究综述 ……… 贾钰玲　吕新业　辛翔飞　王济民 (155)

我国肉鸡产业价格波动实证分析 ………… 贾钰玲　吕新业　辛翔飞　王济民 (161)

我国肉鸡产业价格预警分析框架及其设计 ……………………………………
……………………………… 贾钰玲　吕新业　辛翔飞　王济民 (174)

◆ 需求分析

我国动物源性食品需求分析 ………………… 周章跃　田维明　王济民　辛翔飞 (195)

"肉到哪里去了"之谜：户外肉类消费与中国统计数据 ………………………
……………………………… 肖红波　王济民　陈琼　马恒运 (253)

◆ 疫病防控

我国 H5N1 高致病性禽流感疫情模拟与防控策略选择 …………………………
……………………………………… 孙振　王济民　黄泽颖 (271)

禽流感风险下肉鸡养殖户防疫行为分析 ………………………………………
……………………… 黄泽颖　王济民　王晨　刘春芳　靳淑平 (285)

禽流感风险下肉鸡养殖户消毒行为及影响因素分析 …………………………
……………………… 黄泽颖　王济民　王晨　欧阳儒彬 (297)

◆ 国际形势

2014 年国际肉鸡产业经济发展报告 ………………… 王燕明　辛翔飞　王济民 (313)

2015 年国际肉鸡产业经济发展报告 ………………… 王燕明　辛翔飞　王济民 (324)

◆ 会议综述

2014 年中国肉鸡产业经济分析研讨会会议综述 ………………………………
……………………… 王济民　辛翔飞　周慧　贾钰玲　周蕊 (337)

2014 年中国肉鸡产业形势分析研讨会会议综述 ………………………………
……………………… 王济民　辛翔飞　王祖力　贾钰玲　周蕊 (354)

目　录

2015 年我国肉鸡产业经济分析研讨会会议综述 ……………………………
……………………… 王济民　辛翔飞　周慧　周蕊　贾钰玲（375）

2015 年中国肉鸡产业形势分析研讨会会议综述 ……………………………
……………………… 王济民　辛翔飞　王祖力　周蕊　王晨（402）

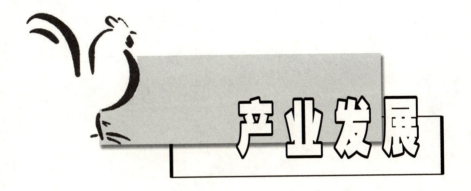

产业发展

2015 年我国肉鸡产业形势分析与政策建议

辛翔飞　　王燕明　　王济民

（中国农业科学院农业经济与发展研究所）

自 2014 年第二季度开始，随着 H7N9 流感疫情逐渐消退，肉鸡产业逐步回升，年底肉鸡价格同比已经高于前两年，但肉鸡产量仍然没有达到正常年份的水平。2014 年在全球肉鸡生产保持增长态势的情形下，作为世界第二大肉鸡生产国的我国是世界四大肉鸡生产国中唯一一个产量下降的国家。2013—2014 年我国肉鸡产量已经连续两年下降。2015 年，国民经济下行对肉鸡产业恢复仍然形成巨大阻力，H7N9 流感等疫病的不确定性、养殖不规范、技术效率低等因素仍将困扰肉鸡产业的发展。本报告总结了 2014 年我国肉鸡产业当前的发展特点，分析了 2015 年我国肉鸡产业发展形势，剖析了产业当前存在的问题，并提出促进我国肉鸡产业发展的政策建议。

一、2014 年我国肉鸡产业发展特点

（一）种鸡存栏总体有所下降，产能过剩问题有所缓解

白羽肉鸡方面，根据中国畜牧业协会监测数据，2014 年共引进祖代白羽肉种鸡引种量为 118.08 万套，比计划的 121 万套减少约 2.92 万套，减少 2.41%；同时也比引种量最多的 2013 年减少 36.08 万套，减少 23.40%；比 2012 年减少 20.12 万套，减少 14.57%。白羽祖代肉种鸡引种量下降，是白羽肉种鸡行业回归理性过程的重要阶段性成果，产能过剩问题也因此有所缓解。2014 年白羽祖代肉种鸡平均存栏量为 166.45 万套，同比下降 15.64%。上述指标反映了在中国白羽肉鸡联盟（成立于 2014 年 1 月）的协调下，各企业较好地遵守了对祖代肉种鸡数量调控的规则，调控政策取得了良好效果。白羽父母代种鸡方面，同 2013 年保持类似发展态势，虽然中小规模父母代场继续退出行业，但由于大规模场父母代种鸡存栏稳步增加，总量上 2014 年父母代肉种鸡规模比 2013 年有所增加，为 4 493.10 万套。

黄羽肉鸡方面，2014 年黄羽祖代种鸡存栏水平低于 2013 年，但高于 2012 年，平均存栏量为 138.79 万套，比 2013 年减少 7.39%，但与 2012 年相比增加了 8.05%，产能过剩的状况依旧存在。2014 年父母代种鸡平均存栏量约为 3 491.23 万套，比 2013 年减少 137.39 万套，减幅为 3.79%，比 2012 年减少 373.53 万套，减幅为 9.67%。从全年走势来看，父母代种鸡存栏在 2014 年上半年表现为逐月减少趋势，7 月开始反弹，连续三个月增幅逐渐增加，9 月增幅达到 2.5%，但随后的 10 月虽然继续增加，但增幅已收窄，11 月开始出现减少势头。

（二）活鸡、白条鸡价格好于 2013 年，全年价格总体呈先降后升走势

根据农业部集贸市场监测数据，活鸡和白条鸡价格 2014 年全年总体呈先降后升走势。2014 年 1、2 月 H7N9 流感疫情卷土重来，对 2013 年因 H7N9 影响遭受重挫的肉鸡产业更是雪上加霜，3 月活鸡、白条鸡价格跌至当年最低点，4 月流感影响减弱，肉鸡产品价格开始上涨，上涨趋势一直维持到第三季度末，第四季度虽有下降，但下降幅度微弱。2014 年 12 月最后一周，活鸡价格为 19.11 元/千克，较 2013 年同比上升 8.98%；白条鸡价格 19.01 元/千克，较 2013 年同比上升 9.45%。虽然从农业部集贸市场监测数据来看，2014 年 5 月之后活鸡、白条鸡的市场价格明显高于 2013 年和 2012 年同期价格水平，但需要注意的是，4 月以后价格的回升不是由于市场迅速回暖带来，而是由大量养殖户退市和养殖规模大幅缩减换来的。根据农业部对 60 个生产大县（市、区）的 300 个行政村 1 460 户肉鸡养殖户固定跟踪月度监测数据分析，2014 年 1—6 月监测累计出栏数量较去年同比减少约 24%，下半年随着市场行情的好转，出栏数量有所增长，但截止到 12 月累计出栏数量同比减少幅度仍高达约 17%。

此外，2014 年白羽肉鸡和黄羽肉鸡价格波动趋势也存在差异。根据农业部对肉鸡养殖户固定跟踪月度监测数据，白羽肉鸡 1—3 月生产者价格（成鸡出栏价格）明显低于前两年的价格水平，4 月之后逐渐上涨，6 月开始与前两年价格水平较为接近，虽然在 7 月出现明显下降，但 8 月随即反弹。黄羽肉鸡 1—3 月生产者价格明显低于前两年的价格水平，4 月之后逐渐上涨，5 月开始已经明显高于前两年，9 月达到高峰值，随后受 H7N9 出现事件报道的影响，价格又明显下降。好在 9 月之后出现的 H7N9 病例只是偶发案例，相关报道持续时间相对较短，黄羽肉鸡市场价格虽然持续下降，但 10 月和 11 月的市场价格仍高于前两年同期价格水平；12 月价格与 2012 年持平，略高于 2013 年

同期水平。因此，2014 年 5 月之后肉鸡市场价格水平明显高于 2013 年和 2012 年同期，主要是由于黄羽肉鸡价格处于相对较高水平带动所致。同时也可以看到，H7N9 对肉鸡市场行情的影响可谓"立竿见影"，而且影响程度非常大。

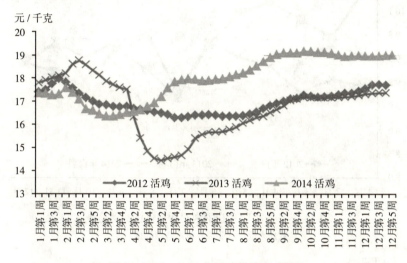

图 1　2012—2014 年活鸡价格变动趋势

数据来源：农业部监测数据（www. moa. gov. cn）。

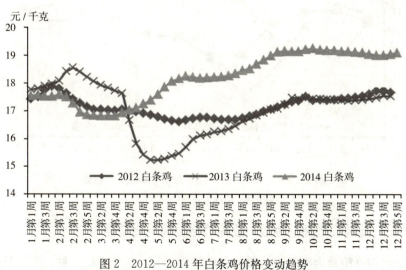

图 2　2012—2014 年白条鸡价格变动趋势

数据来源：农业部监测数据（www. moa. gov. cn）。

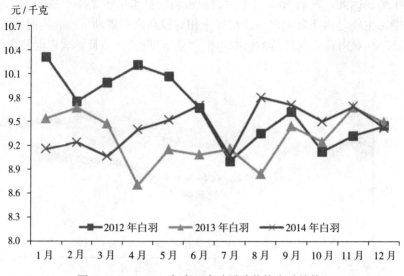

图 3 2012—2014 年白羽肉鸡活鸡价格变动趋势
数据来源：农业部养殖户监测数据。

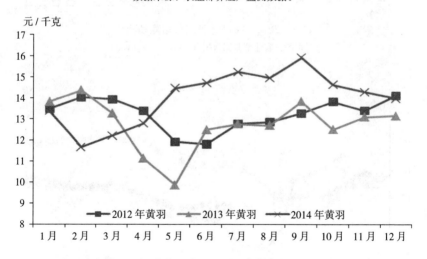

图 4 2012—2014 年黄羽肉鸡活鸡价格变动趋势
数据来源：农业部养殖户监测数据。

（三）玉米价格高位运行，豆粕价格呈现下降趋势

玉米和豆粕是肉鸡配合饲料的主要组成部分，虽然不同品种、不同日龄段肉鸡的配合饲料配方存在差异，但总的来讲玉米含量大致在 60％左右，豆粕

含量大致在 20%左右。2014 年玉米价格 1—4 月相对平稳，仅呈现出小幅下降趋势；5—12 月波动较大；5 月开始持续上涨，9 月达到峰值，之后持续下降。近三年中，2013 年玉米价格整体表现平稳，2012 年和 2014 年都表现出较大幅度的波动，并且价格波动的峰值点都是在 9 月出现，但是 2014 年的价格波动比 2012 年的价格波动幅度更大，2014 年玉米价格的最高点为 2.70 元/千克，比 2012 年的价格最高点高出 0.13 元/千克，比 2013 年的价格最高点高出 0.21 元/千克。

2014 年豆粕价格总体上表现出波动下降的趋势。年初第一周价格为 4.37 元/千克，年末最后一周价格为 3.88 元/千克。从近三年豆粕价格的变动趋势看，2012 年豆粕价格出现了较大幅度的上涨，虽然在 2012 年第四季度有所回调，但年末价格较年初增长了近四分之一，12 月全国豆粕平均价格 4.18 元/千克；2013 年豆粕价格保持了 2012 年末价格的高位状态，并在波动中继续上涨，一度突破 4.50 元/千克，12 月全国豆粕平均价格 4.43 元/千克，较 2012 年同比上涨 6.04%；2014 年豆粕价格在波动中下降，到 12 月，全国豆粕平均价格为 3.86 元/千克，较 2013 同比下降 12.87%。

因肉鸡配合饲料中玉米占主要比重，肉鸡配合饲料受玉米价格影响更为明显。2014 年肉鸡配合饲料呈现先下降再上升再下降的趋势，年初价格在 3.43 元/千克，4 月价格降到最低点 3.38 元/千克，随后持续上涨，9 月达到最高点

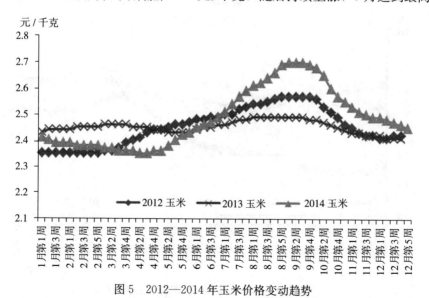

图 5　2012—2014 年玉米价格变动趋势

数据来源：农业部监测数据（www.moa.gov.cn）。

3.49 元/千克，之后又呈现逐步下降的趋势，年末回归到年初的价格水平。肉鸡配合饲料价格最高点与最低点价格差为 0.1 元/千克，总体浮动较小，但与 2013 年和 2012 年相比，2014 年肉鸡配合饲料价格总体处于高位运行。

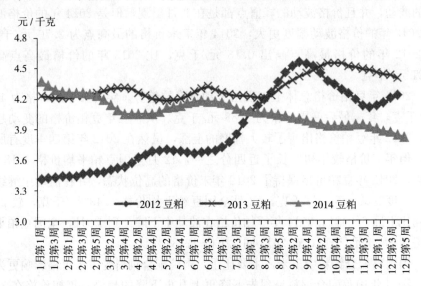

图 6　2012—2014 年豆粕价格变动趋势

数据来源：农业部监测数据（www.moa.gov.cn）。

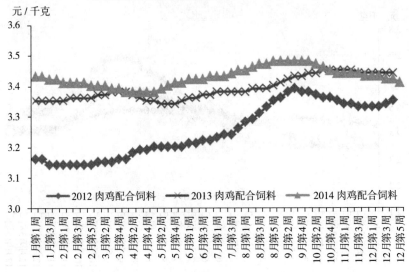

图 7　2012—2014 年肉鸡配合饲料价格变动趋势

数据来源：农业部监测数据（www.moa.gov.cn）。

（四）肉鸡出栏数量大幅减少，养殖利润有所回升

受 2012 年底"速成鸡"、2013 和 2014 年人感染 H7N9 流感疫情等事件的影响，个体养殖户持续大量退出，当前的肉鸡生产主要来源于企业自养和合同户养殖，而且黄羽肉鸡减产幅度超过白羽肉鸡。根据农业部对 60 个生产大县（市、区）的 300 个行政村 1 460 户肉鸡养殖户固定跟踪月度监测数据分析，监测肉鸡累计出栏数较 2013 年同比减少约 17%，其中，白羽肉鸡出栏数同比减少约 15%，黄羽肉鸡出栏数同比减少约 20%。因饲料和人工价格的增长，2014 年肉鸡生产成本较前两年有所增加，但随着 4 月之后 H7N9 流感影响的减弱以及肉鸡产量大幅压缩，市场价格逐渐反弹，养殖利润有较大幅度的提升。其中，白羽肉鸡全年平均养殖利润为 1.16 元/只，较 2013 年同比增长 58.18%，较 2012 年同比下降 20.74%；黄羽肉鸡平均养殖利润为 2.88 元/只，较 2013 年同比增长 107.49%，较 2012 年同比增长 12.16%。

根据畜牧协会监测数据推算，2014 年我国白羽肉鸡商品鸡苗产销量 47.87 亿只，比 2013 年的 47.77 亿只增长 0.21%；黄羽肉鸡商品鸡苗产销量 39.41 亿只，比 2013 年的 41.61 亿只下降 5.29%；全年肉鸡累计出栏量为 78.94 亿只，比 2013 年的 84.41 亿只减少 6.48%。根据农业部监测数据推算，2014 年我国鸡肉产量为 1485 万吨，较 2013 年减少 6.70%。美国农业部预测数据表明，2014 年我国鸡肉产量较 2013 年减少 2.62%。

二、2015 年肉鸡产业发展趋势分析

（一）全球肉鸡生产和贸易量将继续缓慢增长

根据美国农业部（USDA）的分析数据，受印度、俄罗斯和泰国等新兴经济体国家肉鸡产量迅速增长趋势的影响，以及巴西、美国、欧盟等主要肉鸡生产国肉鸡产量稳定增长趋势的带动，预计 2015 年全球肉鸡生产将继续会有缓慢增长，增长率达到 1.53%，生产量有可能达到 8 738.5 万吨。出口贸易方面，由于中东和非洲消费市场增加的拉动，主要肉鸡生产大国生产显著增加，带动了肉鸡出口贸易的增加，预计 2015 年全球肉鸡出口增长接近 4.3%，出口量可能会达到 1 092.8 万吨。进口贸易方面，全球肉鸡进口贸易多年来增长一直明显放缓。俄罗斯等传统肉鸡进口国发展本国生产，提高自给率，减少进口以及应对输入性通货膨胀对本国的经济与社会的影响。日本由于本国经济不景气，货币贬值严重，肉鸡进口减少。这些传统进口国进口的下降带来了全球

肉鸡的进口贸易下降。同时，这一趋势可能会由于中东等传统进口国生产技术的进步而不可逆。但是由于近期中东与非洲政治局势不稳定，计 2015 年全球肉鸡进口会有小幅增长，增长率约为 1.31%，进口量达到 866.2 万吨。

（二）我国肉鸡生产将维持稳定态势，出口略有增加进口略有下降

随着 H7N9 流感影响的逐渐消退，我国肉鸡生产将会逐步回归相对稳定的状态，但由于受整个畜禽产品消费疲软影响，肉鸡消费增长较为缓慢。同时，国民经济下行对肉鸡产业恢复仍然形成巨大阻力。总体来看，2015 年我国肉鸡产量可能会维持 2014 年的水平，终止连续两年生产下滑的局面。出口方面，受全球贸易出口增长趋势的影响，预计 2015 年我国肉鸡出口会实现增长，增长幅度预计为世界肉鸡出口平均增长水平。进口方面，由于国内消费者对肉鸡安全信心的恢复尚需相当长一段时间，会在一定程度上制约肉鸡生产与进口增长，2015 年肉鸡进口仍会继续下降，预计下降幅度为 2% 左右。

三、当前困扰肉鸡产业的主要问题

（一）H7N9 流感疫情使行业损失惨重

2013 年我国出现人感染 H7N9 流感疫情，这一疫情虽然不是动物疫情，更没有在家禽范围内出现，但由于媒体在报道和宣传时均称"人感染 H7N9 禽流感"，并且着重突出"禽流感"问题，造成了消费者对家禽，尤其及肉鸡产品恐慌，致使 2013 年行业损失严重。2014 年 1、2 月又出现关于 H7N9 流感疫情的报道，再次给整个产业带来沉重打击。2013 年 H7N9 流感疫情造成的旧伤未愈，2014 年卷土重来的 H7N9 流感疫情再添新伤，致使整个行业步履维艰，经历了历史上最为惨淡和艰难的时期，一大批企业在这一时期遭受破产或濒临破产，形势相当严峻。根据畜牧协会的统计资料显示，2014 年前三个月家禽产业的损失已接近 400 亿。

（二）畜禽产品消费市场仍旧不景气

我国每年有 600 万～700 万的新增人口，每年还有 1 000 万的城镇化人口，这对肉鸡消费有正面激励作用，但国民经济增速逐步趋缓，全年 GDP 增速降为 7.4%，经济下行压力不断加大，肉鸡需求受到很大影响。此外，2013 年中央八项规定出台，以及中央提倡的崇尚节俭，使社会风气好转，但客观上对包括肉鸡在内的整个畜禽产品消费也形成了一定的影响，2014 年这一政策效果

仍然持续。根据农业部集贸市场监测数据，2014 年全国 50 家重点批发市场畜禽产品交易量与 2013 年基本持平，增长幅度不到 2％，较 2012 年下滑接近 6％，说明畜禽产品消费持续下滑。

（三）祖代产能过剩的状况依旧存在

近几年，我国肉鸡产业，尤其是白羽肉鸡产业持续向集团化发展，大企业集团在产业中所占比重不断加大。各企业为了自身能够快速扩张，在缺乏全行业系统研究和协调的背景下，不断扩大生产能力。就白羽肉鸡而言，祖代引种量从 2000 年的 55 万套迅速扩张到 2012 年的 110 万套，结果导致供给增长大大快于消费增长，虽然最近的 2013 年和 2014 年引种量连续两年下降，但种源依旧充足有余，而且白羽祖代肉种鸡企业总体连续三年亏损。同样，黄羽肉鸡也存在祖代肉种鸡过剩的情况。

（四）标准化规模养殖设施和技术落后

当前，商品鸡的饲养环节已经成为阻碍肉鸡产业一体化发展的重要因素。虽然随着我国肉鸡产业的持续发展，肉鸡标准化规模养殖已经有了很大程度上的提高，但是标准化养殖设施不配套，养殖技术凭经验的情况普遍存在于我国肉鸡养殖业中，造成商品肉鸡的养殖水平较为低下，进而导致养殖效益低下。美国、欧洲、日本等发达国家肉鸡养殖中相关的鸡舍尺寸、自动通风技术和湿度控制等关键饲养技术都是通过大量的实验验证，从而得到最佳的解决方案，而我国肉鸡饲养设施设备和关键参数没有经过严谨有效的实验检验。

（五）黄羽肉鸡产业发展未来出路尚不明朗

受消费习惯影响，黄羽肉鸡，尤其是中速和慢速型黄羽肉鸡，历来以活禽销售为主。目前，因受 H7N9 流感疫情影响，部分地区已经禁止活禽交易，部分地区正酝酿禁止活禽交易。冰鲜鸡将成为黄羽肉鸡产品上市的重要形式，销售模式的改变是我国黄羽肉鸡产业发展面临的又一大挑战。虽然已经有不少针对黄羽肉鸡屠宰加工销售的项目上马，比如凤翔集团的黄羽肉鸡深加工生产线、春茂公司的黄羽深加工生产线，以及祝氏公司推行集中屠宰、加工、配送的优质鸡专卖店，但据调研，目前这些深加工链条都是惨淡经营，面临很大的生存困难。主要原因在于：一是与白羽肉鸡相比，优质肉鸡比较瘦，卖相不好；二是冻品对肉质的影响很大；三是冰鲜鸡产品良莠不齐，质量好坏仅凭借感官难以区分。未来黄羽肉鸡产业发展的出路在哪里？是以冰鲜鸡上市作为主要发展趋势，还是其他？黄羽肉鸡育种又该朝着哪个方向努力？配送环节应该做出怎样的应对？这一系列的问题都需从长计议。

（六）环境压力在未来相当长一段时间内将继续增大

一方面，肉鸡养殖带来的污染问题将影响自身可持续发展。由于某些养殖场（户），特别是部分小规模养殖场和养殖户，对污废处理环节不重视，致使农村环境污染严重，同时养殖场与场之间存在的交互污染的问题也较为突出。随着肉鸡产业的发展，肉鸡养殖场和养殖规模不断增加和扩大，而在肉鸡生产过程中所造成的环境污染日益加重，相应的生态环境恶化问题也逐渐凸显，给肉鸡业自身的可持续发展造成了严重威胁。另一方面，粪污无害化成本高对肉鸡产业发展产生阻碍。近年来，环保部门逐步加强了对养殖污染的治理和管控，2014 年 1 月 1 日《畜禽规模养殖污染防治条例》正式实施，此项规定是在生态文明建设框架下中央再次对养殖业污染问题的重视和加大力度的管制，但同时也不可避免地加大了企业和养殖户的经营成本，根据对相关企业的调研，这将给企业增加至少 5% 的成本。面对污废处理成本高、有机肥与无机肥相比并不具备价格优势的现实状况，又加之当前行业不景气，企业再拿出资金和精力增加环保治理方面的投入，无疑将面临巨大的生存压力。

四、对策建议

随着 H7N9 流感影响的逐渐消退，我国肉鸡生产将会逐步回归相对稳定的状态，但由于受整个畜禽产品消费疲软影响，肉鸡消费增长较为缓慢。同时，国民经济下行对肉鸡产业恢复仍然形成巨大阻力。为了能够促进肉鸡产业的持续健康发展，提出以下对策建议。

（一）继续加大力度发展标准化规模养殖

标准化规模养殖程度在过去肉鸡产业持续发展的三十多年中有了很大提高，同时标准化规模养殖对我国肉鸡产量的迅速提高发挥了重要作用。未来，在我国肉鸡产业发展的进程中，标准化规模养殖将是产业发展的基础之基础，关系到肉鸡养殖的成败、生产效率的高低、经营效益的多寡。针对当前我国肉鸡养殖环节中普遍存在的标准化养殖设施与标准化鸡舍不配套的现实状况，国家要进一步增加标准化养殖的扶持力度，龙头企业要借鉴国外发达国家的有益经验，将产业发展的目标不仅定位于规模，更要定位于合理配套的鸡舍及自动化设施水平，着力解决我国肉鸡标准化养殖发展过程中的短腿问题，加快产业整体提升。在引进国外标准化的饲养方式同时，必须要充分考虑我国的国情和当地养殖环境。此外，还应当注意提高饲养人员和技术人员的技术水平，以解决饲养人员和技术人员的设备使用能力弱这一养殖环节普遍存在的问题。

（二）加强对养殖污染问题的重视程度

中央及地方政府增加对于整个产业污废处理补贴的力度，帮助养殖企业平稳顺利度过《畜禽规模养殖污染防治条例》从无到有，污废处理管制从松到严的迅速转变时期。地方政府应重视肉鸡产业养殖的规划引导，解决好部分区域内的土壤消化能力趋于饱和、生物安全压力大、鸡舍环境控制水平差、养殖效益水平差并存的问题，引导肉鸡生产与资源环境的协调发展。肉鸡养殖龙头企业、养殖场（户）要加强对污废处理紧迫性和必要性的认识，对肉鸡养殖过程中的粪便、污水等污废物进行合理利用和处理。

（三）出台黄羽肉鸡标准保障产业健康持续发展

黄羽肉鸡标准的出台已经成为保障产业健康持续发展的迫切要求。未来活禽交易市场受到限制，冰鲜鸡势必成为黄羽肉鸡上市的重要形式。但面对屠宰后的黄羽肉鸡，消费者仅凭感官难以正确识别优劣。而黄羽肉鸡行业内部缺乏统一标准，黄羽肉鸡饲养天数参差不齐，致使市场上的黄羽肉鸡品质好坏不一，容易造成消费者失去消费信心，导致行业发展更加艰难。为了能够促进黄羽肉鸡行业的健康持续发展，可以借鉴法国的经验，实施黄羽肉鸡"红标签"制度，对肉鸡品种、养殖鸡舍、养殖周期等做出严格、具体的规定，并且配以严格的监督机制。完善的制度有助于保证黄羽肉鸡饲养品质，让消费者放心消费，也利于产业健康有序发展。

（四）公正客观宣传以提高消费者信心

受速成鸡、禽流感等关于肉鸡负面报道和宣传的影响，很多消费对鸡肉存在错误的认识。有关部门和行业协会要组织各方专家，加大宣传力度，进一步增加食品安全透明度，要加强疫情知识的科学普及，引导老百姓对鸡肉有清楚正确的认识，了解更多关于肉鸡生产环境、生产标准以及生产监督和产品质量检测、动物疫情等方面的信息，让消费者放心消费。

（五）建立健全行业基础信息和疫病疫情信息的收集和发布工作

一方面，为有效应对我国肉鸡生产和价格大起大落的情况，必须立足生产实际，逐步建立准确高效的生产和市场信息监测调度系统，健全监测工作各项管理制度，强化形势分析研判，完善信息发布服务，引导养殖户合理安排生产，防范市场风险。另一方面，针对动物疫病对产业的威胁将长期存在的状况，建立对动物疫情和畜产品质量监管的网络信息化监测和发布制度。运用现代信息技术，建立健全畜禽户口档案、生产日志、用药记录、防疫记录、检疫档案，实现动物疫情和畜禽产品质量安全信息的及时监测、监管和发布。

2016 年我国肉鸡产业形势分析与政策建议

辛翔飞　　王燕明　　王济民

（中国农业科学院农业经济与发展研究所）

2015 年，随着 H7N9 流感疫情逐渐消退，我国肉鸡产业逐步回归正轨，市场价格同比过去三年处于高位运行，肉鸡生产和消费止跌回升，但产业恢复仍然没有完全到位。本报告总结了 2015 年我国肉鸡产业的发展特点，分析了 2016 年我国肉鸡产业发展趋势，剖析了产业当前存在的问题，并提出促进我国肉鸡产业持续健康发展的政策建议。

一、2015 年肉鸡产业特点

（一）肉鸡引种数量下降，种鸡产能保持相对稳定

白羽方面，2015 年 1 月，因美国发生高致病性禽流感，质检总局、农业部联合发布公告禁止从美国输入禽类及其相关产品，由此，白羽祖代肉种鸡引种数量大幅减少。根据中国畜牧业协会监测数据，2015 年全年累计引种 69.39万套，引种数量为近五年来最低。2015 年美国突发禽流感有助于白羽种鸡行业进一步压缩产能，但祖代肉种鸡存栏的下降还未传导到父母代肉种鸡规模的缩

表 1　2010—2015 年我国白羽祖代肉种鸡引种数量

年份	进口数量（万套）	进口金额（万美元）
2010 年	96.95	3 138.3
2011 年	118.18	4 224.92
2012 年	138.20	4 261.01
2013 年	154.16	5 070.03
2014 年	118.08	3 815.55
2015 年	69.39	2 196.32

数据来源：中国畜牧业协会和中国海关统计数据。

减。2015 年白羽祖代肉种鸡平均存栏量为 143.20 万套，比 2014 年下降 14.02%；父母代肉种鸡平均存栏量为 4 456.21 万套，基本与 2014 年持平。黄羽方面，2015 年黄羽祖代肉种鸡平均存栏 115.14 万套，比 2014 年下降 5.96%；黄羽父母代肉种鸡平均存栏 3 561.11 万套，比 2014 年增加 1.30%。从 2015 年全年走势来看，黄羽父母代种鸡月度存栏量上下波动幅度非常小，较为稳定地保持在一个相对较低水平，由此带动了黄羽肉鸡市场的一个较长利好周期。

（二）肉鸡市场价格相对高位运行，黄羽白羽价格走势差异显著

根据农业部集贸市场监测数据，2015 年活鸡和白条鸡价格延续了 2014 年下半年相对较好的市场行情，全年总体呈现出较为扁平的 M 型走势，6 月价格为全年最低点，总体波动幅度不大。与往年价格比较，2015 年前三季度，活鸡和白条鸡为 2012 年以来最高价格，进入第四季度，略低于 2014 年，但年末又增至与 2014 年末持平。截止到 2015 年 12 月末，活鸡价格为 18.92 元/千克，白条鸡价格为 19.12 元/千克。虽然从农业部集贸市场监测数据来看，2014 年 5 月之后，一致持续到 2015 年末，活鸡、白条鸡的市场价格明显高于 2013 年和 2012 年同期价格水平，但需要注意的是，价格的相对高位运行不是由于市场回暖带来，而是由大量养殖户退市和养殖规模大幅缩减换来的。此

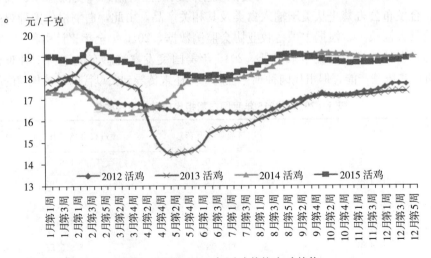

图 1　2012—2015 年活鸡价格变动趋势

数据来源：农业部监测数据（www.moa.gov.cn）

外，2015年白羽肉鸡和黄羽肉鸡价格波动趋势也存在差异。根据农业部对60个生产大县（市、区）的300个行政村1 460户肉鸡养殖户的定点数据监测，白羽肉鸡成鸡出栏价格总体上明显低于前三年的价格水平，黄羽肉鸡成鸡出栏价格1—3月明显高于前三年的价格水平，4月之后出现明显下降，之后整体保持在前三年的平均水平。出栏价格反映的是养殖户面对的销售价格，集贸市场价格反映的是消费者面对的购买价格，上面的数据也反映出2015年肉鸡价格波动趋势在产业链的生产和消费两端存在差异。

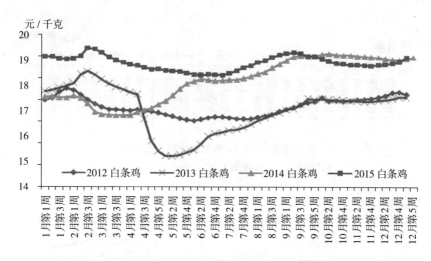

图2　2012—2015年白条鸡价格变动趋势

数据来源：农业部监测数据（www.moa.gov.cn）。

（三）玉米价格先平后降，豆粕价格直线下降

玉米价格，2015年1—8月相对平稳，9月之后则出现大幅下降趋势；年末价格为2.13元/千克，较2014年同比下降13.42%。豆粕价格，2015年总体上也呈现出下降趋势；年初价格为3.79元/千克，年末价格为3.09元/千克，年末较2014年同期下降19.53%。因肉鸡配合饲料中玉米占主要比重，肉鸡配合饲料受玉米价格影响更为明显。肉鸡配合饲料2015年1—8月呈现较为缓和的下降态势，但9月之后呈现出急速下降态势；年初价格为3.41元/千克，8月末降至3.32元/千克，年末进一步降至3.16元/千克，年末较2014年同期下降7.60%。与2012—2014年相比，2015年9月之后肉鸡配合饲料价格一直处于低位运行。

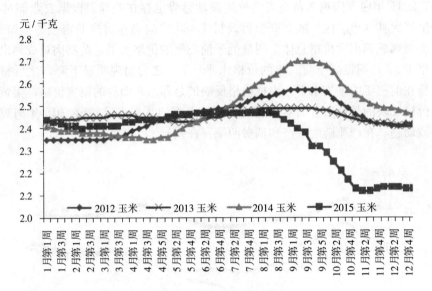

图 3　2012—2015 年玉米价格变动趋势

数据来源：农业部监测数据（www.moa.gov.cn）。

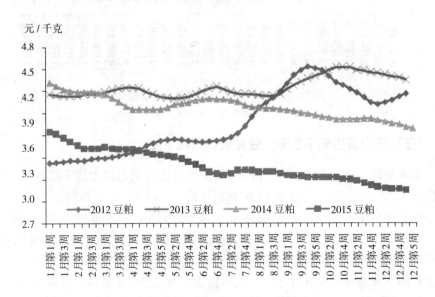

图 4　2012—2015 年豆粕价格变动趋势

数据来源：农业部监测数据（www.moa.gov.cn）。

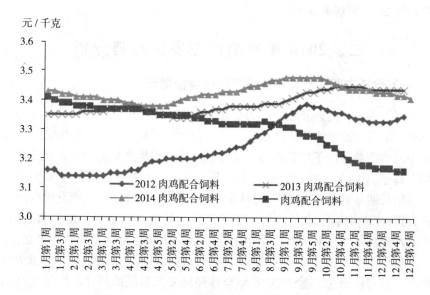

图5 2012—2015年肉鸡配合饲料价格变动趋势

数据来源：农业部监测数据（www.moa.gov.cn）。

（四）养殖利润空间收窄，肉鸡出栏数量与上年持平

受2012年底"速成鸡"，以及2013年和2014年人感染H7N9流感疫情等事件的影响，个体养殖户持续大量退出，当前的肉鸡生产主要来源于企业自养和合同户养殖，而且黄羽肉鸡减产幅度超过白羽肉鸡。根据农业部对肉鸡养殖户月度定点监测数据分析，2015年肉鸡累计出栏数较2014年同比减少6.78%，其中，白羽肉鸡出栏数较2014年下降了6.56%，黄羽肉鸡出栏数较2014年下降了6.95%。因饲料价格下降的显著影响，2015年全年平均每只肉鸡饲养成本较2014年下降3.91%，但黄羽、白羽品种之间差异显著，其中，白羽肉鸡全年平均成本下降8.56%，黄羽肉鸡全年平均成本上升2.41%。2014年4月之后受H7N9流感疫情影响减弱以及肉鸡产量大幅压缩的影响，养殖利润有较大幅度的提升；但2015年肉鸡养殖利润空间没有维持2014年持续上升的态势，转而下降。2015年全年平均每只鸡盈利0.72元，较2014年下降16.33%；其中，白羽肉鸡全年平均每只鸡盈利0.73元，较2014年下降32.57%；黄羽肉鸡全年平均每只鸡盈利2.52元，较2014年下降12.32%。根据中国畜牧协会监测数据推算，2015年我国白羽肉鸡商品鸡苗产销量约为45亿只，黄羽肉鸡商品鸡苗产销量约为40亿只，全年肉鸡累计出栏量约为85

亿只，与 2014 年基本持平。

二、2016 年肉鸡产业发展趋势分析

（一）全球肉鸡生产和贸易量将继续缓慢增长

美国、中国、巴西和欧盟作为全球四大肉鸡生产地，均保持增长态势，尤其巴西、美国和欧盟肉鸡生产增长显著，加之俄罗斯、泰国、印度、墨西哥等国家的肉鸡产量保持了增长态势，支撑了全球肉鸡生产量的增长。但除美国增长幅度高于 2014 年，中国年肉鸡生产基本与上一年持平，其他主要生产国肉鸡产量增长明显低于 2014 年。总体来看，2015 年全球肉鸡生产量仅有微弱的增长；预计 2016 年全球肉鸡生产继续维持缓慢增长的态势。出口贸易方面，由于全球经济不景气对消费提振作用有限，造成 2015 年主要肉鸡生产国美国、阿根廷和中国肉鸡出口量明显减少，欧盟肉鸡出口增速显著下降，严重限制了肉鸡出口贸易的增加。鉴于 2016 年全球经济复苏渺茫的预计，性价比高的鸡肉会成为肉类消费中的主要部分，从而会刺激肉鸡生产和出口的增长。进口贸易方面，2015 年由于美元、日元持续贬值，新兴市场国家大力发展本国肉鸡产业，造成传统的肉鸡进口国，如日本、俄罗斯等减少进口，从而带来了全球肉鸡的进口贸易下降，这已经成为全球肉鸡贸易不可逆转的趋势；但是由于近期叙利亚与非洲政治局势不稳定，大批难民对欧洲经济产生影响，预计 2016年全球肉鸡进口会有小幅增长。综合来看，2016 年全球肉鸡生产和贸易量将继续缓慢增长。

（二）我国肉鸡生产将呈现微幅增长，出口略有下降进口略有增长

随着 H7N9 流感影响的逐渐消退，我国肉鸡生产将会逐步回归相对稳定的状态，同时，由于受整个畜禽产品消费市场回暖利好影响，肉鸡消费也将逐步回升。我国每年有 600 万～700 万的新增人口，每年还有 1 000 万的城镇化人口，这对肉鸡消费有正向拉动作用，虽然国民经济增速放缓对畜产品消费有一定影响，但经过 2013—2014 年两年畜禽产品消费持续低迷期，2015 年畜禽消费市场开始逐步回归正常的增长轨道，尤其到 2015 年 8 月以后，畜禽产品消费明显反弹。根据农业部对全国 50 家重点批发市场监测数据，2015 年1—7 月畜禽产品交易量较 2014 年同期增长 5.62%，2015 年 8—12 月较2014 年同期增长 119.21%；综合 2015 年全年畜禽产品交易量来看，较2014 年增长 55.97%。畜禽消费市场开始逐步回归正常的增长轨道，对肉鸡

产业恢复有决定性的影响。总体来看，2016 年我国肉鸡产量可能较 2015 年有微幅增长。出口方面，受禽流感不利因素影响，预计 2016 年我国肉鸡出口还会延续 2015 年肉鸡出口下降的趋势，下降幅度约为 5％，出口数量将在 37.5 万吨左右。进口方面，由于国内消费需求还处于恢复性增长阶段，还不足以大幅拉动生产和进口，但国外肉鸡产品与国内肉鸡产品的高额价差，有助于肉鸡产品进口的增加，预计 2016 年我国肉鸡产品进口大致会有 4％的增长，达到 26 万吨左右。

三、目前困扰肉鸡产业的主要问题

（一）肉鸡产品走私严重影响产业发展秩序

据中国畜牧业协会禽业分会数据分析，目前家禽产品海关进口数据仅为实际进口总量的 20％～25％。2015 年 1—6 月全国海关共立案侦办冻品走私犯罪案件 141 起，查证走私冻品 42 万吨，同比分别增长 1.3 倍和 2.7 倍。长期存在的冻品走私对我国畜禽养殖行业危害很大，一是，有可能将国外疫病传入国内；二是，由于运输过程条件简陋，卫生状况恶化，对消费者身体健康会造成损害；三是，对国内畜产品的供需秩序造成较大影响。2014 年，生猪、肉鸡市场一直亏损，与走私产品多导致价格低迷有很大关系。2015 年，国家加大了对冻品走私的打击力度，非正常渠道的肉类入境急剧减少。2015 年生猪、家禽市场行情见好，既与国内供给减少有关，也与打击走私有关。

（二）肉种鸡产能过剩依旧是困扰产业发展的重点问题

近几年，在缺乏全行业系统研究和协调的背景下，肉鸡企业不断扩大生产能力以追求快速扩张。就白羽肉鸡而言，祖代引种量从 2000 年的 55 万套迅速扩张到 2012 年的 110 万套，结果导致供给增长大大快于消费增长，虽然 2013—2015 年引种量连续三年下降，但种源依旧充足有余。从 2015 年白羽肉种鸡的整体产能来看，仅有祖代种鸡存栏的下降，尚不足以影响整个白羽肉鸡行业产能规模，必须要有父母代种鸡存栏量的持续下降，才能对最终出栏的商品代肉鸡数量具有更为直接的影响。同样，黄羽肉鸡也存在肉种鸡产能过剩的情况。

（三）标准化规模养殖设施和技术落后阻碍生产效益提升

近年来，我国肉鸡标准化规模养殖水平有了很大程度的提高，但是标准化养殖设施不配套、养殖水平较为低下的状况仍然存在，这仍是目前阻碍我国肉鸡生产效益提升的重要因素。

(四)环境因素制约加大了企业生存压力

一方面，随着肉鸡养殖场和养殖规模不断增加和扩大，而污染治理明显滞后，肉鸡生产过程中所造成的环境污染日益加重，相应的生态环境恶化问题也逐渐凸显，给肉鸡产业自身的可持续发展造成了严重威胁。另一方面，污废处理成本高、有机肥与无机肥相比并不具备价格优势，又加之当前行业不景气，企业普遍面临着既要发展又要治污的巨大压力。

(五)国际家禽巨头进入我国增加了行业生存难度

近年来国际家禽巨头在中国的发展步伐明显加快，尤其是 2010 年以来国际家禽巨头在中国开设的一体化家禽企业明显增多。国际家禽巨头进入中国，为本土企业提供了学习先进技术、管理和商业模式的平台，有利于增强行业发展活力，提高行业发展水平。但同时，这也无疑增加了国内企业的生存难度。从短期来看，国际家禽巨头挤压了部分中小企业的发展空间，但这并不伤及本土肉鸡企业发展的要害，因为，市场始终是优胜劣汰，大企业都是从具有竞争力的中小企业发展而来的，没有竞争优势的中小企业被淘汰是定局，仅仅是被国内大企业挤压还是被外资企业挤压的问题。然而，从长期来看，国际家禽巨头从种鸡、饲料到产品，从生产到消费，形成闭合的产业链，中国企业是否会面临国际家禽巨头带来的垄断？未来中国肉鸡企业发展的机会在哪里？这是值得警惕和需要思考的问题。

四、产业发展政策建议

(一)从供给侧推动肉鸡产业改革

我国进入中等收入国家行列后，民众对消费品的需求发生了新的变化，消费需求正在转变、升级。供给和需求的错位成为当前消费市场不景气的主要因素。这迫切需要肉鸡企业从供给侧思考产业发展方向，认真思考消费者的真正需求，供消费者之所求，避免一方面生产出来的产品成为过度供给或者无用供给，而另一方面消费者需要的产品却又缺乏供给。肉鸡产品没有任何的宗教禁忌，消费者对肉鸡本身不反感，但消费者反感抗菌素鸡、激素鸡，因此肉鸡企业要加强行业自律，构建低抗甚至无抗肉鸡饲养模式，严格保障肉鸡产品质量，优化消费环境。此外，肉鸡产业要实行差异化发展战略：对于中国黄羽肉鸡而言，面对白羽肉鸡的竞争，应通过提高产品质量，打造高端产品，通过高效益赢得高利润，不求数量但求质量的战略途径稳定市场份额，提高市场竞争力；对于中国白羽肉鸡而言，面对与国际家禽巨头在中国硬碰硬的竞争，就必须要提高生产水平，降低生产成本，提升产品质量，通过既靠数量又靠质量的战略途径稳定市场份额，提高市场竞争力。

（二）提振消费者信心

提振消费者信心，是决定肉鸡产业兴衰的关键。针对受速成鸡、禽流感等关于肉鸡负面报道和宣传影响，很多消费者对鸡肉确实存在误解的情况，有关部门和行业协会要组织各方专家，加大宣传力度，进一步增加食品安全透明度，加强疫情知识的科学普及，引导消费者对鸡肉有清楚科学的认识，了解更多关于肉鸡生产环境、生产标准以及生产监督和产品质量检测、动物疫情等方面的信息，让消费者放心消费。

（三）高度重视白羽肉鸡的本土育种工作

由于美国禽流感的暴发导致了我国对美国禽类进口实行封关政策，给我国白羽肉鸡祖代引种带来一定影响，也给行业带来了很多的启发和思考。过去普遍认为引种质量已经很好，没有必要进行育种，但通过 2015 年美国突发禽流感事件，必须重新认识白羽肉鸡本土育种的重要性。同时，实现白羽肉鸡育种本土化可以大幅降低肉鸡生产成本。2010—2014 年，我国每年在引种方面支付的费用均超过 3 000 万美元，其中 2013 年更是超过 5 000 万美元。国家相关部门应大力支持白羽肉鸡本土育种工作。

（四）继续大力推进标准化规模养殖

提高标准化规模养殖水平是提高我国肉鸡产业整体发展水平最重要的基础。各级政府应针对当前我国肉鸡产业标准化规模养殖程度仍然偏低、标准化养殖设施配套水平较差的现状，进一步加大政策支持力度，引导和鼓励企业进一步提高标准化规模养殖水平。此外，还应当大力提高饲养人员和技术人员的技术水平，以解决饲养人员和技术人员设备使用能力不足的问题。通过进一步提高标准化养殖水平，减少肉鸡生产效率损失，提高生产效益。

（五）高度重视养殖污染治理问题

各级政府应增加对整个产业污废治理补贴的力度，帮助养殖企业平稳顺利度过当前产业发展和废物治理双重巨大压力并存的特殊时期。地方政府还应重视肉鸡养殖业的规划布局,引导区域肉鸡产业发展与土壤消化能力、生物安全保障水平、资源环境保护利用相协调。肉鸡养殖企业(场、户)应增强依法治污意识,承担起对肉鸡养殖过程中的粪便、污水按规定治理的责任和义务。

2014 年我国肉鸡产业发展监测报告

郑麦青[1]　宫桂芬[2]　高海军[2]　腰文颖[2]　文杰[1]

(1 中国农业科学院北京畜牧兽医研究所；2 中国畜牧业协会禽业分会)

　　本研究根据中国畜牧业协会对我国肉种鸡企业月度定点监测数据和农业部对 60 个生产大县（市、区）的 300 个行政村 1 460 户肉鸡养殖户月度定点监测数据，对 2014 年我国肉鸡产业发展形势进行分析。

　　2014 年我国肉鸡市场表现呈倒"V"字形，年初和年底市场萧条，第二季度和第三季度肉鸡市场表现较佳，市场价格和养殖收益已经达到了近几年的较高水平。然而，肉鸡生产量受制于鸡肉消费量的影响较往年低，其中，白羽肉鸡出栏量比 2013 年以前低约 15%，存栏量低约 17.6%；黄羽肉鸡出栏量比 2013 年以前低约 80%，存栏量低约 75%。

　　2014 年监测养殖户累计出栏 8 501.9 万只，比 2013 年减少 17%；2014 年 12 月存栏数 1 824.7 万只，同比增加 1%，月度平均存栏 1 932.8 万只，同比减少 9.7%；平均利润增加 77.0%，为 1.77 元/只，成本利润率增加 66.0%，为 8.3%。

　　据推算，2014 年我国专业型肉鸡出栏量约为 87.9 亿只，比 2013 年减少 6.2%；其中，白羽肉鸡和黄羽肉鸡共计 78.9 亿只，817 肉杂鸡 9.0 亿只。鸡肉产量 1 485 万吨，比 2013 年同期减少 6.7%；其中，专业型鸡肉产量 1 345 万吨。

一、种鸡生产情况

(一) 白羽肉种鸡

　　2014 年引进的祖代白羽肉雏鸡有 4 个品种，AA＋、罗斯 308、科宝艾维茵以及哈伯德，全年引种量为 114.58 万套，与年初预计的 121 万套相比下降了 5.31%，与 2013 年的 154.16 万套相比下降了 25.67%。

　　2014 年全国祖代白羽肉种鸡平均存栏量为 166.45 万套，比 2013 年下降

15.64%。其中，在产存栏 107.37 万套，后备存栏 59.07 万套。2014 年末祖代种鸡存栏规模较年初时减少了 25.54 万套，降幅为 13.41%。

根据祖代企业在不同区域销售分布以及山东、东北、山西、河南、江苏、安徽等区域父母代场估计的情况，2014 年父母代种鸡规模比 2013 年略有增加，约为 4 210 万套。2013 年，全国父母代白羽肉种鸡的年平均存栏量约为 4 185 万套。

2014 年父母代雏鸡累计销售量为 5 388.31 万套，与 2013 年相比大幅减少了 1 044.68 万套，降低了 16.24%。2013 年，父母代雏鸡累计的销售量为 6 432.99 万套。销售价格整体依旧不理想，年平均价格为 9.66 元/套，比 2013 年的均价增加了 2.42 元/套，增幅达 33.43%。虽然价格有所反弹，但仍未及成本价。从近几年的情况来看，2010 年，祖代种鸡企业大面积亏损；2011 年获得了可观盈利；2012 年效益不佳，2013 年亏损极为严重，2014 年继续亏损，亏损幅度有所减少。根据调研了解，2014 年每套父母代白羽肉雏鸡的盈亏平衡点为 18.75 元/套。

据推算，2014 年全国商品代白羽肉雏鸡的销售量约 48.06 亿只，与 2013 年的 47.77 亿只基本持平，略有增加。商品代白羽肉雏鸡的平均销售价格为 2.02 元/只（生产成本 2.43 元/只），比 2013 年增加了 0.50 元/只，增幅为 32.89%，仍处于亏损状态。

（二）黄羽肉种鸡

2014 年全国在产祖代种鸡平均存栏量约为 138.91 万套，与 2013 年相比略有增加，但增幅不大。存栏水平充足有余。

2014 年全国在产父母代种鸡平均存栏量约为 3 486.42 万套，明显少于 2013 年同期，减幅为 11.82%。

2014 年全国父母代雏鸡销售量减少 17.79%，约为 4 155.88 万套。父母代雏鸡价格则从 2014 年 5 月开始，持续维持波澜不惊，走势与 2013 年类似以稳为主，全年价格平均水平比 2013 年下降了 5.02%，全年平均 6.48 元/套。

2014 年全国商品雏鸡销售总量估计为 39.06 亿只，明显少于过去几年水平，与 2013 年的 41.61 亿只相比减少 2.55 亿只，减幅达到 6.1%（重点监测企业减幅达 13.56%）。全年平均销售价格为 1.89 元/只，同比上涨 13.01%。各品种比较而言，快速型雏鸡价格基本不变，中速型上升 8.53%，慢速型下降，幅度达到 11.63%。

二、商品代肉鸡生产情况

(一) 存栏、出栏情况

从监测养殖户数据看，肉鸡出栏量 2 月触底后逐渐开始增加，到 9 月时接近 2013 年同期水平，之后又有所减少，并且波动幅度较大。肉鸡总体生产情况：累计出栏 8 501.9 万只，相比 2013 年同期同比减少 17%，存栏同期平均减少 9.7%。白羽肉鸡生产情况：累计监测出栏 3 742.6 万只，相比 2013 年同期减少 12.3%，存栏同期平均减少 10.1%。黄羽肉鸡生产情况：累计监测出栏 4 759.3 万只，相比 2013 年同期减少 20.3%，存栏同期平均减少 9.6%。

表 1   2014 年肉鸡生产变化情况

单位：%

品种	季度	出栏变化	存栏变化
白羽肉鸡	1 季度	−25.17	−27.19
	2 季度	−6.85	−0.91
	3 季度	0.32	−8.23
	4 季度	−16.96	−2.15
	全年	−12.34	−10.12
黄羽肉鸡	1 季度	−36.79	−23.43
	2 季度	−20.83	−5.76
	3 季度	−8.45	−0.32
	4 季度	−12.00	−7.63
	全年	−20.33	−9.59

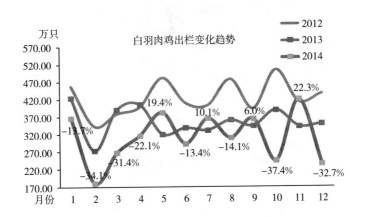

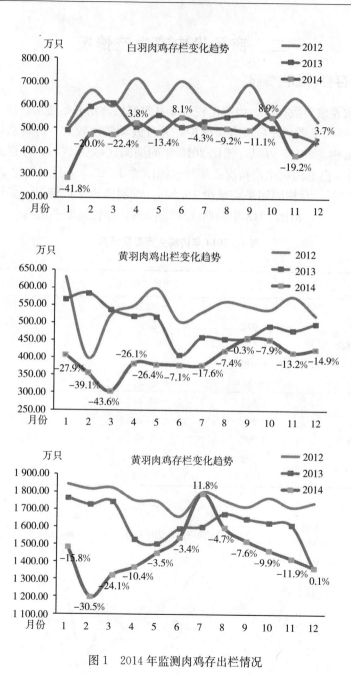

图 1　2014 年监测肉鸡存出栏情况

（二）成本情况

监测户的肉鸡养殖成本呈现以下变化特点：一是体重成本同比增加0.72%，二是饲料价格同比增加1.93%，三是活鸡价格上升4.08%，四是出栏体重增加1.92%，五是成本增长幅度小于价格增长幅度。

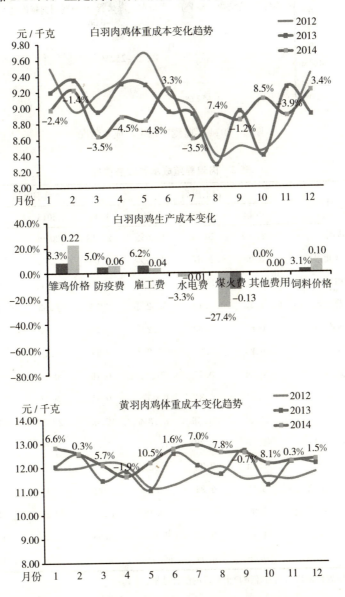

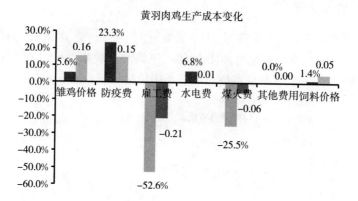

图 2 2014 年监测肉鸡生产成本情况

表 2 肉鸡养殖成本和收益情况

项　目	白羽肉鸡			黄羽肉鸡		
	2014	2013	同比	2014	2013	同比
一、只生产费用	21.07	20.82	1.20%	22.18	20.99	5.67%
1.雏鸡费用（元/只）	3.08	2.87	7.39%	3.06	2.90	5.74%
2.饲料总费用（元/只）	15.18	15.11	0.51%	17.54	16.41	6.91%
3.防疫治疗费（元/只）	1.25	1.19	5.02%	0.78	0.63	23.28%
4.雇工费（元/只）	0.67	0.63	6.22%	0.19	0.40	−52.65%
5.水电费（元/只）	0.24	0.25	−3.28%	0.14	0.13	6.78%
6.煤火费（元/只）	0.34	0.47	−27.41%	0.16	0.22	−25.52%
7.其他费用（元/只）	0.31	0.31	0.00%	0.31	0.31	0.00%
二、产值合计	22.23	21.56	3.13%	25.05	22.37	11.98%
活鸡均重（千克/只）	2.35	2.32	1.44%	1.79	1.76	1.78%
活鸡价格（元/千克）	9.44	9.29	1.62%	14.02	12.74	10.03%
三、饲料价格（元/千克）	3.43	3.34	2.50%	3.48	3.43	1.37%
四、体重成本（元/千克）	8.95	8.98	−0.36%	12.41	11.96	3.77%
五、净利润（元/只）	1.16	0.73	58.18%	2.88	1.39	107.49%
成本利润率（%）	0.06	0.04	56.54%	0.13	0.06	100.13%

注：表中所列数据均为当月监测户出栏后的统计结果。

（三）收益情况

　　2014 年肉鸡价格 3 月最低，4 月开始回升，7 月有所回落，8 月和 9 月又回升到高位，第三季度的肉鸡价格处于近年来的最高水平。第四季度开始回落，至年底已处于极低的水平。全年平均收益 1.77 元/只，成本利润率为 8.3%，比 2013 年增加 3.5 个百分点。

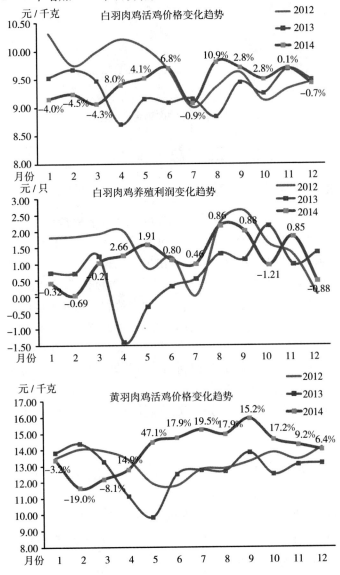

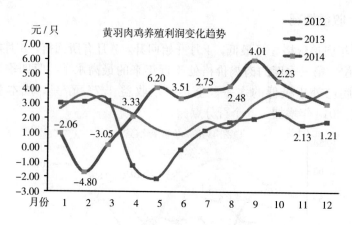

图3　2014年监测肉鸡生产收益情况

三、总　　结

（一）生产特点

肉鸡市场从二季度开始恢复，三季度的活鸡价格和养殖收益达到最高，之后不断降低。随着市场消费水平的逐步恢复，肉鸡产量、价格和收益从4月开始整体上呈上升的走势，在6月和9月出现了二轮回调。两次振荡回调后肉鸡产销量和价格逐步趋于稳定。2014年最后一个季度肉鸡的产销量和价格均呈不断回调、下降的态势，至年底市场价格和养殖利润均处于极低的水平。

依据调研，一条龙企业中，2014年效益比2013年有明显好转的有66.67%，稍有好转的占20%，没有好转的为13.33%。明显好转的比例比单纯的种鸡企业多。有2～7个月的盈利期，主要集中在3—5月和8—10月，部分企业全年没有一个月获得盈利。

传统的节日因素产生的市场效应越来越淡化，形成旺季不旺、淡季不淡。

（二）总量估计

白羽肉鸡生产量估计：推算白羽肉鸡2014年出栏约45.44亿只，鸡肉产量809.5万吨（+3.2%），占出栏的51.7%，产肉量的54.2%。

黄羽肉鸡生产量估计：推算黄羽肉鸡2014年出栏32.0亿～35.0亿只，鸡肉产量456万～500万吨（-13.6%），占出栏的38.1%，产肉量的32.2%。

　　其他鸡肉生产量估计：依据协会调研数值估计2014年817肉杂鸡约出栏8.5亿～9.0亿只，体重0.85千克/只，进行推算：鸡肉产量57.8万～61.2万吨（－11.2%），占出栏的10.2%，产肉量的4.1%。依据蛋鸡监测的估计2014年淘汰蛋鸡约为9亿只，淘汰体重1.95千克/只推算：淘汰蛋鸡肉产量估计为140.4万吨，占产肉量的9.5%。

　　对我国肉鸡生产的总体估计：2014年我国专业型肉鸡出栏量约为87.9亿只，比2013年同期减少6.2%；其中，白羽肉鸡和黄羽肉鸡共计78.9亿只，817肉杂鸡9.0亿只。鸡肉产量1 489万吨，比2013年同期减少6.7%；其中，专业型鸡肉产量为1 349万吨。

2015 年我国肉鸡产业发展监测报告

郑麦青[1]　宫桂芬[2]　高海军[2]　腰文颖[2]　文杰[1]

（1 中国农业科学院北京畜牧兽医研究所；2 中国畜牧业协会禽业分会）

本研究根据中国畜牧业协会对我国肉种鸡企业月度定点监测数据和农业部对 60 个生产大县（市、区）的 300 个行政村 1 460 户肉鸡养殖户月度定点监测数据，对 2015 年我国肉鸡产业发展形势进行分析。

肉鸡市场从 2015 年初起就处于较低迷的状态，市场价格和养殖收益都呈现不断振荡下行的走势。黄羽肉鸡养殖收益减少，年均仍保持盈利；白羽肉鸡全年市场极度低迷，整体产业链处于亏损状态。专业型肉鸡年出栏量略少于2014 年，减少 0.44％，其中，白羽肉鸡出栏量减少约 3.7％，黄羽肉鸡出栏量增加约 2.2％，817 肉杂鸡出栏量增加 5.7％。

2015 年监测养殖户累计出栏 7 925.7 万只，比 2013 年减少 6.8％。2015年 12 月存栏数 1 391.6 万只，同比减少 23.7％，月度平均存栏 1 576.7 万只，同比减少 18.4％；平均利润减少 18.7％，为 1.4 元/只，成本利润率下降19.6％，为 6.7％。

估计，2015 年我国专业型肉鸡出栏量约为 90.44 亿只，比 2014 年同期减少 0.4％；其中，白羽肉鸡和黄羽肉鸡共计 81.2 亿只，817 肉杂鸡 9.25 亿只。鸡肉产量 1 407 万吨，比 2014 年同期减少 0.9％；其中，专业型鸡肉产量 1 255 万吨。

一、种鸡生产情况

（一）白羽肉种鸡

2015 年受美国和法国暴发禽流感的影响，我国祖代鸡引种量大幅下降，为 69.39 万套，比 2014 年减少 48.69 万套，降低 41.23％。引进的祖代白羽肉雏鸡有 4 个品种，AA＋、罗斯 308、科宝艾维茵以及哈伯德，与 2014 年相比各品种比例也发生较大变化，AA＋和科宝艾维因大比例减少，哈伯德增加比例较大。2015 年各品种引进比例：AA＋为 33.02％、罗斯 308 为 43.38％、科宝艾维茵为 2.16％、哈伯德为 21.44％，2014 年各品种引进比例：AA＋为 43.83％、罗斯 308 为 40.16％、科宝艾维茵为 13.72％、哈伯德为 2.29％。

2015 年全国祖代白羽肉种鸡平均存栏量为 143.20 万套，比 2014 年下降 14.02％。其中，在产存栏 95.13 万套，后备存栏 48.07 万套。2015 年末祖代种鸡存栏规模较年初时减少了 40.67 万套，降幅为 24.74％。

根据祖代企业在不同区域销售分布以及山东、东北、山西、河南、江苏、安徽等区域父母代场估计的情况，2015 年父母代种鸡月均规模约为 4 456.2 万套，其中在产 3 130.3 万套。2015 年父母代月均存栏量较 2014 年增加 5.8％，但至 8 月达到峰值后连续快速减少，到 12 月底时父母代存量仅为 3 887.1 万套，较年初减少约 12％，较 8 月峰值减少 20％。

2015 年父母代雏鸡累计销售量为 4 657.85 万套，与 2014 年相比减少了 730.46 万套，减幅为 13.56％。2014 年父母代雏鸡累计的销售量为 5 388.31 万套，2013 年为 6 432.99 万套。2015 年父母代雏鸡平均价格为 9.88 元/套，较 2014 年有所增长，但依旧处于亏损状态（年均生产成本 17.15 元/套）。这也是自 2013 年起，连续第三年亏损。从近几年的情况来看，2010 年，祖代种鸡企业大面积亏损；2011 年获得了可观盈利；2012 年效益不佳，2013 年亏损极为严重，2014 年继续亏损，亏损幅度有所减少。2015 年每套父母代白羽肉雏鸡的盈亏平衡点为 17.15 元/套。

据推算，2015 年全国商品代白羽肉雏鸡的销售量约 45 亿只，与 2014 年的 47.94 亿只相比下降约 6％。商品代白羽肉雏鸡的平均销售价格为 1.38 元/只（生产成本为 2.29 元/只），比 2014 年降低 0.64 元/只，波动幅度加剧，处于严重亏损状态。

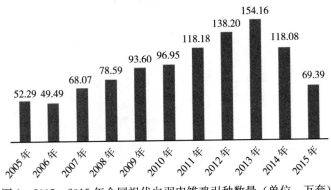

图 1   2005—2015 年全国祖代白羽肉雏鸡引种数量（单位：万套）

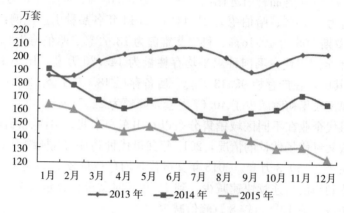

图 2　2013—2015 年全国祖代白羽肉种鸡存栏数量

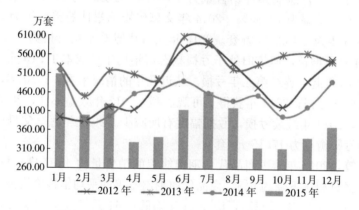

图 3　2012—2015 年全国白羽父母代雏鸡销售量

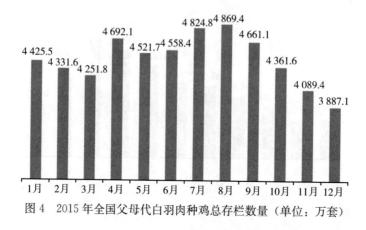

图 4　2015 年全国父母代白羽肉种鸡总存栏数量（单位：万套）

（二）黄羽肉种鸡

2015 年全国在产祖代种鸡平均存栏量约为 115.14 万套，比 2014 年增加 5.96%。

2015 年全国在产父母代种鸡平均存栏量约为 3 561.11 万套，略少于 2014 年同期，减幅为 2.14%。各月份间变动幅度很小，较为稳定。

2015 年全国父母代雏鸡销售量增加 6.74%，全年销售总量为 4 441.26 万套。父母代雏鸡价格平均为 6.43 元/套，较 2014 年下降 0.77%。

2015 年全国商品雏鸡销售总量估计为 40.11 亿只，比 2014 年的 39.06 亿只增加 1.05 亿只，增幅达到 2.69%。全年平均销售价格为 2.31 元/只，同期上涨 22.2%。

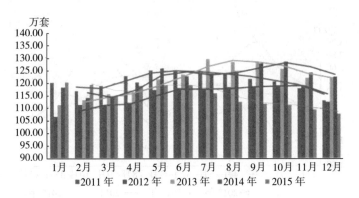

图 5　2011—2015 年全国祖代黄羽肉鸡存栏数量

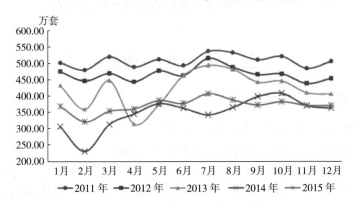

图 6　2011—2015 年全国黄羽父母代雏鸡销售量

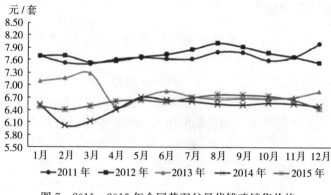

图 7　2011—2015 年全国黄羽父母代雏鸡销售价格

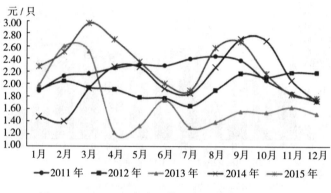

图 8　2011—2015 年全国黄羽商品代雏鸡销售价格

二、肉鸡生产情况

（一）存栏、出栏情况

从监测养殖户数据看，肉鸡出栏量第一季度持续减少，2—4 季度表现平稳，波动幅度较小。肉鸡平均生产情况：累计出栏 7 925.7 万只，相比 2014 年同期同比减少 6.8%，存栏同期平均减少 18.2%。白羽肉鸡生产情况：累计监测出栏 3 497.1 万只，相比 2014 年同期减少 6.6%，存栏同期平均减少 10.9%。黄羽肉鸡生产情况：累计监测出栏 4 428.6 万只，相比 2014 年同期减少 6.9%，存栏同期平均减少 20.9%。

表 1　2015 年肉鸡生产变化情况

单位：万只

品种	季度	出栏情况			存栏情况		
		2014 年	2015 年	出栏变化	2014 年	2015 年	存栏变化
白羽肉鸡	1 季度	814.0	823.7	1.19%	410.1	380.5	−7.22%
	2 季度	991.4	960.3	−3.14%	517.1	453.4	−12.31%
	3 季度	1 038.7	846.1	−18.54%	499.6	440.5	−11.83%
	4 季度	898.6	867.0	−3.51%	464.1	410.4	−11.59%
	全年	3 742.6	3 497.1	−6.56%	472.8	421.2	−10.90%
黄羽肉鸡	1 季度	1 067.6	1 196.9	12.11%	1 335.7	1 168.9	−12.49%
	2 季度	1 143.1	1 061.9	−7.10%	1 451.8	1 203.4	−17.11%
	3 季度	1 255.4	1 080.1	−13.96%	1 635.1	1 175.8	−28.09%
	4 季度	1 293.2	1 089.7	−15.74%	1 417.4	1 074.0	−24.23%
	全年	4 759.3	4 428.6	−6.95%	1 460.0	1 155.5	−20.85%

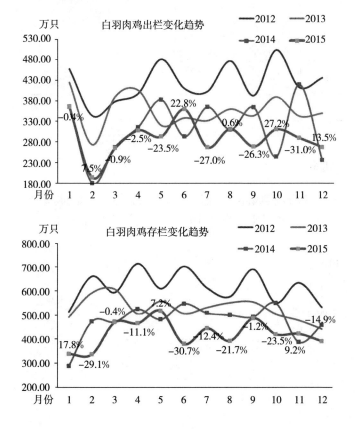

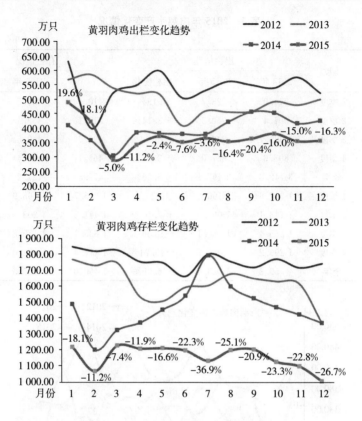

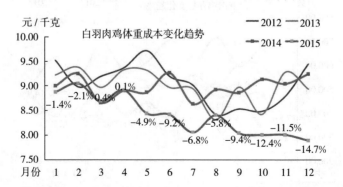

图 9　2015 年监测肉鸡存出栏情况

（二）成本情况

监测户的肉鸡养殖成本呈现以下变化特点：一是体重成本同比减少 3.59%，二是饲料价格同比减少 2.16%，三是活鸡价格降低 4.65%，四是出

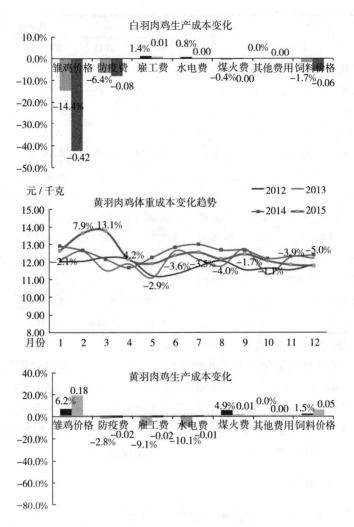

图10　2015年监测肉鸡生产成本情况

栏体重减少0.57%，五是成本下降幅度小于价格下降幅度。

表2　肉鸡养殖成本和收益情况

项　目	白羽肉鸡			黄羽肉鸡		
	2015	2014	同比	2015	2014	同比
一、只生产费用	19.29	21.09	−8.57%	22.71	22.18	2.41%
1. 雏鸡费用（元/只）	2.63	3.08	−14.46%	3.25	3.06	6.08%

（续）

项　目	白羽肉鸡			黄羽肉鸡		
	2015	2014	同比	2015	2014	同比
2. 饲料总费用（元/只）	13.91	15.20	−8.50%	17.93	17.54	2.24%
3. 防疫治疗费（元/只）	1.17	1.25	−6.40%	0.75	0.78	−2.79%
4. 雇工费（元/只）	0.68	0.67	1.36%	0.17	0.19	−9.05%
5. 水电费（元/只）	0.24	0.24	0.84%	0.12	0.14	−10.05%
6. 煤火费（元/只）	0.34	0.34	−0.44%	0.17	0.16	4.87%
7. 其他费用（元/只）	0.31	0.31	0.00%	0.31	0.31	0.00%
二、产值合计	20.00	22.16	−9.72%	25.23	25.05	0.72%
活鸡均重（千克/只）	2.31	2.35	−2.02%	1.83	1.79	2.58%
活鸡价格（元/千克）	8.68	9.41	−7.78%	13.75	14.02	−1.98%
三、饲料价格（元/千克）	3.26	3.43	−5.01%	3.53	3.48	1.53%
四、体重成本（元/千克）	8.38	8.96	−6.52%	12.38	12.41	−0.28%
五、净利润（元/只）	0.72	1.07	−0.35	2.52	2.88	−0.35
成本利润率（%）	3.69%	5.07%	−1.37%	11.05%	12.98%	−1.93%

注：表中所列数据均为当月监测户出栏后的统计结果。

　　表 2 中的统计结果包含合约养殖的数据，而依据对全年活鸡销售市场的监测数据，白羽肉鸡活鸡年平均价格仅为 7.31 元/千克，实际成本收益率为−12.8%。2015 年白羽肉鸡的中小养殖户大幅减少，较 2014 年约减少 24%。户均饲养量 2014 年初约 9 000 只/户，至 2015 年底时约为 1.4 万只/户。合约鸡养殖户与规模化养殖场（10 万只以上）占比超过 80%。

（三）收益情况

　　2015 年肉鸡价格呈不断降低的走势，6 月和 10 月最低，全年均价为 2009年以来最低，尤以白羽肉鸡为甚，黄羽肉鸡尚好。肉鸡养殖户全年平均收益1.39 元/只，成本利润率为 6.73%，比 2014 年减少 1.3 个百分点。从肉鸡整体产业来看，白羽肉鸡实际年平均价格仅为 7.31 元/千克，因此实际成本收益率为−12.8%。由于市场行情持续低迷，2015 年的白羽肉鸡养殖大多是挂靠龙头企业的合约养殖户或企业的大型养殖场，养殖环节的亏损多由龙头企业承担下来。黄羽肉鸡市场表现较好，与企业合作的合约多是"保底合约"，实际成本收益率与监测情况基本相符，为 11% 左右。

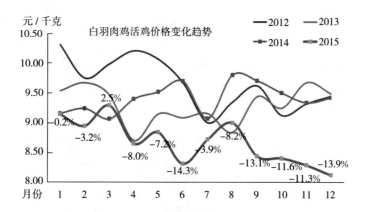

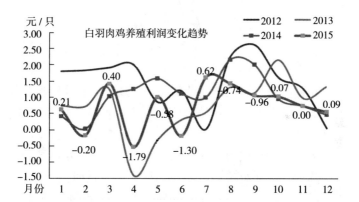

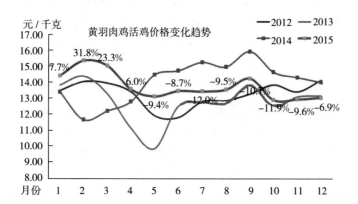

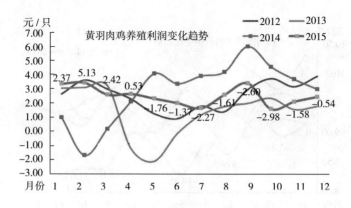

图 11　2015 年监测肉鸡生产收益情况

三、总　　结

（一）生产特点

肉鸡市场从年初起就处于较低迷的状态，市场价格和养殖收益都是呈现不断振荡下行的走势。黄羽肉鸡全年养殖收益减少，但整体仍保持盈利，其中，中速型盈利较好，为 1.49 元/只，其次为慢速型，为 1.15 元/只，快速型受白羽肉鸡的影响较大只鸡盈利仅为 0.93 元/只。白羽肉鸡全年市场极度低迷，虽然养殖成本不断降低，但活鸡价格降幅更为巨大，最低时低于 6 元/千克；鸡肉价格也呈现不断下降的走势，5 月起更是跌破 1 万元/吨（近年屠宰企业心理承受价位），至年底更是降至 0.9 万元/吨；白羽肉鸡养殖全年处于亏损状态，平均只鸡亏损 0.83 元/只。白羽肉鸡产能依旧过剩，3—9 月猪肉价格的上涨也没能带动鸡肉价格的回升，9 月猪肉价格出现拐点，鸡肉价格更为低迷。

2015 年初与年末，美国、法国暴发禽流感相继封关，当前我国祖代种鸡虽大幅减少（不足 70 万套），但考虑从 8 月开始就有祖代种鸡开始实施强制换羽，以及近年来鸡肉消费量的减少，预计 2016 年种源的供应没有明显影响，种鸡产能的减少有利于白羽肉鸡产销逐渐趋于平衡。父母代种鸡环节目前正处于行业产能调整的主战场，产能要调整到位还需一段时间，因此产能过剩仍然是行业面临的主要困难。2016 年预计祖代引进量为 70 万～80 万套，如能完成引种计划，保持引种数量不低于 60 万～70 万套，白羽肉鸡种源不会出现危机。

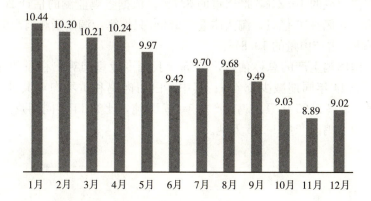

图 12　2015 年白羽肉鸡产品综合价格（屠宰场报价）（单位：元/千克）

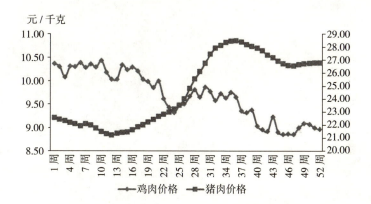

图 13　2015 年鸡肉价格和猪肉价格变动趋势

黄羽肉鸡祖代和父母代存栏虽处于 2011 年以来的低点，并有继续减少的迹象，但黄羽肉鸡为我国本地培育品种，生产方式极为灵活，种源供应有足够的保障。

（二）总量估计

白羽肉鸡生产量估计：推算白羽肉鸡 2015 年出栏约 43.89 亿只，鸡肉产量 759.2 万吨（－5.9%），占出栏的 48.5%，产肉量的 54.4%。

黄羽肉鸡生产量估计：推算黄羽肉鸡 2015 年出栏 37.30 亿只，鸡肉产量 444.5 万吨（＋4.8%），占出栏的 41.2%，产肉量的 31.9%。

其他鸡肉生产量估计：依据调研数值估计 2015 年 817 肉杂鸡约出栏 9.0 亿～9.5 亿只，体重 0.85 千克/只，进行推算：鸡肉产量 51.1 万吨（＋

5.7%），占出栏的 10.2%，产肉量的 3.7%。依据蛋鸡监测的估计 2015 年淘汰蛋鸡为 9.5 亿～10 亿只，淘汰体重 1.95kg/只推算：淘汰蛋鸡肉产量估计为 152.1 万吨，占产肉量的 10.8%。

对我国肉鸡生产的总体估计，2015 年我国专业型肉鸡出栏量约为 90.44 亿只，比 2014 年同期减少 0.4%；其中，白羽肉鸡和黄羽肉鸡共计 81.2 亿只，817 肉杂鸡 9.25 亿只。鸡肉产量 1 407 万吨，比 2014 年同期减少 0.9%；其中，专业型鸡肉产量 1 255 万吨。

我国肉鸡产业可持续发展战略研究

文杰[1]　王济民[2]　辛翔飞[2]　王祖力[2]

（1 中国农业科学院北京畜牧兽医研究所；
2 中国农业科学院农业经济与发展研究所）

改革开放以来，经过 30 多年的持续发展，我国已经成为世界第二大肉鸡生产和消费国，肉鸡也已经成为我国第二大肉类生产和消费品，当前的肉鸡产业已经是我国畜牧业的重要组成部分。一方面，肉鸡产业是我国农业部门实现产业化经营最早、产业化发展程度最高的产业，凭借着肉鸡产业化经营的带动，肉鸡产业已成为农业和农村经济中的支柱产业，根据中国畜牧业协会统计数据，当前我国肉鸡饲养农户和企业涉及人口接近3 000万，整个产业链上涉及人口接近7 000万，肉鸡产业在缓解农村劳动力就业压力、促进农民增收、推动农业产业化进程等方面发挥着不可替代的重要作用；另一方面，在当前我国畜产品，尤其是肉类产品供需紧平衡的状况下，肉鸡产业的发展，凭借肉鸡生产饲料报酬率高、生产周期短、生产成本和销售价格相对较低的优势，为改善城乡居民膳食结构、提供动物蛋白等做出了巨大贡献。可以说，我国的肉鸡产业发展到今天，已经不再是 30 年前畜牧业发展中一项不起眼的可有可无的辅助产业，而是与国计民生高度相关、不可或缺的产业。

在未来受到城乡居民收入水平提高，以及城镇化继续推进的拉动作用，城乡居民对肉类产品的需求仍将持续增长。与此同时，面对饲料粮资源短缺日趋明显的状况，我国肉类产品的供给将面临巨大压力。在畜禽产品供求关系日益紧张的大背景下，肉鸡产品将因其相对于其他肉类产品而言所具有的较高的饲料报酬率、较快的生长速度，以及较低的销售价格在缓解我国肉类产品供需压力方面发挥越来越重要的作用。实现我国肉鸡产业的可持续发展，无论从生产角度还是消费角度，都具有非常重要的战略意义。

一、我国肉鸡供给分析

（一）我国肉鸡生产发展状况

肉鸡饲养业在我国有着漫长的历史，改革开放以前，仅是作为家庭副业进行生产，尚未成为一项独立的产业；改革开放后，在没有国家经济补贴的情况下，我国肉鸡产业依靠自身具有的高效率、低成本优势稳定立足。尤其自1984年以来，大量肉鸡产业化经营企业逐步改制，这使得肉鸡产业持续高速增长，成为我国畜牧业中市场化、产业化程度最高的行业。目前，我国已经成为仅次于美国的世界第二大肉鸡生产国。

1. 肉鸡生产总量及占肉类比例持续增长。改革开放以来，随着一批中外合资企业的成立，通过直接引进国外先进的管理技术和管理制度进行高位嫁接，我国肉鸡产业基本上结束了以农户散养为主的生产方式，转向集约化、规模化饲养，进入专业化的快速增长阶段。除个别年份外，我国肉鸡存栏量、出栏量和肉鸡产量基本上都呈增长趋势（图1）。1978年我国肉鸡存栏量、出栏量和鸡肉产量分别是7.79亿只、8.94亿只和89.38万吨，到2013年分别达到了47.42亿只、91.19亿只和1 279.08万吨，年均递增速度分别达到5.51%、7.12%和8.10%。

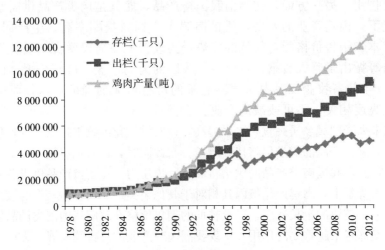

图1　我国肉鸡产业总体生产水平

数据来源：联合国粮农组织数据库（FAOSTAT）。

目前，我国已成为世界第二大肉鸡生产国（表1）。美国、中国和巴西一直是世界肉鸡产量前三位的国家。美国一直保持第一位,我国在大部分时间保持第二位。随着时间的推移,美国肉鸡的国际份额有所下降;中国、巴西在国际市场所占的份额总体呈上升趋势。2013 年全球鸡肉产量 9 612.12 万吨,我国鸡肉产量占世界鸡肉产量的 13.30%。

表 1   我国鸡肉产量在世界市场的份额

单位:万吨

	1980 年	1990 年	2000 年	2010 年	2011 年	2012 年	2013 年
世界产量	2 289.68	3 541.62	5 869.70	8 737.17	9 076.73	9 343.16	9 612.12
美国	537.90	866.70	1 394.40	1 697.06	1 711.12	1 703.51	1 739.69
	(23.49%)	(24.47%)	(23.76%)	(19.42%)	(18.85%)	(18.23%)	(18.10%)
中国	94.00	220.00	836.40	1 159.20	1 196.20	1 262.28	1 278.54
	(4.11%)	(6.21%)	(14.25%)	(13.27%)	(13.18%)	(13.51%)	(13.30%)
巴西	137.00	235.60	598.06	1 069.26	1 142.17	1 153.50	1 238.73
	(5.98%)	(6.65%)	(10.19%)	(12.24%)	(12.58%)	(12.35%)	(12.89%)

数据来源:FAOSTAT 数据库。
注:( ) 内为份额。

鸡肉在我国禽肉中的比重一直维持在 70% 左右,但在肉类中的比重呈现先降后升的趋势。1978 年鸡肉在肉类中的比重为 8.73%,但到 1985 年曾经降低到最低点 5.86%;1985 年后,又呈现出逐步增长的态势,到 2000 年回升到 15% 左右的水平,2013 年到达 15.93%(表 2)。

表 2   我国鸡肉在禽肉和肉类中的比重

年份	鸡肉占禽肉的比重(%)	鸡肉占肉类的比重(%)
1978	71.08	8.73
1980	70.75	6.88
1985	72.52	5.86
1990	71.02	7.90
1995	69.47	12.84
2000	70.87	14.97
2005	70.37	14.52
2006	70.61	14.31
2007	70.14	14.74

（续）

年份	鸡肉占禽肉的比重（%）	鸡肉占肉类的比重（%）
2008	70.09	15.01
2009	70.04	14.95
2010	70.03	14.98
2011	70.04	15.42
2012	70.04	15.45
2013	70.03	15.30

数据来源：FAOSTAT 数据库。

　　随着农业和畜牧业结构的调整以及产业化的发展，肉鸡业在畜牧业和农业中的地位不断提高。发展到 20 世纪 90 年代初，肉鸡业产值约为 200 亿元，到 2012 年，肉鸡业产值接近 2 500 亿元。肉鸡业产值占畜牧业总产值的比重基本上都保持在 10% 左右的水平，个别年份还超过 13%；占农业总产值的比重基本保持在 3% 左右的水平，个别年份还超过 3.5%。虽然，2012 年肉鸡业产值占畜牧业的比重较 1990 年略有下降；但在 1990—2013 年，肉鸡业总体上保持了与农林牧渔业相一致的发展速度，甚至在"九五"和"十五"期间肉鸡业产值增长速度明显快于农林牧渔业（表3）。

表3　1990—2012 年我国肉鸡产业在畜牧业和农业的地位

年份	产值（亿元）			鸡肉产值所占比重（%）	
	肉鸡业	畜牧业	农林牧渔	占畜牧业	占农林牧渔业
1990	205.19	1 964	7 662	10.45	2.68
1991	218.73	2 159	8 157	10.13	2.68
1992	253.93	2 461	9 085	10.32	2.80
1993	362.90	3 014	10 996	12.04	3.30
1994	535.58	4 672	15 750	11.46	3.40
1995	721.59	6 045	20 341	11.94	3.55
1996	787.30	6 016	22 354	13.09	3.52
1997	828.21	6 835	23 788	12.12	3.48
1998	855.45	7 026	24 542	12.18	3.49
1999	849.17	6 998	24 519	12.14	3.46
2000	829.73	7 393	24 916	11.22	3.33
2001	867.44	7 963	26 180	10.89	3.31

（续）

年份	产值（亿元）			鸡肉产值所占比重（%）	
	肉鸡业	畜牧业	农林牧渔	占畜牧业	占农林牧渔业
2002	862.39	8 455	27 391	10.20	3.15
2003	960.44	9 539	29 692	10.07	3.23
2004	1 175.76	12 174	36 239	9.66	3.24
2005	1 027.27	13 311	39 451	7.72	2.60
2006	1 197.89	12 084	40 811	9.91	2.94
2007	1 443.34	16 125	48 893	8.95	2.95
2008	1 711.23	20 584	58 002	8.31	2.95
2009	1 737.32	19 468	60 361	8.92	2.88
2010	1 999.93	20 826	69 320	9.60	2.89
2011	2 225.70	25 771	81 304	8.64	2.74
2012	2 478.38	27 189	89 453	9.12	2.77
2013	2 377.27	28 436	96 995	8.36	2.45

数据来源：FAOSTAT 数据库，《中国统计年鉴》（历年）。

2. 我国肉鸡生产规模化程度不断提高。我国从 20 世纪 80 年代开始出现了工厂化家禽生产。建设工厂化家禽场的目的是丰富大中城市的"菜篮子"，满足人民日益增长的对禽肉和禽蛋的需求。到 90 年代，规模化家禽饲养在全国范围内逐步发展起来。尤其是近十年，我国规模化肉鸡养殖有了较快发展，专业化生产程度也有了很大提高，为我国肉鸡产量的快速增长发挥了重要作用。

2000—2013 年我国肉鸡规模化养殖出栏数量占肉鸡总出栏数量的比重呈现比较稳定的上升趋势，年出栏 2 000 只以上规模养殖场肉鸡出栏比例从 50.07% 上升到 85.60%，年出栏 10 000 只以上规模养殖场肉鸡出栏比例从 23.92% 上升到 71.9%（图2）[1]。同时，规模肉鸡场数量和平均饲养规模也都在不断增加，规模养殖场数量从 2000 年的 35.63 万个增加到 2013 年的 44.91 万个，平均饲养规模从 2000 年的 8 764.34 只增加到 2013 年的 16 302.53 只。

从 2000—2013 年规模养殖场（户）的发展变化情况来看（表4），2000 年

[1] 由于统计资料中缺少 2000—2006 年 2 000 只以下小规模养殖的肉鸡出栏数据和肉鸡总出栏数据，我们采用业内普遍较为认可的推算方法，即采用对应年份家禽出栏数量×70%来推算当年肉鸡出栏数量。

图2　规模化养殖出栏数量占肉鸡总出栏数量比重

数据来源:《中国畜牧业年鉴》(历年)。

出栏2 000～9 999只的小规模场肉鸡场（户）数占肉鸡规模养殖场总（户）数的86.26%，出栏10 000～49 999只的中规模场（户）数占12.63%，出栏5万只以上的大规模场（户）数占1.12%，其出栏肉鸡占全国规模养殖场总出栏数的比例分别为54.24%、28.80%和18.96%。到2013年，出栏肉鸡2 000～9 999只的小规模肉鸡场占肉鸡规模养殖场总（户）数的58.54%，出栏肉鸡1万～5万只的中规模占29.40%，出栏肉鸡5万只以上的大规模场（户）数占5.86%，其出栏肉鸡占全国规模养殖场总出栏数的比例分别为16.00%、34.58%和49.42%。十年间，占肉鸡规模养殖场总数和总出栏数的比例提高幅度最大的是5万只的大规模饲养场户数，场（户）数和出栏量分别增长了6.06倍和5.51倍；其次是10 000～49 999只的中规模饲养场，场（户）数和出栏量分别增长了2.12倍和2.00倍；2 000～9 999只的小规模饲养，无论是场（户）数还是出栏量增长都有所下降，分别为下降了8.81%和23.41%。中大型规模的肉鸡饲养已经成为我国肉鸡规模饲养的主要模式。

表4　不同规模养殖场的平均养殖规模

单位：千只

年份	2 000～9 999只	10 000～49 999只	50 000～99 999只	100 000～499 999只	500 000～999 999只	100万只以上	平均
2000	5.31	20.00	75.94	194.49	787.44	1 705.31	8.76
2001	5.02	18.83	68.40	207.07	755.60	2 050.84	8.49
2002	5.44	20.07	68.63	218.24	759.67	2 028.83	9.76
2003	4.97	21.12	72.97	228.70	777.77	2 277.62	9.75

（续）

年份	2 000～ 9 999 只	10 000～ 49 999 只	50 000～ 99 999 只	100 000～ 499 999 只	500 000～ 999 999 只	100 万只 以上	平均
2004	4.97	18.17	64.93	201.57	760.88	2 709.86	9.81
2005	4.84	17.52	62.32	209.64	773.42	2 737.80	9.66
2006	4.65	16.75	59.90	202.59	723.48	2 671.93	9.84
2007	4.74	18.53	66.09	203.73	709.47	2 835.12	11.06
2008	4.85	19.21	65.37	190.39	628.17	3 279.29	12.48
2009	4.78	18.54	59.80	178.74	591.60	3 026.80	13.18
2010	4.54	18.64	56.69	170.98	575.56	2 862.97	14.17
2011	4.35	17.85	54.09	162.47	551.08	2 697.02	14.36
2012	4.62	18.34	57.70	168.76	567.51	2 687.10	16.51
2013	4.46	19.18	57.28	166.08	560.58	2 437.25	16.30

数据来源：FAOSTAT 数据库，《中国畜牧业年鉴》（历年）。

3. 我国肉鸡生产区域集中度进一步提高。我国肉鸡饲养区域十分广泛，各省（市、自治区）都有规模不等、数量不一的肉鸡饲养。其中，主要集中在华东、华中、华北和东北等地区。2013 年，山东、广东、江苏、广西、辽宁、河南、安徽、四川、河北、吉林 10 个产量超过 50 万吨的省鸡肉产量达 900 多万吨，超过全国鸡肉总产量的 70%。

1985—1995 年是我国肉鸡产量增长速度最为迅猛的十年，同时也是各主产区增长速度最快的十年，在这十年中我国肉鸡主产区的区域格局也发生了一些较为明显的变动（表 5）。进入 20 世纪 90 年代中后期，我国肉鸡产量增速明显放缓，主产区的区域格局也基本稳定下来。从 1985－2013 年肉鸡生产省前十强的排序变动来看，河南、河北、吉林从十强之外一跃而成为肉鸡生产大省，而原来的十强省湖南、浙江和福建，虽有较好的生产基础，但由于产量增长缓慢，被挤出了十强之外。在十强省中，山东、辽宁凭借相对更高的增长速度排名分别由 1985 年的第 7 位和第 10 位上升到 2013 年的第 1 位和第 5 位。此外，近几年，我国肉鸡主产区生产保持着稳定增加的趋势，而部分非主产区作为肉鸡生产的新生力量，以相对更快的速度发展起来（表 6），成为肉鸡生产持续增长的重要支撑点。如山西省 2005—2013 年的年均增长速度达到 9.82%，明显高于 2.60% 的全国平均水平。

表5 1985—2013 年肉鸡主产省排名及产量

单位：万吨

1985 年前十		1990 年前十		2000 年前十		2010 年前十		2013 年前十	
广东	21.6	广东	37.8	山东	117.3	山东	167.2	山东	188.16
江苏	14.3	江苏	24.4	广东	76.4	广东	107.1	广东	100.1
四川	11.2	四川	23.2	江苏	67.6	江苏	92.9	广西	94.71
安徽	10.6	山东	21.0	四川	61.5	广西	87.4	江苏	92.33
广西	7.1	安徽	14.7	吉林	57.1	辽宁	85.3	辽宁	89.67
湖南	6.5	湖南	9.8	辽宁	53.5	河南	74.1	河南	85.61
山东	5.9	上海	9.7	河北	51.7	安徽	72.9	安徽	81.2
浙江	4.7	广西	9.5	安徽	48.4	四川	59.2	四川	66.92
福建	3.6	辽宁	7.9	广西	39.1	河北	48.9	河北	60.62
辽宁	3.0	浙江	7.3	河南	38.5	吉林	46.1	吉林	49.21

数据来源：《中国畜牧业统计年鉴》（历年），鸡肉产量＝禽肉产量×70％。

表6 1985—2013 年我国各省区鸡肉产量增长率

单位：万吨,％

地区	产量		年均增长速度					
	1985	2013	1985—1990	1990—1995	1995—2000	2000—2005	2005—2010	2010—2013
北京	1.33	9.66	27.49	10.40	15.42	4.43	−6.97	−9.47
天津	0.56	7.91	14.87	22.89	7.37	14.33	−5.14	5.59
河北	2.17	60.62	13.35	50.21	10.75	6.26	−6.93	7.40
山西	0.63	6.37	10.76	18.09	5.02	−0.46	10.55	8.62
内蒙古	0.49	15.61	14.87	29.44	8.07	32.39	−8.37	4.22
辽宁	3.01	89.67	21.32	32.60	10.53	5.97	3.61	1.67
吉林	1.47	49.21	30.67	35.18	17.68	2.56	−6.56	2.18
黑龙江	2.38	23.87	23.07	23.70	3.11	−2.33	0.89	4.25
上海	1.68	2.87	42.09	19.22	−3.24	−15.14	−11.21	−15.93
江苏	14.28	92.33	11.34	19.30	2.73	1.63	4.87	−0.20
浙江	4.69	22.05	9.19	11.82	5.63	6.86	3.32	−7.03
安徽	10.57	81.20	6.82	7.82	17.73	1.13	7.30	3.67
福建	3.64	31.85	13.28	15.19	5.90	−0.62	0.70	20.05
江西	2.80	42.84	18.13	22.93	6.02	6.94	2.63	3.56

（续）

地区	产量		年均增长速度					
	1985	2013	1985—1990	1990—1995	1995—2000	2000—2005	2005—2010	2010—2013
山东	5.88	188.16	28.99	45.51	−3.05	9.06	−1.57	4.01
河南	2.87	85.61	18.05	26.96	12.14	9.73	3.87	4.95
湖北	2.66	49.07	19.86	24.86	6.12	4.61	6.47	2.13
湖南	6.51	40.18	8.52	14.90	9.03	4.64	−0.33	2.50
广东	21.63	100.10	11.81	15.28	−0.13	0.81	6.12	−2.23
广西	7.14	94.71	5.92	27.08	4.40	−9.73	30.11	2.70
海南		18.20	0.00	30.59	1.39	5.47	7.10	6.21
重庆		25.06	0.00	0.00	0.00	9.35	6.91	4.92
四川	11.20	66.92	15.72	15.39	5.30	−4.37	3.77	4.16
贵州	1.33	10.85	8.83	9.68	9.67	10.45	3.28	3.21
云南	1.82	24.99	7.31	14.60	11.50	10.33	10.02	2.45
西藏		0.14	0.00	0.00	0.00	0.00	0.00	25.99
陕西	0.56	5.67	20.11	27.13	4.05	4.72	−5.71	2.15
甘肃	0.28	3.01	26.58	20.74	−3.44	8.96	−0.47	0.79
青海	0.14	0.49	−12.94	17.36	6.15	5.92	4.56	11.87
宁夏	0.07	1.54	37.97	26.16	11.87	2.71	−8.97	3.23
新疆	0.35	8.05	19.14	24.26	16.42	14.57	−11.16	11.48

数据来源：《中国畜牧业统计年鉴》（历年），鸡肉产量＝禽肉产量×70％。

（二）保障我国鸡肉供给能力面临的主要挑战

1. 产品价格波动，生产成本不断攀升。 雏鸡、活鸡和鸡肉价格频繁波动，特别是雏鸡价格波动幅度过大，对养鸡业形成很大负面影响。饲料、人工等成本上涨，引发肉鸡生产成本全面上扬，加大了养殖风险，挫伤了养殖积极性。根据世界粮农组织的分析数据，中国是肉鸡饲料生产成本最高的国家，比阿根廷高出 67％，比美国高 40％以上。我国活鸡生产成本仅次于欧洲，位于世界第二，高出阿根廷 85.7％，比美国高 20％以上。

根据肉鸡生产成本收益统计资料《全国农产品成本收益资料汇编》，1990—2012 年我国肉鸡生产成本总体上呈现上升的趋势，从 1990 年的 2.55元/千克上升到 2012 年的 10.60 元/千克，增长了 3.16 倍；但成本收益率并没有表现出上升趋势，波动幅度非常大，1997 年最低，仅为 0.04％，2004 年最高，达到 21.78%（图 3）。

表 7 描述了占肉鸡生产总成本超过 95% 的三项主要成本饲料费用、仔畜费用、人工成本和防疫费用。虽然在 1990—2012 年，上述四项费用的增长幅度在黄羽肉鸡和白羽肉鸡之间略有差异，但增幅都比较显著。从全国总体水平来讲，增长幅度最大的是人工成本，增长了 10.74 倍；其次是饲料费用，增长了 4.59 倍；防疫费用增长了 3.50 倍，雏鸡费用增长了 1.33 倍。

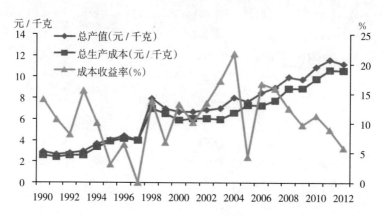

图 3　1990—2012 年我国肉鸡生产成本收益

数据来源：《全国农产品成本收益资料汇编》（历年）。

表 7　1990—2012 年我国肉鸡生产成本

单位：元/千克

年份	黄羽肉鸡				白羽肉鸡				平均			
	人工	饲料	雏鸡	防疫	人工	饲料	雏鸡	防疫	人工	饲料	雏鸡	防疫
1990	0.10	1.65	0.59	0.08	0.08	1.36	0.52	0.08	0.09	1.50	0.56	0.08
1991	0.05	1.58	0.13	0.56	0.06	1.34	0.12	0.47	0.06	1.46	0.12	0.52
1992	0.15	1.71	0.12	0.60	0.08	1.43	0.09	0.48	0.11	1.57	0.11	0.54
1993	0.15	1.53	0.07	0.56	0.11	1.52	0.08	0.49	0.13	1.53	0.08	0.53
1994	0.12	2.27	0.10	0.61	0.10	2.00	0.11	0.73	0.11	2.14	0.11	0.67
1995	0.12	3.05	0.13	0.76	0.16	2.36	0.15	0.55	0.14	2.70	0.14	0.65
1996	0.21	3.31	0.13	0.94	0.13	2.47	0.12	0.53	0.17	2.89	0.12	0.74
1997	0.21	2.89	0.13	0.95	0.15	2.46	0.13	0.49	0.18	2.67	0.13	0.72
1998	0.37	5.27	0.26	1.36	0.26	4.21	0.21	1.00	0.32	4.74	0.23	1.18
1999	0.23	5.14	0.24	1.29	0.22	3.74	0.22	1.04	0.23	4.44	0.23	1.17

（续）

年份	黄羽肉鸡				白羽肉鸡				平均			
	人工	饲料	雏鸡	防疫	人工	饲料	雏鸡	防疫	人工	饲料	雏鸡	防疫
2000	0.24	8.68	0.23	1.17	0.25	2.63	0.18	0.87	0.24	5.65	0.21	1.02
2001	0.21	4.15	0.23	0.94	0.22	3.39	0.19	0.76	0.22	3.77	0.21	0.85
2002	0.29	4.21	0.20	0.88	0.27	3.73	0.21	0.78	0.28	3.97	0.20	0.83
2003	0.25	4.34	0.22	0.88	0.28	3.84	0.21	0.69	0.26	4.09	0.22	0.78
2004	0.26	5.59	1.05	0.24	0.38	4.03	0.82	0.22	0.32	4.81	0.93	0.23
2005	0.44	6.49	1.09	0.32	0.30	4.16	1.10	0.26	0.37	5.33	1.10	0.29
2006	0.59	6.59	1.00	0.34	0.33	4.23	0.97	0.27	0.46	5.41	0.99	0.31
2007	0.48	7.05	1.27	0.42	0.40	4.63	1.18	0.24	0.44	5.84	1.23	0.33
2008	0.56	8.10	1.28	0.38	0.48	5.34	1.23	0.28	0.52	6.72	1.25	0.33
2009	0.58	8.40	1.12	0.40	0.50	5.63	1.02	0.23	0.54	7.02	1.07	0.32
2010	0.78	9.49	1.42	0.55	0.56	6.00	1.10	0.24	0.67	7.75	1.26	0.39
2011	0.98	10.24	1.71	0.49	0.67	6.42	1.35	0.31	0.83	8.33	1.53	0.40
2012	1.23	10.08	1.45	0.43	0.86	6.73	1.15	0.28	1.04	8.41	1.30	0.36

数据来源：根据《全国农产品成本收益资料汇编》（历年）相关数据整理。

2. 饲养管理水平低，标准化程度不高。 虽然，改革开放以来，尤其是近十多年的时间里，我国肉鸡专业化饲养水平也有很大程度的提高，但养殖设备以及养殖技术水平参差不齐的问题仍较为突出。我国肉鸡养殖基地主要在农村，饲养基本条件、饲养管理技术和人员素质与发达国家相比差距较大。饲养设施方面，由于缺乏合理而又规范化建筑的鸡舍，缺乏良好的保温、降温系统，以及机械通风设施等，威胁到鸡群健康，造成较高的发病率。很大一部分农户生产技术和经营理念环节比较薄弱，例如，部分农户对所用药物不了解，存在乱用药的现象，加大了治疗成本，降低了治疗效果，农户平均每只鸡的防疫治疗费用甚至比企业标准化养殖的防疫治疗费用高出50％；部分农户由于用农产品如玉米、糠麸作为肉鸡的饲粮，没有考虑肉鸡的全面营养需要，使得饲料转化率低，生产成本高，饲养效益低，饲养周期长。

3. 生产源头不规范，产品质量存隐忧。 肉鸡生产源头不规范，药物残留超标或含违禁药物成为当前我国鸡肉出口受阻的关键问题之一。由于肉鸡饲养周期短、密度大、发病率高，疫病种类多，在饲养过程中不得不使用大量抗菌素预防疾病，这导致我国肉鸡产品药残事件屡屡发生，不仅影响了我国肉鸡产品的出口，也造成国内消费者对肉鸡食品质量安全的担忧。政府部门对兽药生产、经营企业的管理监督不力是造成这一问题的主要原因。我国现有2 000多家兽药生产企业，良莠不齐，而美国仅有 1 000 多家，且均达到 GMP 标准。

4. 防疫环节薄弱，动物疫病威胁依然存在。高致病性禽流感仍是肉鸡生产的主要威胁；另外，我国肉禽业受沙门氏菌、大肠杆菌、新城疫等诸多疫病困扰，而且我国养鸡行业几乎每两年新增一种疾病。农村肉鸡养殖户普遍存在管理水平不高、专业知识不强、经验不足的问题，在疫苗的选择、使用、保藏等方面往往不加注意，造成免疫失败，或者导致治疗不及时，加重了疫病的流行。肉鸡企业派出的技术员又因为养殖户多且分散的原因，技术跟踪服务不及时，针对养殖过程中突发性的、传染性强的疫病处置水平低，对养殖区域内疫情疫病年度检测的连续性、系统性比较薄弱。

（三）我国鸡肉未来生产预测

考虑到未来国民经济增长速度、动物疫病防控、科技进步、饲料资源，结合最近几年鸡肉产品生产和消费变化趋势，利用局部均衡理论构建我国鸡肉产品供需模型对未来不同时期肉鸡产品生产做出预测（表 8）。预计 2020 年、2030 年，我国鸡肉总产量将分别达到 1 567 万吨、1 706 万吨。2020 年供需之间的缺口为 79 万吨，2030 年供需之间的缺口将进一步扩大，达到 144 万吨。

表 8　2020 年、2030 年我国鸡肉产量预测

年份	2020	2030
全国鸡肉总产量（万吨）	1 567	1 706
人均鸡肉占有量（千克/人）	11.22	12.10

数据来源：课题组计算。

二、我国肉鸡需求分析

（一）我国肉鸡消费发展状况

鸡肉是我国消费人群最广的肉类食品，全民皆宜。鸡肉是仅次于猪肉的第二大肉类消费品。由于长期以来，我国一直处于食物供给短缺或者供需紧平衡状态，国家统计局和政府关注的焦点大多是以生产统计为核心，食物消费虽然有所统计，但主要是着眼于大类食物的消费统计，而且关于家禽的消费也只是被包含在肉类产品的消费统计数据中，一直没有受到足够的重视。家禽产品的消费没有再进行细分，肉鸡产品消费没有单独的统计数据。

目前测算鸡肉消费水平的方法有两种。一种方法是食物平衡法，即利用鸡肉产量数据加上净进口数量，得到全国总消费量，再除以全国总人口，可得到人均消费量，但是这一数据没有将当年库存及损耗部分剔除；另一种方法是利用现成的国家统计局对城乡居民食物消费的抽样调查数据以及鸡肉产量占家禽产量的比例系数 70%，将家禽消费量的 70% 作为鸡肉的消费量，但是这一数据由于没有考虑户外消费、流动人口以及人际交往中礼尚往来等因素，因此主要是居民家庭鸡肉产品的人均消费水平。在对我国肉鸡产品消费总量及历史趋势进行分析时，为了能够反应包括户外消费在内的城乡居民户内外消费总量，我们将采用第一种方法；在对肉类消费结构，以及城乡居民肉鸡产品消费的差异和区域特征进行分析时，为了能够获取统计口径相一致的对应数据，我们将采用第二种方法，这种方法虽然没有能够包括城乡居民户外消费量，但其也能够很好地为我们提供比例、差异等分析方面的趋势判断。

1. **人均鸡肉消费水平及占肉类消费比重持续增长。** 改革开放前，受整个供给约束的限制，我国畜产品消费处于低水平阶段，鸡肉消费也不例外，人均消费鸡肉量不足 1 千克，到 1978 年，全国鸡肉总消费量仅为 84.04 万吨，人均鸡肉消费量也仅为 0.87 千克。改革开放后，特别是 1984—1985 年的畜牧业流通体制改革，使得我国畜牧业快速发展，畜产品供给迅速增加，再加之居民收入水平的提高，我国城乡居民对肉类产品的消费明显增加，其中家禽产品，尤其是鸡肉消费的增长最为明显，到 2013 年，全国鸡肉总消费量达到 1 287.17万吨，人均鸡肉消费量达到 9.46 千克（表 9）。鸡肉不再是只有在逢年过节和婚丧嫁娶的时候才能吃到的奢侈品，并且已成为仅次于猪肉的第二大肉类消费品。

表 9　我国鸡肉总消费量及人均消费量

单位：万吨，千克/人

年份	鸡肉产量	进口数量	出口数量	全国总消费量	人均消费量
1978	89.38	0.00	5.35	84.04	0.87
1980	95.90	0.00	6.29	89.61	0.91
1985	115.45	0.30	4.71	111.04	1.05
1990	224.37	6.48	8.32	222.52	1.95
1995	555.78	25.39	32.86	548.32	4.53
2000	842.69	79.98	53.48	869.19	6.86
2005	939.93	37.09	37.59	939.44	7.18
2006	959.14	57.22	35.84	980.52	7.46
2007	1 015.38	77.36	38.58	1 054.16	7.98

（续）

年份	鸡肉产量	进口数量	出口数量	全国总消费量	人均消费量
2008	1 074.85	78.73	30.44	1 123.14	8.46
2009	1 117.09	72.23	30.79	1 158.53	8.68
2010	1 159.85	51.59	39.98	1 171.46	8.74
2011	1 196.85	38.57	44.78	1 190.64	8.84
2012	1 262.92	47.33	44.08	1 266.17	9.35
2013	1 279.08	52.98	44.89	1 287.17	9.46

数据来源：FAOSTAT 数据库。

但同时，我们还必须认识到，同其他发展中国家类似，我国人均鸡肉消费量相比发达国家还处在较低水平。目前，美国、巴西年人均鸡肉消费量在 40 千克左右。香港鸡肉年人均消费也达到 40 千克左右，台湾达 25～28 千克，而我国（大陆地区）鸡肉年人均消费量不到 10 千克，2012 年为 9.34 千克，与世界发达国家水平相比差距较大。

随着城乡居民肉类消费量的增加，肉类消费的内部结构也发生了很大变化（表 10），鸡肉消费数量和消费比例增长迅速。根据国家统计局对城乡居民食物消费的抽样调查数据，1978 年城乡居民人均家庭消费 0.36 千克，占肉类家庭总消费的 4.01%，2012 年城乡居民人均家庭消费增长到 5.45 千克，占肉类家庭总消费的 19.00%。1978—2012 年，鸡肉消费占肉类总消费的比例增长了 14.99 个百分点，而同期，猪肉消费占肉类总消费的比例下降了 23.81 个百分点，牛羊肉消费占肉类总消费的比例增长了 1.62 个百分点，其他禽肉消费占肉类总消费的比例增长了 7.78 个百分点。虽然猪肉的消费比重在逐渐下降，但其目前仍占肉类消费总量的 60% 以上，仍是我国城乡居民肉类消费最主要的组成部分；鸡肉目前已经成为仅次于猪肉的第二大肉类消费品，鸡肉的消费比重增长很快，鸡肉消费量的增长也最快，鸡肉消费在我国还有较大的发展潜力和调整空间。

表 10　全国人均肉类消费量与数量结构

单位：千克,%

年份	肉类	猪肉		牛羊肉		鸡肉		其他禽肉	
		数量	比例	数量	比例	数量	比例	数量	比例
1978	8.86	7.67	86.57	0.75	8.47	0.36	4.01	0.08	0.95
1980	11.79	10.16	86.17	0.83	7.04	0.62	5.24	0.18	1.54
1985	14.36	11.81	82.25	1.02	7.09	1.07	7.46	0.46	3.20

（续）

年份	肉类	猪肉		牛羊肉		鸡肉		其他禽肉	
		数量	比例	数量	比例	数量	比例	数量	比例
1990	16.23	12.60	77.63	1.45	8.96	1.52	9.39	0.65	4.02
1995	16.69	12.53	75.05	1.21	7.22	2.07	12.41	0.89	5.32
2000	20.91	14.54	69.55	1.91	9.12	3.12	14.93	1.34	6.40
2005	25.97	17.56	67.60	2.45	9.43	4.18	16.08	1.79	6.89
2006	25.71	17.50	68.05	2.57	9.98	3.95	15.37	1.69	6.59
2007	24.77	15.61	63.02	2.62	10.56	4.58	18.50	1.96	7.93
2008	25.34	15.73	62.06	2.31	9.10	5.12	20.19	2.19	8.65
2009	26.89	17.14	63.76	2.51	9.34	5.06	18.83	2.17	8.07
2010	27.35	17.56	64.21	2.59	9.46	5.04	18.43	2.16	7.90
2011	28.20	17.60	62.43	2.95	10.47	5.35	18.97	2.29	8.13
2012	28.66	17.99	62.76	2.89	10.09	5.45	19.00	2.33	8.14

　　数据来源：根据《中国统计年鉴》（历年）相关数据计算。鸡肉消费量＝禽肉消费量×70%，并且禽肉消费数据根据《中国价格及城镇居民家庭收支调查统计年鉴》（历年）进行了校正。

　　2. 城乡居民鸡肉消费差异明显。目前，城镇居民是我国鸡肉消费的主要群体，占城乡居民鸡肉消费总量的比例超过70%，农村居民消费只占不到30%。而在改革开放之初，城镇居民鸡肉消费比例仅占城乡鸡肉消费总量的一半。改革开放以来，城镇居民鸡肉消费占城乡居民鸡肉总消费的比例整体上呈现上升的趋势，农村居民消费比例整体上呈现下降的趋势。这一变动趋势产生的原因主要有两点，一是随着我国城镇化进程的加快，城镇人口比例有了很大提高；二是城镇居民年均增长量明显高于农村居民，使城乡居民鸡肉消费绝对差距逐步扩大。

　　1978年城镇居民人均鸡肉消费量为0.97千克，农村居民人均鸡肉消费量为0.21千克，到2012年城镇居民人均鸡肉消费量增长到7.53千克，农村居民人均鸡肉消费量增长到3.14千克。1978—2012年农村居民人均鸡肉消费年均增长速度达到8.68%，高于城镇居民人均鸡肉消费年均增长速度6.20%；城乡居民的相对差距由1978年的4.63倍减少到2.39倍。虽然，这期间城乡居民鸡肉消费相对差距在缩小，但绝对差距却在扩大（图4）。城乡居民鸡肉消费的绝对差距由0.76千克扩大到4.38千克。城乡居民鸡肉消费差距较大主要有两方面的原因：一方面，由于城市工商业发达，居民收入水平相对较高，其肉类消费水平整体高于农村。另一方面，城市居民对营养健康的追求程度普遍高于农村，随着人们生活水平的提高，对红肉高脂肪、高胆固醇对健康的影响产生了一定的关注，进而对鸡肉一类的白肉消费需求增加相对更快。

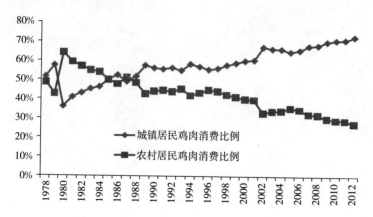

图 4　1978—2012 城乡居民鸡肉消费量比例

数据来源：《中国统计年鉴》（历年），鸡肉消费量＝禽肉消费量×70%。

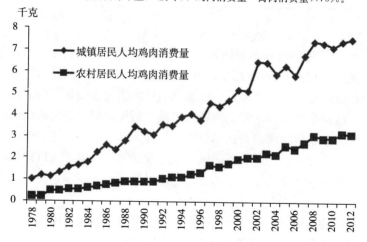

图 5　城乡居民人均鸡肉消费量

数据来源：《中国统计年鉴》（历年），鸡肉消费量＝禽肉消费量×70%。

表 11　城乡居民肉类消费结构比较

单位：%

年份	城镇				农村			
	猪肉	牛羊肉	鸡肉	其他禽肉	猪肉	牛羊肉	鸡肉	其他禽肉
1978	82.84	8.51	6.06	2.60	85.25	9.84	3.44	1.48
1980	81.83	9.24	6.25	2.68	85.88	5.88	5.76	2.47

（续）

年份	城镇				农村			
	猪肉	牛羊肉	鸡肉	其他禽肉	猪肉	牛羊肉	鸡肉	其他禽肉
1985	75.96	9.29	10.33	4.43	85.83	5.83	5.83	2.50
1990	70.03	12.44	12.27	5.26	83.33	6.35	7.22	3.10
1995	67.69	9.58	15.91	6.82	80.92	5.34	9.62	4.12
2000	60.97	12.14	18.83	8.07	77.33	6.40	11.40	4.88
2005	61.38	11.30	19.13	8.20	75.00	7.21	12.45	5.34
2006	62.27	11.77	18.18	7.79	75.24	7.77	11.89	5.10
2007	57.26	12.36	21.27	9.11	71.28	7.98	14.52	6.22
2008	57.86	10.33	22.27	9.54	68.85	7.10	16.83	7.21
2009	59.13	10.67	21.14	9.06	71.43	7.14	15.00	6.43
2010	59.71	10.89	20.58	8.82	72.00	7.00	14.70	6.30
2011	58.66	11.23	21.08	9.03	69.13	9.11	15.23	6.53
2012	59.45	10.45	21.07	9.03	69.05	9.41	15.07	6.46

数据来源：《中国统计年鉴》（历年）。

从消费结构来看（表11），城乡居民鸡肉消费在肉类消费中所占的比重也存在差异。1978—2012 年城镇居民鸡肉消费占肉类消费的比例增加了 15.01个百分点，农村居民鸡肉消费占肉类消费的比例增加了 11.63 个百分点，虽然城乡肉鸡消费在肉类消费中的份额都在逐渐增加，但城镇居民鸡肉消费占肉类消费的比例明显高于农村居民鸡肉消费占肉类消费的比例。2012 年城镇居民鸡肉消费占肉类消费的比例为 21.07%，农村居民为 15.07%。

3. 肉鸡产品户外消费不断增长。 随着收入水平的提高，我国居民消费模式发生了重大的转变，户外消费已经成为肉类消费的重要方式。据有关学者的估算，如李志强和王济民（2000）通过对 1998 年全国六省大中城市的调查研究表明，城镇居民在外消费畜产品尤其是肉类产品比重不断提高，肉类产品达到 38.9%，其中牛羊肉外出消费比例高达 65%，禽肉为 40.4%；农村居民猪肉、牛羊肉、禽肉和禽蛋的在外饮食比例分别为 9.9%、16.7%、14.8% 和13.4%。马恒运（2000）利用 1998 年在吉林、山东、四川和重庆四省市城乡居民消费调查数据计算出畜产品户外消费比重，研究结果显示城乡居民在外饮食增长很快，在外饮食消费结构与在家食品消费结构有明显差异，尤其是畜产品的在外饮食比例明显大于在家消费比例，城镇居民猪、牛和羊肉的在外饮食比例分别为 19%、25% 和 20%，禽肉和蛋类在外饮食比例分别为 12% 和

13%。陈琼（2010）通过对2008年全国七大区域的11个样本地区的省会城市、地级市、县级市、乡镇和农村的城乡居民第二季度肉类消费调查研究表明，城镇居民猪肉、牛肉、羊肉和禽肉户外消费比重分别为48%、56%、56%和46%；农村居民猪肉、牛肉、羊肉和禽肉户外消费比重分别为33%、51%、64%和27%。以上研究说明，户外消费已经成为肉类消费的重要方式。由于在我国鸡肉占禽肉的主要比例，我们可以推断我国城乡居民鸡肉产品的户外消费比例已经达到40%左右的水平。

4. 鸡肉消费地域分布广泛，但地区间存在差异。鸡肉是我国消费人群最广的肉类食品。我国有10个不吃猪肉的民族，在江南，嫌牛羊肉有膻味而不吃的人大有人在，唯鸡肉全民皆宜。鸡肉是仅次于猪肉的第二大肉类消费品。当然，由于我国幅员辽阔，自然条件差异性大，肉鸡产品的供应方式以及居民的饮食习惯复杂多样，因此肉鸡产品的消费存在着明显的区域特征。

东部沿海经济发达地区是我国鸡肉消费的主要市场，根据目前能够获取的统计数据（表12），2012年东部城镇居民人均禽肉消费支出为344.58元，明显高于全国平均水平282.50元；西部地区次之，为225.32元；中部地区为211.72元；东北地区最少，为128.17元。2012年东部地区农村居民人均鸡肉消费4.27千克，明显高于全国水平；西部地区次之，为2.80千克；中部地区和东北地区最少，分别为2.80千克和2.17千克。

表12　2012年我国东中西部城乡居民人均鸡肉消费量比较

地区	城镇（元/人）	农村（千克/人）
东部	344.58	4.27
中部	211.72	2.66
西部	225.32	2.80
东北	128.17	2.17
全国	282.50	3.14

数据来源：《中国住户调查年鉴》（2013年）。城镇居民统计口径为人均禽肉消费支出。农村居民鸡肉消费量按禽肉消费量×70%计算。

此外，消费偏好所带来的肉类消费结构上的差异，在区域之间也表现得非常明显。从消费习惯来看，我国南方尤其是两广、闽、浙、苏、沪等省市偏爱黄羽肉鸡，其中浙、苏、沪消费黄羽肉鸡有一定的季节性，而两广、福建三省则是常年消费，且消费习惯排斥白羽肉鸡。北部地区对肉鸡羽色没有选择，但基本上以消费白羽肉用仔鸡为主。黄羽肉鸡以活禽形式上市最为普遍，白羽肉鸡则多以屠宰整装或分割的形式上市。

（二）制约我国鸡肉消费的因素

1. 公众认识上存在误区制约鸡肉消费。 现在与百姓生活息息相关的食品安全问题时有发生，而由于肉鸡生产自身由于生产周期短，也经常被媒体冠以"速成鸡"进行夸张报道，使消费者错误地认为鸡肉都是含有激素的。其实，肉鸡良好的生长特性，来源于遗传性能的改进、饲料营养的改善和饲养环境的提升。虽然，国内的确有个别不法生产商在肉鸡饲养过程中违规使用了激素药品，但不合格产品只占市场销售所有产品的很小比例。不客观的舆论宣传严重伤害了消费者的购买积极性，造成了鸡肉产品市场的混乱，使消费者对鸡肉产品的质量安全产生严重质疑。此外，2003 年以来家禽业经历了几次大的禽流感疫情，虽然正规经营场所销售的禽肉产品质量过关，可以放心消费，而且国家卫生部、农业部已经做出明确说明，世界卫生组织也一再重申，熟制禽产品不会造成对人的感染，但是由于媒体在报道时主要是侧重于发布将禽流感的危害和严重程度的信息，而报道企业食品安全的声音较弱，信息强弱不对称，致使消费者担心安全问题不愿意购买鸡肉产品，每次禽流感都让鸡肉产品的消费逃脱不了大幅下滑的命运。

2. 产品质量参差不齐制约鸡肉消费。 肉鸡生产源头不规范是影响肉鸡产品质量的重要原因之一。部分小养殖户用药不规范，出栏毛鸡收购企业由于受到检测方法、标准、时间等条件的限制，检测过程往往流于形式，致使养殖环节药物残留超标成为影响我国鸡肉产品质量的重要原因。此外，虽然大型龙头企业进入肉鸡行业，很大程度上带动了肉鸡加工企业的产品质量的提高，并呈现出良好的发展势头，但仍有部分小加工企业条件差、加工过程不规范，产品质量难以控制，甚至以次充好、以假乱真，以谋取利润，极大地损害了消费者的利益，破坏了整个肉鸡产业的形象。

（三）我国肉鸡未来消费预测

考虑到未来国民经济增长速度、人口数量、城镇化率及消费者收入水平（表 13）、畜禽产品市场消费量增幅出现波动的可能性及其他不可预见因素，结合最近几年鸡肉产品生产和消费变化趋势，利用局部均衡理论构建我国鸡肉产品供需模型对未来不同时期鸡肉产品消费做出预测（表 14）。随着人口增长及城镇化步伐的加快，肉类消费量将不断提高，但肉类消费增长速度将呈现逐步下降的趋势。预计 2020 年、2030 年，我国鸡肉总消费量将分别达到 1 646

万吨、1 850 万吨，人均鸡肉消费量分别为 11.79 千克、13.11 千克；人均肉类消费量分别为 62.96 千克、68.62 千克，鸡肉消费占肉类消费的比重分别为 18.73％、19.11％。

表 13　主要年份我国人口及人均 GDP 预测值

项目	2020 年	2030 年
总人口（亿）	13.96	14.10
城镇化率（％）	55	60
城镇人口数（亿）	7.68	8.46
农村人口数（亿）	6.28	5
人均 GDP（美元）	7 500	15 000

数据来源：人口数据为国家人口与计划生育委员会、FAPRI 及相关人口专家预测数，城镇化率数据根据国务院发展研究中心预测数及陈锡文相关观点调整，人均国民生产总值按年均增长率 7％计算。

表 14　2020 年、2030 年全国居民家庭肉类消费量预测

项目	2020 年	2030 年
人均鸡肉消费量（千克/人）	11.79	13.11
全国鸡肉消费总量（万吨）	1 646	1 850
人均肉类消费量（千克/人）	62.96	68.62
鸡肉消费占肉类消费的比例	18.73％	19.11％

数据来源：课题组计算。

三、我国肉鸡国际贸易分析

（一）我国肉鸡国际贸易发展状况

1. 我国是肉鸡产品进口大国。我国是肉鸡产品进口大国。20 世纪 80 年代中期以前，我国鸡肉进口量很低，不到 5 000 吨，但 1986 年之后呈现明显增长态势，虽然有个别年份大幅缩减，但综合来讲，我国肉鸡产品的进口数量总体上保持在较高水平，1999—2000 年及 2007—2009 年肉鸡进口量均超过 70 万吨。

肉鸡产品进口量占世界肉鸡产品总进口量较大比重。虽然我国肉鸡产品进口量占世界肉鸡产品进口量的比重存在频繁波动，我国肉鸡产品进口量占世界肉鸡产品进口量的比重从 20 世纪 80 年代的不到 0.5％增加到 1999 年超过 12％，虽然之后有所下降，但 2010 年之前，除 2004 年、2005 年外都保持在

5%以上的水平。其中，2004 年和 2005 年由于受世界禽流感影响，我国的进口量有所减少；2010 年以后由于我国对进口美国鸡肉实行双反（反倾销、反补贴），进口量相对减少。

肉鸡产品进口量占国内产量的比重在波动中呈增长趋势。1999 年以前，我国肉鸡进口数量占国内肉鸡产量的比重一直不高，1999 年我国肉鸡进口数量占国内肉鸡产量的比重迅速增长，从 1998 年的 2.62%迅速提高到 10.09%，之后几年虽有浮动，但大都保持在 5%以上的水平；而 2010 年以后这一比重持续下降。

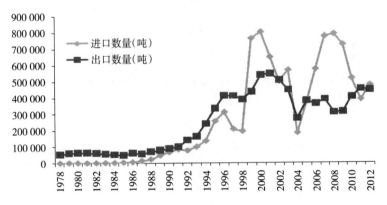

图 6　我国肉鸡产品出口量

数据来源：FAOSTAT 数据库。

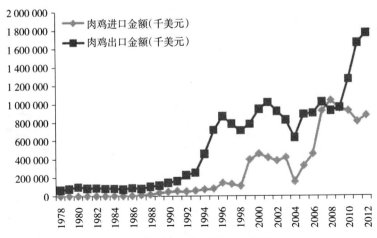

图 7　我国肉鸡产品进出口金额

数据来源：FAOSTAT 数据库。

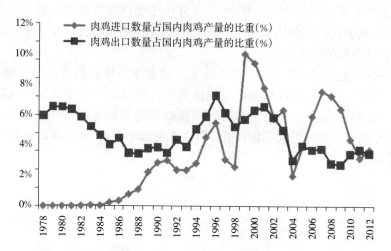

图 8　我国肉鸡产品进出口量占国内肉鸡产品生产总量的比重
数据来源：FAOSTAT 数据库。

表 15　我国进出口肉鸡产品占世界肉鸡产品总进出口量的比例

年份	我国进口肉鸡数量占世界肉鸡进口总量比例	我国出口肉鸡数量占世界肉鸡出口总量比例	我国进口肉鸡总额占世界肉鸡进口总额比例	我国出口鸡肉总额占世界肉鸡出口总额比例
1978		5.58%		5.02%
1980		4.49%		4.70%
1985	0.21%	3.07%	0.14%	4.27%
1990	2.82%	3.76%	1.14%	3.83%
1995	5.60%	6.78%	1.08%	9.65%
2000	12.32%	7.19%	5.82%	11.48%
2001	9.11%	6.67%	4.64%	10.40%
2002	6.93%	6.22%	4.27%	9.97%
2003	7.31%	5.17%	3.99%	7.55%
2004	2.37%	3.28%	1.30%	5.35%
2005	4.30%	4.05%	2.36%	6.15%
2006	6.35%	3.80%	3.26%	6.34%
2007	7.70%	3.56%	5.06%	5.26%
2008	6.99%	2.53%	4.36%	3.80%

（续）

年份	我国进口肉鸡数量占世界肉鸡进口总量比例	我国出口肉鸡数量占世界肉鸡出口总量比例	我国进口肉鸡总额占世界肉鸡进口总额比例	我国出口鸡肉总额占世界肉鸡出口总额比例
2009	6.25%	2.49%	4.22%	4.22%
2010	4.22%	2.99%	3.73%	4.97%
2011	2.90%	3.13%	2.68%	5.45%
2012	3.50%	3.03%	2.91%	5.74%

数据来源：FAOSTAT 数据库。

2. 我国肉鸡产品出口量相对较小。 改革开放以来，我国肉鸡产品出口量有所增长，但总体上低于进口数量，2012 年排名世界第十位。20 世纪 90 年代，我国鸡肉出口一直处于低水平徘徊，出口数量不足 10 万吨。90 年代开始，鸡肉产品出口量快速增长，2001 年达到最高水平 54.47 万吨。其间，1998 年由于东南亚金融危机，出口量下降，之后快速恢复。从 2001 年以后有所下降，2012 年出口量为 44.44 万吨；期间，2004 年受禽流感问题影响，下降到最低点 27.03 万吨。肉鸡产品出口量占国内产量的比重虽有波动，但基本保持在 3%～7%。

我国肉鸡产品出口量占世界肉鸡产品总出口量的份额不高。1993 年以前，我国肉鸡产品出口量占世界肉鸡产品总出口量的比重浮动不大，基本处在 3%～5%；1994－2002 年我国肉鸡产品出口量占世界肉鸡产品总出口量的比重相对较高，维持在 6%～7%；2000 年之后我国肉鸡产品出口量占世界肉鸡产品总出口量的比重一直处于下降状态，2012 年为 2.91%。

3. 我国从净出口国转变为净进口国。 1998 年以前，我国都是肉鸡产品净出口国；从 1999 年起，除 2004 年和 2011 年个别年份为，一直为肉鸡产品净进口国。由于美国肉鸡产品价格相对低廉，再加上美元相对于人民币贬值，大量美国肉鸡产品进入我国。而我国的肉鸡产品特别是禽流感暴发以后，面对种种限制，出口更为艰难，特别是冷冻产品，这促使我国肉鸡产品出口企业调整出口战略，增加肉鸡熟食品及加工品，从而带来我国鸡肉熟食品等加工品出口比重上升，但还是无法改变我国为净进口国的状况。

4. 肉鸡产品贸易在我国畜产品贸易中占有重要地位。 肉鸡产品进出口在我国肉类出口中占有举足轻重的地位。利用肉类产品的国际贸易金额进行计算，20 世纪 90 年代以前，我国肉鸡产品出口占肉类产品总出口比重基本维持在 20%左右水平，变化幅度不大；进入 90 年代，迅速上升，2000 年达到最高点的 69.59％，之后虽然连年下降，特别是在禽流感冲击下，2004 年降到谷底，为 38.45％；2004 年以后，又逐渐回升，到 2010 年，比重又超过 50％；但是，2010 年以后，迅速下降，2012 年降至 32.71％ 。

虽然肉鸡产品进口占我国肉类进口比重的变化经历了几次大的起伏，但我国肉鸡产品进口在肉类产品总进口中一直占有重要比重。我国肉鸡产品进口占肉类产品总进口比重，1982－1985 年处于一个迅速上升的阶段，从 1982 年的16.67％上升到 1985 年的 84.75％。1986 年急速跌到 27.51％。1987 年开始肉鸡产品进口占我国肉类进口比重又开始上升，1987－2003 年，鸡肉制品和鸡肉进口量占我国肉类进口总额比重一直在 50％以上。虽然 2004 年受禽流感冲击，降至 31.36％，但之后又有所回升，一直在 40％以上；最近两年接近50％，2012 年为 47.05％ 。

表 16　我国肉鸡进出口占肉类进出口比例

年份	肉鸡进口数量占肉类进口数量比例	肉鸡出口数量占肉类出口数量比例	肉鸡进口金额占肉类进口金额比例	肉鸡出口金额占肉类出口金额比例
1978		31.41％		21.96％
1980		25.63％		20.49％
1985	86.96％	14.29％	84.75％	16.35％
1990	94.46％	16.20％	85.01％	17.76％
1995	93.59％	40.90％	79.41％	52.65％
2000	73.26％	66.83％	70.43％	75.17％
2001	72.58％	57.77％	68.14％	69.22％
2002	58.47％	51.91％	59.81％	67.05％
2003	61.16％	43.70％	54.03％	58.44％
2004	53.50％	26.00％	31.36％	39.24％
2005	76.89％	32.54％	55.00％	45.67％
2006	85.07％	29.11％	65.11％	44.07％
2007	77.65％	36.68％	60.18％	48.79％
2008	53.62％	38.75％	44.74％	48.01％
2009	68.88％	40.49％	55.59％	49.57％
2010	54.94％	44.67％	41.26％	51.62％
2011	32.87％	49.18％	23.68％	56.31％
2012	32.71％	47.05％	21.18％	56.20％

数据来源：FAOSTAT 数据库。

5. 我国肉鸡产品进出口产品结构变化显著。 我国的出口结构发生了较大变化，我国肉鸡出口 2003 年以前主要以冻鸡块鸡杂碎为主，2003 年及以后以肉鸡加工品为主，冷鲜肉、活鸡主要出口香港、澳门。进口方面，2005 年以前主要以冻鸡块鸡杂碎为主，从 2005 年起，鸡爪进口大约占比 50%。以 2012 年为例，2012 年我国主要出口深加工制品，如其他制作或保藏的鸡腿肉所占比重最大，占肉鸡产品出口总量的 35.11%，其次是其他冻鸡块，占比为 19.12%；进口主要是冻鸡爪，占进口总量的 48.87%，其次为冻鸡翼（不包括翼尖），占比为 28.39%。

表 17　2012 年我国各类肉鸡产品进出口占肉鸡产品总进出口比重

肉鸡产品种类	数量比重（%）		金额比重（%）	
	出口	进口	出口	进口
其他制作或保藏的鸡腿肉	35.11	0.00	43.74	0.00
其他冻鸡块	19.12	0.79	12.24	0.95
其他制作或保藏的鸡肉及食用杂碎	17.63	0.01	19.88	0.03
整只鸡，鲜或冷的	13.57	0.00	10.23	0.00
其他制作或保藏的鸡胸肉	9.31	0.00	10.32	0.00
其他鸡，改良种用除外	2.62	0.00	1.86	0.00
冻的带骨鸡块	1.26	7.69	0.80	6.45
整只鸡，冻的	0.82	0.05	0.58	0.04
鸡罐头	0.46	0.00	0.26	0.00
其他冻鸡杂碎	0.07	14.02	0.02	7.98
其他鸡，重量≤185 克	0.02	0.00	0.04	0.00
冻的鸡翼（不包括翼尖）	0.02	28.39	0.02	42.43
鲜或冷的带骨鸡块	0.01	0.00	0.03	0.00
冻鸡爪	0.00	48.87	0.00	37.37
冷冻的鸡肫（即鸡胃）	0.00	0.16	0.00	0.08
合计	100.00	100.00	100.00	100.00

数据来源：《中国海关统计年鉴》（2013）。

注：活鸡未包括在内。我国大陆活鸡主要出口我国香港地区，且占鸡肉及鸡肉产品出口数量的比重较小。

6. 我国肉鸡产品进出口国家（地区）相对集中

（1）进口来源国（地区）。我国肉鸡产品进口大致来自于 15～20 个国家（地区），并且近几年呈现逐步减少的趋势，2010 年进口来源国共计 21 个，

2011 年进口来源国共计 19 个，2012 年下降至 15 个。总的来看，近几年最主要来源于美国、阿根廷、巴西，来自这三个国家的肉鸡产品进口数量约占我国肉鸡产品总进口数量的 95％。

在 2010 年我国对美国白羽肉鸡实施"双反"以前，一直是美国居于肉鸡产品进口来源国的第一位。2010 年，"双反"见效，源自于美国的进口肉鸡产品大幅度减少，2010 年比 2009 年减少了 59.12 万吨，减少了 87.48％。而源自巴西的鸡肉进口量 2010 年比 2009 年增加了 25.79 万吨，增加了 9.23 倍。2010 年之后，巴西取代美国成为我国肉鸡产品进口来源国第一的国家。

据《中国海关统计年鉴》统计数据，2012 年进口肉鸡产品巴西排第一位（占比为 48.58％），美国第二位（占比为 37.36％），阿根廷排第三位（占比为 10.18％），智利排第四位（占比为 3.12％），法国排第五位（0.43％）。2012 年，巴西鸡肉进口额占我国鸡肉进口总额的 60.03％，美国占 25.44％，阿根廷占 9.07％，智利占 4.24％，法国占 0.60％。

表 18 我国肉鸡产品主要进口来源国进口量

单位：吨

年份	巴西	美国	阿根廷	智利	法国
1990	3 619	28 259	1 536	40	3 491
1991	4 828	39 323	1 488	24	5 621
1992	1 523	45 987	406		2 480
1993	850	68 849	153		3 047
1994	387	99 499	238	166	4 425
1995	682	207 790	1 638	457	3 809
1996	4 527	270 530	985	389	4 451
1997	42 469	99 565	8 915	2 114	7 644
1998	65 088	93 869	5 376	373	7 601
1999	143 057	485 484	19 264	5 878	5 904
2000	188	648 501	18 798	10 076	710
2001	9	542 136	11 827	5 204	1 918
2002	200	490 109	4 149	2 011	1 714
2003	8 397	576 985	4 236	48	
2004	60 810	123 690	42 586		
2005	142 872	268 313	24 188	2 502	1 654

（续）

年份	巴西	美国	阿根廷	智利	法国
2006	142 813	483 889	27 702	9 044	1 260
2007	163 388	507 822	102 090		
2008	131	572 044	192 254	12 372	10 396
2009	27 793	675 798	68 440	12 217	608
2010	285 688	84 629	129 927	12 909	2 307
2011	258 628	53 568	57 165	14 139	3 054
2012	230 298	177 133	48 247	14 783	2 047

数据来源：《中国海关统计年鉴》（历年）。

（2）出口去向国（地区）。相对于进口来源国，我国肉鸡产品出口去向国（地区）数量较多，约为 60 个国家（地区），但最主要的是日本和中国香港地区。近几年，出口到日本和中国香港的肉鸡产品数量占中国肉鸡总出口数量80％以上。据《中国海关统计年鉴》计算，2012 年，出口肉鸡产品日本占53.64％，中国香港占 30.31％。对占中国肉鸡产品出口总量 85％的前五类产品而言，2012 年，其他制作或保藏的鸡腿肉主要出口去向国（地区）为日本，占该类产品出口总量的 96.38％；其他冻鸡块主要出口去向国（地区）为中国香港和马来西亚，分别占该类产品出口总量的 48.67％和27.29％；其他制作或保藏的鸡肉及食用杂碎主要出口去向国（地区）为日本和中国香港，分别占该类产品出口总量的 71.73％和 25.46％；整只鸡，鲜或冷的出口去向国（地区）只有中国香港和澳门，其中，中国香港占比 95.85％；其他制作或保藏的鸡胸肉主要出口去向国（地区）为日本，占该类产品出口总量的 76.73％。

表 19　2012 年鸡肉主要类别产品主要出口国出口量

项　目	出口地区	当期出口数量（吨）	比重（％）
鸡肉及鸡肉制品总量	日本	226 651.69	53.64
	中国香港	128 085.03	30.31
	马来西亚	22 504.28	5.33
其他制作或保藏的鸡腿肉	日本	142 986.84	96.38
	韩国	2 281.96	1.54
	中国香港	1 714.72	1.16

（续）

项　目	出口地区	当期出口数量（吨）	比重（%）
其他冻鸡块	中国香港	39 325.45	48.67
	马来西亚	22 047.91	27.29
	巴林	4 999.34	6.19
其他制作或保藏的鸡肉及食用杂碎	日本	53 415.99	71.73
	中国香港	18 958.21	25.46
	巴基斯坦	489.30	0.66
整只鸡，鲜或冷的	中国香港	54 957.98	95.85
	中国澳门	2 381.56	4.15
其他制作或保藏的鸡胸肉	日本	30 167.26	76.73
	荷兰	3 607.37	9.17
	英国	3 141.78	7.99

数据来源：《中国海关统计年鉴》（2012）。

（二）制约我国肉鸡国际竞争力的主要因素

1. 国外技术壁垒对我国肉鸡产品出口形成长期障碍。发达国家不断提高进口肉鸡产品的技术标准，内容已涉及生态环境、动物福利、知识产权等多个领域。日本、欧盟相继修改食品安全卫生法；日本出台的食品中农业化学品残留"肯定列表制度"大幅提高进口肉鸡产品的农药兽药残留检测指标；欧美等发达国家对肉鸡产品提出质量可追溯的要求，抬高了我国肉鸡产品出口的门槛。

2. 出口肉鸡产品质量卫生安全不稳定。近年来，我国出口肉鸡产品的质量安全水平逐年提高，企业的质量意识不断增强，大部分肉鸡产品出口企业已拥有自己的生产基地，实现了标准化生产，并逐步建立起科学、有效的质量监控体系，出口企业质量安全意识提高。但由于生产技术水平、管理水平与世界肉鸡产业发达国家相比还有较大差距，再加上各种疫病时有发生，产品质量安全、卫生水平仍有待提高，质量卫生问题仍是制约我国扩大肉鸡产品出口的重要因素。

3. 贸易促进机制还不完善。肉鸡产品出口急需加强信息咨询、交流培训和宣传推广等公共服务，出口营销渠道也有待拓展。由于目前我国肉鸡产品出口企业相对规模较小，进入国际市场的时间不长，缺乏信息收集、处理、分析能力。目前肉鸡产品出口信息服务与扩大出口的要求还有较大差距。一是信息资源分散；二是没有建立权威的信息发布机制；三是政府的信息服务机制不够完善。此外，针对肉鸡产品出口企业的市场开拓、国际营销、监测预警、技术推广和咨询培训等方面的服务机制尚未形成。

4. 我国的肉鸡产品进口检验检疫制度不够完善。不能杜绝不安全肉鸡产品和走私肉鸡产品进入国内，对国内的肉鸡产业的健康稳定发展带来冲击，引起国内肉鸡产品市场的动荡，最终不仅会影响生产者的利益，也会损害消费者的利益和健康。

5. 肉鸡产品加工程度低，技术创新能力薄弱，缺乏品牌产品。相对于肉鸡产业发达国家，我国肉鸡产品加工业发展水平相对落后，产品质量和加工水平低，不利于出口企业培育核心竞争力，不适应国际市场消费多样化的需要。

四、实现肉鸡产业可持续发展的战略构想

（一）指导思想与发展目标

1. 指导思想。以中国特色社会主义理论为指导，深入贯彻落实科学发展观，按照"高产、优质、高效、生态、安全"的要求，以推进肉鸡产业发展方式（养殖方式、经营方式、组织方式、服务方式和调控方式）转变为核心，以科技创新、制度创新、体制和机制创新为动力，稳步增加数量，调整优化结构，加速提高质量，加快建立健全现代肉鸡产业体系（良种繁育体系、优质饲料兽药生产体系、健康高效养殖体系、安全防疫体系、现代物流加工体系），提高肉鸡产业综合生产能力，推动肉鸡产业可持续发展。

2. 基本原则。转变方式，科学发展。转变养殖观念，调整养殖模式，在坚持适度规模的基础上，大幅度提高标准化养殖水平，努力实现管理模式统一、饲料喂养统一、环境控制统一、疫病防控统一的四统一标准，积极推行健康养殖方式，全面推进肉鸡产业的健康持续发展。

优化布局，稳定发展。大力调整、优化产业结构和布局，突出支持主产区和优势区发展，稳定非主产区生产能力，加强良种培育、饲料生产和疫病防治体系建设，立足当前、着眼长远、突出区域、科学规划、统筹安排、分步实施，保障肉鸡产业持续稳定发展。

强化质量，安全发展。加强肉鸡产业综合生产能力建设和各养殖环节质量控制，强化质量意识，转变发展方式，坚持数量质量并重发展，实现肉鸡生产发展与资源环境、社会需求以及农民增收之间的动态平衡，促进肉鸡养殖向健

康养殖的方向发展。

创新科技，持续发展。依靠科技创新和技术进步，缓解肉鸡产业发展的资源约束，不断提高良种化水平、饲料资源利用水平、养殖管理技术水平和疫病防控水平，通过科技创新，推进养殖业增长方式转变，提升养殖业竞争能力，建立现代肉鸡产品产业供应链，实现肉鸡产业又好又快、可持续发展。

3. 发展目标。

（1）目标定位。在国内市场方面，继续保持第二大肉类消费品的地位，逐步提高鸡肉消费占肉类消费的比重，优化我国居民肉类消费结构，使鸡肉成为国民主要的优质蛋白质摄入来源，提高国民身体素质；在国际市场方面，逐步提高质量，使我国生产的鸡肉产品具有更强国际竞争力，稳步提升我国肉鸡产业在国际市场的地位，稳定进口，并实现扩大出口。

（2）具体目标。未来 10~15 年，肉鸡产业的生产结构和区域布局进一步优化，综合生产能力显著增强，规模化、标准化、产业化程度进一步提高，肉鸡产业继续向资源节约型、技术密集型和环境友好型转变，肉鸡产品有效供给和质量安全得到保障。

鸡肉产品有效供给得到保障。到 2020 年，肉鸡产量预计达到 1 400 万吨，肉鸡出口量达到 21 万吨，消费水平在各方正确引导下。质量安全水平进一步提升。

肉鸡产业素质明显提高。到 2020 年，全国肉鸡规模养殖比重提高 10~15 个百分点，规模化养殖场（小区）粪污无害化处理设施覆盖面达到 50% 以上。良种繁育体系进一步健全完善，良种化水平明显提高。畜禽组织化水平进一步提高，农民专业合作组织的经营规模和带动能力不断扩大和增强。

科技支撑能力显著增强。到 2020 年，先进适用技术转化应用率大幅提高，科技创新与服务体系得到完善，科技进步贡献率提高到 56% 以上；在品种培育、饲草料资源开发利用、标准化养殖、废弃物综合处理利用、重大疫病防控、机械化生产等重大关键技术领域取得实质性进展。

（二）战略重点

1. 加强和完善肉鸡良种繁育体系建设。种业是现代畜牧业发展的根本，良种是肉鸡产业化发展的基础。按照"保种打基础、育种上水平、供种提质量、引种强监管"的要求，进一步加强对肉鸡遗传资源的保护力度，以龙头企业为实施主体，建立省级地方品种资源库，进一步加强地方品种保护和选育开发利用力度；完善肉鸡育种机制，增强自主育种和良种供给能力，逐步改变畜禽良种长期依赖进口的局面。组织实施肉鸡品种的遗传改良计划,加大肉鸡良种等工程建设力度,加快健全完善肉鸡良种繁育体系,积极培育具有国际竞争力的核心种业企业,建设现代肉鸡种业。加强基层肉鸡良种推广体系建设,稳定肉鸡品种改良技术推广队伍,建设新品种推广发布制度,加大新品种推广力度,加快品种结构调整,大力发展特色优新良种。

2. 加快推进肉鸡标准化生产体系建设。标准化规模养殖是现代畜牧业的发展方向。按照"畜禽良种化、养殖设施化、生产规范化、防疫制度化、粪污处理无害化"的要求,加大政策支持引导力度,加强关键技术培训与指导,深入开展畜禽养殖标准化示范创建工作。进一步完善标准化规模养殖相关标准和规范,建立龙头企业和标准化肉鸡养殖示范基地生产有记录、信息可查询、流向可跟踪、责任可追究、质量有保障的产品可追溯体系。要特别重视肉鸡养殖污染的无害化处理,因地制宜推广生态种养结合模式,实现粪污资源化利用,建立健全肉鸡标准化生产体系,大力推进肉鸡标准化、规范化、规模化养殖。国内肉鸡业的发展应该借鉴世界先进经验,依靠设备自动化养鸡,以标准化鸡舍为核心,在整个肉鸡产业中,实现"人管理设备,设备养鸡,鸡养人"的理念。因地制宜发展开发适销对路的优质肉鸡产品,同时提高标准化水平,规范养殖、生产和加工,开拓市场,在饲料生产、雏鸡孵化、种鸡饲养、肉鸡饲养、屠宰、价格、冷储、运输和销售等各个环节实现标准化、规范化,加强对鸡肉产品的安全监控,形成从田间到餐桌的链式质量跟踪管理模式,提高鸡肉产品的整体水平。

3. 高度重视疫情和疫病防控体系建设。增强动物防疫意识,强化包括禽流感在内的动物防疫措施,消除禽流感等动物疫病发生与传播隐患。建立健全养殖场防疫制度,提高养殖场生物安全条件,规范养殖行为,提高养殖水平。完善防疫体系建设,加大执法力度,加强防治药物、疫苗、诊断试剂等产品的研发,制定科学的免疫程序,合理用药。清理整顿各种饲料添加剂厂、兽药厂,采取严格的市场准入制度。不断提高禽病诊断水平,建立快速、灵敏和简便的诊断方法,降低疾病发生率。加强县、乡两级动物疫病检测和化验基础设施建设,配备一些必要的化验仪器设备,充实技术力量,提高动物疫病检测诊断能力和水平。完善应急预案,建立应急队伍,加强培训和演练,提高应急处置能力。始终保持高度警惕,做好应对突发疫情的准备,一旦发生疫情,及时启动相应级别的应急预案,及时划定疫点和受威胁区,严禁相关产品流出疫区。倡导适度规模化、标准化饲养;实施区域化管理,建设无疫区和生物安全隔离区;强化宣传培训,提高防治技术水平。

4. 强化肉鸡产业科技支撑体系建设。科技是产业发展的重要支撑。要把科技推广应用放在重要位置，积极推动管理创新、品牌创新、技术创新以及机制创新，促进和推动肉鸡产业可持续发展。全面推进现代肉鸡产业技术体系建设，引导各省（区、市）因地制宜建立健全地方现代肉鸡产业技术体系，加快形成农科教、产学研紧密结合的科技创新体系。健全技术推广服务机构，加快肉鸡产业先进适用技术的推广应用。围绕养殖过程的关键环节，实施选育和推广优质高效品种、饲料资源产业化开发与安全高效利用、健康养殖过程控制、养殖废弃物减排与资源化利用、质量安全控制、疫病防控、养殖设施设备开发推广和应用以及产品精深加工技术等重大科技项目的研发和推广，力争突破一系列重大技术瓶颈，为现代肉鸡产业发展提供强有力的科技支撑。

5. 坚持走精深加工和品牌化之路。除传统的肉禽加工产品需进一步提高质量和扩大市场份额外，还要加大科技投入和肉鸡加工产品研发力度，在有地方特色的鸡肉加工制品、冷藏鸡肉制品、高附加值鸡肉制品等方面加大开发力度，加强鸡肉产品的精深加工步伐，改进加工工艺，改善生产设施和质量检测条件，提高加工产品的卫生质量，进一步延伸产业链条，充分发挥产后加工增值效应，增强产品市场竞争力。在抓好肉鸡生产的基础上，依托龙头企业和养殖大户，积极发展肉鸡产品加工业，能降低产业发展风险，促进肉鸡产业做大做强，为农民持续增收提供有力保障。同时，要树立品牌意识，实施品牌带动战略。发展品牌农业是建设现代农业的重要内容之一，是提升农产品市场竞争力、保障农民收入的必由之路。要在抓好标准化生产，建立和完善肉鸡技术标准、认证和检验检测体系、保障农产品质量的同时，更加注重品牌的打造，积极引导肉鸡生产和加工企业不断创新，扶持鼓励开发优质特色肉鸡产品品牌，开辟绿色通道，提高其市场知名度，增强市场竞争力，促进流通，提高效益，带动和促进龙头企业的发展，带动科技示范农户和肉鸡生产基地建设，带动肉鸡产品加工业，带动千万农户走上致富路，为做强做大肉鸡产业奠定基础。

6. 重视养殖过程中的"动物福利"。随着对动物要进行"人道养殖"的呼声不断高涨，有越来越多的发达国家要求动物产品出口方必须能提供畜禽或水产品在饲养、运输、宰杀过程中没有受到虐待的证明才准许进口。因此，在动物保护和人道主义温情的背后，动物福利的贸易壁垒作用日益显现。一方面，要提高动物产品质量，就必须善待动物。动物长期处于应激状态，抵抗疾病的能力下降，容易暴发疫病。另一方面，动物福利对我国肉鸡产品出口的潜在影响不可小视。目前，虽然质量安全性问题在很大程度上制约了我国肉鸡产品的出口，但将来当我国提高肉鸡产品的质量安全性，克服了发达国家设置的技术壁垒时,有可能会面对新的贸易壁垒——道德壁垒,即动物福利。某些西方国家可能会主要以这种方式限制我国肉鸡产品出口,所以我们不能低估动物福利对我国肉鸡产品出口的潜在影响。因此,要加快我国动物产品出口贸易的发展,就必须重视"动物福利"问题,与国际接轨。通过实施"动物福利"措施,改善出口动物的福利状况,适应西方国家的通行规则,是我国克服发达国家以"动物福利"作为贸易壁垒的主要途径。当前要不断改善我国畜禽的饲养方式和生存环境,善待畜禽,保证畜禽基本的生存福利,使"动物福利"和"动物卫生"观念贯穿在整个养殖过程中,提高动物自身的免疫力和抗病力,这样就能够减少动物发病,更好地保护和利用动物。

五、实现我国肉鸡产业可持续发展的重大建议

实现我国肉鸡产业可持续发展是一项重要的工程,也是一项复杂的工程,其涉及肉鸡养殖、种业发展、疫病防控、质量保障等诸多方面。在国际间贸易越来越开放、竞争愈来愈激烈的大环境下,必须多措并举,共同推动我国肉鸡产业的可持续发展。

(一)加快肉鸡业发展方式转变

一是要将肉鸡产业上升到国家战略性产业的高度,尽快制定全国肉鸡业发展规划,对肉鸡业实行倾斜政策,加大财政和金融支持力度,如对肉鸡规模化养殖提供贷款贴息,对肉鸡深加工企业实行税收优惠,对畜禽粪便有机肥的加工和使用进行补贴等政策的支持都将推动肉鸡产业快速发展。二是要倡导健康养殖模式,注重动物福利,将禽舍为核心的标准化、规模化改造作为加快肉鸡产业发展方式转变的重中之重,加大财政对肉鸡业标准化规模养殖支持力度;肉鸡养殖户和企业要充分借鉴世界先进经验,加大养殖设施设备投入,树立"人管设备,设备养禽,肉鸡养人"的理念,尽快实现肉鸡业发展方式的转变。三是要坚持以预防为主的疫病防控策略,依靠科学,依靠设施防疫;养殖场选址要远离城市、远离高速公路;启动肉鸡业药残监控计划,大力提高动物福利和禽产品质量安全水平;加强排污、粪便、垫料处理和病死鸡的无害化处理配套设施建设。

(二)鼓励和支持我国肉鸡种业发展

一是要站在战略高度,将肉鸡种业发展纳入社会经济发展计划,加大政策

和公共支持力度，在用地、融资、税费等政策上给予倾斜与支持。二是要鼓励企业自主开展国际上著名育种企业的收购和兼并，通过育种素材和技术的引进，提高我国肉鸡（特别是白羽肉鸡）育种的起点水平。三是要重点扶持对我国肉鸡种业发展有重大影响的育种（资源）场，培育市场占有率高的肉鸡新品种（配套系）；同时，通过科技项目的实施，提高现代育种技术和疾病控制基础设施等方面的总体水平。四是要保障种鸡质量监督、监测体系建设的资金投入；鼓励与引导各种社会力量通过兴办各级制种企业、良种推广服务站的形式，逐步形成肉种鸡生产经营多元投资机制与市场运行体系，加快优良肉鸡新品种的推广和科技成果转化。

（三）加强畜产品质量和动物疫情信息监管

一是加强畜牧兽医法律法规建设。修改完善疫病和畜产品质量安全法规，进一步明确各级政府、各部门和各主体在信息监测、传送和发布方面的责任，形成政府、企业、养殖户和社会等各方面力量上下协同、相互监督的机制。二是建立疫情和畜产品质量全程信息监管体系。切实转变信息报告和监管方式，尽快由自我报告、随意报告、被动监管、环节监管，向可核查报告、制度化报告、主动监管和全程监管转变。三是实施疫情和畜产品质量监管网络信息化工程。在逐级上报的基础上，运用现代信息技术，建立健全畜禽户口档案、生产日志、用药记录、防疫记录、检疫档案。在基层乡镇动物防控所建立畜禽信息管理网络，并且直接连接至国家数据库，建立远程动态监测系统，最终实现动物疫情和畜禽产品质量安全信息的远程监管。此外肉鸡生产、加工企业应尽快建立完善肉鸡产品可追溯体系，实现肉鸡产品从养殖到餐桌全程的链式质量跟踪管理。

（四）建立健全肉鸡产业监测预警系统

一是要立足生产实际，逐步建立准确高效的生产和市场信息监测调度系统，健全监测工作各项管理制度，强化形势分析研判，完善信息发布服务，引导养殖户合理安排生产，防范市场风险，有效应对我国肉鸡生产和价格大起大落的情况。二是要建立国际国内肉鸡产品供求预警系统，密切跟踪国内外肉鸡产业市场信息及产业发展动态变化，全面分析产业现状和存在问题，在综合分析影响肉鸡产业市场供需和价格变动基本规律的基础上，及时对肉鸡生产、消费、加工、贸易和产品价格做出合理预测和预警。三是要通过肉鸡产品供需形势监测预警，更加主动和灵活地调节肉鸡产品供求平衡。具体来讲，就是要依据监测预警结果，通过必要的政策手段实施生产干预，积极应对市场周期性波动，更好地稳定肉鸡生产和市场供应，保障农民的合理收益。

(五) 加强禽流感疫苗和诊断试剂研发

一是加强禽流感疫苗和诊断试剂的研发工作。组建禽流感疫苗和诊断试剂研发协作小组，整合资源，加大禽流感疫苗研发力度。创新禽流感疫苗及诊断试剂研制的新方法、新工艺和新途径，尽可能不用同种动物组织生产同种疫苗。加强多价疫苗及能抵抗多种亚型禽流感病毒攻击的核酸疫苗的研究，加快研发长效的、能对多种亚型产生交叉保护的、可减少对鸡胚和佐剂依赖的新型疫苗。二是做好禽流感疫苗储备。制定禽流感疫苗生产标准和规范，除了储备一般的亚型外，其他亚型也要做好储备，保存好用于制造各种亚型灭活疫苗的种子毒株，建设禽流感抗原应急储备库。三是创新政府采购和质量监管方式。政府对禽流感疫苗的招标采购不能将价格作为主要指标，重点要优先考虑疫苗质量。积极探索对散养户和小型养殖户实行政府采购，对大型养殖场通过市场自主采购的方式。

(六) 形成重大流行病联合应急机制

一是尽快完善我国重大流行病应急管理机制。在国务院成立国家重大流行病应急管理领导小组，成员由计生委、农业部、科技部、国家质检总局、食品药品监管总局、国家林业局等相关部门组成，统一领导全国重大流行病应急处置工作。完善重大流行病预防和控制法律法规，进一步明确各部门职责，做好各种重大流行病应急预案。二是加强禽流感预防与防控。强化人医、兽医、野生动物疫病监测和海关之间的沟通、交流与合作，共同参与禽流感的预防和控制工作。完善禽流感应急方案，尽快建立各部门和各主体广泛参与的禽流感信息通报、监测预警体系，依法、科学、协同、有序应对禽流感。三是加强应急管理部门与产业部门的协同合作。应急管理部门在制定和实施禽流感防控措施时（隔离、宰杀、掩埋），一定要有产业部门参与，要积极听取产业部门和产业各主体的意见，要严格按照科学适度的原则，尽可能减少对畜禽产业及社会的影响。

肉鸡产品走私原因分析及政策建议

王济民

（中国农业科学院农业经济与发展研究所）

2015 年 6 月，我国海关总署在国内 14 个省份统一组织开展打击冻品走私专项查缉抓捕行动。6 月 1 日，长沙海关破获一起特大走私冻品案，查扣涉嫌走私冻牛肉、冻鸭脖、冻鸡爪等约 800 吨，价值约 1 000 万元。如此大量的非法冻品流入国内市场，一方面有可能将国外疫病传入国内；另一方面由于运输过程条件简陋，卫生状况恶化，会对消费者身体健康造成巨大损害；此外，也对国内畜产品的供需造成较大影响。那么，如此危害巨大的走私活动是由什么原因引起的呢？是因为国内供给不足，还是其他因素所造成？

事实上，家禽特别是肉鸡，作为产业化程度最高、最廉价的动物蛋白，改革开放以来，在市场力量的推动下，国内供给一直呈现快速增加的趋势，到 2014 年肉鸡出栏 97 亿只、鸡肉产量 1 489 万吨，分别比 1978 年增加了 9.85 倍和 15.66 倍。进入本世纪，虽然增长速度明显减缓，但 2000—2014 年鸡肉年均递增速度仍然达到 4.15%。从消费来看，人均消费量达到 10 千克左右，约占总消费量的 18%，为第二大肉类消费品。在当前我国牛羊肉价格较高的状况下，肉鸡产业的发展为改善我国城乡居民膳食结构、提供动物蛋白等方面做出了巨大贡献。

目前，我国肉鸡生产已经逐步走出 H7N9 流感疫情的阴影，产品市场价格和养殖收益已经达到了近几年的平均水平。2015 年 5 月白羽肉鸡平均养殖利润为 1.16 元/只，同比增长 58%，黄羽肉鸡平均养殖利润为 2.88 元/只，同比增长 107%。预计全年产量将达到 1 500 万吨的水平，市场供应非常充足，完全能够满足全国居民鸡肉及其产品的消费需求。未来，肉鸡产品将因其相对于其他肉类产品而言所具有的较高的饲料报酬率、较快的生长速度，以及较低的销售价格，对缓解我国肉类产品供需压力发挥越来越重要的作用。

在市场供应非常充足的情况下，走私鸡爪还非常猖獗的主要原因是暴利使然和监管疏漏。据农业部畜牧司价格监测数据显示，2015 年 6 月的第 3 周，活鸡价格为 18.10 元/千克，白条鸡价格为 18.45 元/千克，鸡肉进口到岸价大约为 18 元以下。然而，走私鸡肉价格则在 10 元以下，特别是鸡爪在国外是废弃物，经济价值几乎为零，走私到国内后价格比鸡肉还贵，巨大的价差、高额的利润是非法肉鸡产品走私的直接动因。此外，我国在食品监管上，采取条块分割、九龙治水的监管体制。这种体制一方面为职责模糊、扯皮推诿留下了体制漏洞，削弱监管部门的执法动力。另一方面，因为职责不清，即使发生了食品安全事件，问责追究往往也难以启动。由此进一步导致了僵尸肉鸡、过期鸡爪等畜产品堂而皇之地进入国内流通领域，并悄然登上老百姓的餐桌。

为了杜绝走私和非法产品进入国内流通消费领域，建议国家尽快采取以下措施：

一是从国计民生的高度给予肉鸡产业发展以应有的重视。肉鸡产业持续上升是一个世界性的发展趋势，在牛羊价格高位运行的形势下，大力发展肉鸡产业，既符合世界畜牧业发展规律，也符合我国国情，是解决牛羊肉价格上涨的最佳替代产业。应充分认识肉鸡产业发展对于转变农业发展方式，调整农业和农村经济结构，增加农民收入，保障重要农产品供给的重大意义。在国家层面上，要大力提高肉鸡产业的战略地位，应给与肉鸡产业与猪、牛、羊等产业同样的重视。建议国家将肉鸡产业上升到国家战略产业的高度，尽快制定全国肉鸡业发展规划，对肉鸡业实行倾斜政策，加大财政和金融支持力度。

二是进一步加大对肉鸡规模化、标准化养殖的推进力度。倡导健康养殖模式，注重动物福利，将禽舍为核心的标准化、规模化改造作为加快肉鸡产业发展方式转变的重中之重。国家和地方政府应继续推进肉鸡养殖的规模化和标准化建设步伐，从奖励补助、信贷政策等方面向养殖小区和养殖场倾斜，规范养殖小区建设和生产标准。突出抓好养殖小区的肉鸡良种、饲料供给、疾病防疫、养殖技术和环保设施等方面的建设。肉鸡养殖户和企业要充分借鉴世界先进经验，尽快实现肉鸡养殖方式的转变。

三是构筑严格的肉鸡产品质量标准体系。提供安全的肉鸡产品是肉鸡产业健康持续发展的必然要求。应按照全程监管的原则，突出制度建设和设施建设，变被动、随机、随意监管为主动化、制度化和法制化监管。在完善肉鸡产品和饲料产品质量安全卫生标准的基础上，建立饲料、饲料添加剂及兽药等投入品和肉鸡产品质量监测及监管体系，提高肉鸡产品质量安全水平。建立肉鸡业投入品的禁用、限用制度，教育和指导养殖户科学用料、用药。推行肉鸡产品质量可追溯制度，建立肉鸡信息档案，实现肉鸡产品从养殖到餐桌全程的链式质量跟踪管理，严把市场准入关。

四是加大对肉鸡消费正面宣传，增加消费者对鸡肉产品的一般常识，拉动国内肉鸡产品消费需求。加大对鸡肉营养价值的宣传，普及消费者对鸡肉高蛋白质、低脂肪、低热量、低胆固醇的"一高三低"营养特点的认知，普及消费者对于肉鸡良好的生长特性来源于遗传性能的改进、饲料营养和饲养环境改进的认知。客观全面地报道宣传突发禽类疫病的影响，不回避，但也不夸大，引导消费者用正确的态度认识和消费鸡肉产品。对不负责任的媒体报道，必要时要拿起法律武器，坚决回击。

五是尽快构建更加严密的食品安全监管体系和更加严格的问责制度。大力开展走私农产品专项整治行动，采取海关、公安、工商、检验检疫等多部门联合行动，加强走私冻品的源头管控，在走私猖獗的边境地区设置严密的监控网络，堵住冻品走私入境的渠道。严厉打击无良商贩的非法行为，对"僵尸肉""过期爪"猖獗的地区，对冷库和大型批发地产进行集中督查，加大国内食品安全监管力度，严惩无良商贩，保障消费者"舌尖上的安全"。建立严格的食品安全监督体系，解决好食品安全监管的动力和压力问题，进一步明确打击走私和国内食品安全监管的职责，加大问责力度，构建食品安全长效监管机制。

广西黄羽肉鸡产业发展分析

贾钰玲　吕新业　辛翔飞　王济民

（中国农业科学院农业经济与发展研究所）

一、引　　言

作为仅次于生猪产业的第二大畜牧产业，广西家禽业是全区畜牧业中规模化、产业化程度最高的产业，其中黄羽肉鸡养殖产业发展迅速，林下养殖的经营模式堪称典范。与此同时，近年来黄羽肉鸡产业发展面临着疫情频发、经营模式不成熟、产品品质参差不齐等诸多问题，这些因素在不同程度上对黄羽肉鸡的健康发展形成了阻碍和制约。加之国家卫生计生委于 2014 年 1 月 29 日公布的 H7N9 流感疫情防控方案中，建议在发生疫情的地市采取活禽市场休市政策的实施，使得大部分黄羽肉鸡主产区不得不进行"冰鲜鸡"推广，黄羽肉鸡销售量和市场份额随之受到严重影响。为深入了解广西当地黄羽肉鸡养殖经营情况，2014 年 11 月，国家肉鸡产业技术体系产业经济岗位课题组成员先后深入广西壮族自治区南宁市、百色市以及玉林市共三个市的黄羽肉鸡养殖场、养殖农户以及孵化场开展实地调研，并与广西参养殖集团有限公司、广西春茂农牧集团有限公司、广西富民牧业有限公司、广西金陵养殖有限公司、广西兴业县水产畜牧兽医局以及广西玉林畜牧业协会等相关企业和畜牧管理部门相关负责人进行了座谈，在充分了解广西黄羽肉鸡养殖产业发展现状的基础上，对当地"公司＋农户"养殖模式进行了深入考察，理清了广西黄羽肉鸡养殖业发展的主要经验做法以及目前存在的主要问题。

二、广西黄羽肉鸡养殖产业发展基本情况

（一）黄羽肉鸡产业产量大、发展快

畜牧业是广西当地农业和农村经济的支柱产业，而黄羽肉鸡产业已成为当地畜牧业的中流砥柱，在繁荣农村经济、增加农民就业以及促进农民增收方面

发挥着举足轻重的作用。广西家禽业发展快速且基本保持稳定，2000—2007年，七年的快速发展使得广西跻身全国家禽业大省前列（梁雨祥），2007 年家禽出栏量占全国总量约 6.7%，仅次于山东、广东、河南，居第四位。2009 年广西家禽出栏 7.283 4 亿只，肉鸡出栏 5.91 亿只，其中黄羽肉鸡出栏 5.3 亿只，占肉鸡出栏总数 89.7%，出栏量仅次于广东，居全国第二位。2013 年，家禽出栏 8.22 亿只，存栏 3.06 亿只，其中肉鸡存栏 2.38 亿只，占比达到 77% 以上。据统计资料分析，广西肉鸡总产量占全国四分之一，每年向全国各个省（市、区）销售种苗约 3 亿只（王祖力等，2011），占全国鸡苗外销量的 30% 以上。受益于自然地理环境及所饲养黄鸡的品种，广西黄羽肉鸡具有优质、健康、口感纯正等特点，深受当地居民及珠江三角洲地区消费者的喜爱。

（二）肉鸡养殖以产业化经营为主

在农业产业化蓬勃发展的今天，广西黄羽肉鸡养殖成为当地畜牧业产业化经营的典范。1996 年广东温氏食品集团有限公司跨省投资建立全国首家家禽子公司，于 1996 年 4 月正式落户于广西玉林市，公司以养鸡业为龙头，是广西第一个推行"公司＋基地＋农户"生产经营模式的企业。这一创举拉开了广西黄羽肉鸡产业化运作的序幕。十多年的发展，一大批龙头企业从当初的养鸡专业户、鸡贩子中脱颖而出，在其发展壮大的同时为当地的农村经济繁荣做出了巨大贡献。目前全区有广西参皇养殖集团有限公司、广西凤翔集团公司、广西巨东种养集团有限公司、玉林市广东温氏家禽发展有限公司、广西容县祝氏农牧有限责任公司、广西春茂农牧集团有限公司、广西鸿光农牧有限公司、广西富凤农牧有限公司、广西金陵农牧集团有限公司、广西宏华生物实业股份有限公司、广西富民牧业有限公司等近几十家龙头企业，每一个龙头企业身后都带动着成百上千户养殖农户。"公司＋农户"的经营模式已成为本区黄羽肉鸡养殖的主要模式，全区每年的肉鸡出栏中，以产业化模式生产的超过 60%。农户与公司签订饲养合同，公司即以记账的形式，为养殖农户提供鸡苗、饲料、药品和技术指导、销售一条龙服务，在饲养过程中，由公司全方位提供技术服务及培训，对养殖户进行统一免疫、统一技术培训、统一无公害养殖标准，肉鸡出栏后，由公司统一保价回收。产业化的运作一方面发挥了龙头企业在资金、技术、信息及管理等方面的优势，另一方面也充分发挥了农民在劳动力、土地等方面的优势，双方形成合力，推动了产业化经营的不断发展。据不完全统计，2012 年，仅玉林市 21 家重点养鸡企业总产值为 86.69 亿元，共带动农户 36 812 户，全年为农民提供总纯收入 7.3 亿元。

（三）肉鸡养殖标准化、规模化程度高

不同于传统单家独户、单一经营的养殖形式，产业化经营的特点即规模化、标准化生产。伴随着产业化运作的不断推进，广西地区黄羽肉鸡养殖的规模化、标准化程度不断提高。与公司签约的农户需建立养殖鸡舍，每栋鸡舍每批可出栏肉鸡5 000只以上，由不同品种黄羽肉鸡生长周期决定，农户年均出栏3～4批，故基本上农户年均可饲养1.5万～2万只鸡。"公司＋农户"模式下出栏的肉鸡在鸡苗、饲料、兽药、防疫、技术管理等方面均具备统一的标准，由于"公司＋农户"经营模式为广西肉鸡养殖的主营方式，每年通过规模化养殖出栏的肉鸡占全年肉鸡产量的80％以上，规模化养殖在肉鸡养殖中的主导地位使得全区肉鸡养殖的标准化、规模化程度在近两年显著提高。

（四）林下养殖颇具特色

林下养殖特色的形成主要取决于广西自然地理环境及黄羽肉鸡本身生活习性等因素，广西地处祖国南疆，位于东经104°28′～112°04′，北纬20°54′～26°23′，属低纬地区。四周多山，境内以丘陵、果林及山地为主，南濒热带海洋。这种特殊的地理环境，与大气环流的共同作用，形成热量丰富、四季宜耕，降水丰沛、干湿分明，日照适中、冬少夏多的气候特征。这种得天独厚的气候及地势特征使得广西农业发展蓬勃，盛产蔬菜瓜果，果园林地随处可见。20世纪90年代开始，本区黄羽肉鸡养殖户开展山地养殖、果园养殖等养殖新型模式，且取得了较好的效果，"公司＋农户"模式下的黄羽肉鸡养殖户养殖场一般选在山坡、果林地上，农民上山进沟，利用当地温度和湿度优势，将养殖业与种植业相结合，有效实现了优势互补，形成了循环相生、协调发展的生态模式。2011年，黄羽肉鸡出栏7.92亿羽，其中在林下养殖约有5亿羽，占总量约2/3；"上树鸡""山上放养鸡"已经成为广西鸡和鸡蛋的生态招牌。据林业部门的相关资料介绍，广西地区适宜发展林下经济的林地面积是全区耕地总面积的约1.5倍，可见林下养殖的发展空间极为广阔。

三、主要经验

（一）生态建设产业化，产业发展生态化，助农增收常态化

广西林下养殖的兴起，使畜禽养殖方式出现了历史性转变：由房前屋后养殖走向山地林地养殖，由传统养殖走向现代生态养殖，由单一养殖走向多元化

养殖。林下养殖成功地将广西当地的生态优势转化为产业发展新优势，在当地构建起发达的生态产业体系，实现了经济发展与生态建设的共赢。事实证明，林下养殖方式是当地自然环境和黄鸡品种共同选择的最佳饲养方式，绿色原生态的养殖过程也有效地规避了饲养业内的传统性问题。

一方面，林下养殖提升了林地的利用率。用地紧缺一直是我国畜牧业面临的主要问题，林下养殖充分利用林下空地，不与种植业争耕地，有效化解了养殖用地矛盾，在很大程度上拓宽了养殖业的发展空间，为规模养殖提供了更大的可能性。另一方面，林下养殖降低了肉鸡养殖过程中疫病的发生率。林下养殖使得种植业与畜牧业形成一个生态循环系统：林木不仅为畜禽繁育提供新鲜空气、饮用水源以及可采食的青草、树叶、昆虫等，而且提供了可遮阴避阳、调节气温、空旷自由的天然活动场所。由于受黄鸡自身品种特性的影响，林园果园放养的黄羽肉鸡肉质好、味道香，优质的肉鸡深受消费者喜爱，为农户带来了良好的经济效益。同时，肉鸡进山林，既能捕食害虫，又能够制造有机肥，能促进林木生长。这种良好的生态循环系统使得肉鸡养殖过程中污废处理的问题得到了有效解决，这不仅是由于林下养殖的方式促使污废直接还田，不存在疫病的传播与交互感染的情况，同时也是由于广西地势多山，大山的阻隔使得各养殖户自成一个生态循环体系，互不干扰。在有效控制了疫病的发生的同时也降低了肉鸡养殖过程中的防疫成本，为提高养殖收益作出了贡献。

（二）"公司＋农户"准入门槛低，助产增收

十多年的实践证明，产业化龙头企业带动农户进行标准化养殖的模式在广西当地切实可行。一方面，在有效规避农户在生产、销售等各环节所面临的风险的同时为农户提供了优良的鸡种资源及先进的养殖技术；另一方面，公司可通过与农户联结的形式，减少建设投资，降低生产成本，扩张生产规模，提高经济效益，取得了双赢的效果。广西黄羽肉鸡"公司＋农户"养殖模式得以在全区大面积推广，其中不可忽视的一个重要原因是"公司＋农户"养殖平台对农户的准入门槛低。这主要是因为农户建场成本在其可承受的范围之内。当农户有意愿与公司进行合作时，公司会对其养殖场地、规模及周边环境进行考察，考察通过后农户即可进行建场。受生活习性的影响，黄羽肉鸡与白羽肉鸡的养殖鸡舍存在不同，前者鸡舍的自动化程度、封闭程度均较后者低，结合当地林下养殖的特点，原生态的循环模式大大降低了建场成本，与白羽肉鸡建厂成本投资巨大不同，一栋年出栏 2 万只以上的黄羽肉鸡鸡舍，其建成成本仅需 8 万元左右，农户可利用自家存款或通过农村小额贷款实现其养殖致富的梦

想。自身拥有的土地优势、投资成本的可承受性加之龙头企业平台下养殖的低风险、高收入特点，使得越来越多的农户选择加入到"公司＋农户"的平台进行肉鸡养殖，有效吸纳了当地闲置劳动力、增加了农民就业、实现了农民增收、繁荣了农村经济。

（三）打造品牌，发挥品牌优势

品牌是商业社会中企业价值的延续，品牌建设堪称推动企业发展的无形力量。广西当地龙头企业顺应市场经济的需求，充分发挥品牌优势，经过多年的发展，使得古典鸡、金大叔、参皇鸡、叮当鸡、黎村黄、巨东蛋等品牌深入人心。目前全区有 65 个黄羽肉鸡生产基地通过了"无公害农产品产地"认定，27 个产品获"全国无公害农产品"认证。广西优质鸡企业获"广西名牌产品"7 项，"广西优质产品"8 项，参皇牌肉鸡、叮当牌桂香鸡、巨东牌红心蛋获"中国名牌产品"称号。此外，广西巨东种养集团有限公司的巨东回香蛋、巨东土鸡蛋；广西宏华生物实业股份有限公司生产的宏华牌高锌、高碘、高硒蛋等也成为国内家喻户晓的名牌产品。家禽业是广西注册商标最多、知名品牌最多的产业。品牌的建设，不仅证明了龙头企业的经济实力和市场地位，也反映了其持续发展的实力，使得公司在将市场做大做强的同时也为养殖农户带来了丰厚的利益回报。

四、存在的主要问题

（一）受 H7N9 流感影响严重

广西肉鸡养殖业以黄羽肉鸡为主，受当地市场消费习惯的影响，黄羽肉鸡的主要交易方式为活鸡交易，这就导致 H7N9 流感对当地肉鸡产业的影响远远超过以"冰鲜鸡"或"加工鸡"为主要交易形式的白羽肉鸡。从 2013 年暴发 H7N9 疫情至今，虽然广西肉鸡产业正逐渐步出禽流感的阴影，然而不少龙头企业在疫情的影响下承受了巨大的经济损失，且一些规模较小、资本积累较少的企业很难有实力和信心迎接下一次疫病的侵袭。H7N9 疫情的暴发对于广西肉鸡产业的影响周期长、范围广，整个鸡肉消费市场的低迷带来全产业链的惨淡。据统计，当地三黄鸡正常年景的市场价格应保持在 18 元/千克左右，然而在疫情发生时期，最低降至 2 元/千克，其售价根本不足以抵消饲养成本的投入，导致大量公司出现严重亏损。由于 H7N9 的影响，2013 年到 2014 年4 月全国整个肉鸡养殖行业亏损数额高达 1 500 亿元。而很多企业在被动承受疫情影响的同时只能通过大量减少存栏进行减损，不少企业从 2013 年 3 月暴发禽流感之后，随即 4 月中旬开始出现亏损。较大型的公司亏损数额以亿元计：广东温氏集团广西分公司 2013 年全年亏损 18 亿元；参皇集团全年亏损 2.3 亿元。一些较小型的公司亏损数额也达到数千万元。

（二）"公司＋农户"模式下，农户主观能动意识薄弱

订单农业的生产经营有效缓解了市场波动对养殖户利益带来的冲击，养殖户在一定意义上充当了龙头企业生产车间的角色，由于公司担当了市场风险，农户在养殖过程中无须过多考虑肉鸡价格、市场等不确定因素，甚至在疫病大规模暴发、严重影响整个行业的情况下，农户出栏肉鸡得到保价回收。在养殖合同的庇佑下，农户的利益仅与自身饲养的出栏肉鸡质量与数量有关，虽农户的饲养不再有后顾之忧，但这也成为了农户盲目养殖的根源，为农户自身养殖带来了隐患。一方面，这种经营模式导致了农户对企业存在从属或依附关系，大部分养殖户只专注于饲养过程，对肉鸡饲养形势、市场波动情况、疫情影响程度了解甚少。这使农户在整个合作过程中处于被动状态，在交易谈判、签约和利益分配中均不掌握主动权。另一方面，受学历因素制约，大部分养殖户受教育程度为中学水平，信息获取与搜集能力、经济学分析能力以及政策解读能力均较差，大部分农户并不能及时了解国家出台的相关惠农政策，对于农业用电的申请流程、农民高额贷款政策的了解和掌握程度均有待提高。

（三）肉鸡产权界定不清晰，存在农户投机现象

企业与农户既对立又统一的利益关系是"公司＋农户"这种新型肉鸡养殖模式的主要特点。对立面主要指双方均各自追求自身利益最大化，而统一是指双方在追求各自利益时必须以不损害整个体系健康运转为前提。肉鸡产业化养殖过程中，整个体系可获得的利润是具体可测算的，企业与农户如何分配这个固定蛋糕是一个此消彼长的博弈过程。作为市场主体的公司确保农户的养鸡劳务报酬，而农户在追求利益最大化的同时往往会不惜牺牲公司利益，甚至采取欺瞒投机行为。在肉鸡养殖产业化运作情况下，按照合同规定，公司以记账的形式为农户提供鸡苗、饲料、药品，农户进行饲养，达到出栏日期时，公司对农户饲养肉鸡进行统一收回。然而，由于公司回收出栏肉鸡的价格在合同上已有明确说明，在利益驱使下，当市场价格高于公司原定回收价时，农户会选择考虑将部分肉鸡转卖给市场；或当市场价格低于公司原定回收价时，农户会选择从市场购买质次的肉鸡来补充养殖过程中出现死伤的和私自出售的肉鸡数

量，农户通过这种渠道获取差价利润的同时为公司带来了一定的经济损失。

农户之所以选择在公司肉鸡与市场肉鸡之间进行投机，除利益诱导因素之外，比较重要的一个原因是产权界定不清晰。企业方面认为：肉鸡产权属于企业自身，农户仅是充当代养的角色，农户除与公司接触之外，无权对公司肉鸡进行任何渠道的交易；农户则误认为：公司收取的风险押金的形式是将鸡苗卖给农户，肉鸡产权应属农户，农户有权对肉鸡自行处置，虽有违与公司签订的合同，但并不涉嫌违法。故在利益诱导下，农户会出现私卖肉鸡的投机行为。在"公司＋农户"产业化运作中存在着契约与契约不完善、利益共享与利益目标非一致以及风险共担与风险易于转嫁等三大矛盾（陆迁、赵凯，2003），想要真正建立理想的"风险共担、利益共享"的利益机制显得尤为困难（生秀东，2004）。机会主义行为的发生和蔓延严重制约了肉鸡养殖乃至各个行业产业化经营的健康稳定发展。

（四）肉鸡产品加工程度较低，产业抗风险能力差

据统计，2009 年，全国黄羽肉鸡 70 亿只，其中以活鸡形式出售的占85％，屠宰加工率只有 15％，其中深加工率不足 5％。发展至今，受居民消费习惯的影响，广西当地大部分黄羽肉鸡仍直接以活鸡的形式进入市场，产业链条短，极易受到市场波动的影响。尤其在疫情影响市场行情较差时，为避免极大消耗养殖成本，养殖场（户）只能选择按计划出栏，接受市场低价行情。活鸡消费不仅为企业经营带来风险，而且对物流要求较高，不利于产品流通。关闭活禽交易市场政策的推行对广西肉鸡产业来说无疑是一个噩耗，肉鸡深加工率持续走低、肉鸡产品附加值低、科技含量低（王祖力、辛翔飞，2011）等这些特点将对肉鸡养殖企业和农户的市场竞争力提出新的挑战。

五、政策建议

（一）呼吁社会各界理性看待 H7N9 流感

2013 年和 2014 年上半年 H7N9 的暴发使得整个养殖业损失达 1 500 亿元，羽毛协会损失近 300 亿元，疫情的影响使得大量养殖企业倒闭破产，部分企业至今仍未盈利，严重制约了我国畜牧经济的繁荣发展，也使得肉鸡养殖行业成为高风险行业。然而，据统计，H7N9 疫情暴发时期，在全国肉鸡养殖从业人员中无一人感染，也并未出现任何身体不适症状，故 H7N9 是否会出现感染人的情况尚需进一步研究证实。然而，媒体宣传方式不当、大众认知受限、对

肉鸡防疫过程的不了解以及对 H7N9 认识不科学不全面等诸多因素导致大众对 H7N9 缺乏理性认识、过度恐慌，肉鸡消费市场低迷，为大量肉鸡养殖企业或养殖农户带来灭顶之灾。笔者呼吁社会各界理性看待疫情，建议政府加强疫情知识的科学普及，一方面要对媒体措辞严格把关，防止对大众认知产生误导；另一方面，要通过发放宣传资料、制作科学宣传影像、组织相关专家到家禽企业调研和进行知识宣讲等途径引导大众正确认识 H7N9 流感。

（二）完善产业链条，积极建设肉鸡产品加工体系

广西当地出栏的每批黄羽肉鸡平均饲养日龄为 120 天，受肉鸡品种及饲养环境的影响，肉质细嫩、蛋白含量高、脂肪低、味道鲜美、营养丰富使其深受消费者的喜爱。然而以活鸡交易为主的单一销售方式一方面不能满足目前产品多元化的市场需求，另一方面易受市场行情的影响。广西为农业大省，农村劳动力资源丰富，适宜进行劳动力密集型的肉鸡深加工生产。加之国内市场的环保需求，鲜活畜禽进入大市场将逐步受到限制或禁止，因此肉鸡深加工产品市场需求日益增大。广西肉鸡产业应顺应市场需求，充分利用劳动力成本价格优势以及当地得天独厚的养殖优势，通过实施深加工项目，将肉鸡产品再加工成肉串、肉丸、肉饼、功能食品、保健食品等各类产品，增加其附加值，提高当地肉鸡产品的竞争力，促进肉鸡产业更好更快发展。

（三）提高养殖农户素质

养殖农户素质不仅关乎肉鸡养殖管理水平，而且与农户在肉鸡养殖行业的自身命运息息相关。由于大部分农户在"公司＋农户"养殖平台下由于资金、技术、管理等各方面均与公司存在悬殊，公司与农户之间话语权不对等、信息不对称等诸多问题造就了农户在合作关系中弱势地位。加之农户盲目养殖的特点，使得农户对公司的依附性极强，缺乏独立思考和为自身争取利益的能力。对此，应通过多方努力，提高农户素质。一方面，笔者呼吁养殖农户应增加忧患意识，要通过自身努力提高主动性和竞争力。农户应通过报纸、杂志、新闻、电视等诸多渠道获取信息，关注国家优惠政策，了解养殖行情。这不仅可以增加农户自身养殖管理水平，而且可以在对国家优惠政策认真了解的基础上，通过相关申请程序，充分利用有利条件，节约养殖成本。另一方面，政府加强农村优惠政策的宣传和普及力度。可在农村设置定点宣讲服务站，通过定时宣讲，确保广大农户能及时了解相关优惠政策的申请条件和申请程序，帮助农户解决用水、用电、贷款、补贴等多方面的问题。

（四）建立公司与农户利益联结机制

在"公司＋农户"的饲养运作模式中，是否采取投机行为完全取决于违约成本。公司违约的成本较农户要高得多，这也是在产业化运作中农户屡屡出现机会主义行为的重要原因。由于公司实力强、影响大等特点，其违约行为一般面临着舆论压力大、企业利益受损等致命性问题，直接影响公司的可持续发展。相较而言，农户违约成本要小得多，最坏的结果也只是解除与公司的合作关系。在公司与农户所进行的合作中，想要从根本上解决农户投机的问题，只能通过利用经济学的知识和理论，对农户进行利益牵制。一方面，公司可以通过经验计算得出农户正常养殖情况下的出栏率以及产生投机行为后的出栏率，在此基础上，结合市场价格与公司定价的差异可以计算出农户采取投机行为与不采取投机行为的利润差。公司可通过提高农户鸡苗价格、饲料价格或肉鸡防疫成本等方式将以上利润差额转移到农户日常的饲养成本中，另规定，如果农户出栏肉鸡质量和数量均达到正常出栏水平，则公司将对农户进行金额奖励，奖金可通过每只出栏肉鸡的收购价高于合同价的形式发放也可通过一次性奖励形式发放，奖励金额可依据农户饲养情况酌情增减，原则是不使公司在农户的投机行为下造成过大损失，其实质是公司与农户之间博弈的过程。采取类似"定而不定、随行就市"的定价及奖励机制优于按照经验预先在合同中设定收购价格的方法，同时也能调动农户精心养殖的积极主动性。另一方面，也可发挥合作社的作用，将"公司＋农户"的经营模式逐步向"公司＋合作社＋农户"的模式过度，充分发挥合作社的监督、管理作用。

（五）慎重关闭活禽交易市场

国家卫生计生委于 2014 年 1 月 29 日公布的 H7N9 流感疫情防控方案中建议在发生疫情的地市采取活禽市场休市，随后陆续有省市进行试点，目前浙江已有 11 市主城区取消活禽交易。虽然广西地区尚未全面启动禁止活禽交易的措施，但在"关闭活禽交易市场，提倡冰鲜鸡交易"的呼吁之下，当地畜牧业协会以及大部分肉鸡养殖企业对只进行"冰鲜鸡"交易的倡议并不看好。受传统消费习惯影响，广西当地消费者以活禽交易为主，很少购买"冰鲜鸡"，强制推行关闭活禽交易市场的行径可能导致当地肉鸡产业效益严重受损。对此，笔者认为，关闭活禽交易市场并不能采取"一步到位"的措施，相反应该"循序渐进"，且应针对不同省市因地制宜。传统消费习惯需要时间进行改变，也需要市场情形进行引导。考虑到广西当地实际情况，不建议强行推行关闭活禽交易市场的政策，建议采用引导加市场选择的方式，在通过多种途径宣传鼓励消费者购买"冰鲜鸡"的同时，允许"冰鲜鸡"交易与活禽交易并存，由市场对其进行选择。这样既可达到在潜移默化中引导消费者接受"冰鲜鸡"，也可规避立即关闭活禽市场可能对当地肉鸡产业带来的巨大冲击。

参考文献

[1] 梁雨祥.广西黄羽肉鸡产业发展现状和措施［C］.第二届中国黄羽肉鸡行业发展大会会刊,中国畜牧业协会禽业分会,2010.

[2] 陆迁,赵凯.论政府对农业产业化的宏观调控［J］.西北农林科技大学学报.2003(6)：18-21.

[3] 生秀东.农业产业化的陷阱——论政府、企业、农民各自目标对农业产业化经营的影响［J］.中州学刊,2004(5)：24-26.

[4] 王祖力,辛翔飞,王济民.广西黄羽肉鸡产业发展情况调研报告［M］.中国肉鸡产业经济,北京：中国农业出版社.2011.

山东肉鸡产业化经营典型模式分析

贾钰玲　吕新业　辛翔飞　王济民

（中国农业科学院农业经济与发展研究所）

一、引　言

肉鸡产业在我国畜牧业生产和居民生活中占据举足轻重的地位，其产品的生产和消费从各个方面影响着农民的收入和居民的生活水平。近年来，在肉鸡产业不断发展和壮大的过程中，同其他产业一样，受到来自生产条件、人为因素以及市场环境等诸多方面的影响，导致我国肉鸡产业连续出现生产、价格、消费等的剧烈波动，收益不稳、疫情频发等问题突出，严重影响产业的健康发展（王济民、王燕明，2011）。随着十六大报告提出"积极推进农业产业化经营，提高农民进入市场的组织化程度和农业综合效益"的要求，并针对我国肉鸡产业存在的问题，肉鸡养殖主体尝试了不同的发展模式，一定程度上促使肉鸡养殖产业化经营取得了较好成效（辛翔飞、王祖力、王济民，2011）。为了深入了解肉鸡养殖产业化经营的情况，对较为成功的发展模式进行探索分析，2014 年 3 月，国家肉鸡产业技术体系产业经济岗位课题组成员深入我国肉鸡主产区——山东省，开展当地肉鸡养殖产业化经营情况实地调研，重点调查了两个典型企业：以健康养殖和健康食品为核心的全供应链农牧食品企业——山东亚太中慧集团（以下简称中慧）以及国内 500 强企业之一的诸城外贸有限责任公司（以下简称诸城外贸）。调研过程中，与公司相关负责人、养殖场场长和养殖户主进行座谈，详细了解这两个代表性龙头企业的生产经营模式及其存在的主要问题。基于调查，本报告将对肉鸡生产经营模式的发展现状进行分析，并提出促进肉鸡产业健康发展的政策建议。

二、亚太中慧、诸城外贸生产经营模式概述

（一）亚太中慧集团生产经营模式概述

山东亚太中慧集团是一家集饲料生产、规模养殖和肉食品加工为一体的全供应链食品企业。旨在为消费者提供真正健康、安全的食品。中慧于 2004 年 2 月成立，注册资本 2.56 亿元，总部位于海滨城市青岛，资产总额 24 亿元。目前下设中慧食品、中慧养殖、中慧农牧、根源生物等多种事业平台，在全国建成国际一流标准规模化养殖场以及合资合作企业共 170 多家。2012 年集团销售收入高达 130 亿元以上。在肉鸡养殖方面，直到目前为止，公司建成年出栏 80～100 万羽肉鸡的现代化大型标准养殖场 130 余座，年出栏肉鸡数量达到 1 亿只以上。先后被授予中国畜牧百强优秀企业、全国饲料企业履行社会责任先进企业、中国白羽肉鸡企业二十强、山东省农业产业化重点龙头企业、山东饲料企业五十强、潍坊市农业产业化重点龙头企业十强、潍坊百强工业企业、潍坊市诚信示范企业等荣誉称号。中慧凭借山东高密集的养殖基础，创造了肉鸡养殖产业在短期内快速成长的奇迹。其发展的第一阶段是 2006—2007 年的市场快速扩张，主要途径是进行土地流转、提升销售额。第二阶段，中慧以品质结构为核心，利用两年的时间进行了结构调整。通过学习国外经验、建立培训基地等方式，在经营管理方面狠抓生产、抓品质、抓创造，实现了内部结构的全面调整。第三阶段即企业发展的进行完善期，中慧立志成为为用户创造价值的企业，很好地实现了以产品为基础，为用户提供鸡苗、疫苗、兽药和饲料的模式。目前中慧饲料事业发展迅速，在山东、河南、江苏、河北等地建起饲料企业 52 家，2012 年饲料销量 350 万吨，销售收入达 107 亿余元，已成为全国饲料行业最具成长性的企业之一。

中慧肉鸡养殖的产业化经营模式如图 1 所示。中慧整个肉鸡养殖体系采取的模式均为"公司＋农场主"模式，农场主的地位主要取决于建场成本资金的投入。中慧要求签约的养殖场长提供建场资金的 1/5，公司为养殖场投入剩下的 4/5，公司投入的建场资金与农场主投入的资金比例为 4∶1（如建场需成本 500 万元，场长自己筹集 100 万元，剩下的 400 万元由公司提供），这样，公司作为养殖场最大的股东，养殖场的产权固然属于公司。投产之后，养殖场长每年需向公司返还其投入的建场资金的 12%～18%，在资金未全部返还公司之前，养殖场必须接受公司"十统一"的管理，即：统一规划建设、统一鸡苗采购、统一饲料专供、统一招标、统一防疫、统一技术管理、统一销售服务，

统一信息平台，统一人员培养，统一财务结算等。随着时间的积累，直到将所有的成本金额归还公司，此时养殖场的产权发生转移，由公司所有转为养殖场场长所有。此时，养殖场场长可以选择在中慧提供的平台上继续原来的生产方式进行养殖，也可以选择脱离中慧的平台，对养殖场人员配备、材料选择、养殖技术等诸多方面拥有自主权。

（二）诸城外贸生产经营模式概述

诸城外贸公司成立于 1975 年，成立以来，一直围绕创汇农村做文章，在市委、市政府的正确领导之下，为适应市场经济新要求，诸城外贸一直在探索肉鸡养殖新模式。经过不断的提升和完善，诸城外贸在全国率先走出了农业产业化道路，创立了"贸工农一体化，产加销一条龙"的经营模式，为山东肉鸡养殖业做出了重大贡献。同时为肉鸡养殖的产业化经营创造了宝贵经验，并在多年的实践中不断发展、改善、提升其肉鸡养殖和加工水平，成为了山东肉鸡养殖的龙头企业。公司先后被评为中国食品工业百强企业、中国肉类食品行业 50 强企业、全国食品安全百佳先进单位，被商务部确认为中国机械化屠宰加工优势企业，"尽美"牌产品被中国保护消费者基金会推介为消费者信赖的质量、服务放心品牌，"尽美牌"肉鸡系列产品被评为山东省清真食品十大品牌。经过 35 年的发展，公司围绕肉鸡、淀粉、色素等主导产品现已形成良种繁育、食品生产、粮油加工、色素提炼、包装生产、饲料加工六大主导产业，年繁育父母代种鸡 500 万套、商品代鸡雏 1 亿只、商品代鸭雏 3 000 万只、肉仔兔 100 万只，年产饲料 100 万吨，年加工各类熟食品 10 万吨，年产玉米淀粉 240 万吨、变性淀粉 30 万吨、淀粉糖 70 万吨、肌醇 2 500 吨，色素提炼达到年产 2 亿克的能力。2009 年公司实现销售收入 81.1 亿元，利税 2.74 亿元，出口创汇 9 037 万美元；通过大力扶持农民发展畜禽饲养基地、规模化种植基地，公司带动了百万户农民致富，2009 年向农村投放收购资金 53 亿元，为农民增加收入 5.9 亿元。

诸城外贸肉鸡养殖的产业化经营模式如图 2 所示。诸城外贸以"垂直一体化"养殖为主，以"公司＋农户"为辅。下属养殖场为企业自建厂，从厂址选择、人员配备、建场资金到经营管理都由公司进行统一调度。而下属签约农户则是纯粹的合作关系，当农户有意愿加入诸城外贸的平台时，公司会考察其厂址的地理位置、厂房规模以及周边条件，各方面条件合格之后，公司同意农户加入，并由农户自行承担建场费用，厂房产权属农户自身所有，人员雇佣以及财务状况农户都可以自行管理，公司只负责提供鸡苗、饲料、药品以及技术支持等，农户保证必须在诸城外贸的平台之下进行养殖，接受公司在养殖各个阶段提供的原料并将出栏鸡卖给公司。

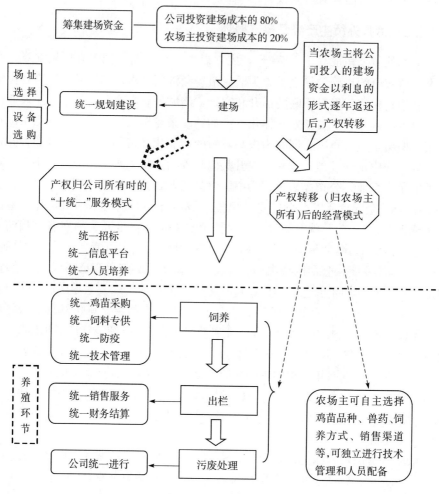

图 1　山东亚太中慧集团肉鸡养殖模式

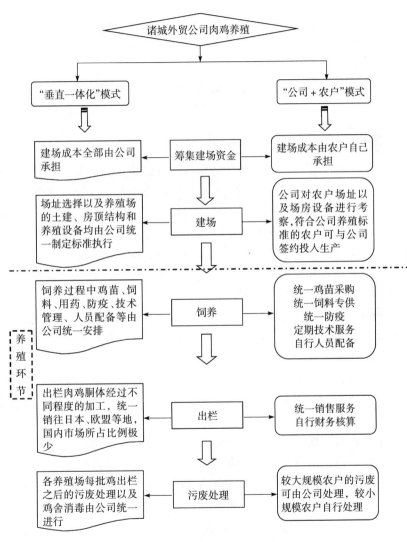

图 2　诸城外贸有限责任公司肉鸡养殖模式

三、亚太中慧与诸城外贸肉鸡产业化
经营模式共同点分析

中慧与诸城外贸经过多年的发展，在肉鸡养殖方面，均形成了比较成熟的、具有代表性且辐射性较强的产业化经营模式，成为山东乃至国内产业化经营模式的代表性企业。事实证明，产业化经营的肉鸡养殖方式更加适应现代化市场经济的发展，先进规范的养殖过程也为规避业内的传统性问题提供了借鉴方式和经验。

（一）标准化生产，保障产品质量

中慧与诸城外贸标准化、专业化的生产经营模式为传统肉鸡养殖业产品质量方面存在的一些问题提供了解决路径。传统的肉鸡产业分散养殖户的养殖方式和规模没有统一的标准可以遵循，导致肉鸡产品质量参差不齐。一方面，由于传统养殖规模较小，商品生产率偏低，大部分养殖户由于担心使用新技术带来的不确定性会影响现有利润，造成科学的养殖新技术难以推广，导致大多数养殖户只限于利用现已掌握的经验，不仅不利于新型养殖模式和技术的应用，而且对肉鸡产品质量的提升产生了很大的阻碍；另一方面，由于肉鸡养殖散户进行肉鸡产品交易的方式陈旧落后，交易环节错综复杂，消费者对于肉鸡产品的来源根本无从追溯，监督体制的不完善也使得散户在养殖中存在滥用药等问题，直接影响肉鸡产品质量。工商企业进入肉鸡养殖业以后，在龙头企业的带动与参与下，实现了肉鸡养殖的"标准化生产"，肉鸡养殖业走上了集约化、标准化、专业化、现代化的生产道路，提高了肉鸡产品的总体质量，为消费者的选择提供了空间。

一是生产资料严格把关。从图1和图2的分析可知，中慧与诸城外贸对肉鸡养殖过程中所使用的原料均进行统一选购。在整个饲养过程中，公司向养殖场和农户提供雏鸡和饲料，药品、疫苗的选用都在公司的统一组织和引导下进行，对其来源也进行了严格界定，如选择药品只能从与公司签约的34个药品公司范围内进行选择，不得擅自使用药品、注射疫苗，这为肉鸡质量的保证提供了前提条件。

二是技术支撑到位。肉鸡养殖业产业化经营要求进行标准化生产，与企业签约的养殖户的任务主要是进行饲养管理，技术支撑和服务由企业统一完成，中慧和诸城外贸都安排肉鸡养殖专职技术人员在养殖户肉鸡养殖的整个过程中对其进行技术帮助和指导。这不仅推进了科学技术和新型养殖技术在养殖业中的普及和应用，同时也规范了肉鸡产业的养殖技术，保证了肉鸡产品的质量。

三是检验检疫体系完善。龙头企业具备完善的检验检疫系统，保证在各个环节和肉鸡养殖的各个阶段对肉鸡产品进行定期、不定期的检验，保证了产品的标准化和统一性，在很大程度上确保了肉鸡产品质量的安全。而且，中慧与诸城外贸坚持走"产学研相结合"的道路，与中国农业大学、山东农业大学、山东省农业科学院等高校以及科研机构进行合作，使得检验检疫工作得以高质量、高效率地进行。

（二）以销定产，保障经营利益

我国的肉鸡行业是一个资本、劳动力相对密集，而科技含量和毛利又比较低的行业，可以说是一个经营风险较大的产业。在这样的大环境下，中慧和诸城外贸等肉鸡产业的龙头企业利用自身具有的客户网络，将传统肉鸡养殖业一直以来采用的"以产定销"的方式调整为"以销定产"的经营模式。这种经营模式基于对整个行业和市场发展趋势的准确判断，要求企业经营者在战略上看得更长远，在战术上充分认识到肉品营销工作的特点（胡再良，2004）。由于能够依据市场形势的判断提前调整生产规模，所以有效地规避了肉鸡产业由于"禽流感"等突发事件暴发时带来的销售风险。其中中慧主要为"肯德基""麦当劳""双汇"以及一些大型超市提供其肉鸡产品，通过这种途径的销售量占到总销量的70%以上；诸城外贸公司产品主要销往欧盟、日本等地，其销量占总销量的90%以上。当国内市场突发事件暴发时，销往国外市场以及"肯德基""麦当劳"等国际大型连锁餐饮企业的肉鸡产品数量能够保持较好的水平，能够保证其订单量不会遭到太大冲击，有效地保障了公司利益。

传统肉鸡养殖业由于受传统购销体制的长期影响，农产品市场体系尚不健全，导致农户在面对变化莫测的市场时显得无所适从，农户养殖面临着较多不确定因素。农业产业化过程中，最核心的问题是要解决好农民的利益保障问题。在市场渠道稳定的前提下，中慧和诸城外贸公司结合自身特征，针对肉鸡分散养殖户经不住市场冲击的现实，建立和完善了一系列农民利益保障机制。龙头企业通过与农户签订保底合同，实现农民利益优先。公司对签约农户的出栏肉鸡进行统一收购，并且保证回收价格固定，公司收购肉鸡的价格能够高于每只鸡的成本。这就很好地保证了始终让农民获益的原则，即使肉鸡市场价格受到禽流感等突发情况的影响发生重大变化时，也能保证农民不会赔本经营。通过这种合同的签订，有效地缓解了市场价格波动为农户养殖带来的冲击，极大地提高了农民养殖肉鸡的积极性。这样，公司与农民形成了互惠互利、利益均沾的鱼水关系，不仅有利于加快现代农业建设，也有利于龙头企业得到更多农民朋友的支持和信赖，从而获得更快更好的发展。

（三）合理布局，保障防疫效果

由于中慧与诸城外贸均进行规模化养殖，一个养殖场平均占地 50～70 亩[①]，可建 6～10 栋标准化鸡舍，每个养殖场年出栏肉鸡可达到 80 万～100 万只。由于占地面积大，养殖密度大，每批肉鸡出栏时废弃物的产出量也很可观，为避免养殖过程中可能发生的交叉感染的现象，中慧与诸城外贸在肉鸡养殖场（户）的场址选择和布局方面进行严格把关，统一在公司的规划与控制之中进行，保证与公司签约的肉鸡养殖农场全部建在无污染的城乡结合部、郊区或农村，尽量选在不仅环境适宜，而且交通方便的区域，为肉鸡养殖和运输创造良好的条件。

值得一提的是，为降低成本、便于对养殖废弃物进行无害化处理减少污染，中慧提倡并践行区域密集发展的聚落发展方式，力求健康养殖与有机种植相结合，为市场提供无公害产品。中慧利用自有的生物有机肥厂生产生物有机肥，并在每个养殖场的周边租赁大面积土地，建成中慧种植基地，在专业技术人员指导下，由出租土地的农民种植无公害蔬菜和水果。目前已建和在建的聚落有山东寿光聚落、山东邹平聚落、山东安丘聚落等；近期拟建聚落有山东平度聚落、山东宁津聚落以及其他当地政府支持、条件成熟的地区。

诸城外贸肉鸡养殖模式以"垂直一体化"（即公司自建养殖场）为主，"公司+农户"为辅。从图 2 的分析可知，养殖场场址的选择和布局由公司亲自进行，公司在进行厂址选择时不仅要充分考察周边情况，而且每个养殖场之间的距离也有固定的标准，在保证两个养殖场之间不会发生交叉感染的前提下尽量地实现土地面积的最大化利用。从图 2 得知，虽然诸城外贸公司并没有参与建设签约农户的养殖场，但公司会对有意向签约的农户养殖场进行实地考察，确定其场址选择合适以及布局合理后才同意其加入。

---

① 1 亩＝1/15 公顷，下同。

四、肉鸡养殖产业化经营不同模式差异分析

(一)农业产业化经营模式概述

农业产业化经营系统利益分配的基本原则是"风险共担,利益共享",其实质是用管理现代工业的办法来组织现代农业的生产和经营。它以国内外市场为导向,以提高经济效益为中心,以科技进步为支撑,围绕支柱产业和主导产品,优化组合各种生产要素,对农业和农村经济实行区域化布局、专业化生产、一体化经营、社会化服务、企业化管理,形成以市场牵龙头、龙头带基地、基地连农户,集种养加、产供销、内外贸、农科教为一体的经济管理体制和运行机制(牛若峰,2006)。当前我国农业产业化经营模式主要有"公司+农户""公司+基地+农户""公司+合作社+农户"等,以及在此基础上衍生的其他形式。中慧与诸城外贸肉鸡养殖模式都在一定意义上实现了产业化经营的良好示范,从图1可以看出,中慧肉鸡养殖产业化经营采取的模式确切地来说是"公司+农场主"的一种模式,这也是中慧公司领导一致承认的对养殖模式的最好界定。从图2可以看出,诸城外贸公司采取的模式为以"垂直一体化"为主,以"公司+农户"为辅的经营模式。

(二)不同模式产业化经营差异分析

本文借助于这两个龙头企业所采用的三种主要的产业化经营模式,对其差别进行了分析。"垂直一体化""公司+农场主""公司+农户"的三种肉鸡养殖产业化经营模式,虽然在很多方面存在共性,但由于公司建场资金和人力资本来源的不同,直接导致了三种模式监管力度方面显著的差异:"垂直一体化"的养殖场产权属于公司,人员配备均由公司统一安排,养殖监管最得力;"公司+农户"的养殖场产权属于农户,人员配备由农户自己安排,养殖监管力度最差;"公司+农场主"模式是介于前两种模式之间的一种模式,在产权转移之前,监管比较得力,在产权转移之后监管力度较差。主要体现在以下三个方面:

1. 产品质量监管力度不同。产品质量的监管主要体现在材料选购和技术服务的控制力上。"垂直一体化"模式从鸡苗选购、饲料提供、兽药选取、疫苗注射到检验检疫都是在公司的统一控制指导下进行,从源头保证了肉鸡产品的质量,加之养殖到加工各个环节的控制,为产品的高质量提供了可靠保障。"公司+农场主"模式在产权转移到农场主手中之后,由于农场主可自行选择

鸡苗、药物等养殖材料，可自行招聘饲养员和技术人员，虽然一般情况下，即使产权转移后农场主也不愿脱离中慧的平台，但是毕竟存在影响产品质量的不确定因素，存在产品质量隐患。"公司＋农户"模式由于产权属于农户，公司只对其进行定期或不定期的技术指导和帮助，并不存在持续性，对肉鸡产品质量监管力度较差。

2. 疫病控制力度不同。疫病控制力度主要体现在检验检疫方面。"垂直一体化"模式由于进行统一调度和管理，公司统一进行检验检疫工作，加之公司先进设备的保障，为疫病控制提供了良好的条件。"公司＋农场主"模式下，农场主可要求公司进行定期、不定期的检验检疫工作也可自主进行。这就导致其疫病控制力度较前者略差，主要是因为在产权转移到农场主手中之后农场主自主选择性的提高使得工作不具备定性标准。"公司＋农户"模式疫病控制力度较之前两者最弱，由于农户本身不需要进行检验检疫的操作，农户检验环节的进行只是为了满足公司收购其产品时的质量要求，这种束缚力度较之前两者较弱，也在一定程度上减弱了农户进行肉鸡疫病防控的主动性。

3. 污废处理统一程度不同。由于公司具备雄厚的资金和先进的技术指导，一般拥有自身的生物有机肥厂以及污水沉淀处理设备，"垂直一体化"模式下养殖场的粪便和污水运到公司进行统一处理，污废处理统一程度极高。"公司＋农场主"在产权转移之后，随着养殖场主权力的扩大，养殖场主更趋于关注自身的利益，由于污废处理属高投入、低产出甚至是零产出的环节，所以有时会被忽略，污废处理的统一程度较之前者要弱。"公司＋农户"污废处理工作最不具备统一性，一方面由于农户养殖规模下，产生的污废少；另一方面由于污废处理成本高，所以公司对签约农户的污废处理一般采取放任自流的态度。

综上所述，在肉鸡养殖业产业化经营过程中涌现的各种养殖模式中，"垂直一体化"经营模式在肉鸡产品质量、疫病控制力度、污废处理以及产品市场等各方面均具备较大优势，"公司＋农场主"次之，"公司＋农户"最弱。

五、政策建议

（一）充分发挥"垂直一体化"管理优势

龙头企业带动下的肉鸡养殖产业化经营是一种适应现代化市场经济发展的新模式，肉鸡行业的整合是一个发展趋势，早在十多年之前就有部分专家学者提出：几年后不具备规模的肉鸡加工企业很有可能会被淘汰。但事实上，从我国目前来看，小型一条龙肉鸡企业更具活力，条件简陋的个体加工作坊尚有生存空间，肉鸡专业养殖户在整个产业中仍占据一定的比例。笔者认为，整个肉鸡产业的全面健康发展不仅要依靠龙头企业的带动，而且对小型养殖散户进行扶植和帮助。为引导肉鸡养殖散户生产更具竞争力的产品，提高其盈利能力以及抗风险能力，提出如下建议。第一，规划建立中介公司，为小型养殖户服务。应借助龙头企业的养殖平台，最大限度地发挥其标准化养殖的优势，建议政府引导龙头企业为专业养殖户和散户养殖提供标准化生产的平台，可建立中介服务公司，作为龙头企业和小型养殖户之间的中介和桥梁，为小型养殖户的养殖提供材料和技术服务。第二，由于中介服务公司在一定意义上属于公益性企业，在建立初期的探索阶段可能存在财政上的困难，为保证其可持续健康发展，建议政府在可承受的范围之内为服务公司提供资金支持，拓宽融资渠道，降低融资成本，改善融资途径，提供政策保护。

（二）完善土地流转制度

土地流转占用一直是我国农村养殖业面临的主要问题，国土资源部门、农业部门对于养殖业占用土地的总原则是：养殖用地尽量利用荒山荒坡等，不占或少占耕地，禁止占用基本农田，也可利用自家宅基地。肉鸡养殖业产业化经营需要适度的土地规模，很多企业的占地面积随着养殖场建成规模的增大而逐日增加，发展至今，很多企业已经不具备扩大规模的土地资源条件，阻碍和制约了规模养殖场的进一步发展扩大。针对这一现状，建议政府进一步细化和完善土地流转制度，规范土地流转行为和途径。第一，以保护农民利益为出发点，鼓励农民以土地作为生产要素参股；第二，以尊重农民意愿为前提，建立土地流转中介组织，为土地流转提供服务平台，使农民加深对土地流转政策和细节的了解，本着"自愿、有偿、平等"的原则推动土地流转工作的进行。第三，健全农村社会保障体系，为土地流转后的农民提供保障措施，以此提高农民流转土地的积极性，解除农民流转土地的后顾之忧，从根本上疏通土地流转过程。

（三）引导区域化合理布局

龙头企业的养殖场已经实现了区域化布局的有效示范，合理的区域化布局在有效控制疫病的发生、传播与交互感染的同时，也降低了肉鸡养殖过程中的防疫成本，为提高养殖收益做出了贡献。然而，由于肉鸡养殖行业近几年的快速发展，一些小型养殖散户的存在呈现不规则块状分布，由于一家一户的分散经营并未充分考虑其与外部环境的相互作用，导致整个肉鸡产业的养殖布局存在隐患。很多大型龙头企业也担心受到周边散户养殖的影响，破坏其原有布局。为解决以上问题，建议政府对整个肉鸡养殖产业的布局进行规范，引导其进行区域化发展。第一，要尽量保证一个区域内实现从养殖源头到产品加工的一条龙工程；第二，应与产业内的专家学者进行对话，正确界定养殖区域与区域之间、养殖场与场之间的适当距离，保证不同养殖群体不会发生病毒的传播和感染。

（四）加大污废处理补贴力度

肉鸡养殖行业的污废处理环节之所以不够重视，主要是因为养殖行业的污废处理环节是公认的高投入，低产出的环节，有机肥与化肥相比并不具备竞争优势。龙头产业基于可持续发展的考虑，一般将养殖废弃物通过企业自有的生物肥场处理加工后制成有机肥向市场出售。有机肥原料天然，处理方式环保，其与环境具有很好的相容性，不会对环境造成污染。然而，正是由于有机肥处理程序较无机肥更为复杂，设备成本也较高，所以导致有机肥价格远远高于无机肥（化肥），在市场上并不具备价格优势，也没有固定的销售渠道。基于以上分析，建议政府加大对于整个产业污废处理补贴的力度。一方面可以通过对龙头企业进行资金支持，引导周边散户将废弃物统一运送到企业进行统一处理；另一方面，政府可在养殖区域内投资建立污废处理厂，对本区域的所有养殖场（户）的污废进行统一处理。这不仅可以实现污废的无害化处理，减少环境污染，同时也可抑制病菌的扩散，降低疫病防疫成本，保证肉鸡产品质量，维持肉鸡产业健康平稳较快发展。

参考文献

[1] 胡再良.怎样做好肉鸡产品的营销工作 [J].中国家禽，2004 (20)：38-40.

[2] 牛若峰.农业产业化经营发展的观察和评论 [J].农业经济问题，2006 (3)：8-15.

[3] 王济民，王燕明.2010 年肉鸡产业发展趋势与建议 [C].中国肉鸡产业经济，北京：中国农业出版社，2011.

[4] 辛翔飞，王祖力，王济民.肉鸡产业化经营模式的国际经验及借鉴 [J].农业展望，2011 (3)：32-35.

宏观环境

世界畜禽养殖业发展形势
及我国畜禽养殖业发展趋势分析

王济民　王祖力　辛翔飞

（中国农业科学院农业经济与发展研究所）

一、国外畜禽养殖业发展模式及其启示

（一）国外畜禽养殖业发展模式

可分为四种类型：大规模工厂化畜禽养殖业（以美国和加拿大为代表）、适度规模经营畜禽养殖业（以荷兰、德国和法国等畜牧业发达国家为代表）、集约化经营畜禽养殖业（以日本、韩国为代表）、现代草原畜牧业模式（以澳大利亚、新西兰、阿根廷和乌拉圭等为代表）。

1. 大规模工厂化畜禽养殖业。大规模工厂化畜禽养殖业主要是指以规模化、机械化、设施化为主要特征的养殖业类型，资本和技术投入密集，产出效率高。美国和加拿大土地资源丰富，资金和技术实力雄厚，但劳动力资源紧缺，畜禽养殖场规模呈现越来越大的趋势。2007 年美国超过 1 000 头规模的奶牛场占全部奶牛场的 36.4%。产业化发展模式主要是"公司＋农户"的合同模式，通过核心企业（如大型畜产品加工、流通企业或合作社）带动，与大批农场建立稳定的供销合同关系，形成产供销一体化经营。

2. 适度规模经营畜禽养殖业。适度规模经营畜禽养殖业主要是指规模适度、农牧结合、环境友好的畜禽养殖产业模式，其典型代表主要有荷兰、德国和法国等。这些国家经济发展水平较高，人口规模相对稳定，劳动力资源紧缺，地形以平原为主，气候为温带海洋性气候，比较适合畜禽养殖业发展。荷兰奶牛存栏规模主要以 50～100 头为主，生猪以 700 头为主，蛋鸡以 30 000 只为主。为防止畜禽养殖污染，政府要求农牧结合，规定畜禽粪便输入田地和草地；对于过剩粪肥，制定粪肥运输补贴计划，生产加工成颗粒肥料。产业化发展模式主要以"家庭农场＋专业合作社＋合作社企业"为主。随着农业合作

社的发展，德国出现了以营利为目的的合作社企业，且这一趋势正在加强，主要表现在由社员需求导向向市场需求导向转变，具有鲜明社员需求导向的兼营商品供销信贷合作社逐渐减少，已不到农业合作社总数的 10%。欧盟主要奶业生产国 90% 以上的奶农都是各类奶业合作社的成员。据欧盟农业协会的不完全统计，欧盟目前有 4 万多个农业合作社组织，在营业额最大的 15 个中，奶业合作社占 10 个，奶业合作社发展规模和水平居欧盟农业合作社前列。

3. 集约化经营畜禽养殖业。集约化经营畜禽养殖业主要是指针对土地资源稀缺，以资金和技术集约为主要特征的畜禽养殖业发展类型，日本和韩国最为典型。这些国家或地区的共同特点是，人多地少，经济和科技水平较高，畜禽养殖业资源相对贫乏，发展受自然资源约束比较明显，产业发展主要以家庭农场饲养为主，发展适度规模、集约化经营。产业化发展模式主要以"农户＋农协＋企业"为主。以日本为例，协会可以在畜产品生产和流通方面，对生产经营进行指导，统一购买生产资料，统一销售产品。日本从事畜禽养殖业的农户数逐年减少，经营规模适度扩大。以奶牛养殖为例，日本奶农户数在 1960 年有 41 万户，1980 年减少到 11.5 万户，2007 年又降到 2.5 万户；平均 1 户奶农饲养的奶牛头数在 1970 年为 5.9 头，1980 年 18.1 头，2007 年达到了 62.7 头。

4. 现代草原畜牧业模式。现代草原畜牧业模式，主要是指以天然草地或人工草场为基础，围栏放牧为主，资源、生产和生态协调发展的畜牧业类型。以澳大利亚、新西兰、阿根廷和乌拉圭等为代表。这些国家和地区草地资源丰富、自然环境优越，澳大利亚和新西兰素有"草原畜牧业王国"之称。澳大利亚国土面积 769.2 万平方千米，其中宜牧（农）草地占国土面积的 55.9%，四周环海，气候温和，适宜牛、羊等草原畜牧业发展。产业化发展模式主要是"家庭牧场＋专业合作社＋专业合作社企业"，专业协会服务较为完善，以羊毛产业为例，针对生产、销售、加工等环节，澳大利亚分别建有肉类畜牧协会、全国羊毛协会、羊毛销售经纪人协会、羊毛出售商协会和羊毛加工者协会。就肉类产量而言，中美洲、南美洲及发达国家草原畜牧业在全世界占居优势地位，这些地区的肉类产量合计占世界草原畜牧业总产量的 3/4。

（二）国外畜禽养殖业发展主要做法

1. 大力推进规模化、工厂化饲养。畜牧业发达国家都在大力推进规模化和工厂化饲养，养殖场数量在减少，而养殖规模在增大。以美国、澳大利亚和荷兰为例，畜牧业都以牧场或家庭农场为主，饲养规模一般较大。2008 年美国规模 100 头以上的奶牛场占全国总数的 23.2%，饲养着全国 75% 的奶牛；年出栏 2 000 头以上的猪场占全国的 11.8%，出栏量占全国的 85%。1974 年美国有奶牛场和养猪场约 40 万个和 47 万个，2008 年已减少到 6.7 万个和 7.3 万个，而牛奶和猪肉产量却大幅增加。

2. 不断优化畜禽产品结构。 发达国家畜产品结构中，奶类产品比例近年来虽呈下降趋势，但其仍占绝对优势地位，如日本当前奶类产品占肉蛋奶总量的近 90%。肉类产品比例在发达国家畜产品结构中呈上升趋势，但不同国家存在一定的差异。日本相对较低，当前约为 10%，德国约为 20%，澳大利亚约为 30%，而美国达到近 60% 的水平。蛋类产品在发达国家畜产品结构中比重均在 1%～3% 的水平，相对于奶类产品和肉类产品而言其比重极小。发达国家肉类产品结构中，牛、羊肉比例普遍下降，禽肉比例均呈上升趋势且速度较快。

3. 强化产品质量安全。 畜牧业发达国家都有完善的畜产品安全管理体系来保证产品质量安全。以美国乳制品为例，已建立了包括生产、加工、运输、贮存等环节在内的全程控制的食品质量安全控制体系，严密的乳制品质量安全管理组织体系，强化生产源头控制和进出口检疫。欧洲主要发达国家也通过畜产品质量安全认证工作来保证质量安全，当前认证体系发展完善，已经成为保障畜产品安全、促进畜牧业发展的重要手段。例如，荷兰畜产品质量管理体系认证，德国的质量与安全体系等，通过对养殖、饲料、屠宰、包装、运输等涉及畜产品安全的各个环节的全面控制，保证畜产品质量安全。

4. 对生产者实行补贴制度。 采取对畜牧生产者进行直接补贴的政策，已经成为国外发达国家发展畜牧业的通行做法。为了调动生产者从事畜禽养殖业的积极性，保护和促进本国畜禽产业的发展，许多国家都逐步建立了对生产者实行补贴的制度，以不同方式向生产者提供补贴。欧盟国家也对畜牧业采取直接补贴政策，主要集中在奶牛和肉牛上，丹麦每头奶牛或小母牛补贴 200 欧元，对肉牛补贴 150～300 欧元，肉牛屠宰补贴 50～80 欧元，其他动物屠宰补贴 39 欧元。澳大利亚政府采取直接价格补贴和间接价格补贴两种形式，实施畜产品补贴，直接价格补贴率一般为 2%～6%；间接价格补贴一般为 4%～30%，通过向消费者征税（如 2000 年 7 月 1 日实施的 GST，即消费税）建立产业基金来补贴出口商，大大增加了澳大利亚畜产品的国际竞争力。

5. 高度重视畜禽养殖科技进步。 畜牧业先进生产技术的研究与推广是发展畜牧业的强大动力。就育种而言，根据美国和英国等畜牧业发达国家和联合国粮农组织预测，21 世纪全球商品化生产的畜禽品种都将通过分子育种技术进行选育，而品种对整个畜牧业的贡献率将超过 50%。目前，国外大型育种公司已经在使用分子标记辅助选择技术开展动物遗传改良，加大研究投入力度，研发具有独立知识产权的基因应用于育种实践，这已成为当前发达国家动物育种工作的主流方向。

6. 关注环境保护和动物福利。环境保护方面，为防止环境污染，发达国家实行了严格的污染控制措施。美国《清洁水法》规定，将工厂化养殖与工业和城市设施一样视为点源性污染，排放必须达到国家污染减排系统许可要求，鼓励通过农牧结合化解畜牧业环境污染，养殖场的动物粪便通过输送管道归还农田或直接干燥固化成有机肥归还农田。欧盟主要采取农牧结合的方法解决畜牧业污染，明确规定养殖场的养殖规模必须与养殖场所拥有的土地规模配套。国际社会特别是欧洲在动物福利方面，有一套严格的规定，如规定生产者要在饲料和水的数量及质量上满足动物需求，使动物免受饥渴之苦；为动物提供舒适的生活环境，消除动物的痛苦、伤害与疾病的威胁，等等。

（三）国外畜禽养殖业发展主要启示

1. 必须坚持因地制宜、分类指导的方针。从世界各国畜禽养殖业发展历程来看，由于资源、技术、经济发展水平和发展阶段的不同，呈现出不同的发展模式。土地资源丰富、劳动力相对短缺的美国，采取了大规模机械化的发展道路；人多地少的日本和韩国，采取了资金和技术密集的集约化发展道路；经济发展水平较高、人口和资源相对稳定的欧洲国家，普遍采用适度规模农牧结合的发展道路；草地资源丰富的澳大利亚和新西兰，采取围栏放牧，资源、生产和生态协调的现代草原畜牧业发展道路。我国地域广阔，不同地区自然条件差异较大。就目前而言，国际畜禽养殖业不同发展模式在我国均有存在，其发展经验对我国不同地区畜禽养殖业发展均有借鉴意义。因此，我国畜牧业发展要采取因地制宜、分类指导的方针，要在充分依靠科技和政策扶持的基础上，尽快走出一条适合我国国情的现代畜牧业可持续发展道路。

2. 必须高度重视产业化组织模式。产业化是畜牧业发展的必然趋势。受经济、政治和历史等因素的影响，美国形成了"公司＋规模化农场"，农场和企业之间采取合同制进行利益联结的产业化模式；欧洲在经历几百年的发展后形成了"农户＋专业合作社＋专业合作社企业"，农户和企业利益共享、风险共担的产业化模式；日本则采取了"农户＋农协（综合性合作社）＋公司"，重点通过农协保护农民利益的模式。这些产业化模式都对这些国家的畜牧业可持续发展起到了巨大的推动作用。目前，我国畜牧业产业化模式主要以"公司＋农户"

为主，但利益联结机制仍然不协调。加快畜牧业产业组织模式创新，进一步密切产加销环节的利益机制，成为我国畜牧业发展必须解决的问题。

3. 必须在结构调整中统筹考虑生产效率和消费习惯。 从过去 40 年世界畜牧业发展历程看，肉、蛋、奶产量比重中，肉类比重整体呈上升趋势，蛋类比重保持低位，奶类比重有所下降；肉类中，禽肉比重明显上升，猪肉比重相对稳定，牛肉比重有所减少。由此可以看出，肉料比相对较高的产品在畜牧业中的比重不断提升，畜牧业生产结构变化的过程本质上是畜牧业不断高效化的过程。从我国畜禽养殖业发展历程来看，肉、蛋、奶产量比重中，肉类比重整体呈下降趋势，蛋类比重基本稳定，奶类比重大幅上升；肉类中，禽肉比重明显上升，猪肉比重有所下降，牛羊肉比重相对较小。结合世界畜牧业结构变动的规律，综合考虑我国居民畜产品消费习惯和生产效率两方面的因素，我国畜牧业结构调整要在稳定生猪、禽蛋的基础上，大力发展肉禽和奶牛养殖业。

二、我国畜禽养殖业发展形势

（一）发展历程

畜禽养殖业是农业的重要组成部分。1978 年以前，受计划经济和粮食短缺的影响，畜禽养殖业仅作为家庭副业，发展长期停滞不前，产值仅占农业总产值的 15% 左右。改革开放以后，畜禽养殖业规模迅速扩大，产业素质稳步提高，产品供应日益丰富，产业地位持续上升。发展历程大体可划分为四个阶段：

1. 缓解城乡居民"吃肉难"问题阶段（1978—1984 年）。 1978 年以前，在"以粮为纲"政策的大背景下，畜禽产品产量低，人均肉类占有量不足 9.0 千克。改革开放后，畜禽养殖业经营体制开始转变，形成"国营、集体、个体"等各种经济成分共同推动发展的格局，生产快速增长，为后期全面发展奠定了基础。至 1984 年，全国肉类总产量达到 1 540.6 万吨，约为 1978 年的 1.8 倍，年均增长 10.3%；生猪出栏 22 047.1 万头，比 1978 年增长了 36.9%；猪肉产量 1 444.7 万吨，占肉类总产量的 90% 以上；人均肉类占有量达到 14.9 千克，与 1978 年相比，增加了 5.9 千克，城乡居民"吃肉难"问题得到缓解。

2. 满足城乡居民"菜篮子"产品需求阶段（1985—1996 年）。 以畜禽产品经营体制和价格双放开为特征，畜禽养殖业步入了市场经济轨道，经营体制实现根本转变，经营者积极性得到充分调动，生产潜力得到极大的释放，畜禽产品产量持续增长，关系国计民生的肉、蛋、奶产品长期短缺的局面得到根本扭转。期间，1985 年我国禽蛋产量达到 534.7 万吨，1990 年肉类产量达到 2 857.0 万吨，分别于当年跃居世界第一位。1996 年我国肉类总产量达到 4 584.0 万吨，是 1985 年的 2.4 倍，年均增长率达到 8.2%；畜牧业总产值 6 015.5 亿元，占农业总产值的 26.9%，比 1985 年提高了 5 个百分点。人均肉类、禽蛋、奶类占有量分别由 1985 年的 18.3 千克、5.1 千克、2.8 千克提高为 1996 年的 37.5 千克、16.1 千克、6.0 千克，在一定程度上满足了城乡居民多元化的畜产品需求。

3. 产业结构调整优化阶段（1997—2006 年）。1997 年，畜禽养殖业从以数量增长为主逐步向提高质量、优化结构和增加效益为主转变，进入产业结构调整发展阶段。2006 年奶类产量达到 3 302.5 万吨，首次进入世界前三名，人均奶类占有量达 25.2 千克。1997—2006 年，奶类总产量和人均占有量年均增长率分别为 24.0%、22.8%；肉类总产量年均增长率保持在 3.35%，其中猪肉、禽肉增速保持在 3%～5%，牛羊肉增速保持在 5%～7%，猪、牛、羊、禽肉占肉类比例由 1997 年的 68.26%、8.37%、4.04%和 18.57%分别调整为 2006 年的 65.60%、8.14%、5.13%和 19.23%。肉、蛋、奶产量比例由 1997 年的 67.14%、24.18% 和 8.68% 调整为 2006 年的 55.32%、18.91% 和 25.77%。畜禽养殖业逐步向优势区域集中，产业整合速度加快，更加注重质量安全和可持续发展。

4. 向现代畜牧业转型阶段（2007 年以来）。2007 年以来，以发展现代农业、促进畜禽养殖业增长方式转变为目标，国家积极探索建立保障畜禽养殖业持续稳定健康发展的长效机制，加大了支持力度，加强了宏观调控，实施了畜牧良种补贴、奶牛优质后备母牛补贴、能繁母猪补贴、生猪调出大县奖励、标准化规模养殖场（小区）建设和能繁母猪保险等政策，畜禽养殖规模化、标准化水平大幅提升，良种覆盖率逐步提高，出栏 50 头以上生猪、存栏 20 头以上奶牛和 500 只以上蛋鸡规模化养殖水平分别由 2006 年的 43.0%、28.8%和 40.5%提高到 2010 年的 64.5%、46.5%和 78.8%。我国畜禽养殖业逐步由小规模传统养殖方式向现代畜牧业转型。

（二）发展成就

1. 扭转了畜禽产品长期短缺的局面，保障了市场有效供给。2010 年，全国肉、蛋、奶、羊毛和羊绒产品产量分别达到 7 925.8 万吨、2 762.7 万吨、3 748.0万吨、42.9 万吨和 18 518.0 吨，分别是 1980 年的 6.6 倍、10.8 倍、

27.4 倍、2.3 倍和 4.6 倍。我国人均肉、蛋、奶产品占有量分别达到 59.2 千克、20.7 千克、28.0 千克，与 1980 年相比，各增加了 44.1 千克、18.1 千克、26.6 千克。1980—2010 年，在粮食产量年均增长 1.8%、人口持续增加的情况下，肉、蛋、奶产量年递增率分别达到 6.5%、8.2% 和 11.7%，为保障国家食物安全、社会稳定做出了重要贡献。

2. 改善了国民膳食结构，提升了城乡居民营养水平和身体素质。 随着畜禽养殖业的快速发展，我国人均畜禽产品消费量不断增加，居民食物消费结构明显改善。据联合国粮农组织（FAO）统计，2009 年，我国人均肉、蛋、奶年消费量分别为 58.2 千克、18.5 千克、29.8 千克，比 1995 年分别增加了 50.4%、48.0%、292.1%，其中蛋类消费量已超过发达国家水平。动物食品提供的人均热量和蛋白质摄取量，从 1995 年的 1 910 千焦/（人·天）和 23.2 克/（人·天），分别提高到 2009 年的 2 901 千焦/（人·天）和 37.0 克/（人·天）；动物产品在人均热量和蛋白质摄取量的比重，分别由 1995 年的 16.5% 和 29.7% 提高到 2009 年的 22.9% 和 39.4%。畜禽产品消费量的增加有效地改善了城乡居民的膳食结构，提升了国民营养水平和身体素质。

3. 带动了相关产业发展，促进了农民增收。 从畜牧业产值占农业总产值的比重来看，当前畜禽养殖业已由家庭副业发展成农业农村经济的支柱产业，成为农民增收的重要途径。2010 年农民家庭经营现金收入中养殖业约占 30%，在养殖业产值比重较高的地、县，占到 50% 以上。养殖业的发展还带动了良种繁育、饲料加工、兽药生产、养殖设施建设和产品加工、储运物流等相关产业的发展，不仅形成了产品生产、加工、储运和销售等完整的产业链，还创造了大量就业机会，为国民经济健康发展做出了贡献。

4. 率先实行了市场化改革，引领了农业产业制度变迁。 在我国农业农村经济体制改革中，畜禽养殖业最早从计划经济体制的束缚中解放出来，率先步入市场化发展的轨道。与此同时，畜禽养殖业产业化进程也不断加快，20 世纪 80 年代初，全国第一个牧工商联合企业的出现，标志着畜禽养殖业产业化经营已经起步，到 80 年代末，全国已有牧工商企业 1.1 万个。当前，畜禽养殖业产业化组织已占全国农业产业化组织的 50% 以上，各类龙头企业、农民专业合作经济组织、农村经纪人等迅速成长起来，在畜牧业发展中的作用和影响越来越大，带动了全国农业产业化发展。

（三）基本经验

1. 科技进步是畜禽养殖业发展的基本支撑。 畜禽养殖科学技术的不断创新，科技成果的转化应用，良种良法的普及推广，在畜禽养殖业发展中起到了非常关键的作用。尤其是疫病防控技术、饲料饲养技术和良种繁育技术的研究、开发与推广应用，大大推动了畜禽养殖业的快速发展。目前，科技进步对畜禽养殖业发展的贡献率超过 50%，成为我国畜禽养殖业发展的有力支撑。

2. 市场化改革是畜禽养殖业发展的强大动力。 肉、蛋、奶等"菜篮子"产品是最早实行市场化改革的农产品，市场、价格和经营渠道的放开，充分发挥了市场机制在资源配置中的基础作用，使生产要素按市场经济规律流动和组合，为养殖业发展创造了良好的体制环境，极大地调动和发挥了养殖业生产、加工、流通各环节的积极性和创造性，促进了畜禽养殖业生产和流通的快速发展。

3. 法制建设是畜禽养殖业发展的有力保障。 改革开放以来，我国颁布实施了《中华人民共和国畜牧法》《中华人民共和国动物防疫法》《中华人民共和国草原法》和《中华人民共和国农产品质量安全法》等一系列法律法规，对于规范畜禽养殖业生产经营行为，保障肉、蛋、奶产品质量安全，促进畜禽养殖业持续健康发展，维护公共卫生和保护生态环境发挥了重要作用。

4. 产业化经营是畜禽养殖业发展的必然选择。 龙头企业坚持为农民服务的方向，通过开展定向投入、统一服务、统一收购等方式，为农户提供养殖技术、市场信息、生产资料和产品销售等多种服务，带动广大农户建立起多种形式的产销衔接和利益联结机制，大大提升了畜禽养殖业的标准化、规模化和产业化水平，提高了畜禽养殖业的综合经济效益。

5. 疫病防控是畜禽养殖业发展的重要保障。 国家逐步加强动物防疫基础设施建设，并构成了相对完整的疫病监测体系。在基础设施建设的带动下，一系列重大动物疫病防治规划、应急预案得以实施。动物疫病的疫情监测、预防免疫、检疫、封锁、隔离、扑杀和消毒等技术措施逐步走向制度化，为我国畜禽养殖的发展提供了重要保障。

6. 饲料工业的兴起是畜禽养殖业发展的物质基础。 改革开放以来，我国饲料工业取得了长足发展。尤其是进入 21 世纪以后，伴随着经济全球化的深入，适应社会主义市场经济的发展，我国饲料产业进入了结构优化、质量提高、稳步发展的阶段。1980—2007 年，我国粮食年递增率仅为 1.7%，肉类、禽蛋、养殖水产品年递增率分别达 6.6%、7.3%、9.1%；同期，饲料产量年递增率高达 19.1%。饲料生产为养殖业发展提供了充足的生产资料，饲料工业成为现代养殖业的直接推动力。

三、未来展望

(一) 供需平衡关系

保障畜禽产品总量供给平衡是我国畜禽养殖业可持续发展的主要目标。总体来看,我国畜禽产品的需求继续呈刚性增长趋势,生产受饲料、土地及劳动力资源和环境等因素的制约越来越强。主要畜产品中,肉类总体能保持供需基本平衡,有个别品种需要通过进口来调节;蛋类产品基本保持自给;奶类存在一定缺口,未来这一缺口还可能拉大。长期来看,可以考虑主动进口一部分畜产品以减少国内畜牧业对国外饲料特别是大豆的依赖,减少国内环境的污染。

(二) 发展趋势

1. 植物农业向动物农业发展趋势不可逆转。 1978 年全国畜牧业产值为209.3 亿元,占农业总产值的比重只有 15% 左右。2007 年全国畜牧业总产值达到 16 125.2 亿元,占农业的比重已上升到 33.0%。目前,世界畜牧业占农业的比重为 40% 左右,我国仅为 1/3,畜牧业比重继续上升的趋势不可逆转。

2. 规模化养殖趋势不可逆转。 改革开放以来,我国规模化得到了快速发展,但农户分散养殖的生产方式仍占主要地位。进入 2005 年以来,规模化出现加速趋势。2010 年,全国年出栏 500 头以上生猪、存栏 500 只以上蛋鸡和存栏 100 头以上奶牛规模化养殖比重分别达到 34%、82% 和 28%,比 2005 年分别提高 18%、16% 和 17%。我国畜牧业规模化水平同国外还有很大的差距,规模化程度进一步提高是我国养殖业发展的重要趋势。

3. 生态绿色有机畜产品市场需求不断增长的趋势不可逆转。 国外"有机畜牧业"生产的肉类平均每年以 20% 的速度增长,有机副产品的消费也与日俱增。我国近年来也出现加速发展的趋势。黄羽肉鸡和地方特色猪肉开发取得很大进展。随着居民收入水平的不断提高,居民对绿色、生态和有机畜产品的需求不断增加。

4. 产业一体化发展趋势不可逆转。 欧洲产业化发展模式主要采取"家庭农场+专业合作社+合作社企业"模式。日本产业化发展模式主要是"农户+农协+企业"模式。美国畜牧产业化经营的模式主要是以"农户+公司的合同制"为主。我国的畜牧业一体化将由"公司+农户"向"公司+合作社+农户"方向发展。

5. 低碳畜牧业发展趋势不可逆转。全球各地平均气温上升了 0.3～0.6℃，海平面上升了 10～25 厘米。据联合国粮农组织的研究报告，畜牧业产生的温室气体排放量占全球温室气体总排放量的 18%，在其排放的温室气体中，二氧化碳占全球排放量的 9%，甲烷（主要来源于牲畜的肠胃和粪便）占全球排放量的 37%，氧化亚氮占全球排放量的 65%。2000—2007 年，我国畜牧业平均每年甲烷排放总量 1 002.2 万吨，其中畜禽胃肠发酵甲烷排放 834.5 万吨，畜禽排泄物甲烷排放 167.7 万吨，甲烷排放总量约占全球畜牧业甲烷排放量的 9.68%；平均每年氧化亚氮排放总量 57.7 万吨，约占全球畜牧业氧化亚氮排放量的 15.7%；畜牧业排放的甲烷和氧化亚氮总量折合成二氧化碳达 29.81 亿吨。

（三）发展机遇

1. 畜牧业发展政策支持力度不断增加。目前我国畜牧业扶持政策框架体系基本建立，畜牧业发展政策支持力度不断增加。例如，从 2007 年开始，中央财政在全国范围内支持标准化规模养殖场建设，资金主要用于粪污处理、畜禽舍标准化改造以及水、电、路、防疫等配套设施建设，扶持资金逐年增加。1998 年中央财政开始支持畜禽良种工程项目建设，目前每年约 2 亿元。2005 年启动良种补贴项目，2013 年约 12 亿元。还有生猪调出大县奖励、畜禽养殖政策性保险等一系列扶持政策，逐步形成了相对成熟的框架体系。此外，党的十八大提出"四化同步"发展战略，再次突出"三农"的重中之重地位，强调加快农业现代化是"四化同步"发展的重要基础和必然要求，这符合国家经济社会发展实际，对加快推动畜禽养殖业现代化发展具有深远意义。为加快畜禽养殖业发展，实现真正意义上的"四化同步"，国家必将在财政扶持、金融支持等领域向畜禽养殖业倾斜，为畜禽养殖业的转型升级提供广阔的舞台。

2. 城乡居民畜产品消费需求继续增长。尽管宏观经济发展速度有所下调，但从长期趋势来看，我国城乡居民畜禽产品消费仍处在增长阶段，社会需求仍有增加空间。主要原因在于，我国城乡居民畜产品消费水平差距还很大，农村居民人均肉蛋奶消费量与城镇居民消费量差距仍然不小。随着农村经济发展和农民收入的不断提高，占总人口 60% 的农村居民畜禽产品消费必将进一步增加。随着我国工业化和城市化进程的加快，新增城市居民对畜禽产品的消费需求也将出现快速上升的趋势。因此，短期内我国畜禽产品消费仍有一定的增长潜力。

（四）面临挑战

1. 2006 年以来主要畜产品价格波动加剧。2006 年以来主要畜产品价格波动加剧加大了畜禽养殖业的市场风险。例如，生猪价格波动频繁，规律难以把握，2012—2014 年生猪价格持续走低，其中 2014 年尤为严重，导致大量生猪场户亏损严重甚至倒闭。

2. 重大动物疫病防控形势依然严峻。家财万贯，带毛的不算，动物疫病是畜禽养殖面临的重大风险，一旦风险暴发就会给养殖场户带来巨大损失。2013 年底至 2014 年小反刍兽疫在 20 多个省区内发生，给肉羊生产造成极为不利影响，部分地区养殖场户损失较大。2013 年和 2014 年 H7N9 流感使家禽行业遭遇无妄之灾，行业遭受重大打击，众多养殖企业破产倒闭。

3. 畜产品质量安全问题关注度越来越高。近年来，城乡居民对畜产品质量安全重视程度空前提高，质量安全只要一出问题都会对行业造成重大影响，婴幼儿奶粉事件对我国奶业的影响到现在都没有完全消除，"瘦肉精"监管也面临严峻形势，一旦放松就会有反弹的风险。由于消费者对国内乳制品尤其是婴幼儿奶粉的质量信心不足，造成了近年来我国乳制品进口量持续增加，2008—2012 年乳制品进口数量由 35.1 万吨剧增到 114.6 万吨，增幅高达226.5％。肉蛋奶消费关系到广大群众的切身利益，各类媒体对畜产品信息高度关注，市场价格一有上涨就大肆宣扬，质量安全一有纰漏就密集报导，负面效应很容易就被成倍放大。

4. 饲料资源紧缺问题不容忽视。改革开放 30 多年来，我国饲料工业发展迅速，产值、产量持续稳定增长，产品结构不断优化，能量饲料供应基本满足市场需求，产业地位逐步增强。据专家测算，2010 年全国工业饲料总产量1.62 亿吨，直接使用和间接带动农户使用饲料粮 21 697 万吨，占 2010 年粮食总产量的 39.70％。其中，2010 年配合饲料产量 12 974 万吨，使用饲料粮8 433万吨；浓缩饲料 2 648 万吨，按照占养殖户自配料的 30％计算，搭配使用饲料粮 5 737 万吨；添加剂预混合饲料 579 万吨，按照占养殖户自配料的5％计算，搭配使用饲料粮 7 527 万吨。未来随着畜禽养殖量的增加，饲料粮的需求仍将呈持续增长态势，各类饲料原料供给压力将继续加大。一是蛋白质饲料供应紧张。二是能量饲料需求量压力增大。三是安全高效环保的饲料添加剂研发滞后。

5. 畜禽遗传资源的保护和可持续利用面临严峻挑战。改革开放以来，我国畜禽品种选育工作取得了长足发展，初步形成了育种、扩繁、推广、应用相配套的良种繁育体系，遗传改良工作有效推进，法律法规不断完善，监测能力不断提升，种畜禽质量明显提高，为畜禽养殖业健康发展奠定了基础。但长期以来，由于单纯追求数量增长，忽视其独特的资源特性和生态意义，缺乏对畜禽品种资源的足够认识，普遍存在"重引进、轻培育，重改良、轻保护"的现象，再加上投入不足，基础设施和技术条件落后，致使我国畜禽遗传资源的保护和可持续利用面临严峻挑战。主要表现为，一是对国外优良品种依赖度高，二是地方畜禽品种资源数量下降，三是良种繁育体系建设滞后，四是科学合理的资源开发利用体系还未形成，五是种畜禽业发展机制有待完善。

6. 草原保护与畜牧业生产之间的矛盾仍然突出。我国草原资源丰富，由于受气候条件和地理特点的影响，很多天然草原区不宜造林和农耕，草原植被是草原畜牧业可持续发展的基本生产资料。草原在国土资源保护、遗传资源开发、生态环境安全、产业结构调整、边疆经济繁荣、牧区人民增收、民族团结稳定等方面占据重要地位。自2000年以来，国家和地方政府对草原保护建设投入大幅度增加，先后实施了天然草原植被恢复、牧草种子基地、草原围栏、退牧还草等建设项目。2000—2010年，在草原保护方面，国家投入超过220亿元，其中退牧还草工程投入135.7亿元，实施范围涉及8省区和新疆建设兵团的179个县（旗、团场）。2010年，全国累计围栏放牧草原6 634万公顷，种草和改良草原面积2 064万公顷，20%的可利用草原建设了围栏。2010年监测显示，与非工程区相比，草原保护建设工程区植被盖度平均提高了12.0%，植被高度提高41.8%，产草量提高了50.5%。草原局部生态环境得到改善，对促进我国循环经济的发展起到良好的示范作用。但是，从总体上看，我国草原可利用资源不断减少，草原生产力较低，大大制约了草原畜牧业的发展。当前，我国草原超载过牧严重。2010年，主要牧区草原超载率仍在30%左右，部分地区的牲畜超载率甚至达到80%。草原长期得不到休养生息，生产力不断下降。遥感监测，20世纪80年代以来，主要草原分布区草原产草量整体下降。据青海省统计，同20世纪80年代相比，目前全省草原单位面积产草量下降了10%～40%，局部地区达到50%～90%。

（五）道路选择

1. 产品结构。从世界各国情况看，在社会经济发展进入相对平稳发展阶段后，畜禽产品中肉、蛋、奶结构总体稳定；肉类产品中，牛肉下降，禽肉明显上升。从我国未来发展趋势看，畜产品结构应坚持"稳定增长生猪和禽蛋，适时发展草食畜禽，大力发展禽肉和奶类"。

2. 发展模式。当前，世界各国畜禽养殖业规模化进程持续加快。根据我国资源和环境特点，畜禽养殖业必须贯彻生态循环理念，坚持走农牧结合、适度规模、标准化集约化经营道路，不同地区应根据其资源、市场、传统等因素，因地制宜采取不同的发展模式。

3. 区域布局。从发达国家趋势看，主要畜禽生产区域均与主要粮食产区紧密结合。我国的发展趋势应表现为：生猪和家禽生产向粮食主产区集中；牛肉生产以农牧交错带为主要繁殖区，粮食主产区集中育肥；奶类生产仍以北方为主，推进南方加快发展，充分利用资源优势，改变"北多南少"的局面；毛绒生产仍主要集中在牧区和半农半牧区。

4. 组织化。当前，发达国家畜禽养殖业的组织模式以"公司＋农户""专业合作社＋合作社企业""社区合作社＋企业"为主。我国目前以"公司＋农户"为主，未来应在进一步完善"公司＋农户"的利益联结机制的基础上，加快专业合作社和合作社企业发展。

5. 发展政策。从各国情况看，政府扶持和调控是畜禽养殖业可持续发展的共同经验。我国政府应进一步强化对生产的财政补贴，加大对科技研发与推广的扶持，加大畜牧业环保支持力度，完善稳定价格调控机制。

我国肉类产业"十三五"发展战略研究

王济民[1]　文杰[2]　徐幸莲[3]　辛翔飞[1]　王祖力[1]　周慧[1]

(1 中国农业科学院农业经济与发展研究所;
2 中国农业科学院北京畜牧兽医研究所;
3 南京农业大学食品科技学院)

肉类产业是畜牧业的主要组成部分,肉类产品是城乡居民"菜篮子"中不可或缺的重要组成部分。经过改革开放以来 30 多年的快速发展,我国肉类产业取得了巨大成就,肉类产业占畜牧业总产值的比例达接近 80%,肉类产业在保障和改善民生,促进农业结构优化,吸纳农村劳动力,增加农民收入,促进"三农"发展,维护社会稳定等方面做出了重要贡献。

当前,我国肉类产业已经进入了由传统向现代加速转型的关键时期。虽然迎来了良好的发展机遇,但是也面临着诸多挑战。为促进"十三五"期间我国肉类产业的持续健康发展,需要系统总结"十二五"以来我国肉类产业发展的成就与发展趋势、把握肉类产业面临的挑战与机遇、借鉴发达国家肉类产业发展新特征,从 2020 年全面建成小康社会的目标出发,全面贯彻落实党的十八届三中全会关于全面深化农村改革、加快推进农业现代化的部署安排,顺应"四化同步"加快发展的大趋势,创新机制,突出重点,协调破解肉类产业发展存在的难题,切实实现产业经济效益、社会效益和生态效益的平衡发展。

一、"十二五"以来肉类产业取得的重大成效

"十二五"以来,全国肉类产业取得显著发展成果。随着我国肉类产业规模的不断扩大,肉类产业素质进一步提升,国内市场上肉类产品总量供应充足,人均肉类消费量大幅增加,动物蛋白在居民蛋白摄取中的比重明显提高,很大程度上改善了居民营养水平,提升了国民身体素质。同时,肉类生产优势区域布局基本形成,产业带动能力不断增强,生产方式正由传统散养向现代规模化养殖模式转变。

（一）生产能力和产品质量稳步提升

2013 年，全国肉类产量达到 8 535 万吨，比"十一五"末期的 2010 年增长 7.8％（2010 年肉类产量 7 925.8 万吨），连续 24 年稳居世界第一位，人均占有量超过 60 千克，高于世界平均水平，肉类生产能力不断增强，充分保障了城乡居民"菜篮子"产品供给，为提高人们的营养健康水平乃至生活幸福水平做出了贡献。同时，通过加强食品质量安全监管，肉类产品质量安全水平得到了稳步提升，肉类产品抽检合格率均达 99％以上。

（二）良种繁育体系逐步完善

通过继续实施畜禽种质资源保护、畜禽良种工程等项目，不断加大基础设施投入和软件建设力度，进一步增强了良种供种能力，强化了遗传资源的保护利用，推进了优良品种选育，有效地提高了我国良种的数量。2011—2012 年全国新增 21 个国家级畜禽遗传资源保种场。同时，国家加大种畜禽质量监督工作，提高种畜禽质量安全水平。国家每年投入 350 万元实施种畜禽质量安全监督检验工作，每年完成 400 头种猪、4 个品种肉种鸡商品代的生产性能检测及 400 头种猪和 500 头种牛的精液质量检验。我国种畜禽质量总体水平不断提高。

（三）规模化水平进一步提高

"十二五"以来，中央和地方政府不断出台有关政策，积极引导和推动标准化规模养殖工作，全国标准化规模养殖快速发展，已逐渐成为我国畜禽养殖业主要生产方式。到 2013 年，全国年出栏 500 头以上生猪、出栏 50 头以上肉牛、出栏 100 头以上肉羊、出栏 10 000 只以上肉鸡的规模养殖比重分别达到 40.8％、27.3％、31.1％、71.9％，比 2010 年分别提高了 6、4、8、3 个百分点（2010 年生猪、肉牛、肉羊和肉鸡的规模化养殖比重为 34.5％、23.2％、22.9％和 67.9％）。

（四）肉类生产发展带动了农民就业和增收

养殖业属于劳动密集型产业，对农村剩余劳动力吸纳能力强，养殖收益也相对较高。据《全国农产品成本收益资料汇编》统计数据计算，2013 年单位生猪（头）、肉牛（头）、肉羊（头）和肉鸡（百只）用工数量分别为 4.66 工日、13.31 工日、5.56 工日和 3.39 工日，根据全国猪、牛、羊、鸡肉总产量和单位牲畜产量数据，同时按一个劳动力一年工作 270 天估算[①]，全国生猪、肉牛、肉羊、肉鸡养殖环节分别吸纳劳动力 1 266 万人、144 万人、326 万人和 91 万人。可以说，肉类养殖业发展已经是吸纳农村劳动力就业，促进农村居民收入增长的重要渠道。此外，与肉类养殖相关的兽药部门、养殖设施部门、肉类加工部门，以及肉类产品的销售供应等部门也都吸纳了大量劳动力，这些从业人员大部分都是农村劳动力和从农村劳动力转移出来的。同时，在肉鸡产业发展过程中，从事肉类产业养殖的农户的收入大都有不同程度的增加，特别是一大批从事规模养殖的农户的收入水平都有了显著提高。据《全国农产品成本收益资料汇编》统计数据，2011—2013 年单位生猪（头）、肉牛（头）、肉羊（头）、肉鸡（百只）平均收益水平分别达到了 155.57 元、2 282.96 元、181.64 元和 132.95 元。

（五）肉类产业已成为国民经济的重要支柱产业

"十二五"以来，肉类养殖业的产值稳步提高。到 2013 年，全国肉类养殖总产值达到 22 631 亿元，比 2010 年增长了 39.40%（2010 年产值为 16 235 亿元），2010—2013 年年均增长 8.66%。同时，2013 年肉类养殖业占畜牧业总产值的比例达到 79.59%（2010 年为 77.96%），肉类产业已经成为畜牧业的主要组成部分。肉类养殖业的持续发展，对饲料业、兽药业、加工业、销售业、物流业、供应服务等上下游产业带动作用更加明显，并对增加就业和增加劳动者收入做出了巨大贡献。肉类产业已经成为关乎国计民生的支柱产业。

二、国外畜禽养殖业发展的新特征

（一）国外畜禽养殖业发展的新特征

1. 强化产品质量安全。 在发展现代畜禽业的过程中，发达国家都十分重视畜禽产品质量安全。为保证畜禽产品质量安全，一些国家对畜禽产品质量安全管理与控制都制定有一套各具特色的管理系统。美国通过健全畜禽产品质量安全法律、法规、标准体系，对畜禽产品生产、加工、贮运、销售过程进行全程控制。其通过建立畜禽产品质量安全管理组织机构体系，强化生产源头控制和进出口检验检疫等，从而建立起了有效的畜禽产品安全综合管理机制。欧盟

---

① 根据已有的相关研究（孟昕和白南生，1988；章铮，2005；马晓河和马建蕾，2007），通常采用一个标准劳动力一年可以大致提供 270 个工日的劳动的折算系数来推算相应的劳动力数量。

则通过完善质量控制管理机构，实施严格而统一的质量安全标准，建立食品信息的可追踪系统等，逐步起到了以统一标准为中心的畜禽产品质量安全配套管理体系。此外，除了管理层面的措施以外，技术上的变革也注重产品质量。例如通过采用科学的动物福利措施或技术，既能减少动物疾病的发生，减少用药和兽药残留，降低病死动物发生率，也能保证宰后肉类的质量，如放血充分、避免动物重要部位如腿部淤血、减少骨折、防止异质肉发生对颜色、嫩度、保水性等食用品质的不利影响等。宰后蒸烫系统与水烫系统、风冷系统、水冷系统相比可大大减少有害微生物交叉感染，也使胴体或分割肉外观更美观。猪胴体二阶段风冷系统不仅使冷却速度加快，有效减少 PSE 猪肉的发生，还可在胴体水分损失最低的情况下达到正确的中心温度，同时完成成熟使得猪肉嫩度更好。此外，如荷兰马瑞奥施托克肉禽加工公司新应用的鸡肉自动 X 线检骨系统可保证鸡肉消费的质量和安全。该系统可自动从鸡肉中发现骨头或其他外来杂物，通过高分辨率色彩显示出来并除去，对超过 2 毫米大小的骨的检出率达到 99％。应用信息技术、超声波技术、计算机断层扫描技术等可控制或评价肉鸡畜禽加工各环节的质量，比如由胴体的不同解剖部位可判断皮肤损伤、断翅或淤血等次品；应用高光谱成像技术可分辨胴体表面污物等。美国佐治亚理工学院研究员发明了一种利用超声波协同二氧化氯和臭氧对畜禽胴体表面减菌的技术，解决了传统的次氯酸钠减菌导致氯残留问题。有机肉、散养畜禽肉、非笼养禽肉或非圈养畜肉也是未来高端肉类发展的方向。基于物联网技术衍生出来的"三维码"，每件商品的商标上都安装有一个芯片，通过与卫星导航系统联网，只要一扫描即可立体地追踪到其流动轨迹，包括从哪个仓库运送到了哪个零售点，以及实时冷链温度等，真正实现了整个肉类产业链全过程的电子记录追溯，保证其质量和安全。通过发展肉类产业链物流业，建立起物流辐射网络，以便最快速度将产品送到每一个顾客的餐桌。通过使用安装有先进制冷设备的全自动控制冷藏车辆，可以根据产品所需温度先行设定，保障产品在途恒温运输；所有车辆安装了温度跟踪仪，有效监督车辆送货途中冷链运行状况，通过温度跟踪仪反馈的数据，对产品在途温度控制全程监控；通过物流 ERP 系统、车辆 GPS 定位系统，做到冷链物流科学管理，冷藏车辆实时控制。

2. 注重环境保护。 为了保护环境，实现畜禽业生产与环境保护的协调，发达国家相继出台了一系列法律法规，通过法制手段来规范生产经营者行为，保证畜禽产业的可持续发展。从技术层面来讲，对肉类产业而言，强化环境保护就是减少整个产业链中一切对环境不利的因素，比如降低粪便、污物、下脚料等处理不当对环境的污染，对传统养殖模式或加工工艺中耗能、耗水环节进行改造，以减少能源或资源消耗。荷兰马瑞奥施托克肉禽加工公司新发明的肉鸡蒸汽烫毛系统，采用含有一定水分的热空气流代替传统的水浸烫方式进行脱毛，用水减少了 75%，能量减少了 50%。此外，为了减少对环境的污染，并提高综合利用程度，丹麦霍斯利工业公司专门就肉鸡屠宰副产物综合利用及废弃物无害化处理技术与装备进行了深入系统的研究和开发。屠宰加工过程中产生的鸡肠和内脏可收集起来，制成鱼、貂饲料。在熟食品加工过程中会产生大量油脂，若进入排水管道，不仅非常可惜，而且还污染了周围环境，霍斯利工业公司设法在企业内每一个车间生产排水口处建造多级梯次隔油池以截留油脂交给有环保资质的油脂处理公司专门处理。屠宰企业每年产生大量鸡毛，过去这些鸡毛中除了少量成色好的被廉价处理掉外，其余大部分随污水排出，既造成浪费又污染环境。霍斯利工业公司通过建设羽毛加工厂，可生产成品羽毛蛋白粉，作为饲料营养添加剂重复利用。肉鸡宰杀过程中肠道中产生的大量鸡粪经过发酵，作为优质肥料返回到农田之中，可实现农牧业生产的良性循环，也可实现增值。

3. 对生产者实行补贴制度。为了调动生产者从事畜禽生产的积极性，保护和促进本国畜禽产业的发展，采取对畜禽产业生产者进行补贴的政策，已经成为国外发达国家建设现代畜禽业的通常做法，而且对畜禽养殖的支持力度非常大，支持的目标非常明确，支持政策手段灵活多样，都有可靠的法律保障。例如，澳大利亚政府对畜禽业的保护主要是畜禽产品补贴，有两种形式：直接价格补贴和间接价格补贴。由于直接价格补贴易受到国际社会的指责，因此，澳政府对畜禽产品直接价格补贴率较低，一般为 2%～6%，而间接价格补贴则较高，一般为 4%～30%。后者可通过向消费者征税（如 2000年 7 月 1 日实施的 GST 即消费税）建立产业基金来补贴出口商，这样就大大增加了澳大利亚畜禽产品的国际竞争力。欧盟国家也对畜禽业采取了直接补贴政策，对畜禽业的支持主要集中在奶牛、肉牛上。丹麦对每头奶牛或后备母牛补贴 200 欧元，对肉牛补贴在 150～300 欧元，肉牛屠宰补贴 50～80 欧元，其他动物屠宰补贴为 39 欧元。这些补贴政策都大大推动了这些国家畜禽产业现代化的进程。

4. 充分发挥生产者组织的作用。在发展现代畜禽业过程中，发达国家十分注重发挥生产者组织的作用。实践证明，这些生产者组织在促进畜禽业产业化经营方面发挥着重要的作用。荷兰的农民合作组织体系十分发达和完备，主要可分为两类：一是各种各样为农场服务的合作社，主要包括信用合作社、供应合作社、农产品加工合作社、销售合作社、服务合作社等,目的是为了加强生产者的市场力量,减少市场风险,增强产品竞争力;二是"法定产业组织",可分为"行业协会"和"商品协会",目的是通过联合各分散的农场主,提高他们的政治和社会地位。行业协会是在一个产业链中以专门环节相联结的横向组织,包括活跃在该部门的所有公司;而商品协会是纵向组织,包括特定生产链中的所有公司,从原材料供应商到最终产品零售商都包括在该链条之中。完整的合作组织体系在维护生产者权益,引导生产方向、组织产品加工销售的过程中发挥着巨大的作用。日本畜牧业协会发展,仅九州地区就有多达 50 个以上的与畜禽业生产相关的协会,如畜产会,家畜登记协会,家畜改良协会,养猪(牛、鸡等)协会,兽医协会,生乳检查协会,各种奶酪协会,畜产价格安定协会等。

5. 开展一体化经营。一体化经营是世界发达国家肉类产业发展的重要特征。目前,国际上肉类产业一体化经营模式主要有:一是一体化养殖模式,从种畜禽、商品畜禽、饲料、加工、出口形成了一条完整的产业链;二是协会带农户养猪模式,畜禽养殖大户自愿加入养猪协会,做到统一生猪价格、统一饲料来源、统一防疫治病等;三是合同生产一体化,即"公司+农户"模式,就是公司和养鸡户签订生产合同,公司负责提供仔畜、饲料、药品、疫苗和全程技术服务,养殖户提供土地、畜禽舍、设备和劳动等,从事饲养管理。生产的商品畜禽按合同价全部收回屠宰,按产品数量和质量支付养殖户饲养报酬。通过开展一体化经营,尽可能地延长产业链,吸纳劳动力,实现产业内价值的大幅度增值,也保证了肉类产品产加销各环节的协调。同时,产业链的整合与协调,减少或消除了生产、加工、销售各方利益冲突,可以提高整个肉类产业的效率和效益,增强其市场竞争力。

6. 强化动物福利。关注动物福利是国外诸多发达国家发展现代畜禽产业的重要特征。所谓动物福利就是使动物在无任何痛苦、无任何疾病、无行为异常、无心理紧张压抑的安适、康乐状态下生活和生长发育,保证动物享有免受饥渴,免受环境不适,免受痛苦、伤害,免受惊吓和恐惧,能够表现绝大多数正常行为的自由。多国政府都制订了一系列从饲养到屠宰过程中的动物福利标准,如欧盟制订的《关于保护鸡以保持鸡肉产量的最低福利标准的理事会指令》(2007 年)、《关于保护牛的最低标准的理事会指令》(2008 年)、《关于保护猪的最低标准的理事会指令》(2008 年)、《关于在宰杀时保护动物的法规》(2009 年)等。欧盟作为世界上动物福利的主要推动者,不仅有专门保护动物福利的法律法规,还活跃着一个会员众多的欧洲动物福利协会;其食品安全署还专门设有负责动物福利的部门。到 2013 年欧盟各成员必须停止圈养式养猪而必须采取放养式养猪。2010 年，美国政府制定了一个非常全面的《动物福利法案》，该法案对人应该给动物一个什么样的生存环境做了非常具体的规定。韩国也开始实行动物福利认证，该认证制度的实施范围还将陆续扩大至猪肉（2013 年）、鸡肉（2014 年）。屠宰前处理和致晕措施非常重要。猪、鸡出栏时，要采取正确的赶猪或抓鸡方法，运输途中要注意运输距离、方式、运输密度、温度等，宰前禁食和休息方式要恰当，环境要适宜，装卸操作要轻拿轻放等，采取人道屠宰，包括通过一定光线的照明通道、正确的致昏和沥血方式等。这些都是未来肉用动物屠宰加工时必须考虑的动物福利因素。到目前为止，已经有 100 多个国家建立了完善的动物福利法规，在饲养、运输、屠杀、加工等过程中善待动物。在国际贸易中，也有越来越多的发达国家要求供货方必须能提供畜禽或水产品的饲养、运输、宰杀过程中没有受到虐待的证明。

7. 注重品牌、资本、服务和产业链运营。国际肉类产业链各企业通过品牌、资本、服务和产业链运营，包括重组、兼并、收购、上市、国际化、多元化、以客户服务为中心、产业链整合等竞争优化方式，由制造业向生产性服务业（如产品设计、物流业、市场营销）转型，不断挖掘价值链各环节附加值，管理模式和产业、产品结构也正发生着巨大的变化。美国泰森食品公司目前是全球最大的鸡肉、牛肉、猪肉生产商及供应商，也是最大的牛皮和猪皮生产商，在美国和世界各地拥有 400 多个办公地点，雇员超过 10 万人，产品销售至世界上 80 多个国家和地区，2012 年营业额达到 330 亿美元，是国际肉类产业化发展的典型代表。泰森通过收购和并购，巩固了在鸡肉领域的统治地位，使肉鸡行业的集中度大大提高，CR6 超过 60%，有效改变了肉鸡产业的结构；2008 年，泰森旗下的科宝收购海波罗，2011 年，科宝世界技术支持中心成立，科宝在全球肉鸡育种市场占据 40% 左右的份额。至此，泰森将肉鸡产业链条延伸到最前端——育种，构筑了最完整的肉鸡产业链。从养殖肉类产业的发展来看，肉鸡产业的一体化程度最高。泰森还通过兼并跨界进入猪肉和牛肉业务，使产业规模不断扩大，2001 年斥资 46 亿美元现金和股票并购规模比自己大一倍的猪牛肉加工企业 IBP，成为最大的红肉（牛肉、猪肉）加工商；2002 年，泰森接管 IBP 15 亿美元国际业务。至此，公司重新定位为多元化肉类生产企业，认为取得成功的关键是"规模"二字，拥有足够的规模就可以有效地为客户服务。从 2001 年开始泰森在上海成立办事处，到 2012 年江苏泰森成立，其在我国的国际化业务拓展也突飞猛进。

（二）国内肉类产业发展的新特征

1. 消费水平明显提升，但收入群体需求仍处于被抑制状态。市场供应总体充足，但消费需求仍然受到抑制。经过改革开放以来 30 多年的发展，我国肉类产品摆脱了长期短缺的局面，实现了市场供应充足，供需总体平衡，但是，这种供应充足和总体平衡还是一种需求被抑制状态下的充足和平衡。首先从城乡差异来看，由于农村收入水平不高，农民的肉类消费需求仍然受到很大抑制，城乡居民在肉类消费方面仍然存在较大的差距，2012 年城乡居民肉类的消费的绝对差距达到 14.86 千克。其次，从不同收入组人均消费差距看，据《中国住户调查年鉴》收入五分组的统计数据显示，2012 年高收入组人均肉类消费量达到 33.63 千克，比低收入组多 50%。城乡和不同收入组之间这种较大的差距在短期内难以有明显的改变。

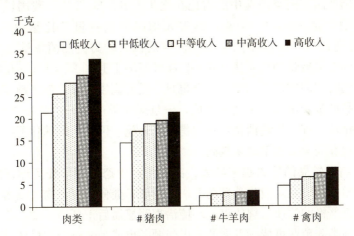

图 1　2012 年不同收入组居民全年人均动物源食品消费量

数据来源：《中国住户调查年鉴》（2013）。

2. 供需关系阶段性过剩、结构性偏紧成为常态。随着城乡居民收入的增加和生产供应能力的大幅提高，我国肉类供需关系的平衡点明显上移，总体保持平衡。但由于近几年来生猪和肉鸡的生产能力增长相对过快，市场供需波动频繁，波动幅度加深，在供应高峰时生猪和肉鸡产品就会出现阶段性过剩；而牛羊肉供给因生产周期长、投入成本高一直处于相对不足状态，导致牛羊肉价格持续攀升。

3. 标准化规模养殖成为必由之路，但高投入成本成为重要制约因素。肉类养殖业必须走规模化、标准化的路子，这已成为共识。但是标准化、规模化肉类养殖前期投入越来越大，要建一个万头猪场，前期投入在 1 000 万元以上，建设年出栏 300～500 头育肥猪的适度规模养殖场前期投入在 50 万元以上，建设年出栏 5 万只的标准化规模肉鸡养殖场前期投入也需要 200 万元以上。而且近几年来，随着土地租金不断上涨，劳动力成本大幅提高，饲料价格持续攀升，肉类养殖业生产成本高涨。这种高投入、高成本的模式，在客观上形成了规模养殖的资金门槛。从未来发展趋势看，规模养殖对资金投入的要求将越来越高。

4. 社会需求多元化，质量安全受到高度关注。随着收入水平的分化，人们对肉类产品的需求也日益呈现多元化。一方面，高中低不同价位的产品都有巨大的消费群体，特别是近几年来，随着高收入群体的增加，高端肉类产品的市场迅速扩大；另一方面，随着人们健康观念的变化，肉类产品消费结构也悄然发生了变化，突出的是猪肉等红肉产品在肉类消费中的占比在逐步下降，而鸡肉等白肉产品在肉类消费中的占比在逐步上升。2012 年，我国城乡居民人均猪肉的消费量为 17.99 千克，其占人均肉类消费量的比重由 1978 年的 86.57％下降到 62.76％；同年，我国城乡居民人均禽肉的消费量为 12 千克，其占人均肉类消费量的比重由 1978 年的 4.97％上升到 27.51％。在社会需求多元化的同时，肉类产品的质量安全也日益受到高度关注。越来越多的消费者将肉类产品质量安全放在了优先地位，一旦对哪类产品的质量安全产生怀疑，就会产生排斥心理，拒绝消费，特别是在信息化、网络化的催化下，人们的质量安全意识和安全要求都越来越高。

5. 可持续发展的压力越来越大，实现生产生态协调的任务越来越重。随着肉类养殖业特别是规模化养殖场的快速发展，粪便等废弃物大量增加，加上前些年缺乏严格的法律法规约束，环境治理明显滞后于环境污染，养殖污染现成为影响肉类养殖业可持续发展的突出问题，也成为影响新农村建设的重大社会问题。因此，要做到肉类养殖业特别是规模养殖业发展与环境治理同步，实现生产生态协调，才能保持肉类养殖业的可持续发展。但是肉类养殖业的污染治理需要巨大的资金投入和严格的执法保障，可以预见，肉类养殖业特别是规模养殖业的不断发展，实现生产生态协调的任务必然越来越重。

6. 效益的重要性日益凸显，风险防控体系建设空前紧迫。目前我国的肉类养殖业正由"小规模饲养、粗放型经营"向"规模化养殖、产业化经营"转变，但是由于规模化养殖投入巨大而且运营成本高，而畜禽产品市场价格又存在极大的不稳定性，规模化养殖业成为了高风险行业，一旦发生风险，保证不了基本的效益，就会对企业乃至整个行业产生不可估量的损失。建立与完善风险防控体系，已成行业发展的迫切要求。

7. 养殖业市场化程度高，但确保市场稳步发展的机制尚不健全。经过 30 多年的市场化改革和发展，我国肉类养殖已经成为农业中市场化程度最高的行业，较为完善的市场机制引导了金融资本、企业资本、个体资本对养殖业的投入，并强有力地推动了养殖业的发展，推动了多种多样的发展模式，目前养殖业从传统的副业转变为主业。然而从调控来看，单凭市场这只无形的手难以保障养殖业持续发展。近 10 年来价格的波动，特别是 2005 年下半年以来，全国范围内多次生猪价格的剧烈波动，对我国生猪生产、农民收入和市场的肉食品供应造成了严重的影响，并成为带动我国 CPI 上涨的主要因素之一。尽管近几年来，国家逐步启动了一些宏观调控政策，但是，保证肉类养殖持续稳定发展的宏观调控机制和支持保护体系尚不健全。肉类产业仍然处于不稳定发展之中。

三、当前我国肉类产业面临的挑战和机遇

（一）挑战

经过多年的发展，我国肉类产业，尤其是生猪、肉牛、肉羊、肉鸡等生产进入了一个新的阶段和新的起点。肉类产业的发展一方面对现代农业建设、推动经济社会发展的贡献逐步加大，但另一方面仍面临一系列的矛盾和问题。

1. 资源相对短缺。

一是饲料资源短缺。随着畜禽养殖数量的增长，我国饲料粮的需求呈明显增长趋势，各类饲料原料供给压力将继续加大。①蛋白质饲料长期短缺。我国重要的动物蛋白饲料——鱼粉一直依靠进口，自给率不足 50%；饲用大豆明显不足，每年用于加工饲料豆粕的大豆 70%以上需要进口。②能量饲料需求压力增大。我国饲用玉米约占玉米总消费量的 70%左右，随着我国肉类消费数量的增长，饲用玉米消费的绝对量呈刚性增长。此外，饲料添加剂的国内供应量严重不足，存在品种单一、企业规模小、工艺落后、产品生产成本偏高等问题，在质量和数量上与饲料加工业的需求都相差甚远。

二是土地资源紧缺。我国是世界人口大国，人均土地资源少，这是基本国情。可用耕地资源已经接近 18 亿亩的红线，随着人口的增长和城市化进程的加快，耕地面积将会越来越少。随着国家保护基本农田的政策不断深入，我国土地资源日益紧张，关于畜牧养殖用地的限制将更加严格，虽然最近也出台了相关扶持政策，但是，总体紧张的局面将越发明显。

三是良种繁育体系建设滞后。我国长期存在"重引种、轻选育"倾向，每

年引进的种畜价值超过 2 000 万美元，生猪、快大型肉鸡等畜禽品种长期处于"引种—维持—退化—再引种"的恶性循环。虽然近年来国家增加了对畜禽育种的科技投入，但自主知识产权的高性能的优良品种还比较少，良种繁育体系不健全，优质种畜禽供应不足，供种能力不强。

四是草原资源退化严重。据农业部《2013 年全国草原监测报告》，近年，一些典型草原地区退化趋势得到遏制，沙化草原面积不断减小，牲畜超载率有很大程度的降低。但是，2013 年，全国重点天然草原的平均牲畜超载率仍达到为 16.8%，全国 268 个牧区半牧区县（旗、市）天然草原的平均牲畜超载率仍达到 21.3%；而且，全国中度和重度退化草原面积仍占 1/3 以上，已恢复的草原生态仍很脆弱，全面恢复草原生态的任务仍然十分艰巨。随着工业化、城镇化的发展，草原资源和环境承受的压力越来越大。

2. 养殖方式落后。我国畜牧业增长方式仍然停留在粗放模式的数量增长状态。饲养方式落后、个体生产能力低下、技术手段推广缓慢等仍存在于绝大多数畜禽养殖业。我国是世界第二大肉鸡生产国，肉鸡生产在畜牧业中是规模化、集约化、产业化程度最高的产业，但 2013 年年出栏量 1 万只以下养殖场的肉鸡出栏数量占肉鸡总出栏量的比例仍有 28.1%；生猪生产中，年出栏生猪 50 头以下养殖场的出栏量仍占总出栏量的 48.4%；肉羊产业中，年出栏 30 只以下的规养殖场的出栏量占总出栏量的 42.7%。小规模场的养殖设备简陋，管理不规范，死淘率高，生产性能难以充分发挥。与发达国家相比，我国畜禽存栏虽然增长很快，个体生产能力却存在很大差距。从世界主要养殖大国来看，发达国家率先完成了猪、牛、鸡从传统农场小规模生产向大规模、超大规模工厂化、集约化和专业化的生产方式的转变。

3. 产品质量安全不容忽视。肉类质量安全问题是一个综合问题，不仅仅局限于微生物污染、化学物质残留及物理危害，还包括如营养、食品质量、标签及安全教育等问题。总体来讲，目前我国肉类产品存在主要问题为：第一，产品质量标准体系不完善，部分标准可操作性不强，对已有标准执行不严格，质量检验检测体系不健全；第二，畜禽养殖业生产规模小、方式落后，生产者质量安全意识淡薄、规范化养殖知识缺乏；第三，产业链条长、环节多，监管成本高；第四，生产、加工、流通等环节仍存在监管部门职责不清、监管不力；第五，社会诚信体系不健全，部分企业和养殖户缺乏社会责任。

4. 动物疫病的威胁长期存在。动物疫病已成为制约全球畜禽养殖业发展的重大障碍。动物疫病病源数量逐渐增多、病毒变异速度逐步加快，动物疫病的发生、发展更趋复杂多变，动物疫病传播快、传播途径复杂，预防控制及扑灭难度加大，对境外动物疫病的防控难度也越来越大。20 世纪 70 年代以来，新增畜禽疫病近 40 种，特别是近几年发生的禽流感、口蹄疫、蓝耳病、猪链球菌病等，严重影响了我国畜禽养殖业的健康发展和国际竞争力的提高，养殖企业因此遭受巨大损失。

5. 生态环境约束越来越大。由于畜牧业生产的特殊性，生产中废弃物数量巨大。据测算，一个百头牛场年产粪便 684 吨，一个万只鸡场年产粪便约 360 吨，一个千头猪场年产粪便达 2 000 吨左右。随着肉类产业的发展，养殖场和养殖规模不断增加和扩大，我国畜禽养殖污染呈总量增加、程度加剧和范围扩大的趋势，生态环境面临极大挑战。由于部分畜禽养殖场和畜产品加工企业对环境污染治理力度不够，生产规模盲目扩大，忽视了对畜禽粪便、污水、病死畜禽等的无害化处理，特别是畜禽粪便和养殖污水随意排放，致使周边环境污染严重。2014 年 1 月 1 日《畜禽规模养殖污染防治条例》正式实施，此项规定是在生态文明建设框架下国家再次对养殖业污染问题的重视和加大力度的管制。肉类产业要实现可持续发展必须高度重视防治污染问题。

（二）机遇

我国城乡居民收入水平的增长、人口数量的增加、城镇化水平的提高、生活方式的改变，促进了改革开放以来我国肉类食品消费的迅速增长，并且这些积极因素在未来仍将拉动我国肉类食品消费的进一步增长。

1. 四化同步的新要求为肉类产业向现代化方向发展提供舞台。党的十八大提出"坚持走中国特色新型工业化、信息化、城镇化、农业现代化道路""促进工业化、信息化、城镇化、农业现代化同步发展"，为新时期经济社会发展和"三农"工作指明了方向。"四化同步"发展战略，再次突出"三农"的重中之重地位，强调加快农业现代化是"四化同步"发展的重要基础和必然要求，这符合国家经济社会发展实际，对加快推动肉类产业现代化发展具有深远意义。为加快肉类产业发展，实现真正意义上的"四化同步"，国家必将在财政扶持、金融支持等领域向畜禽养殖业倾斜，为畜禽养殖业的转型升级提供广阔的舞台。

2. 肉类需求的持续增长为肉类产业持续发展创造空间。进入新常态下经济发展期，尽管宏观经济发展速度有所下降，但以下三方面的因素将进一步促进肉类消费的增长，这将为肉类产业持续发展提供很大的发展空间。一是，城乡居民收入不断增长将进一步拉动肉类消费增长。居民收入水平是影响肉类消费水平的重要因素。改革开放以来，我国城乡居民收入水平有了大幅度的提高，1978 年人均收入为 171.19 元，2012 年增长到 16 668.52 元，年均增长速度达到 14.42%。随着收入水平的提高，城乡居民消费越来越关注食物营养，也因此拉动了富含蛋白质以及多种营养的肉类产品的消费。未来，随着我国经济的持续发展，居民收入水平会进一步提高。2012 年召开的中共十八大提出了 2020 年实现国内生产总值和城乡居民人均收入比 2010 年翻一番的收入倍增计划，这一计划的实现将继续拉动城乡居民肉类消费水平的增长。二是，人口总量的增加和结构的变动将带动肉类消费进一步增长。人口因素对肉类产品消费的影响主要体现在人口规模和人口结构两个方面。1978 年我国人口数量为 9.63 亿，2005 年达到 13 亿，之后每年以 600 万～1 000 万的数量增加，2012 年达到 13.54 亿人。人口数量决定了市场容量与规模。对于肉类消费来说，庞大的人口总量及其增长速度蕴藏着巨大的肉类消费市场，人均消费量的小幅增长将带来全国总量的大幅增长。未来，我国人口数量的增加仍然对肉类消费总量的增加有着明显的影响。同时，人口结构的变化也对肉类消费结构产生影响。改革开放以来，家庭规模的小型化成为我国城乡家庭结构变化的重要特征之一。从单个家庭来说，在人均收入等因素相同的情况下，人口多的家庭对主食消费比较多，谷物等主食的需求曲线将上升，肉类等副食的需求曲线将下移；反之，人口比较少的家庭，主食的需求曲线将下移，副食的需求曲线会上移。因此，家庭规模小型化会促进对肉类需求的增加。三是，城镇化水平的不断提高将持续推动肉类消费增长。我国城镇化水平在改革开放以来的三十多年中有了很大程度的提高，城镇人口所占比重从 1978 年的 17.92% 增长到 2012 年的 52.57%，这也在很大程度上带动了我国肉类消费的增长。一方面，城镇化提高了部分居民的收入水平，居民的食品消费结构也随之发生改变，对肉类食品的购买能力大大增强；另一方面，城镇化的发展也带来了更便捷的肉类食品销售市场，使得肉类食品的可获性增强。未来，我国城镇化水平将进一步提高。最新公布的《国家新型城镇规划（2014—2020)》提出，到 2020 年，全国城镇化水平要达到 60% 左右，即每年新增加 1 个左右的百分点。按此计算，全国每年将新增城镇人口 1 300 万人以上，这将继续促进我国未来肉类食品消费的增长。

3. 生态农业发展和环境政策促进废弃物资源化利用。 随着生态农业的发展，农业生产中对有机肥料的需求越来越大，而作为主要有机肥料的肉类养殖业废弃物就成为有机农业肥料上的主要供应品，受市场需求的推动，肉类养殖业废弃物的有机肥化利用就成为产业拓展的重点。肉类养殖业废弃物的能源化也在推动废弃物采取能源化的方式进行无害处利用。此外，清粪机等废弃物处置相关的机械已经列入了国家补贴的范围内，国家已经在设备上为养殖者提供了资金的支持，激励养殖者无害化处置养殖废弃物，极大地推动了肉类养殖废弃物的无害化利用。

四、加快肉类产业发展亟需建立的新理念

面对新常态下的新形势新挑战，我国肉类产业要继续保持健康发展的活力，梳理并强化"四个理念"，加快现在肉类产业建设步伐。

第一，强化内涵增长理念。把肉类产业发展纳入提质增效的轨道上来，练内功促增长。提质，主要是坚持"产"和"管"两手硬。一方面生产经营者要落实主体责任，推进标准化生产，规范投入品使用，健全生产全过程管理制度；另一方面管理部门要从严监管不放松，推动健全质量安全监管体系，着力构建事前、事中、事后有效衔接的监管制度和各级政府分工明确、各个部门密切协作的工作机制，努力确保不出现重大质量安全事件。增效，一是向规模化要效益，坚定不移地发展标准化规模养殖，要进一步发展壮大龙头企业，培育一批适度规模经营的养殖场户，通过规模经营实现效益提升；二是向产业化要效益，坚定不移地推进全产业链建设，引导和鼓励产业链各环节有机融合，理顺利益分配关系，降低农户养殖风险；三是向良种化要效益，集中力量加快发展现代畜禽种业，组织实施好畜禽遗传改良计划，不断提升自主育种能力；四是向科学化要效益，加快肉类养殖业科学技术进步，加强重大关键技术攻关研究，大力推广饲料精细加工，精准配方和自动化饲喂等适用技术，强化养殖档案盒信息化管理，控制疫病传播，通过提高资源利用率和劳动生产率实现节本增效。

第二，强化市场主导理念。充分发挥市场在资源配置中的决定性作用，有效利用市场杠杆，从单纯依靠政府支持向政策引导、金融扶持、预案调控等多策并举转变。更多运用市场手段，最大限度发挥财政资金的杠杆效应，为现代肉类养殖业发展提供强劲动力。在政策引导方面，更加注重基础性、公益性和针对性，适当调整普惠性补贴政策，强化标准化规模养殖、现代畜禽种业等打基础、管长远的政策，继续加强草原生态保护建设等公益性、全局性政策，有针对性地加大牛羊肉生产供应等薄弱环节政策扶持力度。在预案调控方面，协调执行好《缓解生猪市场价格周期性波动调控预案》，完善相应措施，强化响应机制，缓解生猪价格波动；不断强化监测预警，加强信息引导，促进产业平稳发展。在金融扶持方面，强化与金融机构合作，创新畜禽养殖业发展贷款担

保机制，大力探索各种形式的贷款支持有效方式，继续深化与保监会的合作，在主产区积极推进生猪、肉鸡和肉牛等政策性保险，积极探索目标价格和价格指数等保险形式，为现代畜禽养殖业发展保驾护航。

第三，强化可持续发展理念。推动肉类养殖业从以发展生产为主向生产生态协调发展转变，加快建设资源节约型、环境友好型肉类养殖业。一要着力优化产业布局。统筹考虑环境承载能力和污染防治要求，结合肉类养殖业发展实际和优势区域布局，合理布局肉类养殖生产，科学确定肉类养殖的品种、规模和总量。加强肉类养殖规划指导，调整优化养殖布局，进一步加大对环境承载能力较强的西北和东北地区肉类养殖业的支持力度，推动生猪等重点产业布局的战略性调整，有所为有所不为。二要积极推动生产与环境协调发展。以肉类养殖粪污资源化利用为核心，以农牧结合为基本思路，合理控制养殖密度，大力发展循环型肉类养殖业。积极贯彻落实《畜禽规模养殖污染防治条例》，加强养殖废弃物综合利用的指导和服务，因地制宜地推行高效、经济、适用的养殖粪污处理利用技术和农牧结合、种养结合的循环经济模式。三要加快引导产业化经营模式创新。充分发挥市场导向作用，认真总结经验，探索建立科学合理的全产业链利益联结机制，引导形成"龙头企业带动，合作社和养殖场户参与"的产业化经营主流模式，既有效降低养殖者的市场风险，又大幅降低龙头企业的生产投入成本，推动肉类养殖业逐步发展成集群优势明显的现代化产业形式。

第四，强化政府的服务保障理念。肉类产业的发展是关系国计民生的重要产业，各级政府必须强化服务和保障理念，切实做好服务和保障工作。一要进一步提高对肉类产业发展的重视程度，切实把肉类产业作为国民经济的重要产业来抓，作为保障供给、提高国民营养健康水平和生活幸福水平的重大举措来抓。二要完善和健全扶持政策体系，实现国家和地方政府对肉类产业扶持政策的系统化、制度化。三要立足法规制度建设，加强质量安全监管，切实保障肉类食品安全。四要加强宏观调控，加强信息化建设和预警体系建设，实施有效的行业管理和服务。五要进一步鼓励和支持科技攻关，加强从业人员培训和科技推广工作，提高养殖业的科技水平。

五、"十三五"肉类产业发展的总体框架

（一）指导思想

全面贯彻落实党的十八届三中全会关于全面深化农村改革、加快推进农业

现代化的部署安排，顺应"四化同步"加快发展的大趋势，创新机制，突出重点，强化质量效益，市场经济和可持续发展理念，完善扶持政策保障体系，统筹资源条件特点推进产业布局调整，着力推进肉类养殖业转型升级，稳定市场供给保障能力，促进草原生态和养殖环境明显改善，力争推动肉类养殖业在农业中率先实现现代化。

（二）基本原则

坚持质量效益并重。一方面狠抓质量安全监管，另一方面向规模化、产业化、良种化、科学化要效益，把肉类养殖业发展推上提质增效的健康发展轨道上来。

坚持宏观调控引导。充分发挥市场在资源配置中的决定性作用，有效利用市场杠杆，强化监测预警和信息引导，逐步加强产业宏观调控能力，促进肉类养殖业稳定发展。

坚持布局结构优化。因地制宜优化产业区域布局，科学规划肉类养殖业的产品结构，完善肉类产品供需平衡机制，实现肉类养殖业均衡发展。

坚持扶持机制创新。切实理清政府与市场的关系，围绕基础性、公益性和全局性的重点工作以及产业薄弱环节，加大财政资金扶持力度，针对产业发展融资和保障需求，创新贷款担保机制，稳步推进政策性保险和商业性保险，为肉类养殖业发展保驾护航。

坚持生产生态协调。立足于草原生态功能，促进草原生态环境改善和草原牧区生产发展同步，立足于肉类养殖环境友好，推动种养结合型资源循环利用的养殖业发展，促进肉类养殖业协调发展。

（三）发展目标

"十三五"时期，肉类生产结构和区域布局进一步优化，综合生产能力显著增强，肉类产品的有效供给和质量安全得到保障。

肉类产品有效供给得到保障。到 2020 年肉类总产量达到 9 670 万吨，其中生猪、牛肉、羊肉、禽肉的产量分别达到 6 330 万吨、720 万吨、420 万吨、2 100 万吨。

质量安全水平显著提升。肉类养殖饲料质量合格率达到 95% 以上，违禁添加剂检出率控制在 0.1% 以下，努力确保不出现重大安全事件。

规模化程度显著提高。到 2020 年，肉类畜禽规模养殖比重提高 5～10 个百分点，500 头以上生猪、出栏 50 头以上肉牛、出栏 100 头以上肉羊、出栏

10 000 只以上肉鸡的规模养殖比重分别达到 45％、35％、40％和 80％。

环境治理状况显著改善。到 2020 年全国畜禽规模化养殖场（小区）粪污无害化处理设施覆盖率达到 90％以上。

（四）重点任务

"十三五"期间，我国肉类产业发展的重点是：加快推进产业结构战略性调整，全力构建质量安全监管体系，深入开展生态环境保护建设，探索推行金融保险扶持政策，进一步完善政策科技保护体系，全面推进现代肉类养殖业建设。

一是，以提升标准化规模养殖水平、发展壮大现代畜禽种业体系、优化生产布局与区域布局、创新产业化经营模式、完善信息化监测预警调控机制等为重点，加快产业结构的战略性调整，形成现代化特征显著的现代肉类产业生产体系。

二是，坚持规范生产经营者和健全政府监管体制机制同步推进，实施"产"和"管"两手硬的严格监管措施，构建行之有效的质量安全监管体系，完善事前、事中、事后有效衔接的监管制度。

三是，强化金融保险等市场手段对畜牧业发展的支持，创新畜牧业发展贷款担保机制，拓宽肉类产业融资渠道，加快缓解肉类产业发展融资难题，稳步推进畜禽养殖政策性保险，探索实施肉类产品目标价格指数保险等措施，提高畜牧业抗风险能力和市场竞争力，促进肉类产业稳步有序发展。

四是，继续以保障肉类产业基础生产能力和提升产业核心竞争力为重点，围绕畜禽良种繁育、现代饲料工业、畜禽标准化生产、畜产品质量安全动物疫病防控、肉类产业社会化服务、肉类产业信息化管理、肉类生态环境保护等体系建设，加大产业保护扶持政策实施力度，促进畜牧业持续健康发展。

六、"十三五"畜禽养殖业规划的重大政策建议

（一）完善财政投入稳定增长机制

立足肉类产业发展关键环节，聚焦市场薄弱节点，以提升肉类产业核心竞争力为取向，建立稳定增长的财政投入扶持机制。继续实施畜禽良种补贴政策，加大补贴力度，扩大补贴范围，加快畜禽良种化进程。稳步增加标准化养殖扶持政策投入，推进标准化规模养殖。加大畜禽规模养殖排泄物综合治理和资源化利用扶持。加大对畜禽优势产区的支持力度，扩大生猪调出大县奖励资

金规模和范围。围绕肉类产业质量安全监管、畜牧业先进技术试验推广、信息监测预警等重点工作，予以稳定的财政资金保障，确保日常工作的有序开展。

(二)强化金融保险政策支持

加强政策引导，拓宽畜牧业融资渠道。利用财政贴息、政府担保等多种方式，引导各类金融机构增加对畜牧业生产、加工、流通的贷款规模和授信额度，鼓励有条件的地方和机构创新金融担保机制，为养殖、加工龙头企业、养殖场（户）融资提供服务。优化发展环境，鼓励民间资本以多种形式进入畜禽养殖业。稳步扩大政策性农业保险试点范围，探索建立适合我国国情的畜禽养殖业政策性保险体系，提高产业抗风险能力和市场竞争力。

(三)构筑严格的产品质量标准体系

按照全程监管的原则，突出制度建设和设施建设，变被动、随机、随意监管为主动化、制度化和法制化监管。建立动物源产品养殖业投入品的禁用、限用制度，培训和指导养殖户科学用料、用药。在完善动物源产品和饲料产品质量安全卫生标准的基础上，建立饲料、饲料添加剂及兽药等投入品和肉类食品质量监测及监管体系，提高肉类食品质量安全水平。推行肉类食品质量可追溯制度，建立肉类食品信息档案，严把市场准入关。

(四)继续大力推进标准化规模养殖

国家要进一步增加标准化规模养殖的扶持力度，对规模化养殖场（户）提供贷款贴息。各地政府要通过政策扶持和引导，加大标准化规模养殖场建设，加快推进标准化、规模化养殖，通过高科技的投入来降低养殖风险，稳定生产供给。此外，要加强畜禽规模养殖用地管理利用，在坚持耕地保护制度的基础上，认真贯彻落实国家关于规模化畜禽养殖的有关用地政策，将畜禽规模养殖用地纳入当地土地利用总体规划。合理安排畜禽养殖设施用地，坚持农地农用和集约节约的原则，加强设施农用地用途管制。合理开发利用土地资源，鼓励养殖场（户）在符合土地规划的前提下，积极利用荒山、荒地、丘陵、滩涂发展畜禽养殖。

(五)引导产业化经营模式创新

充分发挥是市场导向作用，由政府出台财税优惠政策和专项扶持资金，鼓励探索建立科学合理的全产业链利益联结机制，引导形成"龙头企业带动、合作社和养殖场户参与"的产业化经营模式，扶持一批畜牧龙头企业、农民合作社和规模养殖场进入健康发展的轨道，加快提升标准化规模养殖水平，既有效降低养殖者的市场风险，又大幅降低龙头企业的生产投入成本，推动畜禽养殖业逐步发展成集群优势明显的现代产业模式。

（六）深化监测预警与宏观调控

加大财政资金投入力度，完善信息发布服务和预警机制，引导养殖户合理安排生产，防范市场风险，建设国家级畜禽公共信息监测预警平台和中央数据库系统，实施监测点数据采集终端更新升级；以能繁母猪等为切入口，探索运用物联网等先进技术的自动化监测方式。逐步扩大监测预警范围，探索建立有效顺畅的面向生产单位的信息交流机制和服务方式。通过必要的政策手段实施生产干预，积极应对市场周期性波动，更好地稳定畜禽生产和市场供应，保障养殖场（户）的合理收益。

五大理念引领畜牧业"十三五"开局之年

王济民

（中国农业科学院农业经济与发展研究所）

2016 年，畜牧业迎来了"十三五"开局之年。在实现全面建设小康社会、经济进入新常态、全面深化改革、脱贫攻坚的大背景下，"十三五"规划明确提出："大力推进农业现代化。农业是全面建成小康社会、实现现代化的基础。""十三五"规划建议对农业的核心要求是实现农业现代化，农业现代化取得明显进展。畜牧业作为农业的重要部分，拥有一些独特优势，例如受土地制约影响小、工商资本进入较多、畜牧技术进步较快，因而，畜牧业的现代化不仅要有明显进展，更要尽可能率先实现。那么"十三五"期间，我国畜牧业应该如何发展？中共十八届五中全会首次提出的五大发展理念——创新、协调、绿色、开放、共享，为"十三五"期间畜牧业的发展指明了方向。

一、创　新

在创新方面，技术创新、制度创新、企业商业模式的创新三个创新一个都不能少。过去，讲创新主要是讲技术创新。现在，有全面深化改革的要求，畜牧业必须要全面考虑。

在技术创新中，良种培育是当前亟须解决的问题。目前我国畜禽良种的问题确实很大，种植业良种国家已经很明确了，要建成以企业为主体，走"育繁推一体化"的路子。但是却把畜牧业遗忘了。过去有人说"良种化"就是"洋种化"的过程，由此进入"进口—退化—再进口—再退化"的恶性循环。所谓的良种场就是扩繁场和杂交场。另外国家对于畜牧业育种的支持力度也不大。例如，一个生猪育种项目和一个水稻或者玉米项目的资金支持几乎是一样的，这也是个问题。种植业虽然育种周期长，但是育种成本很低，一株苗可能只有几分钱，但是一头种猪就要几千元，良种奶牛可能要上万元，所以育种的科研费用是不够的。再一个，畜牧业育种周期可能更长，育成一个品种大概没有

20年是完不成的，而种植业相对而言要好一点，周期短的可能2～5年就可以育成一个品种。从这个层面讲，国家科技计划里面要对畜牧业的良种设立一个重大专项，组织我国最优秀的企业、最优秀的科研人员联合攻关，摆脱我国对国外动物品种的依赖。只靠企业干不成，只靠科研机构也干不成。一定要形成一个完备的全国良种育种体系。

2016年，推进供给侧结构性改革，畜牧业要在政策制度方面下功夫。中央农村工作会议提出"去库存、降成本和补短板"。对于农业来讲，最大库存就是粮食库存，对于畜牧业来讲，存栏就是库存。存栏规模大不大不好说，但是存栏的结构肯定是不合理的。例如一些质量差的母畜仍然在使用，一些不好的品种仍然在生产，这些就该去则去。还有降成本，劳动成本上升、土地成本上升、畜产品价格顶破天花板，所以说将来我国畜产品是不是还继续进口，就取决于降成本。比如说劳动力成本高怎么办，可能就要靠机械化、智能化、自动化，用这"三化"来解决劳动成本上升的问题。首先，降成本就要考虑提高效率，提高效率要靠科技进步，靠优良品种，靠现代畜牧业科技设施和设备，提高效率也是相当于降成本。其次，要有一个好的产业模式，好的产业模式一方面可以减少产业链的波动，另一方面可以缩短产业链，比如产销对接、农超对接等形式也可以降成本。再次，是补短板问题，"短板"对于畜牧业来讲，畜产品质量不高、环境污染、人员素质差、基础设施薄弱等问题都是短板。

企业商业模式的创新，也是创新的主要内容。要充分利用互联网、大数据。针对"互联网＋"模式，主体是互联网，是互联网加上其他的产业。对畜牧业来讲，主体是畜牧业本身，而且数据库、网络监控等已经在畜牧业中应用，关键要看能不能把互联网加上来，使之更加完善，这才是核心问题。

二、协　　调

畜牧业的协调包括区域间协调、贫困地区和非贫困地区的协调。畜牧业因为环保的问题，由东部向中部、西部转移。将来，政府配置公共资源也要向中部、西部倾斜。东部地区基本上不发展养殖业，要是发展的话也是发展规模化养殖。对于贫困地区要进行分类，有些贫困地区生态破坏严重，就不一定养殖牛羊。而生态好的地方就可以养。在不破坏生态、不污染环境的前提下，畜牧业在产业扶贫里可以起到大作用。

除此之外，产业间的协调也是非常重要的。种植业、畜牧业、加工业、流通业、餐饮服务业等不仅仅要协调，而是"一、二、三产业"要融合在一起。在融合发展里最核心的问题是要让生产者、普通农户分享产业链增值红利。过去产前、产中、产后在产业上有链接，但是在利益机制上不协调。一般情况下，最强势（利益最大化）的在终端、消费端，例如超市。利益最受损的还是小农户、养殖生产者。

三、绿　　色

畜牧业对环境的影响由来已久，经过测算，目前反刍家畜温室气体的排放量要大于猪和鸡，因此，从品种选择的角度看，未来可能会减少该类动物的饲养。同时，还需要在饲料、畜舍、养殖模式等方面共同发力，其关键是要做好农牧结合。

畜牧业污染实际上是资源放错了地方，粪污处理关键是强化资源化利用。在畜牧业环保方面，废弃物处理采取了沼气发电、"猪—沼—果"等措施，总体上产生一定效果，但若进行大面积推广，并使其成为固定的处理模式仍面临众多问题。因此，加强废弃物的循环可持续利用，通过种养结合，将动物粪便变成有机肥替代化肥，既能解决畜牧业的污染问题，又能提高农产品质量，最终实现农业和畜牧业的双赢。解决畜牧业环境污染问题首先要农牧结合，养和种之间要建立起一种平衡。从政策的角度，建议出台有机肥补贴政策。

从养殖的角度而言，要发展适度规模化。规模化对企业和养殖场的涵义是不一样的。对于企业来说，规模越大可以创造越多的收益；对于养殖场来讲，规模一定要适度，单个的养殖场不能无限扩张，否则会造成污染隐患。规模化养殖首先要实现畜舍的标准化，它是标准化养殖的核心问题；其次要形成养殖场和农田的配比关系。最理想的办法就是把养殖场作为种植业高标准农田建设的一个基本配置，真正实现农牧结合。畜舍的标准化对于牲畜的养殖尤为重要，在当前集约化、工厂化饲养的背景下，畜舍决定了养殖的通风、营养、废弃物处理等多个环节。目前从国外的经验来看，一个标准化生猪育肥场可养猪2 400头，且必须建在农田旁边；一栋标准化鸡舍可养鸡2万只。因此，应该学习欧盟、美国、日本的先进理念，将养殖场粪便储存、还田，使养殖场成为高标准农田的有机配件。下一步的工作是进一步明确规模化养殖的标准，同时，政府应做好养殖场的布局规划。另外，对于大型养殖场要进行严格的环境评估工作。

四、开　　放

目前，我国畜牧产品进出口情况是，关税比以前低，国内畜产品价格高，畜产品进口量持续增加。现在需要考虑的问题是进饲料还是进肉，国家一定要做一个战略选择。

国内企业与国外竞争，主要考虑三个指标，即成本价格因素、质量因素、环保因素。只有在这三个方面拥有了竞争优势，才能取得消费者的青睐。从畜牧业本身来看，国内企业间的竞争很激烈，畜牧企业如何走出去是未来值得考虑的问题。

随着进出口贸易的扩大，走私问题逐渐暴露出来。走私对国内的价格会有影响，但是疫病的影响更加可怕。走私是不经过检疫的，国外的病毒容易传进来，这个损失不是价格低可以弥补的，一旦疫病传入，损失是不可估量的。将来在海关管理、打击走私方面一定要有大动作。

五、共　　享

如何让生产者共享产业红利是畜牧业发展的重要环节。未来畜牧生产者可以通过入股等形式参与产业链内部的利益共享。土地、劳动力、国家补贴等都可以入股，通过采取股份制、合作制、代养、托养等措施来保障畜牧生产者的利益。另外，在贫困地区脱贫方面，畜牧业也应该有所作为，要让贫困地区也能享受畜牧业发展所带来的好处。

同时，建议国家推行相关扶持政策。可以考虑将国家扶持合作社、龙头企业的资产（包括设施、设备等）作为合作社和养殖户的股份进行入股，使其实现股份化。这是今后值得探索的方向。

京津冀畜牧业协同发展的思考

王济民

（中国农业科学院农业经济与发展研究所）

一、京津冀协同的背景与指导思想

2014 年 2 月 26 日，国家主席习近平在北京主持召开座谈会，强调实现京津冀协同发展是一个重大国家战略，要坚持优势互补、互利共赢，加快走出一条科学持续的协同发展路子来。

过去 30 年，"京津冀"僵局始终未能打破，缺乏国家层面的协调机构，"推动力不足"被认为是重要原因之一。2014 年 8 月，中央层面已成立"京津冀协同发展领导小组"以及相应办公室，中央政治局常委、国务院副总理张高丽担任该小组组长。中央经济工作会议已经将"京津冀协同发展"列入 2015 年经济工作的主要任务，要重点实施"一带一路"、京津冀协同发展、长江经济带三大战略。

二、农业协同发展定位

农业部部长韩长赋在 2014 年 3 月 31 日的调研中强调，"京津冀一体化发展是重大国家战略，农业协同发展是题中应有之义，要研究制定农业协同发展规划。"农业部也在牵头组织农业协同发展规划。农业服务于京津冀协同发展战略，加快建设京津都市现代农业圈。这个"圈"包括京津两市和河北廊坊市、保定市北部、唐山市西部，区域耕地 2 000 多万亩，人口 4 000 多万。北京将着重发展都市农业、休闲农业、观光农业，支持企业"走出去"，到河北等地开拓外埠基地。

现代农业是服务首都需求与加快河北发展的重要结合点，在京津冀协同发展的大背景下，要打造环首都现代农业高地，推动环首都现代农业示范区建设。身处京津都市现代农业圈，天津的现代都市型农业必须以节水、集约、绿色和高效为特色，努力建成京津菜篮子产品供给区。重点发展服务城市的农业，生产绿色、高档、特色农产品。加大农业结构调整，实行"一减三增"，即适度减少粮食种植面积，增加蔬菜、林果、水产品的生产规模。

三、京津冀畜牧业发展定位与布局

（一）农区"农牧有机结合型"现代畜牧业

农区是京津冀主要的粮食主产区，畜牧业资源比较丰富，是重要的畜产品生产和加工基地，应大力推广"农牧有机结合型"畜牧业，逐步实现畜牧业现代化。同时，种植业结构要与畜牧业结构相适应；畜牧业规模要与耕地粪污吸纳能力相适应。推动以资源化利用为核心的循环经济。还要严格区分养殖场规模、企业规模和区域规模三个概念，养殖场应以适度规模经营为主。区域规模应以土地吸纳能力为主。提倡农区与山区畜牧业区、农区与半农半牧区结合。

（二）城郊现代畜牧业

城郊畜牧业生产条件较优越，但饲料和人力成本、土地成本和环保费用大幅提高，所以发展高效优质环保的畜牧业，可分为三种类型：一是优质鲜活型现代畜牧业：优质鲜活型城郊现代畜牧业，主要是为了充分满足城市居民的对某些鲜活畜产品增长需求，是一种高投入、高产出、高效益环保型畜牧业；要根据城市功能分区和城市居民对鲜活畜产品的需求，制定严格的畜产品区域布局规划；要大力发展绿色和有机畜产品生产，要大力加强养殖场环境治理工作，实行畜禽粪污的无害化处理。二是高科技现代畜牧业：各城市郊区应充分发挥城市资金和科技的优势，积极发展畜禽良种繁育、新型兽药和饲料添加剂和畜牧生产加工设备，对全国现代畜牧业发展起支撑、引领作用。三是观光型现代畜牧业：发展都市型畜牧业，主要是为城市居民提供休闲旅游的场所，为中小学生提供教育基地，发挥农业的多功能性。要突出特色，明确都市型畜牧业的功能定位和发展方向。要因地制宜，充分发挥各地的自然资源和文化及特色畜牧业等优势，最好与休闲、观光农业相结合。要以丰富的畜牧业科研、教育和技术推广资源为依托，积极展示国内外优质畜禽品种和现代畜牧业科技。

（三）山区和农牧交错带"特色型"现代畜牧业

山区和农牧交错带地域辽阔，资源丰富，但畜牧业发展相对落后，随着经济社会的不断发展，特色畜牧业发展态势逐步显现。要积极利用地区资源，充分发挥地区优势，加强优质牧草育种，开展人工种植优质牧草草业产业化发展模式，大力发展草食家畜。要积极开展特色畜产品的无公害、有机、绿色认证，倡导特色畜产品的生产基地建设。要与合作社发展相结合，要与企业相结合，与旅游观光相结合。

我国现代畜牧业发展面临的
挑战和对策建议

王济民[1]　孙振[2]

（1 中国农业科学院农业经济与发展研究所；2 中机生产力促进中心）

现代畜牧业是指在传统畜牧业基础上发展起来的，立足于当今世界先进的畜牧兽医科技，基础设施完善、营销体系健全、管理科学、资源节约、环境友好的高效产业。现代畜牧业主要包括完整创新的育种体系、优质安全的饲料生产体系、规范健康的养殖体系、健全高效的动物防疫体系、先进快捷的加工流通体系等。目前，我国农业正处于推进现代农业建设迈出重大步伐的关键时期，畜牧业发展也进入新的阶段，建设现代畜牧业成为必然选择。

一、畜牧业发展面临的主要挑战

（一）畜牧业产业地位不断提升，供给变动对经济社会的影响日益加强

畜牧业产业地位不断提升，供给变动对经济社会的影响日益加强。2012年全国畜牧业总产值达到 27 189.4 亿元，占全国农林牧渔业总产值的 30.4％。随着我国城乡居民收入增加，畜产品消费不断增长，并已由副食品变为人民群众生活的基本消费品。国民经济和社会发展对实现畜产品均衡供给的要求更加严苛，整个宏观经济运行和社会发展对畜产品供给更加敏感，供给不足和过剩都会产生很大影响。当前畜牧业发展的结构性矛盾日益突出，主要表现在牛羊肉价格不断攀升，猪肉鸡肉价格持续低迷。

（二）产量持续增加，生产波动明显加剧

畜牧业生产和价格也出现过若干次较大的波动，生猪生产先后出现了 6 次较大波动。受近年来禽流感疫情的影响，家禽生产也出现了大幅波动。在市场经济条件下，生产和价格在一定幅度范围内的正常波动，符合市场经济运行的

规律，也有助于产业调整。但如果超出了正常的市场可控范围，就会对产业发展和市场产生负面影响。例如，我国生猪价格在 2007 年 5 月和 8 月，出现了急剧上升的势头，当前生猪和家禽价格又持续低迷，引起了全社会的高度关注，严重困扰了生猪产业的健康发展。

（三）畜产品质量不断改善，动物疫病危害仍然复杂

在农产品质量安全专项整治行动的推动下，饲料及畜产品质量安全水平进一步提高。2007 年，"瘦肉精"拉网检测的检出率为 0.51%，饲料中违禁药品抽样检测合格率达 98.9%；2012 年，全国畜禽产品的兽药残留检测合格率为 99.91%。2006 年下半年，在部分生猪主产省暴发的猪蓝耳病疫情和仔猪流行性腹泻，直接导致这些地区仔猪供应紧张、育肥猪出栏量大幅降低，饲养户恐慌的影响远胜于猪死亡影响。据测算，2013 年和 2014 年的 H7N9 流感疫情给国内家禽业造成的损失高达 1 200 亿元。

（四）生产效率明显提升，生产粗放、环境恶化的局面仍未遏制

我国平均每头生猪胴体由 1985 年的 69.31 千克增加到 2013 年的 76.76 千克，出栏率由 78% 提高到 150%。我国畜牧业科技进步贡献率在"八五"时期（1991—1995 年）为 45.5%，"九五"期末稳定在 45%，目前已达到 55% 左右。但品种低产低效、饲养方式落后、养殖规模狭小、粗放管理，依然是制约我国畜牧业生产方式转变的重大制约因素。畜牧业产生的粪便污染问题也越来越突出，草原退化没有根本改变，所有这些问题都必须尽快加以解决。

（五）综合生产能力进一步增强，受外部因素的制约有所加强

近年来，规模化养殖、养殖小区等现代养殖方式已成为生猪业发展的一个亮点，畜牧业综合生产能力明显提高。但受外部因素的制约有所加强，如石油等能源价格和粮食价格的攀升，推动了畜牧业生产成本的上升。刘易斯拐点到来，散养户不断退出。农民就业结构多元化，务工工资普遍提高，而养殖行业比较效益低，养猪不如打工，造成散养户空栏或转产。外国饲料、品种、产品和资本不断进入。2013 年，我国大豆进口 6 340 万吨，进口 DDGS 400 多万吨，进口牧草 79.84 万吨，奶粉、牛羊肉和猪肉进口不断增加。

二、加快我国现代畜牧业建设的思路和对策

(一) 发展思路

我国现代畜牧业建设要全面兼顾数量安全、质量安全、产业安全、公共卫生安全、生态环境安全，以主要畜产品基本自给为目标，大力实施"调整、转变、升级、创新"四大战略，加快我国现代畜牧业发展进程。

1. 实施畜牧业结构调整战略。 一要调整品种结构。建设现代良种繁育和推广体系，加大良种补贴力度，不断提高畜禽良种比重，尽快形成品种和质量优势，增强畜牧业的生产能力。二要调整畜种结构。尽快根据不同区域的自然、资源、经济、社会状况，选择有比较优势和市场潜力的畜种作为主攻方向，大力发展专业化生产，逐步形成特色鲜明、规模适度、优势突出、效益良好的畜种结构。当前要重点加大草食家畜奶牛、肉牛和肉羊的发展，强力遏制牛羊肉价格不断上升的趋势。三要调整畜群结构。要根据不同畜种的繁育特性，合理确定畜群内部基础母畜、后备母畜和种公畜比例，尽快形成母畜比重高、出栏扩大、周转快速、持续发展的畜群结构。

2. 实施畜牧业发展方式转变战略。 一要转变养殖方式。尽快转变将传统的散混养殖方式转变为现代的规模化、标准化、集约化方式，加快畜牧业规模化、专业化建设步伐。二要转变资源利用方式。尽快转变传统耗粮耗草型畜牧业，积极发展资源节约型和环境友好型畜牧业，实现畜牧业与生态环境的和谐发展。三要转变驱动方式。尽快使传统数量型畜牧业增长方式向数量、质量和效益并重的方向转变，最终形成以科技进步为主的内涵式增长模式。

3. 实施畜牧业产业升级战略。 一要促进产业规模升级。不断提高畜牧业生产能力，有效解决国家食物安全问题。二要促进产业水平升级。积极推进畜牧业适度规模化生产，提高畜禽疫病防控能力和畜产品质量水平，提升行业整体发展水平。三要促进产业结构升级。以强化加工、流通环节为重点，强化畜产品加工业，完善流通业和服务业，延长产业链条。四要促进产业技术升级。要加大畜牧业重大科技成果的转化与推广力度，尽快建立优质高产高效的现代养殖体系，提高重大动物疫病控制能力，促进畜牧业技术升级和产业转型。

4. 实施畜牧业全面创新战略。 一要进行观念创新。要转变畜牧业发展理念，以科学发展观统领畜牧业工作全局，用工业化的理念谋划畜牧业发展，用市场化的理念促进畜产品流通。二要加强科技创新。加强自主创新，重点突出现代畜牧业和高新技术在畜牧业中的应用。三要进行管理创新。积极推进畜牧

行政管理创新，加快转变政府职能，注重公共服务和公共产品的提供。四要进行组织创新。大力发展专业合作组织和行业协会，探索企业与农牧民之间更加紧密、合理的利益联结方式，帮助农牧民规避自然风险和市场风险，增强畜牧业全面协调可持续的发展能力。争取到 2020 年，畜牧业生产组织化程度明显提高；畜牧业产业化经营和畜产品加工业发展到更高水平，畜牧业产前、产中、产后各环节实现一体化发展，规模化、专业化水平显著提高；畜产品加工业比较发达，畜产品产后加工增值比重明显提高；畜牧业科技创新与应用体系、畜禽良种繁育体系、饲料生产体系、动物疫病防控体系、畜产品市场组织体系、畜产品质量安全体系、市场信息体系、社会化服务体系等现代畜牧业支持体系不断完善；现代化畜牧业产业体系基本形成。

（二）主要对策

1. 大力发展规模化和标准化生产，加快推进畜牧业养殖方式转变。为广大散养户提供优质的社会化服务，积极引导散养户向规模化方向发展。规范畜牧小区，提升标准化水平，鼓励养殖小区进行股份合作制改造。引导规模养殖场户创新经营管理制度，用先进技术和现代设施装备畜禽养殖业，提升畜牧业规模化、专业化、集约化生产水平。对专业户和大型养殖场"强制"推行畜禽标准化生产，把专业户的标准化生产作为畜牧业生产标准化的工作重点，强化畜禽粪便污染治理，全面推行标准化生产规程，提升畜产品质量安全水平，尽量减少规模化发展所带来的负面影响。

2. 着力培育适应市场的新型主体，加快推进畜牧业经营方式转变。以市场需求为导向，以科技进步为突破口，以品牌建设为核心，重点扶持一批辐射面广、带动力强、生产经营水平高的畜产品加工龙头企业。继续发展和规范以大型批发市场为龙头，以现代的营销体系提升畜牧业的产业化水平。通过合同签约或股份制方式，把分散的养殖场户、营销体系和龙头企业有机衔接，依靠龙头带动和科技进步，将产前、产中、产后组成一个完整的产业链。引导企业建立现代经营管理机制，立足国际国内两种资源，提升综合竞争能力。

3. 引导和规范专业合作组织发展，加快推进畜牧业组织方式转变。大力发展多种形式的畜牧业专业合作组织。按照"民办、民管、民受益"的原则，通过依托畜禽专业大户、经营能人、基层畜牧兽医站、龙头加工企业、批发市场等优势，大力发展服务型、流通型专业合作组织，鼓励畜牧专业合作社进入加工领域，不断拓展和规范畜牧业专业合作组织的功能。明确专业合作社的法人地位，规范专业合作组织运作模式，不断增强行业自律作用，提升产业服务水平。建立健全专业合作社内部民主管理和利益联结机制。

4. 构建完善公共监管体系和机制，加快推进畜牧业管理方式转变。加快畜牧业质量监管机构改革，构建一体化质量监管体制。不断完善畜禽品种选育和改良、畜牧业生产经营管理和监督、动物卫生与疫情防治、废物处理与环境保护等方面的标准和法律。坚持全程化监管的原则，突出机制完善和设施建设，完善畜产品质量监控和追溯机制。加强畜种、饲料、畜产品进出口贸易以及外资进入畜牧业监管，强化畜牧业产业安全管理。引导建立"安全、营养、健康"消费新观念，促进安全、健康畜产品的流通和销售。

5. 提升科技支撑服务能力，加快推进畜牧业服务方式转变。切实加强动物防疫基础设施建设和基层动物防疫力量，健全重大动物疫病的监测预警、预防控制体系，全面提升重大动物疫病综合防控能力。继续加大畜牧业先进技术的攻关和集成，强化畜牧兽医技术人才队伍建设，建立新型畜牧业科技研发、转化和推广体系。加大财政对畜牧业保险的补助，鼓励发展规范的畜牧业商业保险，积极引导专业合作组织和农牧民互助自保，不断拓宽畜牧业保险的经营范围。强化行业信息监测和预警，努力提高统计监测信息的时效性、准确性和权威性，引导养殖场（户）合理安排生产经营，避免生产大起大落。

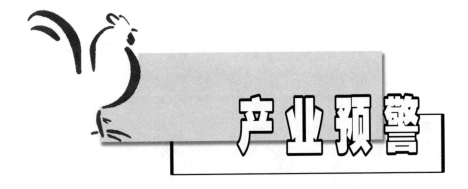

产业预警

我国肉鸡产业波动及预警研究综述

贾钰玲　吕新业　辛翔飞　王济民

（中国农业科学院农业经济与发展研究所）

改革开放以来，肉鸡产业作为我国畜牧业经济中新的增长点，以其突飞猛进的发展速度，促进了农业经济的发展，在提高居民生活水平、改善居民饮食结构方面都做出了突出的贡献。然而近年来，肉鸡产业因遭受来自本身及外界突发事件的冲击而频繁产生波动。已有文献中，直接关于我国肉鸡波动及预警的研究并不多，但有不少研究针对我国肉鸡产业发展形势开展了系统深入的探讨，也有不少研究针对生猪等其他畜牧部门开展了产业预警分析，为我国肉鸡产业波动及预警研究提供了很好的借鉴。

一、肉鸡产业发展形势研究

肉鸡产业经过三十多年的发展，一家一户分散养殖的传统形式已经逐步淡出历史舞台，取而代之的是能够更好地控制疫情、更便于进行管理、便于养殖技术普及与实施的规模化、自动化、标准化、集约化养殖新模式。然而，在发展过渡的过程中，探索进步的同时也面临着各种各样的问题，针对这些问题的出现与解决方式，国内不少专家学者在进行深入分析的同时对肉鸡产业的发展趋势进行了预测与判断，并提出了相应的建议。王济民、辛翔飞（2013）对肉鸡产业特点及肉鸡产业发展存在的问题进行了总结分析，并分析判断了肉鸡产业发展趋势，提出了提高肉鸡养殖规模化与标准化程度、开展药残专项治理行动、加强产品正面宣传、健全相关处理机制及监管机制等政策建议。申秋红、王济民（2012）从肉鸡生产、肉鸡产品消费、肉鸡产品加工以及我国肉鸡产业的国际贸易等方面出发，研究阐述了肉鸡整个产业链中面临的挑战和今后肉鸡产业的发展趋势。辛翔飞、刘春芳、王济民（2011）对我国肉鸡产业发展特点进行了较为系统的总结分析，并针对肉鸡产业生产及价格波动较为频繁、产品质量不高、饲养管理水平低、国际竞争力低下等一系列问题提出了政策建议。

尹彦勋、罗平涛（2010）对我国肉鸡饲养量、鸡肉产量以及鸡肉贸易等方面的特点进行了描述，并指出建立标准化的养殖模式、提高肉鸡生产集约化与自动化程度是未来我国肉鸡产业的发展趋势。辛翔飞（2011）在分析我国肉鸡产业现状的基础上，对"十二五"期间肉鸡生产、消费及贸易各方面进行了预测分析。曾亚民（2004）以白羽肉鸡为研究对象，阐述了肉鸡产业危机的性质以及肉鸡业危机产生的原因，并提出了政策建议。佘峰（2005）对制约我国肉鸡业良性发展的主要障碍进行了研究，对肉鸡行业发展、整体规划、生产体系、疫病控制以及肉鸡进口等多方面的原因进行了分析，并提出了政策建议。

由于肉鸡产品价格的波动是肉鸡产业景气的直观表象，故而不少专家学者将研究目标锁定于肉鸡价格，而从目前情况来看，肉鸡波动规律的研究也确实主要集中于价格波动，分析波动规律，掌握波动特征，能够因地制宜，为维持肉鸡产业平稳发展提供思路。刘少伯、石有龙、葛翔、等（2004）对肉鸡价格、盈利等的波动做了相关研究，并对肉鸡市场波动做了全方位的分析，对价格的波动周期进行了预测，提出了政策建议，但此研究止步于理论与数据分析层面，并未进行模型的设定。程朝（2005）通过分析 1988—2004 年的肉鸡苗、父母代肉鸡年度价格和祖代肉鸡年市场数量，认为肉鸡市场在 1988 年以前到 2004 年有 3 个波动周期。张利庠、张紫（2009）分析了 2003—2009 年肉鸡价格的波动状况，在此基础上分析了影响肉鸡价格波动的主要因素并提出了对策。王济民、张瑞荣、辛翔飞（2011）对肉鸡价格的变动特征进行了阐述，利用计量经济学模型分析了肉鸡价格系统传导机制，在此基础上对肉鸡价格进行了短期预测及评价。得出结论，肉鸡产品价格变动具有季节性波动规律、循环波动规律、趋势变动规律以及传递规律。唐江桥（2011）运用时间序列分析的X12方法和 H-P 滤波对我国 2001 年到 2009 年活鸡价格序列的周期变动规律做了分析，认为活鸡价格存在长约 26 到 40 个月的波动周期，而且周期长度随时间的推移而变长，文中还用 Holter-Winter 模型对活鸡价格进行预测。王济民、张瑞荣（2010）将 ARDL 模型、ECM 模型、ARIMA 模型、VAR 模型、GARCH 模型等多种时间序列模型模拟方法结合起来，深入系统地探讨了肉鸡产品价格的变动规律，预期短期价格，评价预测效果，为我国肉鸡产业的价格分析提供了一定的参考。

二、畜牧业预警系统研究

对于我国而言，景气指数的研究历史并不像欧洲国家久远，直到 20 世纪

80年代中后期，景气指数的发展有了一定成效。发展至今，景气指数的应用已堪称广泛，景气指数研究涉及的产业主要有旅游业、石油行业、钢铁行业、房地产业等国内第二、第三产业，或者是较为宏观的经济领域。早期比较系统科学地对扩散指数和合成指数的运用体现在解三明、李纯军、李坤民（1999）对山东省进行经济运行走势的预测和动态分析的研究中。解三明、李纯军、李坤民（1999）以山东省十多年的经济发展情况为研究对象，通过基准、先行、一致及滞后指标的确定与分类，通过扩散指数及合成指数的计算，在此基础上设计建立了能够反映经济运行状况，并能够预测未来发展趋势的经济预警系统。高铁梅、孔宪丽、刘玉（2003）通过构建指标体系，涵盖能够影响行业景气的各种影响因素，利用扩散指数及合成指数的方法对我国的钢铁行业进行了分析与预测。随后，指数的运用得到发展与传播，高铁梅等人的尝试和应用作为行业景气合成指数计算运行的先驱，为后续相关研究奠定了良好的基础。陈磊（2004）以央行29个指标统计出来的数据为基础进行分析，首先，在分析指标性质的基础上，通过扩散指数的计算，以达到从各个方面反映企业经营变动情况的目标；在此基础之上，运用合成指数这种景气指数的计算方式，同样进行了指数计算、指标分类等一系列运行过程，对景气指数的计算方法与预测效果起到了良好的验证示范作用。高铁梅、李颖、梁元芳（2006）在关于多领域编制景气指数的研究中将景气指数方法的运用推向了高潮，同时也为景气指数向更多领域的拓展起到了启迪作用。此外，在专家学者的研究探索过程中，经过不断试验与摸索，将景气指数（主要通过扩散指数与合成指数的计算构建）的运用延伸到了国内经济诸多产业，涉及的领域有农业（张志强、黄漫红，2002）、旅游业（倪晓宁，2007；王新峰，2010）、商业（陈乐一，2008）、餐饮业（阎霞，2008）、餐饮业及住宿业（游灏、伍进、张芳，2009；秦炳旺，2009）、生猪产业（张富，2012）等。

　　将预警理论应用于畜牧业，建立预警系统，能够为畜牧业稳定发展做出较大的贡献。从目前来看，国际国内对于畜牧业各产业价格预测预警已经奠定了一定的研究基础，如牛奶价格预测（Thraen，2002），肉牛价格预测（Garcia，1990），美国肉牛季度价格预测（Goodwin，1992），伊朗禽肉价格预测（Karbasi，2009）等。从国内来看，相关研究主要集中于生猪、畜产品本身等，如生猪月度价格分析预测（马孝斌，2007）；马雄威、朱再清（2008）组合BP神经网络模型和灰色系统，预测样本区间以外的猪肉价格。唐江桥（2011）研究了我国畜产品价格预测预警，其中涉及的畜禽品种有肉鸡、蛋鸡、散养肉牛、肉羊等。

此外，目前专门针对肉鸡进行产业预警系统研究的文献较为缺乏，但专门针对生猪进行产业预警系统研究的文献较为丰富，可以为肉鸡预警体系构建提供参考。冯永辉（2007）建立了生猪市场一体化综合监测网，通过对疫病、生猪盈利周期、猪肉价格等十多个典型监测对象定时定点的跟踪调查，全程记录生猪从生产到市场的真实情况。同时建立了生猪疫病预警体系、指数体系以及"正负红黄蓝"预警体系，通过对不同时点、不同地点得到的数据进行分析，建立生猪市场预警体系，其核心为预测生猪价格波动，为生猪经营者决策提供一定的参考。刘芳、王琛、何忠伟（2013）将生猪价格作为预警研究中心，根据指标的时差性，将选取的各指标进行分类，通过 BP 神经网络分析法，将所选取的指标对生猪预警的影响程度进行分析研究，利用所建立的神经网络实现了对生猪未来价格变动趋势预测的效果，并针对不同的预警区域提出了相应的政策建议。其中对于生猪价格、生产波动的预警研究比较有借鉴意义的是张富（2012）的研究成果，在其研究中，通过分析生猪的价格、生产波动现状与影响因素，结合计量经济学模型的演算，对影响生猪波动的各指标进行了实证分析，在此基础上通过指标的选取编制了生猪生产景气指数，进而计算出生猪景气预警指数。由于其景气指数涵盖了影响生猪生产的各个方面的指标，能够较为准确而科学地反映生猪产业的发展态势，真正意义上实现了畜牧业产业预警。

三、述　　评

综述已有文献可以发现，已有相关文献主要集中于肉鸡产业发展现状的讨论及其原因剖析，肉鸡产业发展中存在的问题以及发展趋势，以及肉鸡产业价格波动、市场波动的现状、成因以及应对策略。已有相关文献的研究表明，肉鸡产业无论是产品价格的大幅波动还是产品产量的大幅波动，都构成了肉鸡产业平稳健康发展的阻碍。我国肉鸡产业波动和预警研究的必要性和迫切性愈加凸显。

参考文献

[1] 曾亚民. 市场和肉鸡业的危机 [J]. 中国家禽，2004 (13)：1-3.
[2] 陈乐一，李星. 我国商品市场景气转折点的分析与预测 [J]. 财经理论与实践，2008 (6)：81-86.

[3] 陈磊．企业景气状况与宏观经济运行 [J]．管理世界，2004 (3)：14 - 24.

[4] 程朝．回顾肉鸡行业发展探寻肉鸡市场规律 [J]．中国家禽，2005 (13)：1 - 4.

[5] 冯永辉．规避市场风险构建中国生猪市场预警系统 [A]．中国畜牧业协会，中国猪业发展大会暨中国畜牧业协会猪业分会第二届会员代表大会论文集 [C]．2007：4.

[6] 高铁梅，孔宪丽，刘玉．中国钢铁工业景气指数的开发与应用研究 [J]．中国工业经济，2003 (11)：71 - 77.

[7] 高铁梅，李颖，梁云芳．2009 年中国经济增长率周期波动呈 U 型走势——利用景气指数和 Probit 模型的分析和预测 [J]．数量经济技术经济研究，2009 (6)：3 - 14.

[8] 解三明，赵纯均，李坤民．山东省宏观经济景气指数的制作和动态分析．系统工程理论方法应用，1999 (1)：67 - 73.

[9] 刘芳，王琛，何忠伟．我国生猪市场价格预警体系研究 [J]．农业技术经济，2013 (5)：78 - 85.

[10] 刘少伯，石有龙，葛翔，刘诺．肉鸡市场波动及市场预测 [J]．中国家禽，2004 (7)：3 - 5.

[11] 马孝斌，王婷，董霞，王楚端．向量自回归法在生猪价格预测中的应用 [J]．中国畜牧杂志，2007 (23)：4 - 6.

[12] 马雄威，朱再清．灰色神经网络模型在猪肉价格预测中的应用 [J]．内蒙古农业大学学报（社会科学版），2008 (4)：91 - 93.

[13] 倪晓宁，戴斌．中国旅游市场景气指数计算与分析 [J]．北京第二外国语学院学报，2007 (11)：1 - 4, 10.

[14] 秦炳旺．我国经济型酒店景气指数研究 [D]．上海：华东师范大学，2009.

[15] 佘峰．我国鸡肉产品需求现状及发展前景 [N]．中国畜牧兽医报，2005 - 08 - 14007.

[16] 申秋红，王济民．中国家禽产业经济分析 [M]．北京：中国农业出版社，2012.

[17] 唐江桥，徐学荣．我国活鸡价格波动分析与预测 [J]．技术经济，2010 (7)：79 - 83, 98.

[18] 唐江桥．中国畜产品价格预测预警研究 [D]．福州：福建农林大学，2011.

[19] 王济民，辛翔飞．中国肉鸡产业经济 2013 [M]．北京：中国农业出版社，2013.

[20] 王济民，张瑞荣．肉鸡价格的变动规律及其短期预测 [A]．中国家禽，第二届中国黄羽肉鸡行业发展大会会刊，2010：35 - 51.

[21] 王新峰．中国旅游景气指数实证研究 [J]．统计教育，2010 (11)：55 - 60.

[22] 辛翔飞，刘春芳，王济民．我国肉鸡产业发展现状、问题与对策 [J]．中国家禽，2011 (4)：6 - 9.

[23] 阎霞．中国饭店产业景气研究 [D]．北京第二外国语学院，2008.

[24] 尹彦勋，罗平涛．中国肉鸡产业的发展现状及趋势 [A]．中国家禽，全球肉鸡产业论坛暨第二届中国白羽肉鸡产业发展大会会刊，2014：29 - 34.

[25] 游灏，伍进，张芳，黄艳玲．星级酒店业景气波动的评价体系研究 [J]．旅游科学，

2008 (6)：20-25.

[26] 张富. 我国生猪生产波动与预警调控 [D]. 北京：中国农业科学院，2012.

[27] 张利庠，张紫. 肉鸡价格的波动与宏观调控 [J]. 农村养殖技术，2009 (24)：4-5.

[28] 张志强，黄漫红. 中国粮食生产景气指数系统的合成指数分析 [J]. 北京农学院学报，2002 (3)：30-34.

我国肉鸡产业价格波动实证分析

贾钰玲　吕新业　辛翔飞　王济民

（中国农业科学院农业经济与发展研究所）

　　肉鸡产品价格的波动一直伴随着肉鸡产业的发展，并作为肉鸡产业的晴雨表，表现着肉鸡产业的波动趋势。肉鸡价格的波动主要由于供需不断变化造成，是市场经济条件下资源配置的结果，并以一定的规律形式表现出来。正常的价格波动可以起到调节市场需求、优胜劣汰的作用，不正常的波动将对产业发展及居民生活带来困扰，近年来肉鸡价格波动已经成为备受关注的热点问题。本研究拟从肉鸡产品价格入手，通过肉鸡产品价格波动特征的分析，总结影响肉鸡产品价格波动的影响因素，在此基础上建立景气指数，能够由此透视肉鸡产业整体景气态势。

一、 数据来源及数据处理

　　本研究所采用的白条鸡价格、活鸡价格、商品代肉用雏鸡价格等数据均来源于中国畜牧业信息网（http：//www.caaa.cn）价格数据库。考虑到肉鸡饲养周期短、价格波动频繁，年度价格数据并不能很好地反映肉鸡产业波动特征及规律，基于此，本研究采用月度时间序列数据资料作为分析依据，样本时间分布区间为 2000 年 1 月至 2013 年 12 月。

　　以相关理论为依据，从实际分析经验出发，时间序列一般包含的主要要素有季节成分、循环周期成分以及不规则成分。本研究的分析思路为：一是，分析白条鸡价格、活鸡价格以及商品代肉用雏鸡价格变动的基本特征；二是，以白条鸡价格为例进行季节调整，得到白条鸡价格时间序列中的不规则变动成分和季节变动成分；三是，在将白条鸡价格序列进行季节调整的基础上，利用HP滤波法，将长期循环趋势成分分解，得到白条鸡价格时间序列的长期趋势成分和循环周期变动成分，并对得到的各变动成分进行分析，归纳特点，总结原因。

二、白条鸡价格变动基本特征

从图 1 可以看出，总的来说，白条鸡价格以 2005 年为分界线，2005 年以后总体呈上升趋势。2000—2002 年，白条鸡平均价基本保持稳定，在 2003 年 4 月达到样本期的最低点 8.62 元/千克，然后在波动中上升，发展至 2005 年 2 月，白条鸡价格达到短期内的一个小波峰，为 11.52 元/千克，随之继续在波动中呈现下降趋势，2005 年 12 月，价格下降到一个新低点 9.07 元/千克，然

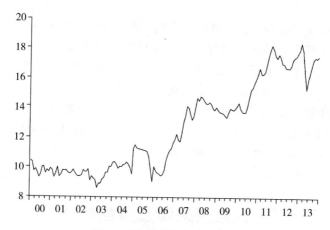

图 1 白条鸡价格波动趋势图

注：纵轴表示价格，计量单位：元/千克；横轴表示时间。

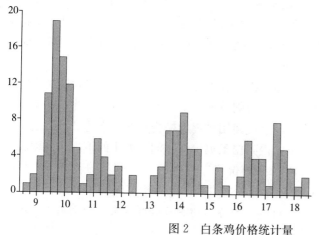

时间序列:白条鸡价格	
样本区间:2000.01-2013.12	
观测值数量:168	
Mean	12.63182
Median	11.70500
Maximum	18.41000
Minimum	8.620000
Std.Dev.	2.992069
Skewness	0.417411
Kurtosis	1.718932
Jarque-Bera	16.36644
Probability	0.000279

图 2 白条鸡价格统计量

后在波动中呈现上升趋势，并一直上升至所选取的时间序列中的样本最高点，即 2013 年 2 月的 18.41 元/千克，之后又呈现下降趋势。

从统计学的角度分析，以白条鸡价格时间序列整体为分析对象，可以看出：在 2000 年第一季度到 2013 年第四季度时间段内，白条鸡价格波动幅度相对较大，其价格最大与最小值相差 9.79 元/千克，其中，价格最高点出现在 2013 年 2 月，为 18.41 元/千克，价格最低点出现在 2003 年 4 月，为 8.62 元/千克；价格均值与中位数较为接近，分别为 12.63 元/千克和 11.7 元/千克；白条鸡价格样本区间内的标准差为 2.99 元/千克。

三、活鸡价格变动基本特征

活鸡价格原始数据分析。从图 3 可以看出，活鸡价格走势与白条鸡价格走势相同，同样以 2005 年为分界线，2005 年以后总体呈上升趋势。2000—2002 年，活鸡价格基本保持稳定，在 2003 年 5 月达到样本期的最低点 8.50 元/千克，随后在波动中呈现上升趋势，发展至 2005 年 2 月，活鸡价格上升到近段时间内较小的波峰点 11.24 元/千克，随后即在波动中呈现出下降趋势，在 2005 年 12 月降到一个新低点 8.70 元/千克，然后活鸡价格在波动中呈现上升趋势，直至上升到样本期的最高点，即 2013 年 2 月的 18.58 元/千克，随后在价格波动规律调节、供需及其他因素的影响之下，迅速呈现下降趋势。

对活鸡价格时间序列样本进行简单统计学分析，可以看出：2000 年第一

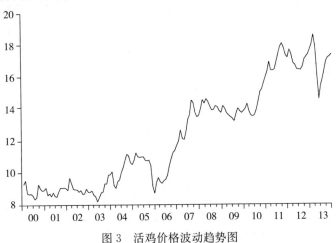

图 3　活鸡价格波动趋势图

注：纵轴表示价格，计量单位：元/千克；横轴表示时间。

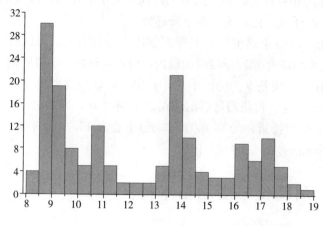

图 4　活鸡价格统计量

季度到 2013 年第四季度的考察期间内，活鸡价格的波动幅度同样较大，且在一定程度上大于白条鸡价格。在样本期内，活鸡价格最大值与最小值之间相差较大，价差为 10.39 元/千克，大于白条鸡价格的 9.79 元/千克；活鸡价格的平均水平以及中位数与白条鸡价格的相对应统计量均较为接近，分别为 12.33 元/千克和 11.82 元/千克；活鸡价格样本期内的标准差为 3.16 元/千克。

四、商品代肉用雏鸡价格变动基本特征

从商品代肉用雏鸡价格趋势图（图 5）可以看出，在样本区间 2000 年第一季度到 2013 年第四季度时间段内，商品代肉用雏鸡价格走势与上文分析的白条鸡价格、活鸡价格的走势有较大差别。2000 年伊始价格波动幅度较小，2004 年以后波动幅度明显增大，2006 年 5 月达到样本期最低点 1.38 元/千克，之后在波动中呈现明显的上升趋势，发展至 2007 年 9 月，商品代肉用雏鸡价格波动上升至所考察样本期内的第一个波峰 3.76 元/千克，随后在波动中呈现迅速下降趋势，到 2010 年 6 月，商品代肉用雏鸡价格达到样本期间内一个新的小低谷 1.98 元/千克。然后在波动中继续呈现上升趋势，到 2011 年 9 月，商品代肉雏鸡价格达到样本期内的第二个最高点 3.76 元/千克，与 2007 年出现的波峰值一致，之后又在波动中呈现下降趋势，直至 2013 年 4 月。

对样本期内的商品代肉用雏鸡的价格进行简单统计描述分析，可以看出：从 2000 年第一季度到 2013 年第四季度时间段内，商品代肉用雏鸡的波动幅度同样较大，但价格走势与白条鸡、活鸡等肉鸡产品截然不同；样本期内，商品代

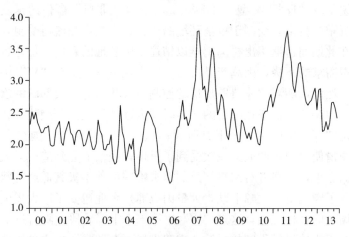

图 5 商品代肉用雏鸡价格波动趋势图

注：纵轴表示价格，计量单位：元/千克；横轴表示时间

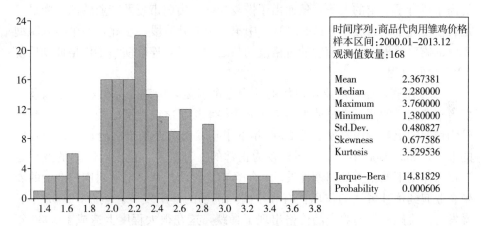

图 6 商品代肉雏价格统计量

肉雏价格的平均水平与中位数同样较为接近，分别为 2.37 元/千克和 2.28 元/千克；期间最大与最小值之间的差异较为明显，价差为 2.38 元/千克，其中最大值出现在 2007 年 9 月以及 2011 年 9 月，为 3.76 元/千克，最小值出现于 2006 年 5 月，为 1.38 元/千克；商品代肉用雏鸡价格样本期内的标准差为 0.64 元/千克。

五、肉鸡价格变动基本特征分析

根据上述各肉鸡产品价格波动趋势图可以看出，近年来肉鸡产品价格的波动总体来说呈现"反复 W 型"。2003—2004 年,"非典"事件的暴发对肉鸡产业产生了沉重的打击,受制于疫情环境的压力,肉鸡产品流通受阻,大规模的肉鸡产业在此期间遭遇了出栏肉鸡难以销往全国各地的窘境,加之各地消费者对肉鸡消费需求的下降,肉鸡产品价格一度出现下跌,这是"W"中的第一个下降阶段;然而,随着"非典"疫情的控制以及政府等相关部门的宏观调控措施的实施,肉鸡产品价格在随后的半年时间内逐渐呈现回升趋势,并接近正常水平,这是"W"中的第一个上升阶段;随后,2004 年初,国内大规模暴发的禽流感疫情使得肉鸡产业又一次受到了重创,疫情的蔓延造成了大量消费者极度恐慌的心理,消费者对肉鸡产品的需求曾一度处于极其低迷的状态,市场不景气导致了肉鸡价格大幅下跌,大量肉鸡养殖企业遭受了巨大损失,大大削减了养殖场主的补栏意愿,这是"W"中第二个下降阶段;随着疫情的控制以及消费者对于疫情恐慌程度的缓解,肉鸡市场逐渐回暖,加之禽流感时期肉鸡补栏量的减少,使得肉鸡产品供求出现了一定的不平衡,供给的缺口使得肉鸡的需求量有了一定的上涨,然而由于恢复初期,肉鸡市场及产业的活力尚显不足,恢复速度较为缓慢,这是"W"中第二个上升阶段,至此,一个"W"型完整的震荡过程完结,随后的价格波动与之相联系,连续演绎了价格波动反复"W"型的过程。

2004 年底,肉鸡产业及市场的活力逐渐恢复,肉鸡产品供给不足以及消费者消费信心的逐渐恢复使得肉鸡产品价格承接了之前上涨的趋势,进入到了较为快速的上升阶段,发展至 2005 年下半年,肉鸡产品价格出现了适当程度的下降,2006 年后半年出现同样较为正常的上升趋势,这段时间内的波动是在供需作用下的正常的周期性波动,符合市场经济规律,能够对肉鸡产业的养殖企业起到优胜劣汰的作用,有利于肉鸡市场的健康发展。然而,2005 年底暴发的禽流感使得肉鸡产品价格出现了暴跌,这在很大程度上造成了 2006 年肉鸡市场景气低迷,肉鸡产品价格一直处在低价位的状态,虽在供需(如2006 年初,传统节日临近,肉鸡消费需求上升)及饲料价格的影响下有上升趋势,但幅度较小,速度极其缓慢。由于 2005 年底暴发的禽流感的严重影响,导致 2006 年肉鸡产品价格全年处于较低水平,整体市场景气较 2005 年差很多。

经过 2006 年一年的过渡,肉鸡产业摆脱了禽流感的影响,步入了快速恢复的阶段,价格和产量都有了很大提升,虽仍有部分月份经历了小幅下跌,但影响不大。肉鸡产品平均价格一直保持较高价位,情况比较乐观。2007 年价格上涨比较明显的月份集中于 1 到 9 月,这其中的原因一方面是供求关系的调节，另一方面主要涉及肉鸡产品的相关替代品（如猪肉等）以及豆粕价格的上涨。发展到 10 月，由于供求的滞后效应，导致肉鸡产业出现正常的下降趋势，但幅度正常，程度可控。总而言之，2007 年由于肉鸡产业发展迅速、市场活力大，整体水平较往年高。

2007 年肉鸡产业的良好发展态势为 2008 年肉鸡产业的平稳发展奠定了基础，整体来看，2008 年全年肉鸡产品价格走势处于平稳态势，只是呈现正常的先上升后小幅下降的趋势，这可能是由于当年 6 月在香港暴发了 H5N1 禽流感，对内地市场有所影响的缘故。然而，经过将近十个月的平稳发展，2008 年下半年至 2009 年末将近一年的时间里，肉鸡产品价格基本呈现下滑的趋势，其中虽有小幅上涨，但并无回升的强劲动力。这是多种因素作用的结果，其中包括金融危机对国内经济的影响导致消费者购买力下降、猪肉等替代品价格的下降导致肉鸡产品的需求量减少、肉鸡行业内本身供过于求等。2009 年，肉鸡价格呈先缓慢下降后小幅回升的趋势。

2010 年以来，肉鸡价格达到了一个新的比较高的水平，2010—2013 年的平均价格水平均在前几年之上。从 2010 年 1 月到 2012 年初一直在波动中上升，直到 2012 年 6 月以后，由于甘肃等地又一次暴发了禽流感，所以肉鸡价格出现了小幅下降。同样，由于 H7N9 流感疫情的影响，2013 年 2 月以来，肉鸡价格在波动中下降，直到 2013 年底才有所回升。

六、白条鸡价格季节变动、循环周期
变动及趋势变动分析

肉鸡产业的周期性波动直观表现在肉鸡价格围绕其长期变动趋势出现的上升或下降。本研究以白条鸡价格为主，运用 X12 季节调整法及 H-P 滤波法，通过 Eviews7.2 计量经济学软件包，对白条鸡价格月度数据进行了分解，分别对其循环变动成分、长期趋势成分、季节变动成分及不规则成分进行了分析研究。

时间序列的构成要素分为以下四种：长期趋势、季节变动、循环变动以及不规则变动。其中长期趋势（T）现象是指在较长时期内受某种根本性因素作用而形成的总的变动趋势；季节变动（S）现象是指在一年内随着季节的变化而发生的有规律的周期性变动；循环变动（C）现象是指以若干年为周期所呈现出的波浪起伏形态的有规律的变动；不规则变动（I）是一种无规律可循的变动，包括严格的随机变动和不规则的突发性影响很大的变动两种类型。

分析时间序列的组合模型有加法模型和乘法模型两种。其中乘法模型的变量之间具有相互关系，而加法模型各变量之间相互独立。结合实际情况，我们选择乘法模型进行分析。乘法模型的表现形式为：

$$Y_t = TC_t \times S_t \times I_t$$

其中 TC_t、I_t、S_t 分别表示趋势循环成分、随机变动成分及季节变动成分。

第一步，采用 X12 季节调整法，对白条鸡价格月度数据进行分解，得到季节变动成分、不规则变动成分及趋势循环成分。

第二步，采用 H-P 滤波法，对白条鸡价格趋势循环成分进行进一步分解，得到白条鸡价格的循环变动成分 C 和长期趋势成分 T。

（一）白条鸡价格季节变动特征分析

由图 7 可以看出，肉鸡价格季节性波动是以一年 12 个月为周期，年内循环出现的周期性波动。结合实际情况可知，季节性变动主要受气候、节假日、传统习惯等因素的影响。可以看出，肉鸡价格大约从每年的 2 月开始下跌，到 6 月跌倒谷底，随后价格逐渐回升，到 9 月、10 月时价格达到年度最高，随后出现下滑至年底开始呈现上升趋势直至第二年 2 月，可见肉鸡价格季节性波动特征显著。

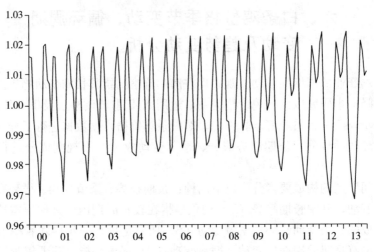

图 7 2000 年 1 月—2013 年 12 月白条鸡价格季节变动成分轨迹

（二）白条鸡价格随机变动特征分析

肉鸡价格的随机变动趋势轨迹无规律可循，突发事件、特大灾害、疫病、社会舆论等都有可能造成随机波动。从图8可以看出，肉鸡价格在2001年、2004年、2005年、2007年、2013年等年份波动较大，表明在这些年份曾出现过重大事件。究其原因我们发现，2001年，香港发生禽流感事件，造成肉鸡价格第一次大幅下跌，同年，我国加入世界贸易组织，肉鸡价格经历第二次巨大波动，出现大幅上涨；2004年及2005年，肉鸡产业受禽流感的影响，均在不同程度上出现了价格的起伏波动；2007年，全国22个省暴发的生猪蓝耳病，使得作为猪肉替代品的鸡肉出现了价格上升的状况；2013年，禽流感的再一次来袭为肉鸡产业带来了沉痛的打击，肉鸡价格波动幅度较大。

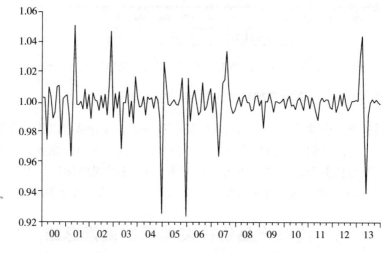

图8　2000年1月—2013年12月白条鸡价格随机变动成分轨迹

（三）白条鸡价格长期趋势成分变动特征分析

乘法模型中，运用X12季节调整法得到的趋势循环成分TC结合了长期趋势成分T及循环趋势成分C，金额采用H‐P滤波法对趋势循环成分进行分解，得到的结果如图9所示。

从长期趋势成分分析可以看出，肉鸡价格呈现非线性变动趋势，存在拐点。除此之外可以看出，2000年1月到2013年12月，肉鸡价格整体上处于上升趋势。2000年1月，白条鸡价格为10.47元/千克，到2013年12月，白条鸡价格上涨为17.51元/千克，上涨幅度为67.24%。

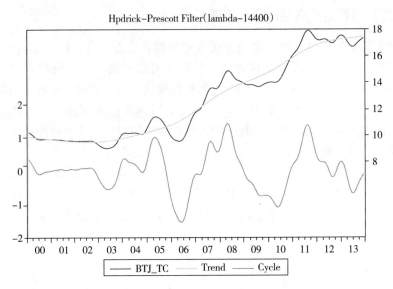

图 9　2000 年 1 月—2013 年 12 月白条鸡价格长期趋势变动成分轨迹

(四) 白条鸡价格循环趋势成分变动特征分析

不同于季节变动成分的年内循环特征，循环趋势成分是指以数年为周期的年度间循环。图 9 刻画的肉鸡价格循环趋势轨迹，以 0 为坐标原点，一个完整的循环周期包括上升、下降、再上升的过程，最终回到坐标原点 0。可以看出，2000—2013 年，肉鸡价格经历了三个大的循环周期，循环年份为 3 年。

七、肉鸡产品价格波动影响因素总结

肉鸡产品价格波动是肉鸡产业波动最直观的体现，而肉鸡产品价格波动与上文分析的生产、消费、贸易的波动情况呈现相互联系、相互影响的关系。本研究将能够直观体现肉鸡产业波动特征的肉鸡产品价格作为理论分析研究对象，阐述影响肉鸡产品价格波动的影响因素。

肉鸡产品价格波动的原因是多方面的，很多学者的研究表明，引起价格变动的因素主要分为内在因素与外部影响（朱信凯、韩磊、曾晨晨，2012；张正、吕杰、姜楠，2006）两类，其中内在因素包括饲料价格、人工费用、技术进步等，外部影响包括疫病、自然灾害、相关产业（如猪产业）、进出口、政策、消费者收入、消费者偏好变化等引起的供求变化。王济民、张瑞荣、辛翔飞（2011）等利用 X12 季节调整（加法模型）以及 H - P 滤波法分析得出了肉鸡价格波动具有显著的周期性和季节性的结论，肉鸡价格波动具有循环变动以及趋势变动的规律，且得出肉鸡产品价格具有传递规律的结论。郭红娟、王健、李启超（2009）认为影响肉鸡价格波动的主要因素有：与其他主产区之间的竞争、与其他畜禽产品之间的替代、肉鸡饲料价格变化、肉用雏鸡价格波动以及疫病等突发性事件。康相涛（2004）从微生物的角度说明了突发事件"非典"给我国肉鸡产业带来的冲击，并详细描述了"非典"事件暴发后，对我国肉鸡产业在活鸡价格、鸡苗价格、种鸡以及蛋鸡产品等方面造成的巨大影响，进一步验证了突发事件对我国肉鸡产业的影响。张喜才、张利庠（2011）以我国肉鸡产业为例，利用结构向量回归模型，对 2001—2009 年肉鸡产业链上中下游各个环节产品价格的月度数据进行了分析，并利用脉冲响应函数模型对突发事件对肉鸡产业链价格体系传递的影响进行了分析。得出结论，突发事件对肉鸡产业链价格波动水平的影响比较显著。

结合肉鸡行业本身特征及部分学者的分析与研究，将影响肉鸡产品价格波动的因素归结为以下几个方面：生产、消费、国际贸易、突发事件以及政策经济环境。

（一）生产方面

生产方面的因素有：一是劳动投入。主要包括工人工资等。二是固定投入。指养殖场（户）的地租以及饲养场地的建设投入等。三是国内肉鸡生产技术水平。其与肉鸡产业科技投入有关。四是饲料价格。饲料（玉米、豆粕等）价格作为肉鸡养殖成本的一部分，其价格的高低在很大程度上影响着肉鸡产品的价格。相关数据资料显示，我国的玉米主要用作畜牧业饲料用途，而生猪和家禽对玉米的消费也已占到玉米总消费量的 80% 以上，由此可见饲料价格对于肉鸡产品价格的重大影响。因此当由于一些不可抗力因素使得粮食收成发生变化时，肉鸡产品作为其下游产品不可避免会受到波及。五是鸡苗价格。鸡苗价格的高低直接影响肉鸡成本的大小，故肉鸡价格会随其产生波动。六是肉鸡存栏及出栏状况。根据经济学理论分析，供求关系是影响肉鸡价格变动最直接也是最主要的因素。存栏量的释放效应会引起供求关系的变化，进而导致下一期肉鸡价格变动。七是信息与组织的影响。张利庠、张紫（2009）在其研究中提到，农户对市场信息的搜集及消化能力在很大程度上影响了肉鸡产品的市场行情。如果能够将大部分肉鸡养殖户联合起来，则不仅可以增强信息搜集能力，而且可以分摊搜集信息的成本。所以养殖户的联合程度在一定意义上影响了肉鸡成本从而影响肉鸡价格的变动。八是技术进步及人工费用。随着科学技术的发展进步，肉鸡饲养技术在探索中提升，肉鸡养殖产业化经营的实现使得养殖成本发生了翻天覆地的变化，不仅降低了肉鸡的养殖成本，而且规模化、标准化养殖模式的出现使得饲养人工费用也随之发生了变化。

（二）消费方面

一方面，受我国居民传统消费习惯的影响，肉鸡产品需求量会随着春节、端午、中秋等传统节假日的来临而上涨，以此可推动肉鸡产品价格的上升，同样，节后自然会出现小幅下降。从经济学角度分析，消费者的收入水平以及消费者偏好的变化势必对肉鸡产品的需求量产生影响。另一方面，由于近年来城镇化步伐的加快，城市居民生活水平及收入水平较高，其对禽肉的整体消费水平也随之提高。此外，相关产业的变动，尤其是猪产业的发展变化会影响到肉鸡产品的价格。相关产业的生产发展状况会对肉鸡产业的波动产生较为可观的影响效应，由于鸡肉、猪肉之间存在显著的替代效应，因而猪肉价格的上升或下降会导致消费者对鸡肉需求的变化进而导致同期肉鸡价格的变动。

（三）国际贸易方面

肉鸡产品的进口主要取决于我国的进口能力以及国际肉鸡产品的供给能力。其中，我国的进口能力与进口相关政策、国际肉鸡产品价格、国民收入水平以及交通运输基础设施有关，而国际肉鸡产品的供给能力属于不可控因素。

（四）突发事件

对肉鸡价格波动有着重大影响的突发事件主要包括禽流感等疫病的发生、自然灾害以及公共卫生事件。从以上价格波动特征的分析可以看出，2000 年以来，畜禽流行病曾多次暴发，且每一次禽流感的暴发以及"非典"等突发事件的发生，都在不同程度上影响着肉鸡产业的发展生产，对我国乃至全球范围内的畜牧业都产生了较大影响，造成了重大损失。

（五）政策与经济环境

由于近年来肉鸡价格波动较为频繁，幅度加大，政府部门会制定相关政策措施，对肉鸡产业进行宏观调控，作为市场商品的肉鸡产品无论在生产方面还是消费方面都会受到政府财政政策和货币政策的影响。肉鸡产品处于大的市场环境中，因此，国际和国内的经济环境也会对其造成影响，如金融危机和通货膨胀等。其中，国际大环境的影响力度主要取决于市场开放程度，开放程度越高则影响越大。

八、结　　论

本研究经过对白条鸡价格、活鸡价格以及商品代肉用雏鸡价格变动基本特征的分析，并以白条鸡价格为例，对其价格走势进行季节变动、循环周期变动、趋势变动分析。研究结论认为，肉鸡价格从长期来看呈现整体上升的趋势；由于传统消费习惯及人文因素的影响，年内呈现季节性波动特征显著；年度间呈现出从冷到热再变冷的长期循环趋势；肉鸡产业受突发事件等影响极其显著，随机波动趋势明显。归纳来讲，影响肉鸡价格波动的因素主要来源于肉鸡生产、消费、国际贸易、突发事件及政策经济环境等五个方面。

参考文献

[1] 郭红娟，王健，李启超. 2000—2008 年河北省肉鸡产业价格波动的分析 [J]. 中国家禽，2009（22）：29-32.
[2] 张喜才，张利庠. 突发事件对农产品价格的影响及调控机制研究——以我国肉鸡行业为例 [J]. 经济师，2011（1）：22-24，26.
[3] 张正，吕杰，姜楠. 我国禽肉价格波动及影响因素分析 [J]. 农业技术经济，2006（1）：76-78.
[4] 朱信凯，韩磊，曾晨晨. 信息与农产品价格波动：基于 EGARCH 模型的分析 [J]. 管理世界，2012（11）：57-66，187-188.
[5] 张利庠，张紫. 肉鸡价格的波动与宏观调控 [J]. 农村养殖技术，2009（24）：4-5.

我国肉鸡产业价格预警分析框架及其设计

贾钰玲　吕新业　辛翔飞　王济民

（中国农业科学院农业经济与发展研究所）

　　由于肉鸡产品价格能够对肉鸡产业的景气进行很直观的体现，本研究拟采用通过建立肉鸡产品价格景气指数的方法来透析肉鸡产业景气态势。本研究将首先建立肉鸡产品价格景气指数，并依据"选取预警指标-确定预警指标-建立预警体系-实现预警效果"的逻辑建立肉鸡产业价格预警系统。

　　基于肉鸡饲养周期短、其产品价格波动频繁的特点，本研究以肉鸡产业相关季度数据为分析基础，进行肉鸡产业的价格季度预警，所用数据均为季度时间序列数据。

　　相关数据来源说明做如下四点说明：一是，本研究选取的样本区间为2000年第一季度到2013年第四季度；二是，白条鸡价格、活鸡价格、商品代肉雏价格、豆粕价格、玉米价格、肉鸡配合饲料价格、去骨带皮猪肉价格等数据均来源于中国畜牧业信息网（http：//www.caaa.cn）价格数据库，季度价格数据的计算通过算数平均值的计算方法进行；三是，城镇居民人均可支配收入、农村居民人均现金收入、居民消费价格指数、GDP等数据均来源于中华人民共和国国家统计局国家数据库（http：//data.stats.gov.cn）中的季度数据及月度数据；四是，活鸡出栏量及肉鸡存栏量等数据来源于FAOSTAT统计数据库，且部分数据通过国家肉鸡产业技术体系2011—2014年全国主要肉鸡养殖区域的监测数据进行推算获得。

一、预警理论

（一）预警定义

　　预警分析可为各行业生产、消费等方面的决策提供有力参考。对于预警的定义，不同领域有所不同，李晓磊（2011），石慧芳、李莎、穆军等（2012）均认为预警就是通过对事物运行状况和发展态势的调查与分析，对可能出现的问题和可能出现的发展趋势提前发出警告，使政府部门、相关企业和生产者能够及时采取对策，解除警患，避免造成灾难性的损失。这也是当前比较统一的对于预警的定义。预警指标的选择应综合考虑肉鸡价格波动潜在的影响因素，坚持全面性和代表性相结合的原则。

（二）预警指标

根据定义的理解以及预警指标的相关解释，本研究所涉及的肉鸡价格预警指标是指能够对肉鸡价格波动趋势提前发出警报的指标，可以是定量的，也可以是定性的，并可以通过观测指标出现的异样变化来衡量价格波动发生的可能性及程度。唐江桥（2012）在其研究中提到，预警指标分为两大类，即警情指标和警兆指标。其中警情指标的确定需根据研究目的及研究内容来进行，而警兆指标是指能够对警情指标产生影响，且能够起到提前预测作用的指标，其选择范围主要从警源方面进行选取。本研究中的警源是指引起肉鸡价格波动的影响因素。警兆指标是为警情指标服务的，指标选取要以导致警情发生的警源为依据。

二、预警指标体系的确定

在查阅相关文献，并认真研读相关研究方法的基础上，根据实际操作经验，本研究拟采用所选取的各指标的变动率来构成警情及警兆指标体系。这主要是因为通过变动率的计算，一方面可以消除单位的影响，方便后期的计算与操作，另一方面，经过变动率的计算，可将绝对指标本身的特性进行统一，以便更好地研究波动规律。各指标变动率的换算公式如下：

$$R_t = \ln P_t - \ln P_{t-1}$$

式中，P_t 和 P_{t-1} 分别表示第 t 期和第 $t-1$ 期的肉鸡价格，R_t 表示肉鸡价格变动率，本研究采用肉鸡价格变动率作为警情指标。实际上，按常理，变动率的计算应为 $(P_t - P_{t-1})/P_{t-1}$，但 $\ln P_t - \ln P_{t-1} = \ln [1 + (P_t - P_{t-1})/P_{t-1}]$，当 P_t 与 P_{t-1} 相差较小时，根据极限的方法，$\ln [1 + (P_t - P_{t-1})/P_{t-1}]$ 等价于 $(P_t - P_{t-1})/P_{t-1}$。为了计算方便，故用上述公式进行各指标变动率的计算。

（一）警情指标

肉鸡产品价格能够对肉鸡产业的景气进行很直观的体现，因此，本研究选取肉鸡产品价格变动率作为警情指标。

（二）警兆指标

我国肉鸡产品价格波动预警的来源可从以下五个方面进行选取，分别是：生产、消费、国际贸易、突发事件以及政策及经济环境。因此，警兆指标的选取应锁定这五个方面进行考虑。本研究选取的预警指标体系如表 1 所示。

表 1　肉鸡价格波动预警指标体系

警情指标	警兆指标	警兆指标符号
肉鸡产品价格波动变化率	白条鸡价格波动率	Z
	商品代肉用雏鸡价格波动率	Z01
	肉鸡配合饲料价格变动率	Z02
	去骨带皮猪肉价格变动率	Z03
	活鸡价格变动率	Z04
	豆粕价格变动率	Z05
	玉米价格变动率	Z06
	城镇居民人均可支配收入变动率	Z07
	农村居民人均现金收入变动率	Z08
	居民消费价格指数变动率	Z09
	活鸡存栏变动率	Z10
	肉鸡出栏变动率	Z11
	GDP 变动率	Z12

三、肉鸡价格景气指数编制

（一）基准指标的确定

预警分析中一个比较重要的任务是对所选取的警兆指标按照时差性进行分类，而所谓时差性是在与基准指标对比的基础之上进行划分的，这就要求在研究中要将基准指标进行准确定义，才能在此基础上，通过对比各指标与基准指标的时间先后关系，以此对其他警兆指标的先行、同步和滞后期进行明确划分。基于前期的研究分析，本研究的基准循环确定为肉鸡（白条鸡）价格的波动轨迹。

（二）警兆指标的确定及先行、一致、滞后分组

1. 相关概念。本研究将白条鸡价格变动率作为基准指标。根据概念及实际情况判断可知，先行指标及滞后指标的确定可通过判断各类指标的变动趋势与白条鸡价格变动率变动趋势的比较进行判断：当指标的变动趋势先于白条鸡价格变动率，则认为通过观察其变动能够大致预测到白条鸡价格未来的变动趋势，将这类指标认定为先行指标，即其变动趋势领先于白条鸡价格变动率；当指标的变动趋势与白条鸡价格的变动趋势较为相近，但其每个阶段的变动所体现的趋势均比白条鸡价格变动率要晚，则认为其变动趋势滞后于白条鸡价格变动，不能对其进行预测，将这类指标认定为滞后指标；同理，当指标的变化趋势与白条鸡价格变动趋势相同或相近，且在时间上基本能够保持同步，这类指标称之为白条鸡价格变动率的同步指标。所谓预警，是指能够对所选取的警情指标进行提前预测，预知其变化趋势与发展状况，以便提前采取相应措施应对，要达到此目的需准确得到先行指标及同步指标，可见指标分类这一环节在预警工作中起着至关重要的作用。

本步骤的主要目的是确定以上选取的 12 项警兆指标各自的先行、一致或滞后性。拟采用通过分析各序列与白条鸡价格变动率的最大交叉相关系数，最终确定指标分类，并通过先行及滞后期数判断，剔除与肉鸡产业价格变动率相关系数小的指标（考虑到研究需要及数据的可获得性，本研究定为时差相关系数在 0.2 以下的指标进行淘汰），确定最终指标。

2. 警兆指标先行、一致、滞后的分析方法。对于先行指标、同步指标和滞后指标的分类，不同的专家学者所采用的方法不尽相同，在以往的研究中，涉及比较多的分类方法有 KL 信息量法、峰谷对应法、回归分析法以及时差相关分析法等。因时差相关分析法不仅具备良好的精确性，且对数据序列长度要求并不是很高，所以在指标分类领域应用较为广泛，也能取得相对比较理想的结果，本研究拟选择采用时差相关分析法对所选取的警兆指标进行分类。

将经济时间序列看成随机变量，时差相关分析法的原理是利用时差相关系数来度量两个或多个时间序列之间的线性相关程度，以此得到两个或多个时间序列之间的时差相关关系，判断超前或滞后抑或同步。相关系数是两个经过标准化的随机变量的协方差，而"时差"相关系数是指以某个时间序列为基准，其他序列相对于基准序列向前或向后移动一个或多个时期，在此基础上所计算出的移动后的序列和基准序列之间的相关系数。时差相关系数的具体计算方法如下：

设 $y=(y_1, y_2, \Lambda, y_n)$ 为基准指标，$x=(x_1, x_2, \Lambda, x_n)$ 为被选择指标，r 为时差相关系数，则：

$$r = \frac{\sum_{t=t'}^{n_l}(x_{t+l}-\bar{x})(y_t-\bar{y})}{\sqrt{\sum_{t=t'}^{n_l}(x_{t+l}-\bar{x})^2 \sum_{t=t'}^{n_l}(y_t-\bar{y})^2}} \qquad ①$$

$$l = 0, \pm 1, \pm 2\Lambda, \pm L, t = \begin{cases} 1, l \geqslant 0 \\ 1-l, l < 0 \end{cases} \qquad ②$$

式中 l 为时差或延迟数，表示超前或滞后期，即：当 l 取正数时表示滞后，同理，当 l 取负数时表示超前，相应地，L 被称为最大延迟数，是数据取齐后的数据个数。计算不同延迟数的时差相关系数，比较得出绝对值最大的时差相关系数 r_m，则 r_m 即可反映备选指标与基准指标的时差相关关系，也说明在相应的延迟期，被选指标与基准指标的波动最为接近，故将相应的延迟数作为超前或滞后期。若在实际计算中出现最大与次大时差相关系数较为接近的情况，可依据所选指标的经济意义进行判断及选择。

出于对肉鸡产品价格波动特征的考虑，由于肉鸡饲养周期短，存栏和出栏的变化周期相应较短，肉鸡产业经济参与者因此频繁进行短期决策，导致肉鸡产品价格波动短促而频繁，基于此考虑，以肉鸡产品当期（本季度）的价格为基准，其3个季度以前或3个季度以后的肉鸡产品价格对当期价格的影响较小，考虑到更大时差的选择会使最后计算结果的合理性降低，故在本研究中，以肉鸡（白条鸡）价格为基准指标，利用时差相关分析法，计算各个警兆指标前后3个季度的时差相关系数，可获得每个指标与基准指标之间的7个时差相关系数（系数的计算采用 SPSS17.0 软件）。从计算所得出的7个时差相关系数中，选出绝对值最大的一个，根据对应的超前或滞后期可得到警兆指标的先行、同步或滞后性质，最终的分类结果见表2。由于其先导强度的绝对值均大于 0.2，故保留所有指标进行研究。

表2　肉鸡产品价格波动预警警兆指标分类

指标类型	符号及意义	先导强度	先导长度
先行	Z05 豆粕价格变动率	0.318 3	−1
先行	Z06 玉米价格变动率	0.278 6	−2
先行	Z07 城市居民人均可支配收入变动率	0.426 7	−1
先行	Z08 农村居民人均可支配收入变动率	0.413 9	−1

（续）

指标类型	符号及意义	先导强度	先导长度
先行	Z12 GDP 变动率	0.432 8	−1
同步	Z01 商品代肉用雏鸡价格变动率	0.702 3	0
同步	Z02 肉鸡配合饲料价格变动率	0.354 9	0
同步	Z03 去骨带皮猪肉价格变动率	0.713 2	0
同步	Z04 活鸡价格变动率	0.855 9	0
同步	Z09 居民消费价格指数变动率	0.345 5	0
滞后	Z10 活鸡存栏变动率	0.467 2	2
滞后	Z11 肉鸡出栏变动率	0.357 4	3

（三）合成指数（CI）编制

景气指数作为一种分析周期波动的观测方法，可以用来观测和衡量肉鸡产品价格波动。本研究拟采用国际通行的合成指数方法，主要目的是将不同类型指标内所含的多个指标综合计算得出各自期内的合成指数，利用得到的合成指数分别绘制先行、一致及滞后指数趋势图，根据趋势图的特征分析，来确定不同类型指标的解释和预测能力。其计算方法拟选用美国会议委员会提出的合成指数计算法（高铁梅、孔宪丽和刘玉，2003）。合成指数 $I(t)$ 的计算公式如下：

第一步，将数据标准化，通过以下公式对数据进行标准化，便于后期计算对称变化率。

$$R = (X_i - \mathrm{Min}\{X_n\})/(\mathrm{Max}\{X_n\} - \mathrm{Min}\{X_n\}) \qquad ③$$

第二步，计算单个指标的对称变化率 $C(t)$，设指标 $x_{ij}(t)$ 为第 j 指标组的第 i 个指标；其中 $j=1，2，3$，分别表示先行、同步及滞后指标组；$i=1，2，3，\cdots，k$；k 为第 j 指标组总的指标个数。则 $x_{ij}(t)$ 的对称变化率 $C(t)$ 的计算公式如下：

$$c_{ij}(t) = 200 \times \frac{x_{ij}(t) - x_{ij}(t-1)}{x_{ij}(t) + x_{ij}(t-1)} \qquad ④$$

第三步，本步骤计算的目的是对各指标的对称变化率进行标准化，使其平均绝对值为 1，主要目的是为了防止变动幅度较大的指标在合成指数中占支配地位。计算公式如下：

$$s_{ij}(t) = \frac{c_{ij}(t)}{A_{ij}}，t = 2,3,\cdots,n \qquad ⑤$$

其中，A_{ij} 为标准化因子，其计算公式如下：

$$A_{ij} = \sum_{t=2}^{n} \frac{|c_{ij}(t)|}{n-1} \qquad ⑥$$

第四步，计算先行、同步、滞后各序列指标组的标准化平均变化率 $R(t)$

$$R_j(t) = \frac{\sum_{i=1}^{K_j} S_{ij}(t) \cdot \omega_{ij}}{\sum_{i=1}^{K_j} \omega_{ij}}, j = 1,2,3; t = 2,3,\cdots,n \qquad ⑦$$

其中，K_j 为组内指标数，ω_{ij} 为第 i 个指标的权重。在这里，所有指标的权重均按该指标的相关系数大小确定，即 ω_{ij} 等于第 i 个指标的相关系数除以该组所用指标的相关系数之和。通过权重的调整，可以使相关系数大的指标获得更多权重，最终的趋势与基准指标保持更高的一致性。

第五步，用各个 $R(t)$ 除以组间的标准化因子 $F(i)$，求得标准化平均变化率 $V(t)$：

$$V_j(t) = R_j(t)/F_j, t = 2,3,\cdots,n \qquad ⑧$$

其中，F_j 为标准化因子，其计算公式为：

$$F_j = \left[\sum_{t=2}^{n} |R_j(t)|/(n-1) \right] / \left[\sum_{t=2}^{n} |R_2(t)|/(n-1) \right], j = 1,2,3; F_2 = 1$$

$$⑨$$

第六步，计算先行、一致、滞后指标的合成指数 $I(t)$

$$I_j(t) = I_j(t-1) \times \frac{200 + V_j(t)}{200 - V_j(t)} \qquad ⑩$$

其中，令基准日期的 $I_j(1) = 100$，$j=1, 2, 3; t=2, 3, \cdots, n$。根据以上方法编制的合成指数如表3所示。

表3　先行、同步及滞后合成指数

时间	先行指数	同步指数	滞后指数
2000.02	100.00	100.00	100.00
2000.03	100.19	101.18	100.27
2000.04	99.89	101.32	99.12
2001.01	98.96	101.06	99.82
2001.02	100.04	101.01	99.92
2001.03	99.93	101.13	100.18

（续）

时间	先行指数	同步指数	滞后指数
2001.04	99.33	100.99	99.03
2002.01	97.56	100.91	100.16
2002.02	99.41	100.36	99.77
2002.03	99.35	101.02	100.04
2002.04	98.97	101.05	98.89
2003.01	98.18	101.30	99.72
2003.02	99.30	100.50	99.85
2003.03	99.27	101.63	100.12
2003.04	99.49	101.78	98.97
2004.01	98.03	101.27	99.85
2004.02	99.43	101.38	99.75
2004.03	99.12	101.85	100.01
2004.04	98.93	100.05	98.86
2005.01	97.57	101.07	100.01
2005.02	99.34	100.81	99.65
2005.03	99.31	100.54	99.92
2005.04	99.00	98.61	98.77
2006.01	98.16	100.80	99.50
2006.02	99.37	100.05	99.66
2006.03	99.36	101.62	99.93
2006.04	99.21	101.66	98.78
2007.01	98.34	101.35	99.98
2007.02	99.33	101.30	99.56
2007.03	99.38	102.29	99.83
2007.04	99.36	100.69	98.68
2008.01	98.22	101.60	99.89
2008.02	99.16	101.00	99.45
2008.03	99.19	99.66	99.72
2008.04	98.31	99.61	98.57
2009.01	97.40	98.96	99.31

（续）

时间	先行指数	同步指数	滞后指数
2009.02	99.13	98.92	99.38
2009.03	99.27	100.61	99.64
2009.04	99.07	100.58	98.50
2010.01	97.92	100.46	99.40
2010.02	99.06	99.54	99.36
2010.03	99.00	100.93	99.63
2010.04	98.96	100.92	98.48
2011.01	97.78	100.61	99.36
2011.02	98.98	100.53	99.53
2011.03	99.03	101.09	99.82
2011.04	98.76	99.53	98.27
2012.01	97.56	99.78	98.43
2012.02	98.97	99.38	99.08
2012.03	98.94	99.93	99.14
2012.04	98.45	100.57	98.14
2013.01	97.60	100.48	98.54
2013.02	98.71	97.76	96.87
2013.03	98.73	100.63	98.86
2013.04	98.57	100.42	97.93

（四）合成指数（CI）波动对比分析

为了对各指标组的趋势进行更直观的观察与分析，利用表3所列的合成指数，作出各指标类型趋势图（图1和图2）。

根据图1和图2分析，可得出结论如下：

1. 肉鸡产品价格先行指标合成指数的变化趋势领先于同步指标合成指数。从图3.1可以看出，先行指数与同步指数的变化趋势基本相同，而先行指数的波峰及波谷的出现均领先于同步指数。以其中波动较大、趋势较为明显的年份为例，2002年、2005年、2009年、2013年等年份，在先行指数出现大幅波动的趋势后，同步指数均在不到半年的时间内随即出现相同趋势的变化。由此可以看出，先行指数对同步指数起到了很好的预测效果，且先行期大约为6个月。

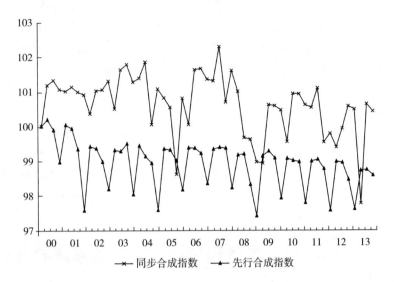

图 1　先行合成指数与同步合成指数趋势图

注：横轴表示年份时间，纵轴表示合成指数的数值。

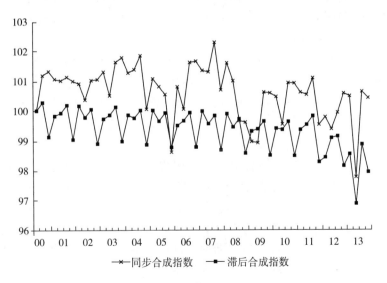

图 2　同步合成指数与滞后合成指数趋势图

注：横轴表示年份时间，纵轴表示合成指数的数值。

　　2. 肉鸡产品价格滞后指标合成指数的变化趋势落后于同步指标合成指数。
从图 2 可以看出，同步指数与滞后指数的变化趋势基本相同，但滞后指数波峰及波谷的出现均滞后于同步指数。同样以波动较大、波动趋势较明显的年份为例，可以看出，在 2003 年、2004 年、2009 年、2011 年及 2013 年等年份，在同步指数出现大幅波动的趋势后，滞后指数均在不到一个季度的时间内随即出现趋势相同的变化。由此可以看出，滞后指数的变化趋势落后于同步指数，其滞后期大约为 3 个月。

3. 通过对先行、同步及滞后指数解释能力的分析可以看出，先行指数趋势和同步指数趋势的预测及解释能力均要强于滞后指数，这主要的原因是滞后指标相对先行与同步指标来讲，数量较少，且其与基准指标的相关系数较小。景气预警的开展基于景气指标的选取，故本研究中我们采用预测及解释能力较强的先行及同步指标进行肉鸡产业景气预警。具体分析将在下节内容进行展开。

四、肉鸡产业景气预警指数及预警系统建立

（一）预警指标的选择

肉鸡产业景气预警系统的建立，其中重要的一个环节是选择预警系统内所要用到的预警指标。预警指标要求能够从不同方面反映肉鸡产业总体景气程度、变化趋势及变化速度。

预警指标的选择应遵循关联性、先行性、及时性的原则（张富，2012），其中关联性指预警指标与肉鸡产业景气程度之间有着直接内在的联系；先行性指预警指标须含有先行指标，而先行指标的确定标准即为其先行于同步指标 3 个月以上，且波动趋势基本一致；及时性指要求预警指标的数据应及时获得，否则无法进行短期分析及预测。

根据以上几点原则，结合上文关于肉鸡产业景气指数编制的相关分析结果，拟将肉鸡产业景气指数的先行和同步指标中的所有指标选取为预警指标，共 10 个，分别为商品代肉用雏鸡价格波动率（Z01）、肉鸡配合饲料价格变动率（Z02）、去骨带皮猪肉价格变动率（Z03）、活鸡价格变动率（Z04）、豆粕价格变动率（Z05）、玉米价格变动率（Z06）、城镇居民人均可支配收入变动率（Z07）、农村居民人均现金收入变动率（Z08）、居民消费价格指数变动率（Z09）、GDP 变动率（Z12）等。

（二）预警界限的确定

预警界限的确定是编制景气预警指数的重要环节，合适的预警界限能够准

确地监测各项预警指标的变动情况，从而对整个景气运行状况作出正确的判断，反之则不然。合适的预警界限的选择，一般要经过不断的调试和实践检验。

本研究拟采用目前预警研究方面通用的方法：将每一预警指标的样本数据经过预处理和标准化后，采用 $X-1.45s$、$X-0.85s$、$X+0.85s$、$X+1.45s$（X 为样本均值，s 为样本标准差）作为四条预警控制线。考虑到预警指标与基准指标之间存在正相关及负相关两种相关关系，故不同相关关系指标的警界确定要注意方向的调整。根据预警界限计算以上公式，可以分别计算出各个指标的预警界限和临界区间（表4）。

表4　各预警指标临界区间表

预警指标	x	s	x-1.45s	x-0.85s	x+0.85s	x+1.45s
Z01	0.449 5	0.225 4	0.122 7	0.258 0	0.641 1	0.776 3
Z02	0.393 6	0.196 8	0.108 3	0.226 4	0.560 9	0.679 0
Z03	0.450 4	0.174 2	0.197 9	0.302 4	0.598 4	0.702 9
Z04	0.635 0	0.183 8	0.368 5	0.478 8	0.791 2	0.901 4
Z05	0.429 8	0.142 2	0.223 6	0.309 0	0.550 7	0.636 0
Z06	0.520 5	0.236 2	0.178 1	0.319 8	0.721 3	0.863 0
Z07	0.684 0	0.375 4	0.139 6	0.364 8	1.003 1	1.228 4
Z08	0.716 7	0.382 6	0.162 0	0.391 5	1.041 9	1.271 5
Z09	0.574 7	0.195 1	0.291 7	0.408 8	0.740 5	0.857 6
Z12	0.692 3	0.372 8	0.151 7	0.375 4	1.009 2	1.232 9

（三）预警信号灯系统设置

确定"红""黄""绿""浅蓝""蓝"五种信号，分别用来表示肉鸡价格景气的五个状态："过热""趋热""稳定""趋冷""过冷"。当信号灯"绿灯"亮起时，表示当时的肉鸡价格景气处于"正常"状态，政府可视情况进行微调，但不宜过度干预市场和价格运行，生产者和消费者可以正常进行生产决策和消费决策，不必担心价格的过度波动。当信号灯亮起"黄灯"，表示肉鸡产业景气较为平稳，但价格增长稍热，在短期内有可能转热，也可能回调趋稳，肉鸡产业经济参与者可以适当进行微调，不必过分担心。当信号亮"红灯"，表示景气过热，政府应采取措施干预市场和价格，肉鸡产业生产者和消费者必须予以高度重视，由于当期景气程度较好，生产者可以适当增加肉鸡出栏量，提高肉鸡补栏意愿，把握住较好的行情。当信号亮"浅蓝灯"，表示当期景气偏冷，在短期内有可能进一步趋冷，或回调趋稳，在这种情况下，肉鸡产业经济参与者可以根据自身实际养殖及消费情况进行微调，同样不会有较大波动。当信号亮"蓝灯"，则表示景气过冷，政府必须采取最低保护价等措施，与此同时，肉鸡产业生产者应减少肉鸡出栏量，控制补栏意愿，减少肉鸡产品供给，通过供需调整对肉鸡景气状态进行侧面辅助维持。

在编制预警指数时，每一种信号赋予不同的分数。一般采取的方法是：从红灯到蓝灯，分数依次为 5、4、3、2、1。

预警界限及预警信号灯分值的相对应关系如表 5 和表 6 所示。

表 5　正相关指标警界及信号灯分值一览表

临界值	信号灯	分值
	蓝灯（过冷）	1
X－1.45s		
	浅蓝灯（偏冷）	2
X－0.85s		
	绿灯（稳定）	3
X＋0.85s		
	黄灯（趋热）	4
X＋1.45s		
	红灯（过热）	5

表 6　负相关指标警界及信号灯分值一览表

临界值	信号灯	分值
	蓝灯（过冷）	1
X＋1.45s		
	浅蓝灯（偏冷）	2
X＋0.85s		
	绿灯（稳定）	3
X－0.85s		
	黄灯（趋热）	4
X－1.45s		
	红灯（过热）	5

(四) 预警指数的计算

根据以上计算的各指标临界区间，分别确定各个指标每期的得分，将所选取的 10 个指标在各期所示信号分数进行相加，得到当期的综合预警得分。此时，计算当期预警指数：设绿灯区 3 分为基准，对应预警基准指数设为 100，则预警指数＝（各期 10 个指标的综合得分/3×10）×100。同样采用 X－1.45s、X－0.85s、X＋0.85s、X＋1.45s 四条警界限的方法，确定预警指数的临界区间，在此基础上判断预警指数的各期得分。所得的结果如表 7 所示。

为了便于观察与比较，以时间跨度为横轴，将表 7 中计算所得的预警指数绘制成趋势图，并将上文所确定的四条警界限标于图中，如图 3 所示。

表 7　各预警指标得分和预警指数

季度	Z01	Z02	Z03	Z04	Z05	Z06	Z07	Z08	Z09	Z12	综合得分	预警指数	预警指数得分
2000.02	3	1	3	2	2	2	3	3	3	3	25	83.33	2
2000.03	3	3	3	3	3	5	3	3	3	3	32	106.67	3
2000.04	3	3	3	3	3	3	3	3	3	3	30	100.00	3
2001.01	3	3	3	3	3	5	5	5	3	5	38	126.67	4
2001.02	3	3	3	3	3	4	3	3	3	3	31	103.33	3
2001.03	3	3	3	3	3	3	3	3	3	3	30	100.00	3
2001.04	3	2	3	3	3	1	3	3	2	3	26	86.67	2
2002.01	3	2	3	3	3	1	5	5	3	5	33	110.00	3
2002.02	3	2	2	2	3	3	3	3	3	3	27	90.00	2
2002.03	3	3	3	3	3	3	3	3	3	3	30	100.00	3
2002.04	3	3	3	3	3	1	3	3	3	3	28	93.33	3
2003.01	3	3	3	3	3	3	5	5	4	5	37	123.33	4
2003.02	3	3	3	2	3	3	3	3	3	3	29	96.67	3
2003.03	3	3	3	4	3	3	3	3	3	3	31	103.33	3
2003.04	2	5	4	4	1	4	3	3	5	3	34	113.33	3
2004.01	5	3	3	3	5	3	5	5	3	5	40	133.33	5
2004.02	2	5	3	3	3	5	3	3	4	3	34	113.33	3
2004.03	3	3	3	5	3	3	3	3	5	3	34	113.33	3
2004.04	1	2	3	3	1	1	3	3	1	3	21	70.00	1

（续）

季度	Z01	Z02	Z03	Z04	Z05	Z06	Z07	Z08	Z09	Z12	综合得分	预警指数	预警指数得分
2005.01	5	2	3	3	5	2	5	5	3	5	38	126.67	4
2005.02	4	3	3	3	3	3	3	3	2	3	30	100.00	3
2005.03	3	2	3	3	3	3	3	3	3	3	29	96.67	3
2005.04	1	2	2	1	3	2	3	3	3	3	23	76.67	1
2006.01	3	3	3	3	3	3	5	5	3	5	36	120.00	4
2006.02	2	2	2	3	3	3	3	3	3	3	27	90.00	2
2006.03	5	3	4	5	3	4	3	3	3	3	36	120.00	4
2006.04	5	3	4	5	3	3	3	3	3	3	35	116.67	3
2007.01	3	4	3	4	3	4	5	5	3	5	39	130.00	5
2007.02	3	3	3	3	3	3	3	3	3	3	30	100.00	3
2007.03	5	5	5	5	3	3	3	3	5	3	40	133.33	5
2007.04	2	5	3	2	1	3	3	3	3	3	28	93.33	3
2008.01	3	5	4	3	2	3	5	5	4	5	39	130.00	5
2008.02	3	3	3	3	3	3	3	3	3	3	30	100.00	3
2008.03	1	3	2	3	3	3	3	3	1	3	25	83.33	2
2008.04	3	2	1	3	5	1	3	3	1	3	25	83.33	2
2009.01	3	1	3	3	3	1	5	5	1	5	30	100.00	3
2009.02	3	3	1	2	3	3	3	3	2	3	26	86.67	2
2009.03	3	4	3	3	3	5	3	3	3	3	33	110.00	3
2009.04	3	3	3	3	3	3	3	3	5	3	32	106.67	3
2010.01	3	3	3	3	3	3	5	5	4	5	37	123.33	4
2010.02	3	3	1	2	4	4	3	3	3	3	29	96.67	3
2010.03	4	3	5	4	3	3	3	3	3	3	34	113.33	3
2010.04	3	3	4	4	3	3	3	3	4	3	33	110.00	3
2011.01	3	3	3	4	3	3	5	5	3	5	37	123.33	4
2011.02	3	3	3	3	3	3	3	3	3	3	30	100.00	3
2011.03	4	4	5	4	3	4	3	3	3	3	36	120.00	4
2011.04	3	3	3	3	3	3	3	3	1	3	28	93.33	3

（续）

季度	Z01	Z02	Z03	Z04	Z05	Z06	Z07	Z08	Z09	Z12	综合得分	预警指数	预警指数得分
2012.01	3	3	3	3	3	3	5	5	3	5	36	120.00	4
2012.02	3	3	1	2	3	3	3	3	2	3	26	86.67	2
2012.03	2	4	3	3	1	3	3	3	2	3	27	90.00	2
2012.04	3	3	3	3	3	1	3	3	3	3	28	93.33	2
2013.01	3	3	3	3	3	3	5	5	3	5	36	120.00	4
2013.02	2	3	1	1	3	3	3	3	3	3	25	83.33	2
2013.03	3	3	4	4	3	3	3	3	3	3	32	106.67	3
2013.04	3	3	3	3	3	2	3	3	3	3	29	96.67	3

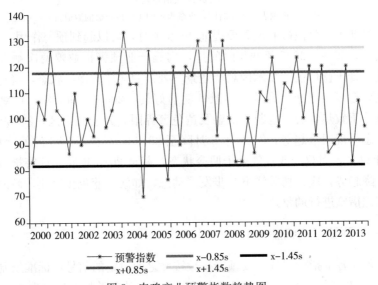

图 3　肉鸡产业预警指数趋势图

注：横轴表示年份时间，纵轴表示预警指数的数值。

　　通过图 3 与图 4 的对比分析可以看出，2000 年第一季度到 2013 年第四季度，我国肉鸡产业景气预警指数趋势与同步合成指数波动趋势基本一致，呈现三个大的波谷及若干个较大波峰。然而，景气预警指数的波动幅度较同步合成

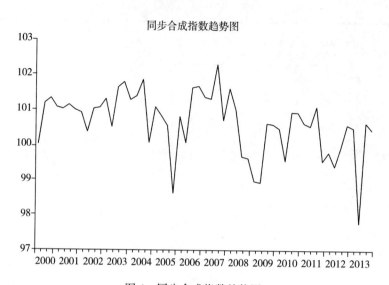

图 4 　同步合成指数趋势图

注：横轴表示年份时间，纵轴表示同步合成指数的数值。

指数明显变大，且波峰和波谷要提前 4～6 个月，可以起到预警作用。

其中，2004—2005 年两年时间里，肉鸡产业预警指数曾两次触及蓝色警界限线，处于蓝灯区，显示肉鸡产业景气处于明显"偏冷"状态，经过产业调整，此后都步入迅速上升阶段，景气明显好转。2006—2007 年，肉鸡产业景气一直处于较热状态，也曾三次触及黄色警界限，处于红灯区，2008 年以来，景气状态呈现回落趋势，2008 年 6 月降至 83.33，接近 81.96 的偏冷预警线。2013 年以来，肉鸡产业景气处于偏冷状态，截至 2013 年底，预警指数仍有进一步下降趋势，应密切关注下一步发展动态，如触及蓝色预警线，政府应及时采取调控措施进行调整。

（五）预警灯的编制

将各期各个指标得分以及预警指数按照之前设定的信号灯标准绘制景气预警灯，编制结果如表 8（见本书末彩插）所示。从预警灯的变化来看，2012 年以来，各预警指标的变动有所差别。

（1）2012 年第一季度以来，综合预警指数存在一定的波动，但未亮起"蓝灯"及"红灯"。

（2）商品代肉用雏鸡价格波动率、居民消费价格指数变动率及肉鸡配合饲料价格变动率总体趋势较为平稳，绝大多数季度处于正常"绿灯"区。

（3）城镇居民人均可支配收入变动率、农村居民人均现金收入变动率以及 GDP 变动率的变化趋势完全一致，景气经过了由"红灯区"的过热状态逐渐恢复正常"绿灯区"的两个周期性变化，变化程度较大。

（4）去骨带皮猪肉价格变动率、活鸡价格变动率、豆粕价格变动率及玉米价格变动率在这两年期间曾一度亮起"蓝灯"，表明景气一度过冷。

（5）从预警指数信号灯系统来看，从 2012 年第二季度开始，肉鸡产业一直处于"偏冷"状态，发展至 2013 年第一季度，肉鸡产业景气开始回升，曾亮起"黄灯"，在经历偏热状态之后又重新回落，亮起"浅蓝灯"，而后进行迅速调整，发展至 2013 年第三季度以来，预警指数一直处于正常"绿灯区"，表明肉鸡产业发展稳定，在未来较短的一段时间内可以进行正常的生产及消费决策。

（6）以近些年肉鸡产业波动为例，分析预警指示灯预警效果。根据提前一到两个季度的规律，从预警指数信号灯所示的景气状态来看，2012 年只有第一季度亮起"黄灯"，其余季度均亮"浅蓝灯"，说明 2012 年底至 2013 年初肉鸡行业景气较好，随后景气下滑，且较为严重，事实上由于 2013 年 3 月底开始暴发的 H7N9 型流感削弱了大众对鸡肉产品的需求，造成了消费一度低迷的状态。2013 年第一季度亮起"黄灯"，说明 2013 年第二季度到第三季度之间，景气有所好转，这是由于疫情的控制以及疫情影响效应的减弱使得肉鸡行业整体水平有所好转。然而，2013 年第二季度亮起"浅蓝灯"，说明 2013 年底、2014 年初，肉鸡产业再受重创。事实上年底卷土重来的疫情大面积波及了很多地区的肉鸡产业，主要影响地区为南方黄羽肉鸡消费区域。由此可见，基于此系统构建的预警体系能够起到良好的预警效果，且预警期可达到 1～2 个季度。可为各部门的生产、消费决策提供一定参考借鉴。

五、结　　论

（一）确定预警指标体系，选取肉鸡产品价格变动率作为警情指标；警兆指标的选取来源锁定生产、消费、国际贸易、突发事件以及政策及经济环境五个方面，结合季度数据可获得性，选取商品代肉用雏鸡价格波动率、活鸡价格变动率、活鸡存栏变动率、肉鸡出栏变动率、GDP 变动率、肉鸡配合饲料价格变动率、去骨带皮猪肉价格变动率、豆粕价格变动率、玉米价格变动率、城镇居民人均可支配收入变动率、农村居民人均现金收入变动率、居民消费价格指数变动率等 12 个警兆指标。

（二）在确定肉鸡（白条鸡）价格的波动轨迹为基准循环的基础上，利用时差相关系数分析法对警兆指标的选取进行最后的确定，并将指标进行先行、同步及滞后分类，在此基础上利用公式计算各组指标的合成指数。结果显示，先行、同步及滞后指标的变动趋势完全一致。虽然，先行指标能够很好地预测同步指标的变化规律，但是，滞后指标的变化趋势滞后于同步指标。

（三）选定先行指标及同步指标作为预警指标，通过预警控制线及预警信号灯系统的设置，计算各指标各期得分及预警指数，编制预警信号灯系统。结果表明，预警指数的变动趋势与肉鸡产业同步合成指数变动趋势一致，且领先于后者4～6个月，又因预警指数的编制很好地将影响肉鸡产业景气波动的先行及同步指标纳入考察范围，所以能够很好地起到预警效果。

（四）根据各指标发出预警信号，相关部门及消费者可采取适当决策，规避肉鸡产业波动为其带来的经济损失。

参考文献

[1] 高铁梅，孔宪丽，刘玉．中国钢铁工业景气指数的开发与应用研究［J］．中国工业经济，2003（11）：71-77.
[2] 李晓磊．关于构建辽宁省农产品质量安全预警系统的对策建议［J］．辽宁农业职业技术学院学报，2011（4）：16-18.
[3] 石慧芳，李莎，穆军，薛露．农产品质量安全预警系统研究思考［J］．广东科技，2012（15）：159-160，179.
[4] 张富．我国生猪生产波动与预警调控［D］．北京：中国农业科学院，2012.

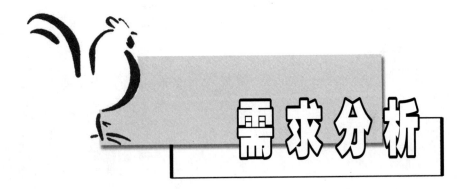

需求分析

我国动物源性食品需求分析

周章跃[1]   田维明[2]   王济民[3]   辛翔飞[3]

(1. 詹姆斯·库克大学；2. 中国农业大学经济管理学院；
3. 中国农业科学院农业经济与发展研究所)

改革开放以来，随着国民经济的快速发展，我国城乡居民生活水平有了显著提高，食物消费结构和消费方式也发生了很大变化，其中重要一点就是：粮食消费量逐年减少，动物源性食品消费量逐年增加。动物源性食品是我国居民蛋白质摄取的最主要来源，在丰富人们的"菜篮子"以及供给人类营养和改善居民膳食结构方面发挥着重要作用。同时，动物源性食品消费与"粮食安全"问题密切相关，对于我国政府而言，要提供给占世界人口 22% 的中国人口充分的食物营养始终是一个重要的目标。在国民经济持续发展、城乡居民收入水平不断提高、城镇化进程继续推进等积极因素的影响下，我国城乡居民膳食结构中动物源性食品比重将进一步增加。全面准确了解我国城乡居民动物源性食品消费情况，深入分析动物源性食品消费的影响因素，以及合理预测未来我国动物源性食品消费需求，对未来我国动物源性食品生产、动物源性食品供求平衡和保障国家食物安全都有非常重要的现实意义。

一、我国动物源性食品消费状况

(一)城乡居民食物消费总体状况

改革开放以来，我国城乡居民食物消费总量和消费结构都发生了显著的变化：粮食消费显著下降，而肉、蛋、奶和水产品等动物源性食品显著增加；农村居民动物源性食品消费增长的速度快于城镇居民，而城镇居民动物源性食品消费增长的绝对量明显高于农村居民。

根据国家统计局关于我国城乡居民户内食物消费的统计（表1、表2和表3），1985—2012 年，我国城乡居民人均粮食（原粮）消费数量从 228 千克下降到 119 千克，下降了 47.81%，其中，城镇居民粮食消费数量从 1985 年的

135 千克下降到 2012 年的 79 千克，下降了 41.48%，农村居民粮食消费数量从 1985 年的 257 千克下降到 2012 年的 164 千克，下降了 36.19%。

1985—2012 年，我国城乡居民肉类消费数量从 14.36 千克增长到 28.66 千克，增长了 99.58%。其中，城镇居民肉类消费数量从 1985 年的 21.96 千克增长到 2012 年的 35.71 千克，增长了 62.80%；农村居民肉类消费数量从 1985 年的 12.00 千克增长到 2012 年的 20.85 千克，增长了 73.75%。1985—2012 年，我国城乡居民蛋类消费数量从 3.19 千克增长到 8.31 千克，增长了 160.50%。其中，城镇居民蛋类消费数量从 1985 年的 6.84 千克增长到 2012 年的 10.52 千克，增长了 53.80%；农村居民蛋类消费数量从 1985 年的 2.05 千克增长到 2012 年的 5.87 千克，增长了 186.34%。1995—2012 年，我国城乡居民奶及奶制品消费数量从 1.79 千克增长到 11.92 千克，增长了 565.92%。其中，城镇居民奶及奶制品消费数量从 1995 年的 4.60 千克增长到 2012 年的 17.91 千克，增长了 289.35%；农村居民奶及奶制品消费数量从 1995 年的 0.64 千克增长到 2012 年的 5.29 千克，增长了 726.56%。1985—2012 年，我国城乡居民水产品消费数量从 2.93 千克增长到 10.53 千克，增长了 259.40%。其中，城镇居民水产品消费数量从 1985 年的 7.08 千克增长到 2012 年的 15.19 千克，增长了 114.55%；农村居民水产品消费数量从 1985 年的 1.64 千克增长到 2012 年的 5.36 千克，增长了 226.83%。

从动物源性食品消费的增长速度来看，农村居民明显高于城镇居民，但从消费增长的绝对量来看，城镇居民明显高于农村居民。到 2012 年城镇居民肉、蛋、奶及水产品的消费数量分别是农村居民消费数量的 1.47 倍、2.49 倍、1.27 倍和 2.39 倍。

表 1　城镇居民人均食物消费

单位：元，千克

年份	人均收入	粮食	蔬菜	食用油	肉类	蛋	奶及奶制品	水产品
1982	535	145	159	5.78	20.93	5.88	n. a.	7.67
1985	739	135	144	5.76	21.96	6.84	n. a.	7.08
1990	1 510	131	139	6.40	25.16	7.25	4.60	7.69
1995	4 283	97	116	7.11	23.65	9.74	4.60	9.20
2000	6 280	82	115	8.16	27.44	11.21	11.55	11.74
2001	6 860	80	116	8.08	26.43	10.41	13.76	10.33
2002	7 703	78	117	8.52	32.53	10.56	18.12	13.20

（续）

年份	人均收入	粮食	蔬菜	食用油	肉类	蛋	奶及奶制品	水产品
2003	8 472	80	118	9.20	32.94	11.19	21.71	13.35
2004	9 422	78	122	9.29	31.85	10.35	22.19	12.48
2005	10 493	77	119	9.25	32.83	10.40	21.67	12.55
2006	11 760	76	118	9.38	32.12	10.41	22.54	12.95
2007	13 786	78	118	9.63	31.80	10.33	22.17	14.20
2008	15 781	n.a.	123	10.27	33.29	10.74	19.30	14.00
2009	17 175	81	120	9.67	34.67	10.57	19.27	14.30
2010	19 109	82	116	8.84	34.72	10.00	18.10	15.21
2011	21 810	81	115	9.26	35.17	10.12	17.90	14.62
2012	24 565	79	112	9.14	35.71	10.52	17.91	15.19

数据来源：《中国统计年鉴》（历年）。

注：粮食是指原粮。肉类包括猪肉、牛肉、羊肉和禽肉。

表2　农村居民人均食物消费

单位：元，千克

年份	人均收入	粮食	蔬菜	食用油	肉类	蛋	奶及奶制品	水产品
1978	134	248	142	1.96	6.01	0.80	n.a.	0.84
1980	191	257	127	2.49	8.41	1.20	n.a.	1.10
1985	398	257	131	4.04	12.00	2.05	n.a.	1.64
1990	686	262	135	5.17	12.60	2.41	n.a.	2.13
1995	1 578	259	105	5.80	13.12	3.22	0.64	3.36
2000	2 253	250	107	5.45	17.22	4.77	1.06	3.92
2001	2 366	239	109	5.51	17.37	4.72	1.20	4.12
2002	2 476	237	111	5.77	17.78	4.66	1.19	4.36
2003	2 622	222	107	5.31	18.24	4.81	1.71	4.65
2004	2 936	218	107	4.31	17.89	4.59	1.98	4.49
2005	3 255	209	102	4.90	20.76	4.71	2.86	4.94
2006	3 587	206	101	5.84	20.54	5.00	3.15	5.01
2007	4 140	199	99	5.96	18.74	4.72	3.52	5.36
2008	4 761	199	100	6.25	18.30	5.43	3.43	5.25
2009	5 153	189	98	6.25	19.58	5.32	3.60	5.27

（续）

年份	人均收入	粮食	蔬菜	食用油	肉类	蛋	奶及奶制品	水产品
2010	5 919	181	93	6.31	19.97	5.12	3.55	5.15
2011	6 977	171	89	7.48	20.86	5.40	5.16	5.36
2012	7 917	164	85	7.83	20.85	5.87	5.29	5.36

数据来源：《中国统计年鉴》（历年）。

注：粮食是指原粮。肉类包括猪肉、牛肉、羊肉和禽肉。

表 3　城乡居民人均食物消费

单位：元，千克

年份	人均收入	粮食	蔬菜	食用油	肉类	蛋	奶及奶制品	水产品
1985	479	228	134	4.45	14.37	3.19	n.a.	2.93
1990	904	227	136	5.49	15.92	3.69	n.a.	3.60
1995	2 364	212	108	6.18	16.18	5.11	1.79	5.06
2000	3 712	189	110	6.43	20.92	7.10	4.86	6.75
2001	4 058	179	112	6.48	20.78	6.86	5.93	6.46
2002	4 519	175	113	6.84	23.55	6.97	7.81	7.82
2003	4 993	164	111	6.89	24.23	7.40	9.82	8.18
2004	5 645	160	113	6.39	23.74	7.00	10.42	7.83
2005	6 367	152	109	6.77	25.90	7.16	10.95	8.21
2006	7 211	148	109	7.41	25.71	7.40	11.75	8.53
2007	8 566	143	108	7.64	24.74	7.29	12.08	9.42
2008	9 939	n.a.	111	8.14	25.32	7.93	10.89	9.36
2009	10 965	137	109	7.90	26.87	7.86	11.18	9.64
2010	12 507	132	104	7.57	27.35	7.56	10.82	10.17
2011	14 582	125	102	8.39	28.20	7.82	11.69	10.11
2012	16 669	119	99	8.52	28.66	8.31	11.92	10.53

数据来源：《中国统计年鉴》（历年）。

注：粮食是指原粮。肉类包括猪肉、牛肉、羊肉和禽肉。

（二）城乡居民肉类消费状况分析

1. 肉类消费总体状况分析

（1）肉类消费数量快速增长。改革开放前，受整个供给约束的限制，我国肉类产品消费处于低水平阶段。改革开放后，特别是1984—1985年的畜牧业流通体制改革，使得我国畜牧业快速发展，肉类产品供给迅速增加，再加之居民收入水平的提高，我国城乡居民对肉类产品的消费明显增加。目前，我国城乡居民人均肉类消费量已经达到一个较高的水平。1985年，城乡居民人均肉类消费量为14.37千克，2012年人均肉类消费量为28.66千克，1985—2012年人均肉类消费年均增长速度达到2.59%。

（2）肉类消费结构发生变化。随着居民家庭肉类消费量的增加，我国城乡居民人均肉类消费的内部结构也发生了很大变化。1985年全国人均猪肉消费占总肉类消费的比重为82.32%，牛肉比重为3.78%，羊肉比重为3.09%，禽肉比重为10.81%；2012年肉类消费结构中，猪肉比重为62.76%，牛肉比重为6.35%，羊肉比重为3.74%，禽肉比重为27.15%。2012年与1985年相比，猪肉比重下降了19.55个百分点，牛肉比重上涨了2.57个百分点，羊肉比重上涨了0.65个百分点，禽肉比重上涨了16.33个百分点。虽然我国人均猪肉消费的比重在逐渐下降，但比重仍最大，占肉类消费总量的60%以上，猪肉始终是肉类消费的主体；禽肉的消费比重增长很快，禽肉消费量的增长也最快，是仅次于猪肉的第二大肉类消费品；此外，我国牛肉消费比重略有增长，羊肉消费比重变动不大，牛羊肉消费总量不到肉类消费总量的10%，还有一定的发展潜力和调整空间。

表4　城镇居民人均肉类消费数量和结构

单位：千克

年份	肉类	猪肉		牛肉		羊肉		禽肉	
		数量	比重	数量	比重	数量	比重	数量	比重
1985	21.96	16.68	75.96%	1.23	5.60%	0.81	3.69%	3.24	14.75%
1990	25.16	18.46	73.37%	1.98	7.85%	1.30	5.18%	3.42	13.59%
1995	23.65	17.24	72.90%	1.47	6.22%	0.97	4.10%	3.97	16.79%
2000	27.44	16.73	60.97%	1.98	7.22%	1.35	4.92%	7.38	26.90%
2001	26.43	15.95	60.35%	1.92	7.26%	1.25	4.73%	7.31	27.66%
2002	32.53	20.28	62.34%	1.93	5.93%	1.08	3.32%	9.24	28.40%
2003	32.94	20.43	62.02%	1.98	6.01%	1.33	4.04%	9.20	27.93%
2004	31.85	19.52	61.29%	2.42	7.60%	1.50	4.71%	8.41	26.41%
2005	32.83	20.15	61.38%	2.28	6.94%	1.43	4.36%	8.97	27.32%
2006	32.12	20.00	62.27%	2.41	7.50%	1.37	4.27%	8.34	25.97%

（续）

年份	肉类	猪肉		牛肉		羊肉		禽肉	
		数量	比重	数量	比重	数量	比重	数量	比重
2007	31.80	18.21	57.26%	2.59	8.14%	1.34	4.21%	9.66	30.38%
2008	33.29	19.26	57.86%	2.22	6.67%	1.22	3.66%	10.59	31.81%
2009	34.67	20.50	59.13%	2.38	6.86%	1.32	3.81%	10.47	30.20%
2010	34.72	20.73	59.71%	2.53	7.29%	1.25	3.60%	10.21	29.41%
2011	35.17	20.63	58.66%	2.77	7.88%	1.18	3.36%	10.59	30.11%
2012	35.71	21.23	59.45%	2.54	7.11%	1.19	3.33%	10.75	30.10%

数据来源：《中国统计年鉴》（历年）。

注：肉类包括猪肉、牛肉、羊肉和禽肉。

表5　农村居民人均肉类消费数量和结构

单位：千克

年份	肉类	猪肉		牛肉		羊肉		禽肉	
		数量	比重	数量	比重	数量	比重	数量	比重
1985	12.01	10.32	85.93%	0.33	2.75%	0.33	2.75%	1.03	8.58%
1990	12.60	10.54	83.65%	0.40	3.17%	0.40	3.17%	1.26	10.00%
1995	13.12	10.58	80.64%	0.36	2.74%	0.35	2.67%	1.83	13.95%
2000	17.22	13.28	77.12%	0.52	3.02%	0.61	3.54%	2.81	16.32%
2001	17.37	13.35	76.86%	0.55	3.17%	0.60	3.45%	2.87	16.52%
2002	17.78	13.70	77.05%	0.52	2.92%	0.65	3.66%	2.91	16.37%
2003	18.30	13.80	75.41%	0.50	2.73%	0.80	4.37%	3.20	17.49%
2004	17.93	13.50	75.29%	0.50	2.79%	0.80	4.46%	3.13	17.46%
2005	20.67	15.60	75.47%	0.60	2.90%	0.80	3.87%	3.67	17.76%
2006	20.61	15.50	75.21%	0.70	3.40%	0.90	4.37%	3.51	17.03%
2007	18.76	13.40	71.43%	0.70	3.73%	0.80	4.26%	3.86	20.58%
2008	18.26	12.60	69.00%	0.60	3.29%	0.70	3.83%	4.36	23.88%
2009	19.58	13.96	71.30%	0.56	2.86%	0.81	4.14%	4.25	21.71%
2010	20.00	14.40	72.00%	0.63	3.15%	0.80	4.00%	4.17	20.85%
2011	20.86	14.42	69.13%	0.98	4.70%	0.92	4.41%	4.54	21.76%
2012	20.85	14.40	69.05%	1.02	4.90%	0.94	4.51%	4.49	21.53%

数据来源：《中国统计年鉴》（历年）。

注：肉类包括猪肉、牛肉、羊肉和禽肉。

表6 城乡居民人均肉类消费数量和结构

单位：千克

年份	肉类	猪肉		牛肉		羊肉		禽肉	
		数量	比重	数量	比重	数量	比重	数量	比重
1985	14.37	11.83	82.32%	0.54	3.78%	0.44	3.09%	1.55	10.81%
1990	15.92	12.63	79.36%	0.82	5.13%	0.64	4.01%	1.83	11.50%
1995	16.18	12.51	77.35%	0.68	4.22%	0.53	3.28%	2.45	15.15%
2000	20.92	14.53	69.45%	1.05	5.01%	0.88	4.20%	4.47	21.34%
2001	20.78	14.33	68.95%	1.07	5.13%	0.84	4.07%	4.54	21.86%
2002	23.55	16.27	69.11%	1.07	4.55%	0.82	3.47%	5.38	22.87%
2003	24.23	16.49	68.03%	1.10	4.54%	1.01	4.19%	5.63	23.24%
2004	23.74	16.01	67.45%	1.30	5.48%	1.09	4.60%	5.33	22.47%
2005	25.90	17.56	67.79%	1.32	5.11%	1.07	4.13%	5.95	22.97%
2006	25.71	17.50	68.04%	1.46	5.67%	1.11	4.31%	5.65	21.98%
2007	24.74	15.61	63.08%	1.57	6.33%	1.05	4.23%	6.52	26.36%
2008	25.32	15.73	62.12%	1.36	5.38%	0.94	3.73%	7.29	28.78%
2009	26.87	17.12	63.71%	1.44	5.36%	1.06	3.93%	7.26	27.00%
2010	27.35	17.56	64.21%	1.58	5.77%	1.02	3.75%	7.19	26.28%
2011	28.20	17.60	62.43%	1.90	6.73%	1.05	3.74%	7.64	27.10%
2012	28.66	17.99	62.76%	1.82	6.35%	1.07	3.74%	7.78	27.15%

数据来源：《中国统计年鉴》（历年）。

注：肉类包括猪肉、牛肉、羊肉和禽肉。

（3）城乡肉类消费差距仍然较大。我国的二元经济结构决定了城乡差别的存在，这一差别在肉类消费方面也不可避免。从各种肉类的人均消费量来看，虽然我国农村居民人均各种肉类消费量以略快于城镇居民的速度增长，但1985—2012年我国城镇居民的消费量一直高于农村居民。1985年城镇居民人均肉类消费量为21.96千克，之后虽然个别年份有所起伏，但总体呈增加趋势，2012年达到35.71千克，1985—2012年年均增长1.82%；农村居民人均肉类消费量同城镇居民类似，在小幅波动中总体上呈增加趋势，1985年农村居民人均猪肉消费12.01千克，2012年达到20.85千克，1985—2012年年均增长2.06%。城乡居民人均肉类消费的相对差距变动不大，1985年城镇居民人均肉类消费数量是农村居民人均肉类消费数量的1.83倍，2012年城镇居民人均肉类消费数量是农村居民人均肉类消费数量的1.71倍；但城乡之间人均肉类消费量的绝对差距在扩大，1985 年城镇居民人均肉类消费数量比农村居民高 9.95 千克，到 2012 年这一差距扩大到 14.86 千克。

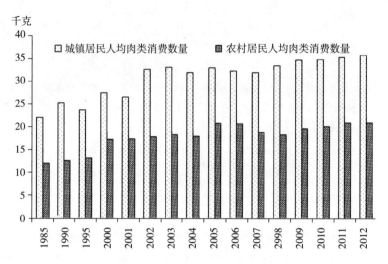

图 1　城乡居民人均肉类消费量

数据来源：《中国统计年鉴》（历年）。

注：肉类包括猪肉、牛肉、羊肉和禽肉。

从城乡居民肉类消费总量来看，目前，城镇居民已成为我国肉类消费的主要群体，占全国居民肉类消费总量的比重超过 60%，农村居民消费只占不到 40%。而在改革开放之初，城镇居民肉类消费比重仅占城乡居民肉类消费总量的 40% 左右。改革开放以来，城镇居民肉类消费占城乡居民肉类总消费的比重整体上呈现上升的趋势，农村居民消费比重整体上呈现下降的趋势（图 2）。这一变动趋势产生的原因主要有两点，一是随着我国城镇化进程的加快，城镇人口比重有了很大提高；二是城镇居民与农村居民人均肉类消费水平的绝对差距在逐步扩大。

（4）不同收入阶层肉类消费差异明显。不同收入水平的居民人均肉类消费量存在较大差异，这种差异在高收入群体和低收入群体之间表现得尤为明显。以城镇居民 2012 年不同收入组的肉类消费为例进行分析：从收入七分组来看城镇居民的肉类消费水平，虽然不同收入组城镇居民肉类消费水平存在差异，但普遍增长较快。对比城镇不同收入阶层人均肉类购买数量可以看出，居民收入与各种肉类购买量呈正相关关系，也即城镇居民各种肉类消费的总趋势是随收入水平的提高而提高，只是提高的幅度各不相同。其中：最低收入户猪肉消费量为 16.04 千克，随着收入的提高，城镇居民对猪肉消费量也相应地增加，

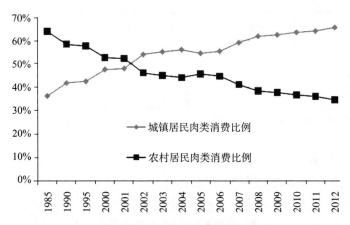

图 2　城乡居民肉类消费量占比

数据来源：《中国统计年鉴》（历年）。

注：肉类包括猪肉、牛肉、羊肉和禽肉。

最高收入户的猪肉消费量最高为 24.14 千克，最高收入户消费的猪肉是最低收入户的 1.50 倍；最低收入户牛肉消费量为 1.65 千克，最高收入户牛肉消费量为 3.11 千克，最高收入户的牛肉消费量是最低收入户的 1.88 倍；最低收入户羊肉消费量 0.89 千克，最高收入户羊肉消费量为 1.30 千克，最高收入户的羊肉消费量是最低收入户的 1.46 倍；禽肉消费量也随着收入的提高而逐渐增加，从最低收入户消费量的 5.41 千克增加到最高收入户消费的 10.51 千克，最高收入户的禽肉消费量是最低收入户的 1.94 倍。此外，最高收入户的猪、牛、羊和禽肉消费量分别是困难户消费量的 1.68 倍、1.92 倍、1.25 倍和 2.19 倍。

表 7　2012 年不同收入组城镇居民全年人均肉类消费量

单位：元，千克

项目	人均可支配收入	猪肉	牛肉	羊肉	禽肉
总平均	24 564.72	21.23	2.54	1.19	8.15
最低收入户	8 215.09	16.04	1.65	0.89	5.41
困难户	6 520.03	14.35	1.62	1.04	4.80
低收入户	12 488.62	18.93	1.97	0.87	6.74
中等偏下户	16 761.43	20.67	2.38	1.19	7.65
中等收入户	22 419.10	22.66	2.75	1.26	8.36

（续）

项目	人均可支配收入	猪肉	牛肉	羊肉	禽肉
中等偏上户	29 813.74	22.68	2.93	1.34	9.25
高收入户	39 605.22	23.78	3.05	1.44	9.88
最高收入户	63 824.15	24.14	3.11	1.30	10.51

数据来源：中国城市（镇）生活与价格年鉴。其中，这里的禽肉只包括鸡肉和鸭肉。

2. 猪肉消费

（1）人均猪肉消费水平持续增长。进入 20 世纪 80 年代以后，我国生猪养殖业全面快速发展，猪肉计划流通体制逐步向国家宏观调控下的自由流通体制过渡并最终完全实现了转型，猪肉生产能力迅速提高。与此同时，我国城乡居民的收入水平迅速增长，猪肉消费能力随之提高。1985 年我国人均猪肉消费量为 11.83 千克，2000 年增长到 14.53 千克，虽然进入 2000 年后人均猪肉消费水平有所起伏，但总体仍呈现增长趋势，到 2012 年增长到 17.99 千克。2012 年人均猪肉消费量是 1985 年的 1.52 倍，年均增长速度达到 1.57%。其中，部分年份人均猪肉消费水平的波动主要是由于猪肉价格大幅波动以及生猪疫病较大规模暴发和传播所致。

（2）猪肉消费比重下降，但仍然是第一大肉类消费品种。猪肉消费在我国肉类消费中的比重呈现下降趋势，1985 年猪肉在肉类消费中的比重为82.32%，2012 年下降到 62.76%。虽然猪肉消费在我国肉类消费中的比重持续下降，但长期以来，在我国居民的肉类生产消费结构中，猪肉一直占据绝对主导性地位，2012 年猪肉消费在我国肉类消费中的比重也在一半以上。

（3）城乡居民猪肉消费差异明显。农村居民人均猪肉消费增长速度快于城镇居民，城乡之间的相对差距有所减少，但城乡之间的绝对差距基本没有变化。1985—2012 年，城镇居民人均猪肉消费年均增长速度为 0.90%，农村居民人均猪肉消费年均增长速度为 1.57%，农村居民人均猪肉消费增长速度明显快于城镇居民；1985 年城镇居民人均猪肉消费量是农村居民的 1.62 倍，2012 年城镇居民人均猪肉消费量是农村居民的 1.47 倍，城乡之间的相对差距有所减少；1985 年城镇居民人均猪肉消费量比农村居民高出 6.36 千克，2012年城镇居民人均猪肉消费量比农村居民高出 6.83 千克，城乡之间的绝对差距略有增加。此外，猪肉消费在农村居民肉类消费中所占的比重明显高于城镇居民，1985 年猪肉消费在农村居民肉类消费中所占的比重为 85.93%，到 2012

年这个比重为 69.05%，1985 年猪肉消费在城镇居民肉类消费中所占的比重为 75.96%，到 2012 年这个比重为 59.45%，比农村居民低大约 10 个百分点。

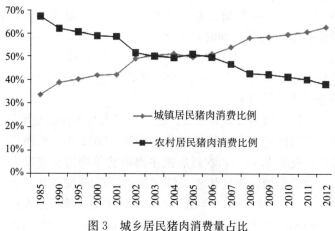

图 3　城乡居民猪肉消费量占比

数据来源：《中国统计年鉴》（历年）。

从城乡居民的猪肉消费总量来看，虽然，在改革开放之初，城镇居民猪肉消费仅占城乡猪肉消费总量的不到 40%，但目前城镇居民是我国猪肉消费的主要群体。改革开放以来，由于随着我国城镇化进程的加快，城镇人口比重有了大幅提高，城镇居民猪肉消费占城乡居民猪肉总消费的比重整体上呈现上升的趋势，农村居民消费比重整体上呈现下降的趋势。在 2002—2006 年，城镇居民与农村居民的猪肉消费量相当，大约各占 50%。之后，城镇居民猪肉消费占城乡猪肉消费总量的比重继续上升，而农村居民猪肉消费占城乡猪肉消费总量的比重继续下降，到 2012 年，城镇居民猪肉消费占城乡居民猪肉消费总量的比重大约为 60%，农村居民消费大约占 40%。

（4）不同收入阶层猪肉消费差异明显。从 2000—2012 年城镇和农村居民收入五分组的猪肉消费状况来看，无论是城镇居民还是农村居民，猪肉消费水平均随着收入水平的提高而提高，但收入组之间的差距非常明显，且高收入组的人均猪肉消费量大约比低收入组多 50%。

（5）猪肉消费地域分布广泛，最主要集中在南方和东部沿海地区。在我国猪肉消费地域分布广泛（图 5）。最为主要的消费群体集中在我国南部东部沿海地区，例如云南、四川、贵州、广东、上海，这些也同时都是生猪主产区。

3. 牛肉消费

（1）人均牛肉消费水平和牛肉消费比重持续增长。1985 年，我国人均牛肉消费量为 0.54 千克，到 2012 年增长到 1.82 千克。2012 年人均牛肉消费量是 1985 年的 3.35 倍，年均增长速度达到 4.58%，明显高于城乡居民人均肉类消费的增长速度 2.59%。同时，牛肉消费在我国肉类消费中的比重也呈现波动上升趋势，1985 年牛肉在肉类消费中的比重为 3.78%，2012 年上升到 6.35%。虽然人均牛肉消费水平和消费比重都在提高，但总的来讲，我国居民牛肉消费仍处于比较低的水平。

（2）城乡居民牛肉消费差异明显。城镇居民人均牛肉消费增长速度快于农村居民，城乡之间的绝对差距持续扩大。1985—2012 年，城镇居民人均牛肉消费年均增长速度为 2.73%，农村居民牛肉消费年均增长速度为 4.28%，农村居民人均牛肉消费增长速度快于城镇居民；1985 年城镇居民人均牛肉消费量是农村居民的 3.72 倍，2012 年城镇居民人均牛肉消费量是农村居民的 2.49 倍，城乡之间的相对差距明显缩小；1985 年城镇居民人均牛肉消费量比农村居民高出 0.90 千克，2012 年城镇居民人均牛肉消费量比农村居民高出 1.52 千克，城乡之间的绝对差距仍在扩大。但是，并不是每个地区牛肉消费的城乡差异都如此显著。对于一些东南沿海和西部省份地区来说，由于受居民收入的

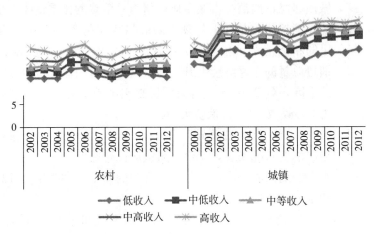

图 4　城乡居民不同收入组的猪肉消费水平

数据来源：《中国农村统计年鉴》（历年）和《中国城市（镇）生活与价格年鉴》（历年）。

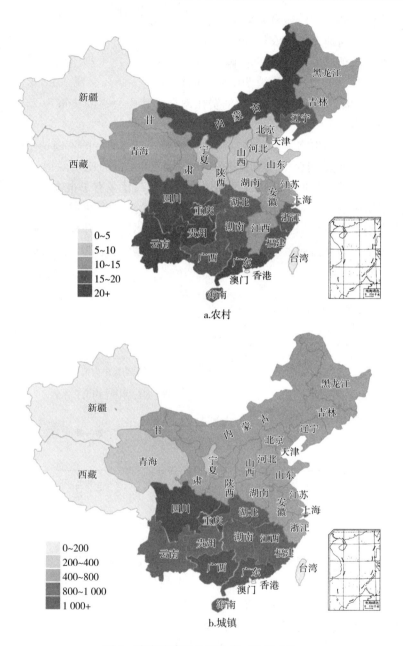

图 5 猪肉消费的地区分布（2012 年）

数据来源：《中国农村统计年鉴》和《中国城市（镇）生活与价格年鉴》。

注：a. 农村为人均消费数量（千克），b. 城镇为人均消费金额（元）。

影响和生活习惯影响，城乡人均牛肉消费的差异并不显著，如在青海地区，城镇居民人均牛肉消费仅比农村地区多 0.03 千克。

此外，城镇居民牛肉消费在肉类消费中所占的比重高于农村居民，1985 年城镇居民牛肉消费在肉类消费中所占的比重为 5.60%，到 2012 年这个比重为 7.11%，1985 年农村居民牛肉消费在肉类消费中所占的比重为 2.75%，到 2012 年这个比重为 4.90%。

从城乡居民的牛肉消费总量来看，城镇居民一直是我国牛肉消费的主要群体。1985 年，城镇居民牛肉消费占城乡牛肉消费总量的比重就超过 50%。一方面，由于随着我国城镇化进程的加快，城镇人口比重有了很大提高；另一方面，由于城镇居民与农村居民人均牛肉消费水平的绝对差距在逐步扩大，城镇居民牛肉消费占城乡居民牛肉消费总量的比重总体呈上升趋势，到 2012 年，城镇居民牛肉消费占城乡居民牛肉消费总量的比重超过 70%，农村居民消费比重还不到 30%。

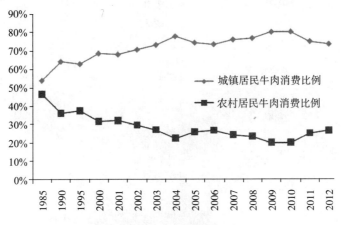

图 6　城乡居民牛肉消费量占比

数据来源：《中国统计年鉴》（历年）。

（3）不同收入阶层牛肉消费差异明显。由于农村地区不同收入组的牛羊肉消费数据没有分类统计，只能够获得牛羊肉的加总消费数据，图 7 绘制的是农村和城镇不同收入组的牛羊肉消费量。同猪肉消费类似，从 2000—2012 年城镇和农村居民收入五分组的牛肉消费状况来看，无论是城镇居民还是农村居民，牛肉消费水平均随着收入水平的提高而提高，但收入组之间的差距非常明显，且高收入组的人均牛肉消费量大约比低收入组多 50%。

（4）牛肉消费地域分布主要集中在北部和西北部地区。由于地理位置和饮

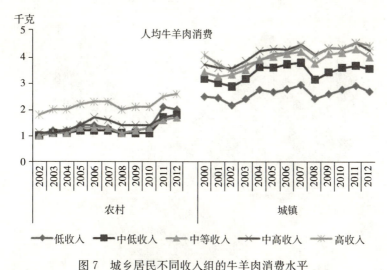

图7　城乡居民不同收入组的牛羊肉消费水平

数据来源:《中国农村统计年鉴》(历年)和《中国城市(镇)生活与价格年鉴》(历年)。

食习惯不同导致的牛肉消费偏好存在差异。虽然,北部和西北部地区居民的平均收入水平并不高,但我国牛肉消费主要集中在北部和西北部地区,如西藏、新疆、宁夏以及内蒙古等地区。我国南方牛肉消费水平非常低。

4. 羊肉消费

(1) 人均羊肉消费水平和羊肉消费比重波动增长。1985 年,我国人均羊肉消费量为 0.44 千克,到 2012 年增长到 1.07 千克。2012 年人均羊肉消费量是 1985 年的 2.41 倍,年均增长速度达到 3.32%,高于城乡居民人均总肉类消费增长速度的 2.59%。同时,羊肉消费在我国肉类消费中的比重也呈现波动上升趋势,1985 年羊肉在肉类消费中的比重为 3.09%,2012 年上升到 3.74%。虽然人均羊肉消费水平和消费比重都在提高,但总的来讲,我国居民羊肉消费仍处于比较低的水平,而且羊肉是我国居民肉类消费水平最低的品种。

(2) 城乡居民羊肉消费差异明显。城镇和农村居民人均羊肉消费存在较大差距,但农村居民人均羊肉消费增长速度快于城镇居民,城乡之间的相对差距和绝对差距明显缩小。1985—2012 年,城镇居民人均羊肉消费年均增长速度为 1.43%,农村居民羊肉消费年均增长速度为 3.96%,农村居民人均羊肉消费增长速度明显快于城镇居民;1985 年城镇居民人均羊肉消费量是农村居民的 2.46 倍,2012 年城镇居民人均羊肉消费量是农村居民的 1.27 倍,城乡之间

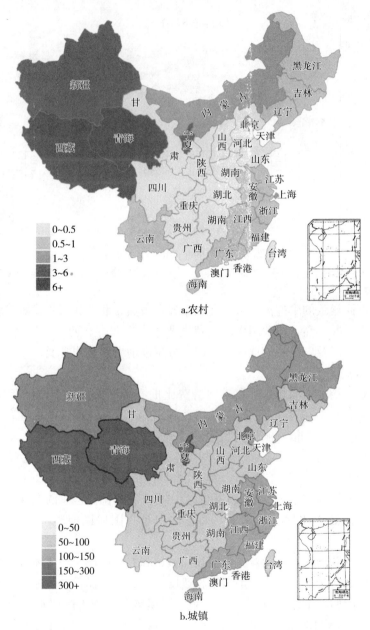

图 8　牛肉消费的地区分布（2012 年）

数据来源：《中国农村统计年鉴》和《中国城市（镇）生活与价格年鉴》。

注：a. 农村为人均消费数量（千克），b. 城镇为人均消费金额（元）。

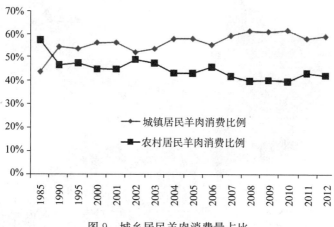

图 9　城乡居民羊肉消费量占比

数据来源：《中国统计年鉴》（历年）。

的相对差距明显缩小；1985 年城镇居民人均羊肉消费量比农村居民高出 0.48 千克，2012 年城镇居民人均羊肉消费量比农村居民高出 0.25 千克，城乡之间的绝对差距也有所减小。羊肉消费在城镇居民肉类消费中所占的比重与羊肉消费在农村居民肉类消费中所占的比重相差不大，2012 年羊肉消费在城镇和农村居民肉类消费中所占的比重分别为 3.33％和 4.51％。

从城乡居民的羊肉消费总量来看，目前城镇居民是我国羊肉消费的主要群体。1985 年，城镇居民羊肉消费占城乡羊肉消费总量的比重略低于农村居民，1990 年后城镇居民羊肉消费占城乡羊肉消费总量的比重一直高于农村居民。在 1990—2006 年，城镇消费和农村消费所占比重之间的差距并不大，但 2007 年之后城镇居民羊肉消费占城乡羊肉消费总量的比重增长加快，明显高于农村居民。2012 年，城镇居民羊肉消费占城乡羊肉消费总量的比重为接近 60％，农村居民羊肉消费占城乡羊肉消费总量的比重大约为 40％。

（3）不同收入阶层羊肉消费差异明显。同牛肉消费类似，从 2000—2012 年城镇和农村居民收入五分组的羊肉消费状况来看，无论是城镇居民还是农村居民，羊肉消费水平均随着收入水平的提高而提高，但收入组之间的差距非常明显，且高收入组的人均羊肉消费量大约比低收入组多 50％。

（4）羊肉消费地域分布主要集中在北部和西北部少数民族地区。由于地理位置和饮食习惯不同导致的羊肉消费偏好存在差异。我国羊肉消费主要集中在新疆、西藏、内蒙古和青海等北部和西北部少数民族地区。

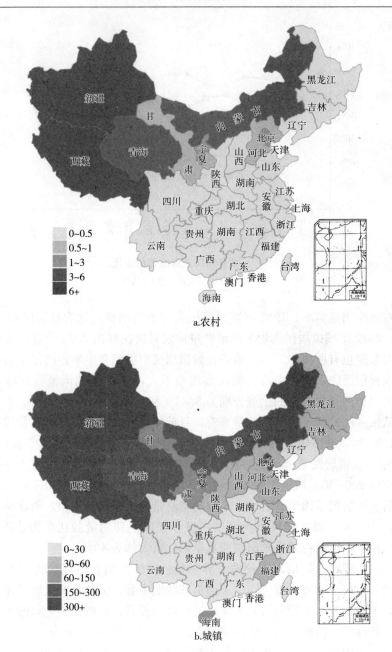

图 10 羊肉消费的地区分布（2012 年）

数据来源：《中国农村统计年鉴》和《中国城市（镇）生活与价格年鉴》。

注：a. 农村为人均消费数量（千克），b. 城镇为人均消费金额（元）。

5. 禽肉消费

（1）人均禽肉消费水平和消费比重持续增长。1985—2012 年，我国人均禽肉消费水平偶有波动，但总体上增长迅速。1985 年，我国人均禽肉消费量为 1.55 千克，到 2012 年增长到 7.78 千克。2012 年人均禽肉消费量是 1985 年的 5.01 倍，人均禽肉消费年均增长速度达到 6.15%，是消费增长速度最快的肉类。1985—2012 年，人均禽肉消费量增长了 6.23 千克，与猪肉增长量 6.16 千克相当。少数年份人均禽肉消费水平的波动主要是由于禽流感的大规模暴发所致。禽肉消费在我国肉类消费中的比重呈现迅速增长的趋势，1985 年禽肉在肉类消费中的比重为 10.81%，2012 年上升到 27.15%，增加了 15.46 个百分点。禽肉消费的迅速增长，除了受到居民收入水平的提高、城镇化等因素影响外，价格优势是禽肉消费增长迅速的又一重要因素。例如，对占禽肉产量大约 70% 的鸡肉来讲，生产周期短、饲料转化率高，是肉鸡生产相对于猪肉、牛肉、羊肉等其他肉类所具有的显著优势，较高的生产效率使肉鸡生产拥有显著的低成本优势，因而使鸡肉销售具有了显著的低价格优势，价格优势使肉鸡产品在国内畜禽消费市场具有较强的竞争力。

（2）城乡居民禽肉消费差异明显。城乡居民禽肉消费差异明显，城乡居民人均禽肉消费水平之间的绝对差距仍在扩大，但由于农村居民人均禽肉消费增长速度快于城镇居民，城乡之间的相对差距有所减小。1985 年城乡居民的禽肉消费量分别为 3.24 千克和 10.21 千克，2012 年城乡居民的禽肉消费量分别为 10.75 千克和 4.49 千克，1985—2012 年城乡居民人均禽肉消费水平的绝对差距由 2.21 千克扩大到 6.26 千克。1985—2012 年，城镇居民人均禽肉消费年均增长速度为 4.54%，农村居民禽肉消费年均增长速度为 5.60%，农村居民人均禽肉消费增长速度快于城镇居民；1985 年城镇居民人均禽肉消费量是农村居民的 3.15 倍，2012 年城镇居民人均禽肉消费量是农村居民的 2.39 倍，城乡之间的相对差距有所减小。从消费结构来看，城乡居民禽肉消费在肉类消费中所占的比重也存在差异。1985 年城镇居民和农村禽肉消费占肉类消费的比例分别为 14.75% 和 8.58%，城镇居民禽肉消费占肉类消费的比例明显高于农村居民禽肉消费占肉类消费的比例，1985—2012 年城镇居民禽肉消费占肉类消费的比例增加了 15.35 百分点，农村居民禽肉消费占肉类消费的比例增加了 12.96 个百分点，城镇居民肉鸡消费在肉类消费中份额的增加高于农村居民，2012 年城镇居民禽肉消费占肉类消费的比例为 30.10%，农村居民为 21.53%。

从消费总量上来看，城镇居民是我国禽肉消费的主要群体，占城乡居民禽

肉消费总量的比例超过 70%，农村居民消费只占不到 30%。而在 1985—2001
年，城镇居民禽肉消费占城乡禽肉消费总量的比重与农村居民没有明显差距。
2002 年之后城镇居民禽肉消费占城乡居民禽肉总消费的比重总体上呈现迅速
上升的趋势，农村居民消费比例总体上呈现下降的趋势，城镇居民禽肉消费占
城乡居民禽肉总消费的比重明显高于农村居民。这一变动趋势产生的原因主要
是由于随着我国城镇化进程的加快，城镇人口比例有了很大提高。

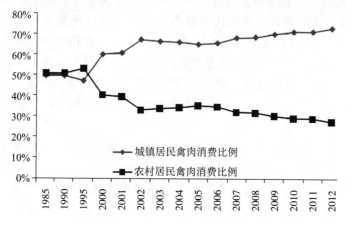

图 11 城乡居民禽肉消费量占比

数据来源：《中国统计年鉴》（历年）。

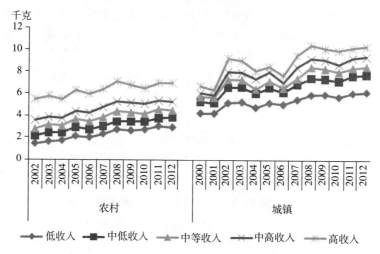

图 12 城乡居民不同收入组的禽肉消费水平

数据来源：《中国农村统计年鉴》（历年）和《中国城市（镇）生活与价格年鉴》（历年）。

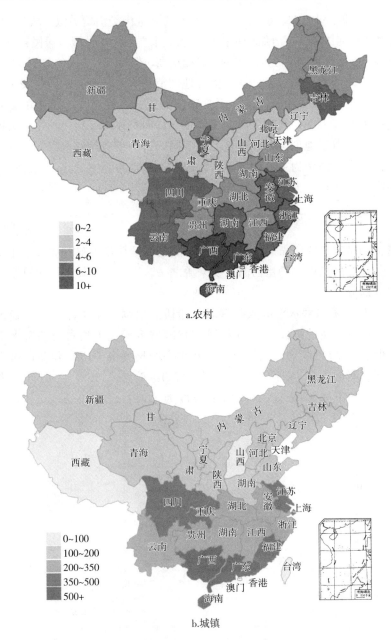

图 13　禽肉消费的地区分布（2012 年）

数据来源：《中国农村统计年鉴》和《中国城市（镇）生活与价格年鉴》。

注：a. 农村为人均消费数量（千克），b. 城镇为人均消费金额（元）。

（3）不同收入阶层禽肉消费差异明显。与其他肉类消费类似，从 2000—2012 年城镇和农村居民收入五分组的禽肉消费状况来看，无论是城镇居民还是农村居民，禽肉消费水平均随着收入水平的提高而提高，但收入组之间的差距非常明显。

（4）禽肉消费地域分布广泛，南方地区消费水平最高。禽肉是我国消费人群最广的肉类食品。我国有 10 个不吃猪肉的民族，在江南，嫌牛羊肉有膻味而不吃的人大有人在，而唯禽肉全民皆宜。禽肉是仅次于猪肉的第二大肉类消费品。当然，由于地理位置和饮食习惯不同，禽肉消费偏好也存在差异，北方地区以白羽肉鸡消费为主，南方地区以黄羽肉鸡消费为主。我国人均禽肉消费水平最高的地区在南方，如广东、广西和海南等。

（三）城乡居民禽蛋消费状况分析

禽蛋因富含人体所需的优良蛋白质、脂肪、磷脂质、矿物质、维生素等营养物质，是居民摄取动物蛋白的重要来源之一，也是我国城乡居民日常饮食的重要组成部分。

1. 人均禽蛋消费水平进入缓慢增长阶段。根据国家统计局关于我国城乡居民户内食物消费的统计，2000 年以前我国城乡居民人均禽蛋消费水平增长迅速，但进入 2000 年后，人均禽蛋消费水平增长缓慢。1985 年我国城乡居民人均禽蛋消费量为 3.19 千克，2000 年为 7.10 千克，1985—2010 年，人均禽蛋消费量增长了 3.92 千克，年均增长速度为 5.49%。2000—2012 年，年均增长速度仅为 1.32%，2012 年增长到 8.31 千克。

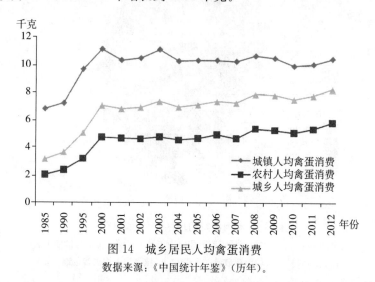

图 14　城乡居民人均禽蛋消费

数据来源：《中国统计年鉴》（历年）。

2. 城乡禽蛋消费差距明显。城乡居民人均禽蛋消费水平之间的相对差距在减小，但绝对差距仍旧较大。1985 年城乡居民的禽蛋消费量分别为 6.84 千克和 2.05 千克，2012 年城乡居民的禽蛋消费量分别为 10.52 千克和 5.87 千克，1985 年城乡居民人均禽蛋消费水平的绝对差距为 4.79 千克，2012 年仍旧维持在较高的水平 4.65 千克。1985—2012 年，城镇居民人均禽蛋消费年均增长速度为 1.61%，农村居民禽蛋消费年均增长速度为 3.97%，农村居民人均禽蛋消费增长速度快于城镇居民；1985 年城镇居民人均禽蛋消费量是农村居民的 3.34 倍，2012 年城镇居民人均禽蛋消费量是农村居民的 1.79 倍，城乡之间的相对差距明显减小。

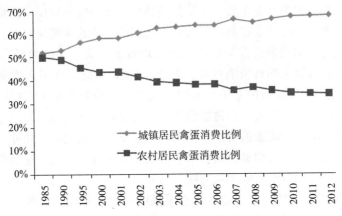

图 15　城乡居民禽蛋消费量占比

数据来源：《中国统计年鉴》（历年）。

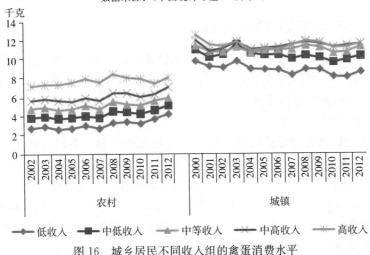

图 16　城乡居民不同收入组的禽蛋消费水平

数据来源：《中国农村统计年鉴》（历年）和《中国城市（镇）生活与价格年鉴》（历年）。

从消费总量上来看，城镇居民是我国禽蛋消费的主要群体，2012年，城镇居民禽蛋消费占城乡居民禽蛋消费总量的比例接近70%。而在1985年，城镇居民禽蛋消费占城乡禽蛋消费总量的比重与农村居民没有明显差距，大约各占50%。但一方面由于我国城镇人口比例增长迅速，另一方面我国城镇居民人均禽蛋消费水平明显高于农村居民，1985—2012年城镇居民禽蛋消费占城乡居民禽蛋消费总量的比例持续上升，成为我国禽蛋消费的主要群体。

3. 不同收入阶层禽蛋消费差异明显。从2000—2012年城镇和农村居民收入五分组的禽蛋消费状况来看，无论是城镇居民还是农村居民，禽蛋消费水平均随着收入水平的提高而提高，但收入组之间的差距非常明显。对农村居民来讲，高收入组人均禽蛋消费是低收入组人均禽蛋消费水平的两倍多。2012年农村居民高收入组人均禽蛋消费量为8.00千克，而低收入组人均禽蛋消费量为4.20千克。对城镇居民来讲，不同收入组之间的差距小于农村居民。2000年以来，不同组农村居民人均禽蛋消费水平都呈现出缓慢增长的趋势，而城镇居民不同收入组人均禽蛋消费水平都呈现出略微下降的趋势。此外，对不同收入组而言，城镇居民人均禽蛋消费水平都明显高于农村居民。这也说明我国农村地区禽蛋消费还有很大的增长空间。

4. 禽蛋消费地域分布广泛，最主要集中在东北和华北地区。近10年来，我国蛋禽养殖呈全国性发展趋势，但鸡蛋消费最主要的还是集中在东北和华北地区，如天津、山东、北京、辽宁等。

（四）城乡居民奶消费状况分析

奶制品含有丰富的蛋白质、维生素和钙质，对改善居民膳食结构，提高身体素质，具有不可替代的作用。随着我国居民收入水平的提高、营养意识的增强以及我国奶业的蓬勃发展，我国居民奶消费量持续增长，奶类产品已经成为居民食物消费的重要组成部分。

1. 人均奶消费量增长迅速，但受"三聚氰胺事件"影响有所下降。过去相当长的一段时间内，由于人们收入较低、奶产品少，以及消费习惯等原因，乳制品被人们作为日常生活中的重要营养品，仅供特殊人群食用。根据国家统计局关于我国城乡居民户内食物消费的统计，2000年以前，由于我国人均奶类产品消费水平极低，人均不足5千克。进入20世纪以来，我国奶类产品的消费水平和消费增长速度迅速提高，2000—2007年，我国城乡居民人均奶类年消费量增长10%以上，创造了单项食物种类增长幅度之最。2000年我国城

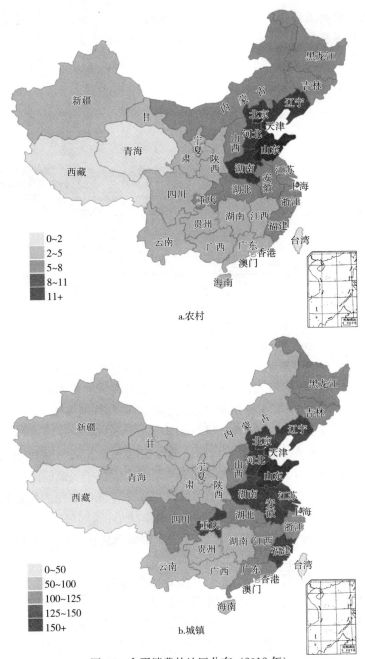

图 17　禽蛋消费的地区分布（2012 年）
数据来源：《中国农村统计年鉴》和《中国城市（镇）生活与价格年鉴》。
注：a. 农村为人均消费数量（千克），b. 城镇为人均消费金额（元）。

乡居民人均奶类消费 4.86 千克，2007 年达到 12.08 千克。然而，2008 年 9 月发生"三聚氰胺事件"之后，奶类产品消费量受到很大影响，成为消费量降幅最大的食物。2012 年我国城乡居民人均奶类消费量为 11.92 千克。

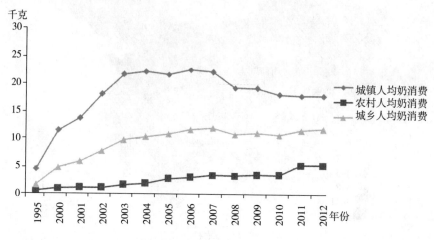

图 18　城乡居民人均奶消费

数据来源：《中国统计年鉴》（历年）。

2. 城乡奶消费差距明显。 城乡居民人均奶消费水平之间的相对差距有所减小，但绝对差距仍旧较大，2012 年农村居民人均消费量不足城镇居民人均消费量的 30%。1995 年城镇和农村居民的奶消费量分别为 4.60 千克和 0.64千克，2012 年城乡居民的奶消费量分别为 17.91 千克和 5.29 千克，1995—2012 年，城镇居民人均奶消费年均增长速度为 9.32%，农村居民奶消费年均增长速度为 13.22%，农村居民人均奶消费增长速度快于城镇居民；1995 年城镇居民人均奶消费量是农村居民的 7.19 倍，2012 年城镇居民人均奶消费量是农村居民的 3.39 倍，城乡之间的相对差距有所减小；但 1995—2012 年，城乡居民人均奶消费水平呈明显扩大趋势，1985 年城乡居民人均奶消费水平的绝对差距为 3.96 千克，2012 年扩大到 12.62 千克。

从消费总量上来看，城镇居民一直是我国奶消费的主要群体，1995 年以来城镇居民奶消费占城乡居民奶消费总量的比例一直超过 70%，甚至有的年份达到 90%。但从近十年（2002—2012 年）的变化趋势来看，农村居民奶消费的比例在逐步提高，从 2002 年的大约 10% 提高到 2012 年的大约 20%。

3. 不同收入阶层奶消费差异明显。 从 2000—2012 年城镇和农村居民收入

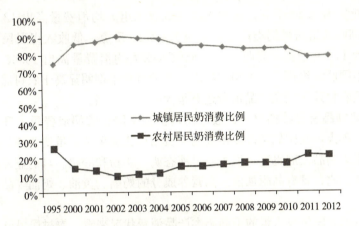

图 19　城乡居民奶消费量占比

数据来源：《中国统计年鉴》（历年）。

五分组的奶消费状况来看，无论是城镇居民还是农村居民，奶消费水平均随着收入水平的提高而提高，但收入组之间的差距非常明显。对农村居民来讲，2002 年高收入组居民奶类产品消费量为 2.47 千克，低收入组居民奶类产品消费量为 0.97 千克，高收入组比低收入组人均消费量高出 1.5 千克；2012 年高收入组居民奶类产品消费量为 7.30 千克，低收入组居民奶类产品消费量为 4.10 千克，高收入组比低收入组人均消费量高出 3.20 千克。对城镇居民来讲，2000 年高收入组居民奶类产品消费量为 18.30 千克，低收入组居民奶类

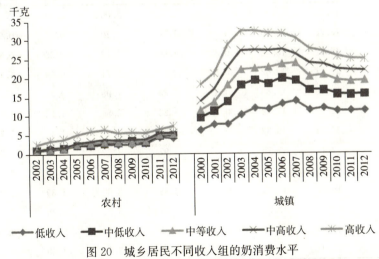

图 20　城乡居民不同收入组的奶消费水平

数据来源：《中国农村统计年鉴》（历年）和《中国城市（镇）生活与价格年鉴》（历年）。

产品消费量为 6.20 千克，高收入组比低收入组人均消费量高出 12.10 千克；2012 年高收入组居民奶类产品消费量为 24.83 千克，低收入组居民奶类产品消费量为 11.17 千克，高收入组比低收入组人均消费量高出 13.66 千克。此外，对不同收入组而言，城镇居民人均奶消费水平都明显高于农村居民。这也说明我国农村地区奶类产品消费还有很大的增长空间。

4. 奶制品消费结构单一，液态奶消费量下降，酸奶消费量上升，奶粉消费量变化不大。我国奶类产品市场的消费结构比较单一，虽然营养、健康、便捷的新型奶制品发展迅速，但主要是液态奶、奶粉和酸奶。与奶业发达国家的消费市场相比，具有高附加值。高营养成分的奶酪、黄油、奶油等品种的消费量很小。

从城镇居民份收入组的不同奶类产品消费状况来看（农村居民分品种的奶类消费数据不可获得），2000—2012 年，城镇居民各收入组人均奶粉消费量都非常小，均不足 0.1 千克。而镇居民各收入组酸奶的消费量均有所增长。液态奶消费在城镇居民奶类产品消费中占主要份额，但在 2003 年后各收入液态奶的人均消费水平均表现出下降的趋势，并且收入水平越高，下降趋势越明显。液态奶人均消费量下降的重要原因是由于人均酸奶消费水平的增长。

表8 城乡居民人均奶类产品消费

单位：千克

年份	城 镇				农 村		
	人均奶消费	液态奶	奶粉	酸奶	人均奶消费	液态奶	其他奶制品
2000	11.55	9.94	0.49	1.12	1.06	0.16	0.90
2001	13.76	11.90	0.50	1.36	1.20	0.27	0.93
2002	18.12	15.72	0.60	1.80	1.19	0.33	0.86
2003	21.71	18.62	0.56	2.53	1.71	0.60	1.11
2004	22.19	18.83	0.51	2.85	1.98	0.78	1.20
2005	21.67	17.92	0.52	3.23	2.86	1.22	1.64
2006	22.54	18.32	0.50	3.72	3.15	1.42	1.73
2007	22.17	17.75	0.45	3.97	3.52	1.62	1.90
2008	19.30	15.19	0.57	3.54	3.43	1.38	2.05
2009	19.27	14.91	0.48	3.88	3.60	1.39	2.21
2010	18.10	13.98	0.45	3.67	3.55	1.40	2.15
2011	17.90	13.70	0.53	3.67	5.16	1.70	3.46
2012	17.91	13.95	0.50	3.46	5.29	1.80	3.49

数据来源：《中国农村统计年鉴》（历年）和《中国城市（镇）生活与价格年鉴》（历年）。

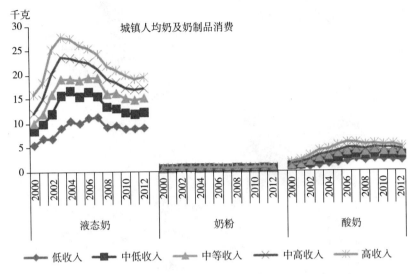

图 21　城镇居民不同收入组的奶消费水平

数据来源：《中国城市（镇）生活与价格年鉴》（历年）。

5. 奶消费地域分布最主要集中在北方，尤其是少数民族地区。我国奶类产品消费的地区差异比较显著，主要表现为北方地区居民奶类产品的消费量普遍高于南方地区，尤其是北方少数民族聚居地区。南方地区，尤其是南方的农村地区，奶类产品的消费量较低。

（五）城乡居民水产品消费状况分析

改革开放以来，我国水产业得到了迅速发展，水产品捕捞、养殖和加工投资快速增长，生产力水平不断提高。随着城乡居民收入水平和生活水平的不断提高，以及渔业生产力水平的提升，我国水产品消费市场逐步发展起来。目前，以低脂肪、高蛋白为主要特征的水产品逐渐在居民食品消费中占据重要位置，水产品消费规模不断扩大，我国已经成为世界上主要的水产品消费国。

1. 人均水产品消费量持续增长。随着经济发展和加工技术的进步，我国水产品市场供应日趋丰富，同时，随着城乡居民收入水平的提高，我国水产品人均消费量增长迅速。1985 年我国城乡居民人均水产品消费量为 2.93 千克，2012 年增长到 10.53 千克，增长了 7.60 千克，年均增长速度为 6.15%。

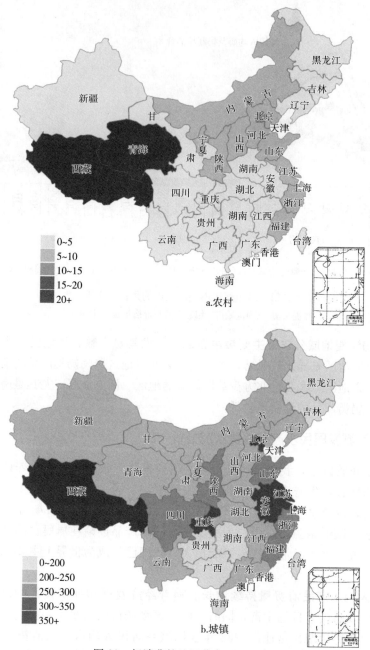

图 22　奶消费的地区分布（2012 年）

数据来源：《中国城镇统计年鉴》和《中国城市（镇）生活与价格年鉴》。

注：a. 城镇为人均消费数量（千克），b. 城镇为人均消费金额（元）。

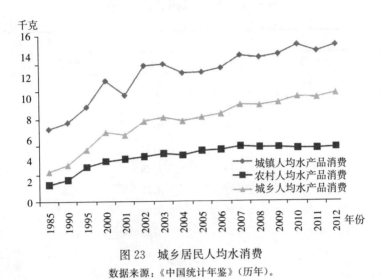

图 23　城乡居民人均水消费

数据来源：《中国统计年鉴》（历年）。

2. 鱼是我国城乡居民水产品消费的主要品种。从水产消费结构来看，随着我国水产养殖业的发展，我国水产品的消费结构也在不断改善，水产养殖业的发展在解决"吃鱼难"问题的同时，实现了向"吃得好"的转变，为广大消费者提供了大量优质廉价、种类繁多、营养丰富的水产品。改革开放初期，我国的水产品消费结构单一，随着我国水产养殖业的发展，我国水产品市场供给不仅数量充足，而且品种繁多、质量较高、价格平稳，成为我国城乡居民菜篮子不可缺少的重要品种，消费量显著提高。但无论在城镇居民的水产品消费中，还是在农村居民的水产品消费中，鱼类仍是最主要品种，占80%以上。

　　3. 城乡水产品消费水平之间的差距仍在扩大。城乡居民人均水产品消费水平之间的相对差距在减小，但绝对差距仍在扩大。1985年城镇和农村居民的水产品消费量分别为7.08千克和1.64千克，2012年城镇和农村居民的水产品消费量分别为15.19千克和5.36千克，1985年城镇和农村居民人均水产品消费水平的绝对差距为5.44千克，2012年扩大到9.83千克。1985—2012年，城镇居民人均水产品消费年均增长速度为4.54%，农村居民水产品消费年均增长速度为5.60%，农村居民人均水产品消费增长速度快于城镇居民；1985年城镇居民人均水产品消费量是农村居民的3.15倍，2012年城镇居民人均水产品消费量是农村居民的2.39倍，城乡之间的相对差距有所减小。

表9　城乡居民人均水产品产品消费

单位：千克

年份	城　镇			农　村	
	水产品	鱼	虾	水产品	鱼
2000	11.74	4.30	0.96	3.92	n.a.
2001	10.33	4.45	1.13	4.12	3.42
2002	13.20	9.60	1.32	4.36	3.64
2003	13.35	9.79	1.33	4.65	3.89
2004	12.04	8.88	1.26	4.50	3.70
2005	12.55	9.37	1.21	4.90	4.10
2006	12.95	9.56	1.29	5.00	4.10
2007	14.20	10.24	1.59	4.40	4.50
2008	14.00	10.44	1.45	5.20	4.30
2009	14.30	10.58	1.59	5.30	4.30
2010	15.21	10.21	1.47	5.15	4.20
2011	14.62	10.02	1.31	5.36	4.40
2012	15.19	10.41	1.36	5.36	4.40

　　从消费总量上来看，目前，城镇居民是我国水产品消费的主要群体，2012年，城镇居民水产品消费占城乡居民水产品消费总量的比例约为75％。而在1985—1995年，城镇居民水产品消费占城乡水产品消费总量的比重与农村居民没有明显差距，1995年大约各占50％。1995—2012年，城镇居民水产品消费占城乡居民水产品消费总量的比例持续上升，成为我国水产品消费的主要群体。主要原因有两个，一是我国城镇人口比例增长迅速，二是我国城镇居民与农村居民人均水产品消费的绝对差距在逐渐扩大。

　　4. 不同收入阶层水产品消费差异明显。从2000—2012年城镇和农村居民收入五分组的水产品消费状况来看，同其他动物源性食品消费相似，无论是城镇居民还是农村居民，水产品消费水平均随着收入水平的提高而提高，但收入组之间的差距非常明显，并且对农村居民来讲，收入组之间的差距表现得尤为明显。2012年，农村居民高收入组人均水产品消费量为11.00千克，低收入组人均水产品消费量为2.50千克，高收入组是低收入组的4.40倍；城镇居民高收入组人均水产品消费量为15.99千克，低收入组人均水产品消费量为7.88千克，高收入大约是低收入组的2倍。

　　此外，无论是城镇居民还是农村居民，对各收入组而言，人均户内水产

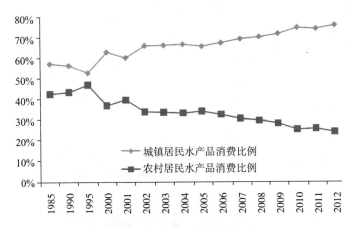

图 24　城乡居民水产品消费量占比

数据来源:《中国统计年鉴》(历年)。

消费水平在 1985—2012 年增长都较为缓慢。原因主要是由于我国城乡居民,尤其对高收入组来讲,在外饮食消费中水产品消费增长较为迅速。

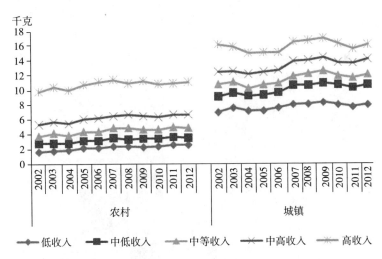

图 25　城乡居民不同收入组的水产品消费水平

数据来源:《中国农村统计年鉴》(历年) 和《中国城市(镇)生活与价格年鉴》(历年)。

5. 水产品消费地域分布主要集中在沿海地区。我国水产品生产具有明显的区域特点,因而也形成了水产品消费的地域特征。我国水产品生产主要集中在山东、广东、福建、江苏、浙江、辽宁、湖北、广西、江西、湖南、安徽及海南等沿海省(区),2012 年以上 12 省(区)水产品产量占全国总产量的

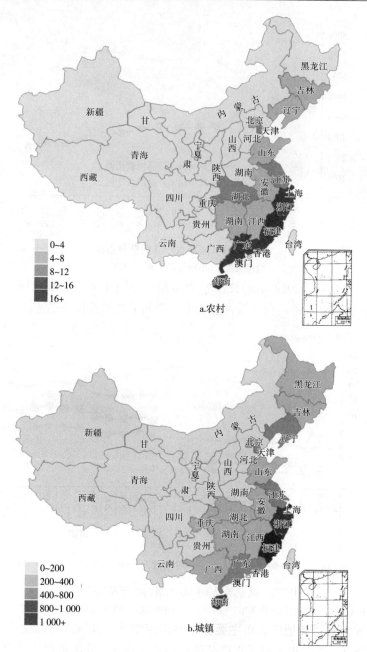

图 26　水产品消费的地区分布（2012 年）

数据来源：《中国城镇统计年鉴》和《中国城市（镇）生活与价格年鉴》。

注：a. 农村为人均消费数量（千克），b. 城镇为人均消费金额（元）。

90％以上。由于水产品消费以生鲜产品消费为主，所以产地居民水产品消费更便利，价格更便宜，再加之长期形成的消费习惯，使得产地居民的水产品消费高于其他地区。分地区来看，东部和东南沿海地区水产品丰富，居民对水产品的消费更多；而内陆居民尤其是中西部地区水产资源较少，主要从畜产品中获取动物蛋白，因而使得我国的水产品消费呈现明显的地域差异。无论是城镇还是农村地区，中西部地区水产品消费水平仍远远低于东部地区。以 2012 年各区域农村居民家庭人均水产消费量为例，由高到低依次为东部地区 12.25 千克、中部地区 4.85 千克、东北部地区 4.41 千克和西部地区 1.45 千克，消费最多的东部地区与消费最少的西部地区相差超过 8 倍。

二、我国动物源性食品消费影响因素分析

（一）城乡居民收入的增长拉动动物源性食品消费增长

居民收入水平是影响人均畜产品消费水平的重要因素。改革开放以来我国城乡居民收入水平有了大幅度的提高，1978 年人均收入为 171.19 元，2012 年增长到 16 668.52 元，年均增长速度达到 14.42％；其中，城镇居民 1978 年人均收入为 434.40 元，2012 年增长到 24 564.70 元，年均增长速度达到 13.38％；农村居民 1978 年人均收入为 133.6 元，2012 年增长到 7 916.58 元，年均增长速度达到 12.75％。随着收入水平的提高，城乡居民消费越来越关注食物营养，也因此拉动了富含蛋白质以及多种营养的动物源产品的消费。一方面，城乡居民收入水平的大幅提高拉动了户内人均动物源性食品消费的迅速增长；另一方面，城乡居民收入水平的大幅提高促进了居民消费性支出中用于在外就餐的支出逐步增加，也拉动了城乡居民人均动物源性食品消费的迅速增长。

收入水平的变化对水产品消费产生影响的程度取决于收入增长的速度，以及动物源性食品的需求收入弹性。需求收入弹性越大，当收入增长时，居民对该食品的需求的增长越多。虽然以往研究中并不缺乏对动物源性食品需求收入弹性的研究，但由于研究方法和研究样本的不同，研究者们得到的结论也存在差异（附表 1 汇总了已有文献关于我国居民动物源性食品的需求收入弹性的研究结果）。虽然已有相关研究的结论不尽相同，但总的来说，根据这些研究可以归纳出以下几点共性规律：一是，绝大多数食物，包括动物源食物的需求遵循收入弹性递减的规律，即随着收入水平的提高，动物源食物的需求收入弹性逐渐降低；二是，动物源性食品的需求收入弹性大于粮食的需求收入弹性；三

是，农村居民动物源性食品的需求收入弹性大于城镇居民动物源性食品的需求收入弹性。因此，未来随着我国经济的持续发展，城乡居民收入将持续增长，城乡居民对动物源性食品的需求也将继续增长，并且总体来讲，农村居民对动物源性食品的消费量的增长速度大于城镇居民。

（二）人口数量和结构的变动带动动物源性食品消费增长

人口因素对水产品消费的影响主要体现在人口规模和人口结构两个方面。1978 年我国人口数量为 9.63 亿，2005 年达到 13 亿，之后每年以 600 万～1 000万的数量增加，2010 年达到 13.54 亿人。人口数量决定了市场容量与规模。对于动物源性食品消费来说，庞大的人口总量及其增长速度蕴藏着巨大的动物源性食品消费市场，人均消费量的小幅增长将带来全国总量的大幅增长。未来，我国人口数量的增加仍然对水产品总量的增加有着明显的影响。

同时，人口结构的变化也会对动物源性食品消费结构产生影响。一方面，改革开放以来，家庭规模的小型化成为我国城乡家庭结构变化的重要特征之一。一般来说，人口规模越大、构成越广泛，需求的市场结构细分程度就越高。而从单个家庭来说，在人均收入等因素相同的情况下，人口多的家庭对主食消费比较多，谷物等主食的需求曲线将上升，动物源性食品等副食的需求曲线将下移；反之，人口比较少的家庭，主食的需求曲线将下移，副食的需求曲线会上移。因此，家庭规模小型化促进了对动物源性食品的需求增加。另一方面，我国近年来老龄人口逐年增加，据国家统计局全国人口变动情况抽样调查数据显示，2000—2012 年，我国 65 岁以上老人的比例由 7.00％一路上升至 9.40％，老龄化趋势非常明显。老龄化会带来食物消费结构和消费数量的变化，因为老年人、中年人、青年人对动物源性食品的需求是存在较大差异的。例如，相对来讲，老年人会减少肉类，尤其是红肉的消费。虽然，目前老龄化带来的影响并未显现，但在未来的发展中是非常值得关注的问题。

（三）城市化水平的提高推动动物源性食品消费增长

城市化水平与动物源性食品消费之间的相关性很强。我国城镇化水平在改革开放以来的三十多年中也有很大提高，城镇人口所占比重从 1978 年的 17.92％增长到 2012 年的 52.57％，这也在很大程度上带动了我国动物源性食品消费的增长。城市化水平之所以能对我国动物源性食品的消费产生影响，第一是由于城乡居民在消费习惯和消费结构上存在较大差异。城市居民需要较少的能量来维持身体的需要，因此城市居民消费更多的动物源性食品、水果和蔬菜；而农村居民消费更多的是谷物及块根。随着城市化水平的提高，动物源性食品、蔬菜水果类的人均消费不断增长，谷物和块根类有所下降。第二，城市化提高了部分居民的收入水平，居民的食品消费结构也随之发生改变，对动物源性食品的购买能力大大增强。同时，城市化的发展也带来了更便捷的动物源性食品销售市场，使得动物源性食品的可获性增强。未来，我国城镇化水平将进一步提高，这将继续影响我国未来动物源性食品消费。

（四）生活方式的改变促进动物源性食品消费增长

收入水平的提高、城市化进程的推进以及工作方式的转变正逐步改变着人们的生活方式。居民家庭户内动物源性食品消费保持稳定增长的同时，户外消费显著增加。根据统计数据显示（表10），随着居民收入的增长，在外用餐的消费支出水平越来越高，在外用餐的消费支出占食物消费总支出的比重越来越高。1995年城镇居民在外用餐金额160元，2000年提高到近300元，2012年达到1 315元；1995年城镇居民在外用餐支出占食物总支出的比重不到10%，而2000年这一比重提高到15%，2012年这个比重继续提高到20%以上。从五分收入组的在外用餐支出金额来看，2000年，最高收入户在外用餐平均消费支出金额为588元，最低收入户在外用餐平均消费支出金额为110元；到2012年，最高收入户和最低收入户在外用餐平均消费支出金额为分别提高到3 516元和374元。从城镇居民不同收入阶层的食物支出结构来看，最低收入户2000年在外用餐的消费支出占食物消费总支出的比重为9%，到2012年增长了3个百分点，达到12%；最高收入户2000年在外用餐的消费支出占食物消费总支出的比重为21%，到2012年增长了12个百分点，达到33%。可以预计，随着经济的快速增长和居民收入的大幅提高，我国户外动物源性食品消费还有着巨大的发展空间。

表10 城镇居民在外饮食支出

单位：元，%

年份	食物支出	在外饮食支出	在外比例	食物支出	在外饮食支出	在外比例	食物支出	在外饮食支出	在外比例	食物支出	在外饮食支出	在外比例
	总平均			最低收入户			低收入户			中等偏下收入户		
2000	1 958	288	15	1 257	110	9	1 524	165	11	1 749	202	12

（续）

年份	食物支出	在外饮食支出	在外比例	食物支出	在外饮食支出	在外比例	食物支出	在外饮食支出	在外比例	食物支出	在外饮食支出	在外比例
	总平均			最低收入户			低收入户			中等偏下收入户		
2001	2 014	314	16	1 301	119	9	1 570	175	11	1 791	228	13
2002	2 272	414	18	1 127	99	9	1 458	153	10	1 773	234	13
2003	2 417	438	18	1 223	103	8	1 595	171	11	1 926	249	13
2004	2 710	533	20	1 418	129	9	1 827	214	12	2 202	317	14
2005	2 914	607	21	1 476	144	10	1 926	246	13	2 336	361	15
2006	3 112	691	22	1 586	177	11	2 073	289	14	2 484	404	16
2007	3 628	761	21	1 904	213	11	2 451	319	13	2 493	458	18
2008	4 260	878	21	2 182	221	10	2 846	346	12	3 429	509	15
2009	4 479	976	22	2 294	255	11	3 009	396	13	3 640	597	16
2010	4 805	1 019	21	2 525	287	11	3 247	445	14	3 946	649	16
2011	5 506	1 183	21	2 949	341	12	3 716	536	14	4 536	753	17
2012	6 041	1 315	22	3 235	374	12	4 077	588	14	4 976	826	17

年份	食物支出	在外饮食支出	在外比例	食物支出	在外饮食支出	在外比例	食物支出	在外饮食支出	在外比例	食物支出	在外饮食支出	在外比例
	中等收入户			中等偏上收入户			高收入户			最高收入户		
2000	1 961	273	14	2 216	357	16	2 459	452	18	2 847	588	21
2001	2 033	293	14	2 272	387	17	2 510	484	19	2 921	658	23
2002	2 140	333	16	2 597	476	18	3 171	685	22	4 101	1 154	28
2003	2 294	355	15	2 763	506	18	3 338	703	21	4 333	1 284	30
2004	2 581	432	17	3 131	630	20	3 741	894	24	4 915	1 594	32
2005	2 839	513	18	3 426	727	21	4 151	1 042	25	5 367	1 834	34
2006	3 019	582	19	3 648	835	23	4 392	1 168	27	5 747	2 050	36
2007	3 538	647	18	4 230	900	21	5 062	1 305	26	6 440	2 156	33
2008	4 181	748	18	5 044	1 080	21	6 087	1 539	25	7 874	2 706	34
2009	4 410	831	19	5 367	1 226	23	6 360	1 732	27	8 135	2 864	35
2010	4 774	914	19	5 710	1 248	22	6 756	1 768	26	8 535	2 801	33
2011	5 467	1 069	20	6 515	1 447	22	7 790	2 058	26	9 682	3 205	33
2012	5 998	1 172	20	7 148	1 588	22	8 546	2 258	26	10 622	3 516	33

数据来源：《中国城市（镇）生活与价格年鉴》（历年）。

三、我国未来动物源性食品消费预测

对我国未来动物源性食品消费形势的把握主要从四个方面着手，一是分析人均需求量以把握未来人均需求的演变趋势；二是分析需求收入弹性以判断当城乡居民收入增长时对各类食物需求量的变化；三是收集和比较已有关于我国动物源性食品生产和消费的预测；四是分析未来我国动物源性食品可能的进口趋势。

（一）估测人均需求量

受统计数据的限制，已有对我国动物源性食品消费的分析主要是针对城乡居民的户内消费。但是对于未来人均动物源性食品消费的趋势的判断，除了考虑户内消费量外，还必须考虑户外消费。参照我国猪、牛、羊、禽肉、禽蛋、奶以及水产品的产量、进出口数量，以及相关研究得到的各畜禽和水产品的加工、运输过程的损耗等数据编制了各畜禽和水产品的供需平衡表，从中可以估测出我国动物源性食品的人均需求量（表11）。各品种的均衡表的详细数据见附表2～附表8。

表11　动物源性食品人均消费量

年份	猪肉	牛肉	羊肉	家禽	禽蛋	奶	水产品
1978	9.03	0.32	0.34	1.58	2.48	3.10	4.4
1980	12.17	0.37	0.46	1.68	2.68	3.04	4.2
1985	16.39	0.50	0.57	1.92	4.78	4.58	6.5
1990	20.73	1.03	0.95	3.29	6.53	6.04	10.2
1995	27.18	2.97	1.46	7.20	12.86	7.76	19.6
2000	32.39	4.15	2.15	10.29	15.92	9.76	27.0
2001	32.74	4.07	2.17	9.92	16.02	11.19	27.0
2002	33.05	4.16	2.26	9.94	16.30	13.49	28.0
2003	33.67	4.31	2.43	10.31	16.67	16.81	28.6
2004	34.08	4.40	2.60	10.18	16.83	20.64	29.8
2005	35.49	4.42	2.72	10.80	17.17	23.88	31.2
2006	36.01	4.46	2.80	11.07	17.00	27.27	31.6

（续）

年份	猪肉	牛肉	羊肉	家禽	禽蛋	奶	水产品
2007	33.31	4.72	2.94	11.72	17.61	29.03	32.6
2008	34.99	4.60	2.89	12.48	18.46	26.67	33.8
2009	36.66	4.76	2.96	12.72	18.66	26.03	35.0
2010	37.86	4.87	3.01	12.90	18.70	26.52	36.4

数据来源：课题组计算。

（二）估测需求收入弹性

收入水平的变化对水产品消费产生影响的程度取决于收入增长的速度以及动物源性食品的需求收入弹性。需求收入弹性是把握食品需求变动的重要判断依据。需求收入弹性越大，当收入增长时，居民对该食品的需求增长越多。附表1汇总了已有文献关于我国居民动物源性食品的需求收入弹性的研究结果，但是，这些以往的研究大都没有对需求收入弹性随时间变化的趋势予以关注。由于我国城乡居民收入在过去三十年里已经有了明显的增长，并且未来仍将继续增长，不同收入水平下的需求收入弹性势必会有所不同，因此，估测不同年度间的需求收入弹性非常有助于把握动物源性食品需求的变动趋势。表 12 汇报了主要年份的动物源性食品需求收入弹性，附表 9 汇报了 1978—2010 年历年动物源性食品需求收入弹性值。

表 12　动物源性食品需求收入弹性

项目	1978 年	1980 年	1985 年	1990 年	1995 年	2000 年	2005 年	2010 年
猪肉	1.542 9	1.381 2	0.94	0.732	0.493	0.384 9	0.299 2	0.236 6
牛肉	3.194 9	2.876	2.005 8	1.595 5	1.124	0.910 8	0.741 9	0.618 3
羊肉	1.849 1	1.738 1	1.435 3	1.292 5	1.128 4	1.054 2	0.995 4	0.952 4
禽肉	2.163	1.983	1.491 9	1.260 3	0.994 2	0.873 9	0.778 5	0.708 8
禽蛋	2.104 8	1.862 8	1.202 7	0.891 4	0.533 7	0.372	0.243 8	0.150 1
奶	−1.429 1	−1.047 4	−0.006 4	0.484 5	1.048 6	1.303 7	1.505 8	1.653 6
水产品	2.167 8	1.916 8	1.232 1	0.909 2	0.538 2	0.370 5	0.237 5	0.140 3

数据来源：课题组计算。

（三）预测未来我国动物源性食品消费

考虑到未来国民经济增长速度、畜禽产品市场消费量增幅出现波动的可能性及其他不可预见因素，结合最近几年畜禽产品生产和消费变化趋势，采用三种不同的方法对我国动物源性食品的未来消费状况进行预测。一是，通过简单的趋势分析，即通过 1978—2010 年我国人均动物源性食品的消费数量的增长趋势对未来消费数量做出预测。二是，通过简单消费数量对时间趋势的回归分析，即利用 1978—2010 年的动物源性食品消费数量与时间趋势和时间趋势的平方项构建回归方程，得到动物源性食品消费数量与时间趋势的关系方程，以此对未来通过预测消费数量做出预测。三是，通过收入弹性进行预测，即通过构建人均动物源性食品的消费数量与人均 GDP、动物源性食品价格、替代品价格的回归方程，得到动物源性食品的需求收入弹性，再对 GDP 的增长情况做出假定（分别假定为年均增长 6%、8% 和 10%），对不同设定情景下的动物源性食品未来消费数量进行预测。上述三种方法对我国动物源性食品 2015 年和 2020 年消费数量的预测结果分别在表 13 和表 14 中进行汇报。同时，其他已有研究（FA-PRI、OECD 和 USDA）对我国动物源性食品消费数量的预测结果也在汇总在表 13 和表 14 中，以进行比较。2011—2020 年历年详细数据见附表 10 -附表 16。

表 13 2015 年动物源性食品消费量预测

单位：千吨，千克

	指标	猪肉	牛肉	羊肉	禽肉	禽蛋	奶	水产品
USDA	人均消费量	41.0	4.3		10.6			
	总消费量	55 834	5 795		14 371			
	总产量	55 804	5 812		14 543			
FAPRI	人均消费量	42.6	4.6				27.6	
	总消费量	57 979	6 331				37 577	
	总产量	57 657	6 244				37 258	
OECD - FAO	人均消费量	39.3	4.6	3.2	13.2		34.5	
	总消费量	55 065	6 504	4 425	18 610		48 362	
	总产量	55 285	6 507	4 353	18 540		50 674	
课题组预测方法 1	人均消费量	33.7	5.4	4.1	13.6	21.3	99.8	38.5
	总消费量	47 227	7 513	5 760	19 066	29 815	139 787	53 885

（续）

指标		猪肉	牛肉	羊肉	禽肉	禽蛋	奶	水产品
课题组预测方法 2	人均消费量	44.4	6.3	4.6	15.0	26.0	37.8	48.7
	总消费量	62 260	8 761	6 462	20 981	36 411	52 897	68 272
课题组预测方法 3，6%	人均消费量	38	6.7	5	17.8	21.1	76.2	38.4
	总消费量	53 271	9 328	6 999	24 916	29 529	106 762	53 865
课题组预测方法 3，8%	人均消费量	38.8	7	5.5	18.9	21.3	89.5	38.8
	总消费量	54 323	9 833	7 638	26 547	29 832	125 358	54 361
课题组预测方法 3，10%	人均消费量	39.5	7.4	5.9	20.2	21.5	104.9	39.1
	总消费量	55 346	10 344	8 317	28 234	30 108	146 951	54 804

数据来源：USDA、FAPRI、OECD‐FAO、课题组计算。

表 14　2020 年动物源性食品消费量预测

单位：千吨，千克

		猪肉	牛肉	羊肉	禽肉	禽蛋	奶	水产品
USDA	人均消费量	44.3	4.7		11.9			
	总消费量	61 397	6 535		16 334			
	总产量	61 390	6 558		16 474			
FAPRI	人均消费量	47.8	5.3				34.3	
	总消费量	66 244	7 364				47 451	
	总产量	65 781	7 077				47 290	
OECD‐FAO	人均消费量	43.1	5.1	3.4	14.7		40.1	
	总消费量	61 202	7 184	4 876	20 921		56 974	
	总产量	61 482	7 180	4 798	20 849		59 064	
课题组预测方法 1	人均消费量	34.4	5.9	5.1	14.9	22.9	209.7	40.4
	总消费量	48 873	8 360	7 296	21 205	32 476	297 722	57 333
课题组预测方法 2	人均消费量	49.2	7.2	5.8	17	29.4	47.6	54.9
	总消费量	69 775	10 164	8 218	24 162	41 737	67 640	77 961

（续）

		猪肉	牛肉	羊肉	禽肉	禽蛋	奶	水产品
课题组预测方法3，6%	人均消费量	40.3	7.8	6.5	21.6	21.7	126.2	39.4
	总消费量	57 261	11 100	9 297	30 698	30 802	179 197	55 996
课题组预测方法3，8%	人均消费量	41.8	8.6	7.8	24.5	22.0	175.5	39.9
	总消费量	59 330	12 247	11 042	34 708	31 267	249 186	56 710
课题组预测方法3，10%	人均消费量	43.2	9.5	9.2	27.5	22.3	243.5	40.4
	总消费量	61 341	13 448	13 060	39 088	31 659	345 647	57 285

数据来源：USDA、FAPRI、OECD - FAO、课题组计算。

总的来看，对于猪肉、禽蛋和水产品而言，各种方法得到预测数据较为接近，而对牛肉、羊肉、禽肉及奶类产品而言，不同方法得到的预测数据差异较大。在进行具体的预测分析时，还要参照动物源性食品各品种的生产情况，以及动物源性食品各品种的消费状况的历史演变趋势和现状。

1. 猪肉消费预测。 根据附表 10，1978 年我国猪肉人均消费量大约为 9 千克，处于一个较低的水平。1978—2010 年，我国居民人均消费水平稳定增长，到 2010 年增长到大约 37 千克。根据报告第一部分的分析，我国猪肉消费量仍将继续增长，虽然在未来人均猪肉消费量的增长速度可能会减缓。未来我国猪肉消费的增长将主要来自于城镇居民的低收入组和农村居民。根据各种预测方法得到的预测数据判断，2015 年我国人均猪肉消费量约为 39.3 千克，2020 年约为 43.1 千克。

2. 牛肉消费预测。 我国人均牛肉消费数量一直处于相对较低的水平，但人均消费数量总体保持增长趋势。根据附表 11，1978 年我国牛肉人均消费量为 0.32 千克，处于一个非常低的水平，2000 年我国人均牛肉消费量超过 4 千克，到 2010 年增长到近 5 千克。虽然，从绝对量上来看，目前我国人均牛肉消费水平仍不高，但随着人均收入的增长以及人口数量的增加，人均牛肉消费水平以及牛肉总消费水平仍将进一步增长。根据各种预测方法得到的预测数据判断，2015 年我国人均牛肉消费量约为 5.0 千克，2020 年约为 5.5 千克。

3. 羊肉消费预测。 同牛肉类似，我国人均羊肉消费数量一直处于相对较低的水平，但人均消费数量总体保持增长趋势。根据附表 12，1978 年我国羊肉人均消费量为 0.34 千克，2010 年我国人均羊肉消费量增长到大约 3 千克，增长速度略低于人均牛肉消费数量。根据附表 12 估测的羊肉需求收入弹性和报告第一部分分析的消费趋势，我国羊肉需求量仍将进一步增长。根据各种预测方法得到的预测数据判断，2015 年我国人均羊肉消费量约为 3.2 千克，2020 年约为 3.4 千克。

4. 禽肉消费预测。根据附表 13，1978 年我国居民人均禽肉消费数量大约为 1.5 千克，过去三十年间，我国居民人均禽肉消费数量迅速增长，到 2010 年增长到近 12.9 千克。根据附表 13 中的估测，禽肉需求收入弹性随着收入的增长而增长，说明人均禽肉消费数量仍将以较快的速度增长。根据报告第一部分的分析，禽肉消费的增长将主要来自于城镇居民的低收入组和农村居民。根据各种预测方法得到的预测数据判断，2015 年我国人均禽肉消费量约为 13.6 千克，2020 年约为 14.9 千克。

5. 禽蛋消费预测。根据附表 14，1978 年我国居民人均禽蛋消费数量大约为 2.5 千克，到 2010 年增长到近 19 千克。附表 14 中的估测，禽蛋的需求收入弹性呈现下降的趋势，说明随着收入的增长，人均禽蛋消费增长的速度将越来越缓慢。根据各种预测方法得到的预测数据判断，2015 年我国人均禽蛋消费量约为 21.3 千克，2020 年约为 22.0 千克。

6. 奶类消费预测。在过去，奶类产品主要为少数民族群众消费，因此在 1978 年我国人均奶类消费水平非常低，大约为 3 千克。但现在，奶类产品已经被越来越多的人所接受。目前，城镇居民对液态奶，以及其他奶类产品的消费已经非常普遍；甚至在农村地区，尤其是经济水平相对较高的农村地区，居民也已经开始消费奶类产品。2010 年，我国人均奶类消费水平超过 25 千克。根据附表 15 中的估测，奶类需求收入弹性随着收入的增长而增长，说明人均奶类消费数量仍将以较快的速度增长。根据各种预测方法得到的预测数据判断，2015 年我国人均奶类消费量约为 34.5 千克，2020 年约为 40.1 千克。

7. 水产品消费预测。水产品一直深受我国城乡居民的欢迎。根据附表 16，1978 年我国人均水产品消费量不到 5 千克，2010 年增长到约 36 千克。根据附表 16 的估测，水产品具有较高的需求收入弹性，以及根据报告第一部分的分析，高收入组居民对水产品消费具有明显的偏好，说明收入水平的提高大大带动了人均水产品消费数量的增长。但是，附表 16 中的估测，水产品的需求收入弹性呈现下降的趋势，说明随着收入的增长，人均水产品消费增长的速度将越来越缓慢。根据各种预测方法得到的预测数据判断，2015 年我国人均水产品消费量约为 38.8 千克，2020 年约为 39.9 千克。

附件:

附表 1　已有文献关于我国居民动物源性食品的需求收入弹性的研究结果

研究	样本区间	地区	粮食	肉类	猪肉	牛肉	羊肉	禽肉	奶	禽蛋	水产品
Lewis and Andrews(1989)	1982—1985	全国	0.34								
Tian(1990)	1984—1988	城镇			1.04	1.19	1.19	1.62		1.18	1.51
		农村			1.41	0.61	0.61	1.99		1.14	
Ma(2003)	20世纪80年代	城镇			0.682	1.684	1.293	1.954	1.589	1.245	
		农村			0.795	1.085	0.454	1.694		1.643	
Yan(2002)	1981—1993	城镇	−0.49	0.35							
		农村	0.01	0.63							
Fan and Wailes(1994)	1993	农村		0.55				0.54			
Shen(1995)	1980—1994	城镇	0.31								
Liu and Chern(2001)	1992—1996	全国	1.30a/1.04b/0.20c/0.32d								
Mei(2001)	1996	农村	0.009	0.126						1.131	3.01
Ma(2003)	20世纪90年代	城镇			0.659	1.411	1.246	1.481	1.488	1.334	
		农村			0.764	1.121	0.749	1.389		1.697	
FAO		全国	0.25(大米)/0.3(小麦)		0.45	1.16	0.45	0.6	0.75		
IFPRI		全国	0(大米)/0.3(小麦)		0.4	1.2	0.6	0.6	0.5		
FAPRI		城镇			0.1	0.45	0.45	0.45			
		农村			0.12	0.46	0.46	0.46			

注:肉类包括猪牛羊肉。a-d:分别通过 LA/AIDS、AIDS、LES 和 QES 计算得到的收入弹性。
数据来源:Fan and Agcaoili-Sombilla(1997)、Chen(2004)、Zhou and Tian(2005, p. 132)、ERS of USDA(www.ers.usda.gov/Data/Elasticities/app/)、FAPRI(www.fapri.iastate.edu/tools/elasticity.aspx)。

附表 2   猪肉供需均衡表

单位：千吨，千克/人

	产量	进口	出口	净出口	库存变动	国内总需求	消费	损耗和其他	人均消费
1978	8 772	30	102	72	0	8 700	8 693	7.70	9.03
1980	12 125	43	144	101	0	12 025	12 016	9.30	12.17
1985	17 567	92	300	208	0	17 359	17 346	12.50	16.39
1990	24 016	139	444	305	0	23 711	23 696	14.60	20.73
1995	33 401	181	662	482	15	32 935	32 918	16.70	27.18
2000	40 752	512	198	−314	0	41 066	41 047	18.90	32.39
2001	41 654	439	293	−145	0	41 800	41 780	19.70	32.74
2002	42 323	536	385	−152	0	42 474	42 455	19.70	33.05
2003	43 434	608	510	−98	0	43 531	43 510	20.70	33.67
2004	44 479	536	672	137	0	44 342	44 299	43.00	34.08
2005	46 622	417	607	191	0	46 431	46 404	27.70	35.49
2006	47 591	436	670	234	0	47 357	47 329	28.60	36.01
2007	43 933	620	505	−115	0	44 048	44 017	30.60	33.31
2008	46 205	373	82	−291	0	46 496	46 466	30.60	34.99
2009	48 908	135	87	−48	0	48 955	48 925	30.60	36.66
2010	50 712	201	110	−91	0	50 804	50 773	30.60	37.86

数据来源：FAO、《中国统计年鉴》（历年）、课题组计算。

附表 3   牛肉供需均衡表

单位：千吨，千克/人

	产量	进口	出口	净出口	库存变动	国内总需求	消费	损耗和其他	人均消费
1978	282	38	10	−28	−1	309	308	1	0.32
1980	342	37	18	−18	1	361	360	1	0.37
1985	511	71	58	−13	0	524	523	2	0.50
1990	1 302	107	227	120	1	1 183	1 181	2	1.03
1995	3 598	159	160	1	0	3 597	3 595	2	2.97
2000	5 156	170	72	−98	0	5 254	5 252	2	4.15
2001	5 108	164	83	−82	0	5 189	5 188	2	4.07
2002	5 240	195	85	−110	0	5 350	5 348	2	4.16
2003	5 445	205	80	−125	0	5 570	5 568	2	4.31

（续）

	产量	进口	出口	净出口	库存变动	国内总需求	消费	损耗和其他	人均消费
2004	5 625	183	93	−90	0	5 714	5 712	2	4.40
2005	5 703	201	130	−71	0	5 774	5 772	2	4.42
2006	5 788	223	151	−72	0	5 861	5 859	2	4.46
2007	6 154	257	172	−85	0	6 238	6 236	2	4.72
2008	6 132	4	23	19	0	6 113	6 111	2	4.60
2009	6 355	14	13	−1	0	6 356	6 354	2	4.76
2010	6 531	24	22	−2	0	6 532	6 530	2	4.87

数据来源：FAO、《中国统计年鉴》（历年）、课题组计算。

附表 4 羊肉供需均衡表

单位：千吨，千克/人

	产量	进口	出口	净出口	库存变动	国内总需求	消费	人均消费
1978	321	3	1	−3	0	323	323	0.34
1980	451	7	4	−3	0	454	454	0.46
1985	594	10	2	−8	0	601	601	0.57
1990	1 069	16	4	−12	0	1 081	1 081	0.95
1995	1 749	21	2	−19	0	1 768	1 768	1.46
2000	2 690	46	5	−42	0	2 731	2 731	2.15
2001	2 721	53	4	−49	0	2 770	2 770	2.17
2002	2 838	69	5	−63	0	2 902	2 902	2.26
2003	3 090	64	13	−51	0	3 141	3 141	2.43
2004	3 332	67	24	−43	0	3 375	3 375	2.60
2005	3 504	77	30	−47	0	3 552	3 552	2.72
2006	3 642	73	34	−39	0	3 681	3 681	2.80
2007	3 830	81	23	−58	0	3 888	3 888	2.94
2008	3 803	55	15	−41	0	3 844	3 844	2.89
2009	3 894	66	10	−57	0	3 951	3 951	2.96
2010	3 989	57	13	−43	0	4 032	4 032	3.01

数据来源：FAO、《中国统计年鉴》（历年）、课题组计算。

附表5　禽肉供需均衡表

单位：千吨，千克/人

	产量	进口	出口	净出口	库存变动	国内总需求	消费	损耗和其他	人均消费
1978	1 532	54	37	−17	0	1 549	1 547	2	1.58
1980	1 663	70	46	−25	0	1 688	1 685	2	1.68
1985	2 017	83	18	−65	0	2 081	2 078	3	1.92
1990	3 740	250	130	−120	0	3 860	3 854	6	3.29
1995	8 674	967	641	−326	−65	8 935	8 919	15	7.20
2000	12 689	1 971	1 344	−628	40	13 356	13 332	24	10.29
2001	12 524	1 697	1 251	−446	0	12 970	12 940	30	9.92
2002	12 732	1 448	1 135	−313	30	13 075	13 056	18	9.94
2003	13 135	1 473	1 017	−456	45	13 636	13 611	25	10.31
2004	13 237	817	440	−377	−70	13 544	13 489	55	10.18
2005	14 055	1 011	610	−402	−15	14 442	14 430	12	10.80
2006	14 286	1 289	706	−583	20	14 888	14 875	13	11.07
2007	15 039	1 560	818	−742	65	15 846	15 829	17	11.72
2008	15 992	833	168	−665	−65	16 592	16 575	17	12.48
2009	16 409	750	174	−576	0	16 985	16 968	17	12.72
2010	16 980	542	206	−336	0	17 316	17 299	17	12.90

数据来源：FAO、《中国统计年鉴》（历年）、课题组计算。

附表6　禽蛋供需均衡表

单位：千吨，千克/人

	产量	进口	出口	净出口	库存变动	国内总需求	消费	损耗和其他	人均消费
1978	2 644	64	49	−15	0	2 660	2 390	269	2.48
1980	2 935	73	64	−8	0	2 943	2 645	298	2.68
1985	5 545	75	57	−19	0	5 563	5 055	508	4.78
1990	8 175	89	46	−44	0	8 219	7 463	756	6.53
1995	17 085	93	31	−62	0	17 146	15 581	1 565	12.86
2000	22 213	89	69	−20	0	22 233	20 176	2 057	15.92
2001	22 497	91	65	−26	0	22 523	20 442	2 081	16.02
2002	23 039	91	90	−1	0	23 041	20 939	2 101	16.30
2003	23 711	92	102	10	0	23 700	21 540	2 160	16.67

（续）

	产量	进口	出口	净出口	库存变动	国内总需求	消费	损耗和其他	人均消费
2004	24 081	94	97	3	0	24 078	21 876	2 202	16.83
2005	24 726	95	93	−2	0	24 728	22 454	2 273	17.17
2006	24 598	95	92	−3	0	24 601	22 343	2 258	17.00
2007	25 654	100	135	34	0	25 620	23 264	2 356	17.61
2008	27 022	0	84	84	0	26 938	24 582	2 423	18.46
2009	27 425	0	78	78	0	27 347	24 991	2 444	18.66
2010	27 627	0.02	100	100	0	27 527	25 171	2 453	18.70

数据来源：FAO、《中国统计年鉴》（历年）、课题组计算。

附表 7　奶类供需均衡表

单位：千吨，千克/人

	产量	进口	出口	净出口	库存变动	国内总需求	消费	损耗和其他	人均消费
1978	2 811	746	15	−732	0	3 543	2 981	562	3.10
1980	2 928	748	21	−726	−1	3 653	3 000	653	3.04
1985	4 758	1 132	58	−1 074	0	5 832	4 847	985	4.58
1990	7 037	1 211	102	−1 109	0	8 146	6 905	1 243	6.04
1995	9 458	1 844	502	−1 342	0	10 799	9 405	1 397	7.76
2000	12 374	2 109	545	−1 565	5	13 943	12 376	1 571	9.76
2001	14 515	1 900	370	−1 530	5	16 050	14 283	1 771	11.19
2002	17 335	2 233	362	−1 870	0	19 206	17 334	1 873	13.49
2003	21 871	2 283	397	−1 886	−1	23 757	21 720	2 038	16.81
2004	27 023	2 432	464	−1 968	−1	28 989	26 834	2 157	20.64
2005	32 023	2 090	508	−1 582	3	33 607	31 219	2 390	23.88
2006	36 472	2 465	530	−1 935	1	38 408	35 848	2 562	27.27
2007	39 824	2 266	1 009	−1 257	2	41 083	38 354	2 730	29.03
2008	37 815	351	121	−230	0	38 045	35 315	2 624	26.67
2009	36 777	597	37	−560	0	37 337	34 607	2 599	26.03
2010	37 480	745	34	−712	0	38 192	35 462	2 629	26.52

数据来源：FAO、《中国统计年鉴》（历年）、课题组计算。

附表8　水产品供需均衡表

	产量	进口	出口	净出口	库存变动	国内总需求	消费	损耗和其他	人均消费
1978	4 654	267	172	−95	0	4 749	4 274	781	4.4
1980	4 497	301	204	−97	−19	4 575	4 117	872	4.2
1985	7 052	870	296	−574	−4	7 622	6 860	2 832	6.5
1990	12 370	1 195	609	−586	4	12 960	11 664	4 013	10.2
1995	25 172	2 109	875	−1 234	−6	26 400	23 760	9 232	19.6
2000	37 062	2 520	1 534	−986	−11	38 037	34 234	11 883	27.0
2001	37 959	2 314	1 953	−361	18	38 338	34 504	10 337	27.0
2002	39 549	2 491	2 085	−406	0	39 955	35 959	10 877	28.0
2003	40 770	2 330	2 100	−230	0	41 000	36 900	10 404	28.6
2004	42 466	2 986	2 421	−565	−18	43 013	38 711	12 188	29.8
2005	44 199	3 659	2 568	−1 091	18	45 308	40 777	14 933	31.2
2006	45 836	3 322	3 015	−307	−1	46 142	41 528	12 080	31.6
2007	47 475	3 464	3 064	−400	−1	47 874	43 087	12 711	32.6
2008	48 956	3 890	2 986	−904	−1	49 859	44 873	12 869	33.8
2009	51 164	3 740	2 965	−775	−1	51 938	46 744	13 034	35.0
2010	53 730	3 822	3 339	−483	−1	54 212	48 791	13 214	36.4

数据来源：FAO、《中国统计年鉴》（历年）、课题组计算。

附表9　动物源性食品需求收入弹性

年份	猪肉	牛肉	羊肉	家禽	禽蛋	奶	水产品
1978	1.542 9	3.194 9	1.849 1	2.163 0	2.104 8	−1.429 1	2.167 8
1979	1.461 7	3.034 8	1.793 4	2.072 7	1.983 3	−1.237 5	2.041 8
1980	1.381 2	2.876 0	1.738 1	1.983 0	1.862 8	−1.047 4	1.916 8
1981	1.334 6	2.784 1	1.706 1	1.931 1	1.793 1	−0.937 5	1.844 5
1982	1.251 7	2.620 6	1.649 3	1.838 9	1.669 1	−0.741 9	1.715 9
1983	1.157 6	2.435 0	1.584 6	1.734 1	1.528 2	−0.519 8	1.569 8
1984	1.035 3	2.193 8	1.500 7	1.598 0	1.345 3	−0.231 3	1.380 1

（续）

年份	猪肉	牛肉	羊肉	家禽	禽蛋	奶	水产品
1985	0.940 0	2.005 8	1.435 3	1.491 9	1.202 7	−0.006 4	1.232 1
1986	0.886 1	1.899 5	1.398 3	1.431 9	1.122 0	0.120 8	1.148 4
1987	0.819 6	1.768 3	1.352 6	1.357 8	1.022 5	0.277 8	1.045 2
1988	0.760 7	1.652 2	1.312 2	1.292 3	0.934 4	0.416 7	0.953 8
1989	0.745 7	1.622 6	1.301 9	1.275 6	0.912 0	0.452 1	0.930 6
1990	0.732 0	1.595 5	1.292 5	1.260 3	0.891 4	0.484 5	0.909 2
1991	0.689 8	1.512 2	1.263 5	1.213 3	0.828 2	0.584 2	0.843 7
1992	0.627 3	1.389 0	1.220 6	1.143 8	0.734 8	0.731 5	0.746 8
1993	0.572 7	1.281 3	1.183 1	1.083 0	0.653 1	0.860 4	0.662 0
1994	0.527 2	1.191 4	1.151 9	1.032 3	0.584 9	0.967 9	0.591 3
1995	0.493 0	1.124 0	1.128 4	0.994 2	0.533 7	1.048 6	0.538 2
1996	0.464 3	1.067 5	1.108 7	0.962 3	0.490 9	1.116 2	0.493 8
1997	0.439 9	1.019 3	1.092 0	0.935 1	0.454 3	1.173 8	0.455 9
1998	0.420 9	0.981 8	1.078 9	0.913 9	0.425 9	1.218 7	0.426 3
1999	0.403 3	0.947 2	1.066 9	0.894 4	0.399 6	1.260 1	0.399 1
2000	0.384 9	0.910 8	1.054 2	0.873 9	0.372 0	1.303 7	0.370 5
2001	0.367 9	0.877 2	1.042 5	0.854 9	0.346 5	1.343 8	0.344 0
2002	0.350 4	0.842 8	1.030 5	0.835 5	0.320 4	1.385 1	0.316 9
2003	0.332 5	0.807 6	1.018 3	0.815 6	0.293 7	1.427 2	0.289 2
2004	0.316 1	0.775 1	1.006 9	0.797 2	0.269 0	1.466 1	0.263 6
2005	0.299 2	0.741 9	0.995 4	0.778 5	0.243 8	1.505 8	0.237 5
2006	0.282 3	0.708 4	0.983 7	0.759 6	0.218 4	1.545 9	0.211 2
2007	0.265 4	0.675 2	0.972 2	0.740 9	0.193 2	1.585 6	0.185 0
2008	0.255 1	0.654 8	0.965 1	0.729 4	0.177 8	1.610 0	0.169 0
2009	0.246 0	0.636 9	0.958 9	0.719 3	0.164 2	1.631 4	0.154 9
2010	0.236 6	0.618 3	0.952 4	0.708 8	0.150 1	1.653 6	0.140 3

数据来源：课题组计算。

附表 10　猪肉消费量预测

单位：千吨、千克/人

		2011	2012	2013	2014	2015	2016	2017	2018	2019	2020
USDA	人均消费量	38.6	39.1	39.6	40.4	41	41.7	42.3	43.1	43.8	44.3
	总消费量	51 590	52 485	53 504	54 723	55 834	56 954	58 085	59 323	60 441	61 397
	总产量	51 500	52 470	53 494	54 700	55 804	56 931	58 059	59 300	60 423	61 390
FAPRI	人均消费量	38.2	39.3	40.3	41.5	42.6	43.7	44.7	45.8	46.8	47.8
	总消费量	51 123	52 771	54 394	56 238	57 979	59 693	61 362	63 033	64 664	66 244
	总产量	50 931	52 547	54 129	55 943	57 657	59 347	60 991	62 634	64 231	65 781
OECD‑FAO	人均消费量	37.2	37.7	38.1	38.7	39.3	40.1	40.7	41.4	42.2	43.1
	总消费量	51 290	52 180	53 039	54 027	55 065	56 298	57 430	58 580	59 808	61 202
	总产量	51 500	52 390	53 251	54 244	55 285	56 541	57 677	58 829	60 081	61 482
课题组预测方法 1	人均消费量	33.1	33.3	33.4	33.6	33.7	33.9	34	34.1	34.3	34.4
	总消费量	45 685	46 083	46 475	46 857	47 227	47 583	47 925	48 254	48 570	48 873
课题组预测方法 2	人均消费量	40.7	41.6	42.5	43.5	44.4	45.4	46.3	47.3	48.2	49.2
	总消费量	56 054	57 610	59 166	60 718	62 260	63 790	65 307	66 811	68 300	69 775
课题组预测方法 3, 6%	人均消费量	36.1	36.6	37.1	37.5	38	38.5	39	39.4	39.9	40.3
	总消费量	49 775	50 667	51 550	52 419	53 271	54 105	54 921	55 718	56 499	57 261
课题组预测方法 3, 8%	人均消费量	36.3	36.9	37.5	38.2	38.8	39.4	40	40.6	41.2	41.8
	总消费量	49 990	51 095	52 187	53 264	54 323	55 362	56 382	57 383	58 365	59 330
课题组预测方法 3, 10%	人均消费量	36.4	37.2	38	38.7	39.5	40.3	41	41.7	42.5	43.2
	总消费量	50 200	51 512	52 808	54 087	55 346	56 583	57 801	58 999	60 179	61 341

数据来源：USDA，FAPRI，OECD‑FAO，课题组计算。

附表 11 牛肉消费量预测

单位：千吨、千克/人

		2011	2012	2013	2014	2015	2016	2017	2018	2019	2020
USDA	人均消费量	4.1	4	4.1	4.2	4.3	4.4	4.5	4.5	4.6	4.7
	总消费量	5 441	5 439	5 518	5 641	5 795	5 958	6 113	6 256	6 393	6 535
	总产量	5 450	5 451	5 532	5 656	5 812	5 978	6 134	6 278	6 415	6 558
FAPRI	人均消费量	4.3	4.4	4.4	4.5	4.6	4.8	4.9	5	5.2	5.3
	总消费量	5 702	5 867	6 000	6 159	6 331	6 515	6 712	6 925	7 144	7 364
	总产量	5 711	5 856	5 967	6 100	6 244	6 395	6 555	6 725	6 900	7 077
OECD-FAO	人均消费量	4.5	4.5	4.6	4.6	4.6	4.7	4.7	4.8	4.9	5.1
	总消费量	6 174	6 243	6 344	6 421	6 504	6 565	6 690	6 831	6 980	7 184
	总产量	6 220	6 292	6 380	6 442	6 507	6 559	6 682	6 820	6 964	7 180
课题组预测方法 1	人均消费量	5	5.1	5.2	5.3	5.4	5.5	5.6	5.7	5.8	5.9
	总消费量	6 857	7 018	7 182	7 347	7 513	7 680	7 849	8 018	8 189	8 360
课题组预测方法 2	人均消费量	5.5	5.7	5.9	6.1	6.3	6.4	6.6	6.8	7	7.2
	总消费量	7 620	7 905	8 191	8 477	8 761	9 045	9 327	9 608	9 887	10 164
课题组预测方法 3，6%	人均消费量	5.8	6	6.2	6.4	6.7	6.9	7.1	7.3	7.6	7.8
	总消费量	8 001	8 324	8 653	8 988	9 328	9 672	10 022	10 376	10 736	11 100
课题组预测方法 3，8%	人均消费量	5.9	6.1	6.4	6.7	7	7.3	7.6	8	8.3	8.6
	总消费量	8 092	8 511	8 941	9 382	9 833	10 294	10 766	11 249	11 742	12 247
课题组预测方法 3，10%	人均消费量	5.9	6.3	6.6	7	7.4	7.8	8.2	8.6	9	9.5
	总消费量	8 182	8 697	9 229	9 778	10 344	10 928	11 530	12 150	12 789	13 448

数据来源：USDA，FAPRI，OECD-FAO，课题组计算。

附表 12　羊肉消费量预测

单位：千吨、千克/人

		2011	2012	2013	2014	2015	2016	2017	2018	2019	2020
OECD-FAO	人均消费量	2.9	3	3.1	3.1	3.2	3.2	3.3	3.3	3.4	3.4
	总消费量	4 057	4 149	4 242	4 333	4 425	4 516	4 606	4 695	4 785	4 876
	总产量	3 991	4 082	4 173	4 263	4 353	4 443	4 532	4 620	4 709	4 798
课题组预测方法 1	人均消费量	3.4	3.6	3.8	3.9	4.1	4.3	4.5	4.7	4.9	5.1
	总消费量	4 740	4 979	5 228	5 488	5 760	6 043	6 337	6 644	6 963	7 296
课题组预测方法 2	人均消费量	3.8	4	4.2	4.4	4.6	4.8	5.1	5.3	5.5	5.8
	总消费量	5 204	5 505	5 815	6 134	6 462	6 798	7 141	7 493	7 851	8 218
课题组预测方法 3，6%	人均消费量	4	4.2	4.5	4.7	5	5.3	5.6	5.9	6.2	6.5
	总消费量	5 529	5 869	6 227	6 603	6 999	7 415	7 852	8 310	8 792	9 297
课题组预测方法 3，8%	人均消费量	4.1	4.4	4.7	5.1	5.5	5.9	6.3	6.8	7.2	7.8
	总消费量	5 628	6 080	6 564	7 083	7 638	8 231	8 865	9 543	10 268	11 042
课题组预测方法 3，10%	人均消费量	4.2	4.5	5	5.4	5.9	6.5	7.1	7.7	8.4	9.2
	总消费量	5 727	6 293	6 911	7 585	8 317	9 114	9 981	10 923	11 947	13 060

数据来源：OECD-FAO、课题组计算。

附表 13　家禽消费量预测

单位：千吨、千克/人

		2011	2012	2013	2014	2015	2016	2017	2018	2019	2020
USDA	人均消费量	9.8	9.9	10.1	10.4	10.6	10.9	11.2	11.4	11.7	11.9
	总消费量	12 921	13 161	13 557	13 960	14 371	14 794	15 239	15 605	15 985	16 334
	总产出	13 006	13 332	13 729	14 125	14 543	14 959	15 398	15 759	16 134	16 474
OECD - FAO	人均消费量	12.3	12.4	12.6	12.9	13.2	13.6	13.9	14.1	14.4	14.7
	总消费量	17 015	17 212	17 600	18 060	18 610	19 130	19 604	20 017	20 466	20 921
	总产出	16 940	17 161	17 542	18 004	18 540	19 063	19 542	19 953	20 419	20 849
课题组预测方法 1	人均消费量	12.6	12.9	13.1	13.4	13.6	13.9	14.1	14.4	14.7	14.9
	总消费量	17 410	17 817	18 230	18 646	19 066	19 489	19 914	20 341	20 772	21 205
课题组预测方法 2	人均消费量	13.3	13.7	14.2	14.6	15	15.4	15.8	16.2	16.6	17
	总消费量	18 385	19 034	19 684	20 333	20 981	21 625	22 265	22 902	23 534	24 162
课题组预测方法 3、6%	人均消费量	15.1	15.8	16.4	17.1	17.8	18.5	19.2	20	20.8	21.6
	总消费量	20 863	21 828	22 826	23 855	24 916	26 007	27 131	28 286	29 475	30 698
课题组预测方法 3、8%	人均消费量	15.3	16.2	17.1	18	18.9	20	21	22.1	23.3	24.5
	总消费量	21 138	22 403	23 726	25 107	26 547	28 048	29 612	31 242	32 939	34 708
课题组预测方法 3、10%	人均消费量	15.5	16.6	17.7	18.9	20.2	21.5	22.9	24.3	25.9	27.5
	总消费量	21 412	22 979	24 637	26 387	28 234	30 182	32 235	34 400	36 682	39 088

数据来源：USDA、OECD - FAO、课题组计算。

附表 14 禽蛋消费量预测

单位：千吨、千克/人

		2011	2012	2013	2014	2015	2016	2017	2018	2019	2020
课题组预测方法 1	人均消费量	20.1	20.4	20.7	21	21.3	21.6	21.9	22.2	22.5	22.9
	总消费量	27 683	28 213	28 745	29 280	29 815	30 349	30 882	31 414	31 945	32 476
课题组预测方法 2	人均消费量	23.3	23.9	24.6	25.3	26	26.7	27.4	28	28.7	29.4
	总消费量	32 058	33 147	34 237	35 326	36 411	37 490	38 563	39 628	40 687	41 737
课题组预测方法 3, 6%	人均消费量	20.5	20.6	20.8	20.9	21.1	21.2	21.3	21.5	21.6	21.7
	总消费量	28 203	28 558	28 898	29 222	29 529	29 818	30 090	30 344	30 581	30 802
课题组预测方法 3, 8%	人均消费量	20.5	20.7	20.9	21.1	21.3	21.5	21.6	21.8	21.9	22
	总消费量	28 277	28 699	29 100	29 478	29 832	30 164	30 472	30 758	31 023	31 267
课题组预测方法 3, 10%	人均消费量	20.6	20.8	21.1	21.3	21.5	21.7	21.9	22	22.2	22.3
	总消费量	28 349	28 834	29 289	29 714	30 108	30 473	30 809	31 117	31 400	31 659

数据来源：课题组计算。

附表 15 奶类消费量预测

单位：千吨、千克/人

		2011	2012	2013	2014	2015	2016	2017	2018	2019	2020
FAPRI	人均消费量	23.1	24.2	25.3	26.4	27.6	28.8	30.1	31.4	32.8	34.3
	总消费量	30 922	32 502	34 120	35 802	37 577	39 408	41 323	43 270	45 319	47 451
	总产量	30 473	32 087	33 737	35 451	37 258	39 120	41 067	43 045	45 126	47 290
OECD-FAO	人均消费量	28.7	30.3	31.7	33.1	34.5	35.9	37.4	38.8	40.2	40.1
	总消费量	39 583	41 959	44 066	46 213	48 362	50 511	52 666	54 823	56 974	56 974
	总产量	43 598	45 630	47 431	49 039	50 674	52 327	53 979	55 660	57 352	59 064
课题组预测方法 1	人均消费量	55.1	63.9	74.1	86	99.8	115.8	134.3	155.8	180.8	209.7
	总消费量	75 906	88 459	10 3066	120 050	139 787	162 713	189 334	220 237	256 104	297 722
课题组预测方法 2	人均消费量	30.7	32.4	34.1	35.9	37.8	39.6	41.6	43.5	45.6	47.6
	总消费量	42 344	44 867	47 470	50 148	52 897	55 715	58 600	61 550	64 564	67 640
课题组预测方法 3, 6%	人均消费量	51.4	56.7	62.5	69	76.2	84.2	93.1	103	114	126.2
	总消费量	70 854	78 455	86 911	96 313	106 762	118 370	131 267	145 594	161 512	179 197
课题组预测方法 3, 8%	人均消费量	53	60.3	68.7	78.4	89.5	102.2	116.9	133.8	153.2	175.5
	总消费量	73 099	83 547	95 577	109 424	125 358	143 693	164 791	189 072	217 018	249 186
课题组预测方法 3, 10%	人均消费量	54.7	64.2	75.5	88.9	104.9	123.9	146.5	173.3	205.4	243.5
	总消费量	75 376	88 890	104 981	124 139	146 951	174 114	206 467	245 007	290 926	345 647

数据来源：FAPRI、OECD-FAO、课题组计算。

附表 16 水产品消费量预测

单位：千吨、千克/人

		2011	2012	2013	2014	2015	2016	2017	2018	2019	2020
课题组预测方法 1	人均消费量	37	37.3	37.7	38.1	38.5	38.8	39.2	39.6	40	40.4
	总消费量	50 981	51 713	52 443	53 168	53 885	54 594	55 293	55 982	56 662	57 333
课题组预测方法 2	人均消费量	43.8	45	46.3	47.5	48.7	50	51.2	52.4	53.7	54.9
	总消费量	60 341	62 326	64 312	66 296	68 272	70 236	72 189	74 128	76 052	77 961
课题组预测方法 3，6%	人均消费量	37.4	37.7	38	38.2	38.4	38.7	38.9	39.1	39.3	39.4
	总消费量	51 573	52 191	52 781	53 340	53 865	54 357	54 815	55 240	55 634	55 996
课题组预测方法 3，8%	人均消费量	37.5	37.9	38.2	38.5	38.8	39.1	39.3	39.5	39.8	39.9
	总消费量	51 699	52 429	53 117	53 761	54 361	54 915	55 425	55 893	56 321	56 710
课题组预测方法 3，10%	人均消费量	37.6	38	38.4	38.8	39.1	39.4	39.7	39.9	40.2	40.4
	总消费量	51 821	52 654	53 429	54 146	54 804	55 405	55 950	56 444	56 888	57 285

数据来源：课题组计算。

"肉到哪里去了"之谜：
户外肉类消费与中国统计数据

肖红波[1]　王济民[2]　陈琼[3]　马恒运[4]

(1 北京农学院经济管理学院；2 中国农业科学院农业经济与发展研究所；
3 天津农业科学院农村经济与区划研究所；4 河南农业大学经济管理学院)

一、引　　言

　　据中国家统计局官方数据，1996 年全国居民人均肉类占有量为 37.45 千克，比人均肉类消费量 24.33 千克高出 1.5 倍，到 2012 年，人均肉类占有量为 61.94 千克，而人均消费量仅为 33.3 千克，人均肉类占有量是人均消费量的 1.86 倍。中国肉类生产量与消费量之间一直存在着巨大的缺口，肉类人均占有量大大高于人均消费量，肉到哪里去了，这个问题引起了国内外学术界的质疑和研究。

　　国内外有许多学者（钟甫宁，1997；卢峰，1998；贾幼陵，1999；Fuller 等，2000；马恒运，2000，2006；袁学国、王济民，2001；王济民、周章跃，2004，2005；蒋乃华，2002）对中国肉类生产和城乡居民肉类消费的统计数据的真实性提出了质疑并进行了研究，得出了我国居民肉类实际消费水平被低估的结论。钟甫宁（1997）认为目前肉类生产统计数据有一半左右，甚至更高的累计水分，认为产量数据的人为夸大是主要原因，并分析了人为夸大产量数据的机制。卢锋（1998）指出中国肉类生产量与消费量存在巨大缺口，一方面是消费量被低估，国家统计局所统计的城乡居民畜产品消费量仅包括户内购买量，不包括户外就餐以及单位福利分发的部分畜产品消费量，另一方面是生产量高估，据估计 1995 年肉、蛋产量大约高估了 50%。王济民、袁学国、李志强等（2001）利用我国六省畜产品消费实际调查数据的支持而不是仅用逻辑分析，确定以下五个方面原因造成畜产品生产与消费统计缺口，即产量数据高估、消费数据低估、净出口、非食物用途和统计误差，得出的结论是：1998 年我国畜产品生产和消费统计缺口产生的原因其一是消费数据严重低估，从屠宰到零售肉类存在约 20％的损耗系数，其二是家禽和禽蛋产量数据高估倾向在 25％～30％，其他畜产品产量数据基本反映生产实际。王济民、周章跃、杨军（2005）进行了大规模的中国住户畜产品消费调查，结果表明，中国畜产品实际消费达到了一个较高的水平，统计局提供的消费数据比实际消费低估约 30％～60％，并分析影响畜产品消费的主要因素。Bai 等（2013）对中国城市居民的户外肉类消费进行了研究，并指出户外消费占总消费相当大的比重。Yu、Abler（2014）提出中国猪肉统计数据的不一致性，并对猪肉到哪里去了进行了研究，研究认为很多因素造成了中国猪肉生产与消费之间的差距，如生产的高估，猪肉供应链上的损失和浪费，户外消费统计缺失，农村住户调查人数与实际消费人数存在的差距，地方政府出于政绩考虑虚高上报产量。

事实上，统计局统计肉类生产与消费不一致的原因很复杂，已有许多学者诸如马恒运（2000），蒋乃华（2002），辛贤、尹坚、蒋乃华（2003）、陈永福（2004）等都就这些原因进行了探讨，并对肉类生产和消费数据进行了调整，但到目前为止还没有统一的、大家普遍认可的数据调整方法。以前很多学者是根据逻辑推理对数据进行调整，缺乏实际调研数据的支持，说服性不强。因此，本研究对城乡居民的肉类消费开展了跟踪调查，拟利用调研数据与国家统计局数据的比较，解释以前研究中所指出的生产量和消费量存在差距的原因，试图得出户外消费在总消费中所占的比重或贡献，了解中国居民的实际肉类消费量。

二、基于统计局数据的全国肉类
生产、消费与进出口

中国肉类生产量和消费量均快速增长，但肉类消费量增长幅度高于肉类生产量的增长幅度。从表 1 可以看出，2004—2012 年中国肉类生产量从 6 608.7 万吨增加至 8 387.2 万吨，增长了 126.9％；从肉类结构看，禽肉的增长速度最快，其次是猪肉，牛羊肉的增幅较小。2004—2012 年中国居民肉类消费总量从 2 945.6 万吨增加至 3 877 万吨，增长了 131.6％，比肉类生产量的增长高出 5 个百分点；从肉类结构看，禽肉消费量增长速度最快，达到 181.7％，大大高于禽肉生产量的增幅（144％），其次是牛羊肉消费，其增长幅度为 128.8％，高于生产量增幅约 10 个百分点；而猪肉消费的增长速度最慢，为 117.9％，且猪肉消费的增长幅度小于猪肉生产量的增幅。

表1 2004—2012年中国肉类生产量与消费量

单位：万吨

年份	肉类生产量				肉类消费量			
	肉类总量	猪肉	牛羊肉	禽肉	肉类总量	猪肉	牛羊肉	禽肉
2012	8 387.2	5 342.7	1 063.3	1 981.3	3 877.0	2 433.9	385.4	1 057.8
2011	7 965.1	5 060.4	1 040.6	1 864.1	3 797.2	2 368.5	401.1	1 027.7
2010	7 925.8	5 071.2	1 051.9	1 802.7	3 666.4	2 352.9	348.5	965.1
2009	7 649.8	4 890.8	1 025.0	1 734.6	3 596.6	2 287.6	335.2	973.8
2008	7 278.7	4 620.5	993.5	1 664.7	3 242.3	2 098.4	303.7	840.2
2007	6 865.7	4 287.8	9 96.6	1 581.9	3 272.3	2 061.6	343.7	867.0
2006	7 089.0	4 650.5	940.5	1 498.1	3 378.1	2 299.7	338.6	739.9
2005	6 938.9	4 555.3	918.2	1 465.4	3 392.4	2 298.4	312.3	781.7
2004	6 608.7	4 341.0	8 93.3	1 374.4	2 945.6	2 064.3	299.3	582.1
2012年比 2004增长（％）	126.9	123.1	119.0	144.2	131.6	117.9	128.8	181.7

数据来源：《中国统计年鉴》（历年）。

中国肉类贸易量虽然占肉类生产总量的比重较低，但近年来呈增长趋势，其绝对量在不断增加，2011年中国肉类贸易总量达到了198万吨，因此贸易量也是分析生产量与消费量缺口时需要考虑的因素。2004—2011年中国肉类进口量快速增加，而出口量相对稳定，净出口量不断增加，从2008年开始出现贸易逆差，净进口61.83万吨，2011年净进口14.73万吨。在不同肉类中，禽肉的贸易量最大且为贸易顺差，2011年贸易总量超过100万吨，净出口量为18.55万吨；其次是猪肉贸易，总量为38万吨，净进口24.5万吨；牛羊肉贸易量小，净进口7.32万吨（表2）。

在考虑到贸易量的情况下，中国肉类生产量和消费量仍存在巨大缺口，并且缺口总体呈扩大趋势。从表3可以看出，2004—2011年肉类生产和消费量一直存在着缺口，2004年肉类总量缺口（肉类生产量减去净出口量和消费量）为3 600.1万吨，之后几年里虽然缺口有波动，但总体是在不断扩大的，到2010年缺口达到4 257.7万吨，2011年缺口达到4 182.5万吨；在不同肉类中，猪肉缺口最大，2011年达到2 716万吨，因为猪肉在肉类生产和消费中占绝对地位，其次是禽肉的缺口，为817.9万吨，牛羊肉缺口相对较小，为646.8万吨。从相对量来说，以生产量与消费量缺口占生产量的比重来衡量，2004—2011年肉类总量的缺口比重达到50％以上，也就是说50％以上的肉类没有被消费，不知到哪里去了？猪肉缺口比重基本也在50％以上，禽肉的缺口比重在45％~58％，牛羊肉的缺口比重更大，达到60％以上。

表2　2004—2011年中国肉类进出口数量

单位：万吨

年份	进口量				出口量				净出口量			
	肉类	猪肉	牛羊肉	禽肉	肉类	猪肉	牛羊肉	禽肉	肉类	猪肉	牛羊肉	禽肉
2011	106.85	31.68	10.33	42.12	92.22	7.16	3.01	60.68	−14.63	−24.51	−7.32	18.55
2010	87.28	17.64	8.06	54.25	88.97	9.99	3.56	53.74	1.69	−7.65	−4.50	−0.52
2009	99.76	13.50	8.06	74.97	72.09	7.83	2.29	41.96	−27.67	−5.67	−5.77	−33.01
2008	134.29	37.31	5.97	83.31	72.46	7.41	3.73	40.69	−61.83	−29.91	−2.24	−42.61
2007	95.98	8.54	5.02	80.44	98.37	12.17	5.05	51.33	2.38	3.63	0.03	−29.12
2006	65.79	2.38	3.80	59.02	113.60	24.93	6.08	47.92	47.82	22.55	2.28	−11.10
2005	46.51	3.10	4.25	38.41	107.19	23.23	4.92	47.08	60.67	20.13	0.66	8.67
2004	30.85	7.06	3.65	18.55	93.87	27.63	3.96	33.09	63.02	20.57	0.32	14.54

数据来源：FAOSTAT数据库（2013）。

表3　2004—2012年中国肉类生产量与消费量差距

年份	生产量−净进口量−消费量（万吨）				（生产量−净进口量−消费量）/生产量（％）			
	肉类总量	猪肉	牛羊肉	禽肉	肉类总量	猪肉	牛羊肉	禽肉
2011	4 182.5	2 716.5	646.8	817.9	52.5	53.7	62.2	43.9
2010	4 257.7	2 726.1	707.9	838.1	53.7	53.6	66.9	46.5
2009	4 080.8	2 608.8	695.6	793.2	53.0	53.2	67.3	43.8
2008	4 098.2	2 552.0	692.0	867.1	55.5	54.6	69.4	49.5
2007	3 591.1	2 222.7	652.3	744.0	52.3	51.9	65.5	45.2
2006	3 663.1	2 328.2	599.7	769.3	52.5	50.5	64.0	50.6
2005	3 485.7	2 236.9	605.1	675.0	51.1	49.5	66.0	46.7
2004	3 600.1	2 256.1	593.7	777.8	55.4	52.4	66.5	57.6

数据来源：《中国统计年鉴》（历年）。

中国肉类生产量和消费量存在巨大缺口引起很多学者的质疑和研究，有的学者对肉类生产量和消费量重新进行了估计，并对肉类生产和消费数据进行了调整。但这些研究大多是从经济理论、计量方法或逻辑上进行推理、计算和估计，缺乏实际调研数据的支持，不能充分说明和解释这一现象。因此，本研究从实际调研数据出发，来研究中国肉类生产和消费的缺口问题。

三、基于调研数据的全国肉类生产与消费

本研究第一部分利用国家统计年鉴数据对中国肉类生产和城乡居民的肉类消费进行比较，发现生产和消费之间存在着巨大的缺口，究竟中国肉类消费是多少，消费是否被低估？生产和消费存在的缺口的主要原因是什么？为了弄清这些问题，需要通过实地调研更深入和更准确地研究中国肉类消费的真实情况，然后与统计数据进行比较，从而比较全面地了解中国居民肉类生产和消费实际数量。因此，按照这一目标，课题组于 2010 年在全国开展了城乡居民肉类消费四个季度的跟踪调查。

(一)调查样本选取及调研内容

抽样方法。本研究采用先分区、分层，然后再采取分群随机抽样的方法。首先将全国分为七大区，在充分考虑了人口、收入水平、饮食习惯、城市化程度等方面的差异和代表性后，选取 7 个代表省份作为全国七大区域的样本地区（样本分布见表 4）。在抽样时尽量考虑了社会发展及城市化水平影响因素，在每个省，除省会城市必须调查外，分别从地级城市、县级城市、乡镇和农村抽取一定的样本，也即在本研究样本选取中，在各省中分别抽取一个地级市，每个地级市下面又选择一个县级城市，然后按照收入水平高低并考虑距离城市远

表4　调查样本的分布

户数	黑龙江	四川	广西	河北	甘肃	安徽	湖北	合计
样本分布								
农村	6	6	6	6	6	6	6	42
城镇	11	9	9	9	9	9	9	65
合计	17	15	15	15	15	15	15	107
国家统计局公布的居民人均收入（元）								
城镇	13 857	15 461	17 064	16 263	13 189	15 788	16 058	19 109
农村	6 211	5 087	4 543	5 958	3 425	5 285	5 832	5 919
本次调查的居民人均收入（元）								
城镇	22 054	29 793	15 900	19 615	19 239	14 949	14 160	19 387
农村	8 229	12 300	10 989	6 157	7 200	10 737	12 240	9 693

近选择其中 1 个乡镇，分别在每个乡镇选择 1 个村，至少确保省城 3 户，地区 3 户，县城 3 户、乡镇 3 户和相应的农村 3 户，以人均纯收入作为各个层次样本户的抽取指标，在各个层次分别抽取较高收入户、中等收入户（即当地平均收入户）以及低收入户。总样本量 120 户，其中，有效样本量为 105 户。样本的城乡分布为：城市 65 户，农村 42 户。

调查内容。调查始于 2010 年 1 月，考虑到肉类消费的季节性，以 2010 年城乡居民的每个季度肉类消费状况作为调查对象，即调查对象一个季度填写一次问卷，但问卷内容需要填写每个月、甚至最近一周或一次的消费情况。调查分别在城镇和农村两个层面展开。城乡居民肉类消费的主要调查内容包括家庭肉类购买情况（户内消费），家庭肉类购买地点、满意程度和购买意愿、家庭成员的户外消费情况三个方面。具体来说，城镇居民肉类消费调查表包含四个部分，即个人及家庭的基本信息、家庭户内消费情况、家庭消费偏好和消费行为以及家庭户外消费情况。第一部分基本信息中有如下指标：性别、年龄、民族、受教育年限、家庭常住人数、家庭月总收入；第二部分家庭户内消费情况指每月家庭购买的各种生鲜肉类、熟肉及其制品的数量和价格；第三部分家庭消费偏好和消费行为包括家庭肉类购买地点、满意程度和购买意愿；第四部分家庭户外消费情况包括被调研本人、家人（配偶、父母、孩子）每个月早餐、中餐、晚餐在外就餐次数、就餐地点（单位食堂、中档餐馆和高档饭店），最近一周家人及本人在外就餐次数、就餐地点、参加就餐人数、消费含畜产品的主食或菜肴的数量。农村居民肉类消费调查表也包括基本信息、家庭户内消费情况、家庭消费偏好和消费行为以及家庭户外消费情况这四个部分。第一部分和第三部分与城镇调查表基本相同；第二部分家庭户内消费情况包含了农村居民的自产消费和购买消费；第四部分家庭户外消费情况包括务农在家的人赶集在外消费肉类情况、在外打工肉类消费情况和学生在外消费肉类情况。

通过对调查数据进行了整理与分析，得到 2010 年城乡居民的肉类消费情况。

（二）城乡居民人均肉类消费情况

从表 5 可观察到，2010 年全国、城镇、农村的居民家庭人均肉类总消费总量分别为为 54.58 千克、62.28 千克和 46.3 千克，城镇居民家庭人均肉类消费总量高于全国和农村居民家庭人均肉类消费总量。

全国居民家庭的人均猪肉、牛肉、羊肉、鸡肉和其他禽肉消费总量分别为 31.19 千克，5.46 千克、3.35 千克、11.42 千克和 3.15 千克。城镇居民家庭

的人均猪肉、牛肉、羊肉、鸡肉和其他禽肉消费总量分别为 33.94 千克，7.60
千克、4.56 千克、12.74 千克和 3.84 千克，分别是农村居民家庭人均消费量
的 1.19 倍、2.28 倍、2.12 倍、1.26 倍和 1.55 倍，城乡肉类消费差距较大，
特别是牛羊肉。从全国肉类消费比重来看，猪肉占肉类消费总量的比重最大，
为 57.14%；其次是鸡肉，为 20.93%；然后是牛肉，为 10.01%；其他禽肉
和羊肉消费比重较低，分别是 5.78% 和 6.14%。城镇居民消费猪肉比重
（54.15%）低于农村居民（61.16%），城镇居民鸡肉消费比重和农村居民差别
不大，而牛羊肉和其他禽肉的消费比重高于农村，均是农村的 2 倍左右。

表5　2010 年全年城乡居民各种肉类人均消费量

单位：千克，%

项目	城镇		农村		全国	
	消费量	比重	消费量	比重	消费量	比重
猪肉	33.94	54.15	28.44	61.16	31.19	57.14
牛肉	7.60	12.13	3.33	7.16	5.46	10.01
羊肉	4.56	7.28	2.15	4.62	3.35	6.14
鸡肉	12.74	20.33	10.11	21.74	11.42	20.93
其他禽肉	3.84	6.13	2.47	5.31	3.15	5.78
合计	62.68	100	46.5	100	54.58	100

数据来源：根据调研数据整理。

注：全国人均消费量数据是根据《2010 年中国统计年鉴》的城镇和农村人口数与城镇和农村的人
均肉类消费量加权计算得到。下同。

（三）城乡居民人均肉类户内户外消费情况

全国居民人均户内肉类消费量大于户外消费量，但户外消费在肉类总消费
中占有相当的比例，达到 32.97%；城镇居民人均户外消费比例较高，为
42.87%，农村居民人均户外消费比例较低，为 19.78%，城市居民人均户外
消费是农村的 1 倍多。从表 6 可知，全国、城镇和农村的户内肉类消费总量分
别为 36.58 千克、35.87 千克和 37.30 千克；全国、城镇和农村的户外肉类消
费总量分别为 18 千克、26.81 千克和 9.2 千克；由此可以看出，全国、城镇
和农村人均户内肉类消费量的差距较小，而户外消费差距较大。

从肉类结构来看，相对于户外消费，猪肉户内消费比例最高，全国居民猪
肉人均户内与户外消费之比为最高，为 2.9，即猪肉户内消费是户外消费的
2.9 倍；其次是鸡肉，户内与户外消费之比为 1.8，即鸡肉户内消费是户外消

费的 1.8 倍；牛羊肉的户内消费均是其户外消费的 1.3 倍，而其他禽肉的户内消费最低，是户外消费的 0.47（表 7）。

表 6　2010 年城乡居民各种肉类户内户外消费量

单位：千克

项目	城镇		农村		全国	
	户内	户外	户内	户外	户内	户外
猪肉	21.72	12.22	24.67	3.77	23.20	7.99
牛肉	3.93	3.67	2.30	1.03	3.11	2.35
羊肉	2.45	2.11	1.39	0.76	1.92	1.43
鸡肉	6.56	6.18	8.12	1.99	7.34	4.08
其他禽肉	1.19	2.65	0.82	1.65	1.01	2.15
合计	35.87	26.81	37.30	9.20	36.58	18.00
户内外消费占总消费量的比重	57.22	42.78	80.22	19.78	67.03	32.97

从城镇和农村来看，农村居民人均猪肉户内消费比例最高，是户外消费的 6.54 倍，而城市户内消费仅是户外消费的 1.78 倍；其次，农村居民人均鸡肉户内消费比例较高，是户外消费的 4.09 倍，这一比例也高于城镇；农村居民人均牛羊肉户内消费是户外消费的 2 倍左右，而城镇居民人均牛羊肉户内消费与户外消费基本持平，户内户外之比稍大于 1（表 7）。

表 7　2010 年城乡居民各种肉类户内户外消费量比较

项目	城镇	农村	全国
	户内与户外消费量之比 户外	户内与户外消费量之比 户外	户内与户外消费量之比 户外
猪肉	1.78	6.54	2.90
牛肉	1.07	2.22	1.33
羊肉	1.17	1.84	1.34
鸡肉	1.06	4.09	1.80
其他禽肉	0.45	0.50	0.47

为了比较肉类消费估计数据，把本研究与以前的研究进行了对比，相关数据在表 8 中报告。在这些研究中除了陈琼的研究之外，消费量都指的是某一年的人均消费量，而陈琼文中的消费量仅指的是 2008 年第二季度的人均消费量，第二季度节日较多，一般来说，第二季度的人均户外消费量在一年中的四个季度是最高的。在表中，括号外的数字表示人均户外肉类消费量，括号内的数字

表示户外人均肉类消费量在人均肉类总消费量中的份额。通过对比可以看出，本研究调查肉类消费量要高于 CCAP（1998）和 Yuan、Wang、Han（2001），可能是由于调研年份的不同造成的，1998 年和 2001 年与本次调研时间 2010 年相差 10 年左右，按照中国肉类消费变动趋势，2010 年肉类消费量要高于 10 年前；本研究数据与 Bai 等（2013）和 Chen（2008）的数据差距不大；从户外消费比重上看，本研究的户外消费比重无论是从总肉类还是各种肉类，都高于 CCAP（1998），Yuan、Wang、Han（2001）和 Bai 等（2013），可能是与本次调研内容对户外消费的各种可能考虑比较全面，问卷设计比较细致，能够让住户充分记录其户外消费数量有关。

表 8　本研究户外肉类消费量调查数据与其他研究数据的比较

	CCAP (1998)[1]	袁学国、王济民和韩青 (2001)[2]	Bai 等 (2013)[3]	陈琼 (2008)[4]	本研究 (2010)[5]
	城镇居民				
猪肉	5.3	8.17（26.6）	10.68（29）	3.03（48）	12.22（36.0）
牛肉	1.0	3.32（37.5）*	4.44（33）*	0.62（56）	3.67（48.2）
羊肉	0.45			0.34（56）	2.11（46.2）
鸡肉	—			—	6.18（48.5）
其他禽肉	1.1	5.25（51.3）	7.41（42）	1.60（46）	2.65（68.9）
合计	—	16.74（33.6）	24.56（34）	5.59（46）	25.90（44.9）
	农村居民				
	CCAP (1998)[1]	袁学国、王济民和韩青 (2001)[2]	Bai 等 (2013)[3]	陈琼 (2008)[4]	本研究 (2010)[5]
猪肉	1.38	1.89（9.90）	—	1.59（33）	3.77（13.3）
牛肉	0.1	0.49（16.7）*		0.24（51）	1.03（31.0）
羊肉	0.18			0.17（64）	0.76（35.2）
鸡肉	—				1.99（19.7）
其他禽肉	0.76	0.72（14.8）		0.72（27）	1.65（66.8）
合计	—	3.09（11.5）		2.72（31）	9.5（20.3）

四、统计数据与调研数据的比较

（一）肉类消费量被低估了吗？

通过 2010 年中国城乡居民畜产品消费的统计年鉴数据与本研究调查所得

数据比较发现（表9）：从全国人均消费水平比较来看，官方数据低估了居民畜产品的消费量。从全国比较来看，2010 年人均肉类消费量为 27.34 千克，而调查数据为 54.58 千克，肉类消费量被低估了 49.9%，其中牛羊肉低估最多，为 70.51%，其次是禽肉和猪肉，分别低估了 50.61% 和 44.3%。从城镇和农村肉类消费来看，农村消费被低估程度高于城镇。2010 年城镇居民人均肉类消费量的统计数据为 34.70 千克，而调查数据为 62.28 千克，城镇居民畜产品消费统计数据中肉类总消费被低估了 44.28%，而农村居民被低估了 56.99%；城镇居民猪肉消费被低估 34.31%，而农村居民被低估 53.68%；城镇居民牛羊肉消费被低估 68.75%，而农村居民被低估 74.45%；城镇居民禽肉消费被低估 38.48%，而农村居民被低估 66.61%。另外，由此可以看出，城镇居民和农村居民消费均表现为牛羊肉和禽肉消费被低估得较多，猪肉相对低估得较少。

表9　2010 年全年城乡居民人均肉类消费量统计数据与调查数据比较

单位：千克,%

项目	城镇人均肉类消费量			农村人均肉类消费量			全国人均肉类消费量		
	统计数	调查数	统计数低估百分比	统计数	调查数	统计数低估百分比	统计数	调查数	统计数低估百分比
肉类	34.70	62.28	44.28	20.00	46.50	56.99	27.34	54.58	49.91
猪肉	20.70	31.51	34.31	14.40	30.82	53.28	17.55	31.51	44.30
牛羊肉	3.80	12.16	68.75	1.40	5.48	74.45	2.60	8.82	70.51
禽肉	10.20	16.58	38.48	4.20	12.58	66.61	7.20	14.58	50.61

数据来源：根据《2010 中国统计年鉴》和调研数据整理所得。

注：统计数据低估百分比＝（调查数－统计数）/ 调查数×100。

为什么国家统计局城乡居民畜产品消费数据低估程度会如此巨大呢？本研究认为主要是国家统计局的统计口径和方法等多种原因造成的。一是统计局调查居民消费不包括户外消费。而本研究调查表明，城乡居民户外消费在肉类总消费中占有相当大的比例，达到 32.99%；城镇居民人均户外消费占总消费的为 42.78%，农村居民户外消费占到总消费的 19.78%。Bai 等（2013）也认为中国城市居民的肉类消费无论是消费量还是消费金额在整个肉类消费中都占相当大的比重，在其调研的六大城市中，厦门市居民肉类户外消费数量占到肉类总消费的 43%，北京市居民的肉类户外消费金额占到肉类消费金额的 56%；而且肉类户外消费收入弹性高于户外消费收入弹性。二是统计局调查样本可能是收入偏低的住户，因而消费量也是偏低的。据了解国家统计局定点抽样的城乡住户调查户选择的基本上都是中低收入户，而很少或几乎没有高收入户的涉入，这是因为不管填写调查问卷会得到多少报酬，高收入户会由于麻烦而不愿意填写。三是统计局统计的消费数量由于各种原因确实是偏低的，本次调研城乡居民肉类消费都高于统计的消费量，即使把调查样本的农村居民的人均收入调整为与统计局年鉴上全国农村居民人均收入相等后，再比较相同收入水平下的调查人均肉类消费与统计局人均肉类消费，结果调查人均消费量仍然是达到高于统计局的消费量。另外调查不充分和居民记录积极性不高，也是造成消费量低估的一个原因。由于居民消费的熟畜产品调查难度大，国家统计局的消费调查让被调查者记录自己的消费，因而该部分畜产品消费调查不充分。由于居民记录自己消费的积极性不高，很多不易记录的消费被忽略，总消费被低估。

（二）生产量可能并没有被高估

从逻辑上来分析，中国畜产品生产与消费统计数据之间存在巨大缺口的原因有五个方面：产量数据高估、消费数据低估（包括加工肉制品没有充分统计、统计口径的差别等）、净出口、非食物用途和统计误差（袁学国，2001）。参考袁学国（2001）、卢峰（1998）的研究，本研究确定一些相关参数。目前我国深加工肉制品和包装肉占全国肉类总产量的 10% 左右，在本次调查的户内消费中已经把购买生鲜肉和熟肉制品包括进去，因此关于加工肉制品调查不足部分假定为零。在肉类流通中，从屠宰到零售是普遍存在损耗，据行业人士估计，2010 年肉类流通损耗率为 10%，卢峰（1998）采用肉类流通损耗率为 5%，袁学国（2001）采用肉类流通损耗率为 20%。中国畜产品出口量与生产量相比则微不足道，2010 年肉类净出口量（1.69 万吨）仅占肉类总生产量的 0.021%，说明进出口对于中国畜产品生产与消费统计缺口的贡献微乎其微，假设为零。肉类非食物用量可能不足 1%，并且有可能已经在从屠宰到零售的损耗中部分得到反映（卢峰，1998），因此非实物用量部分忽略。另外在本次调查中，被调查农户的人均家庭年收入为 9 754.39 元，而 2010 年统计局公布的农民人均家庭年收入为 5 919 元；被调查城镇家庭人均纯收入为 199 948.62 元，2010 年统计局公布的城镇人均家庭年收入为 19 109.4 元。这说明本研究选择城市样本基本代表城市中等收入水平，而农村样本是处于农村高收入阶层，而统计局调查农村肉类均消费的样本应该是中等收入水平家庭。按照经济学原理在消费量没有达到拐点之前家庭收入和消费量一般存在正相关关系，那么被调查城镇家庭的肉类人均消费量基本可以代表全国城镇家庭肉类人均消费情况，而农村家庭的肉类人均消费量则高于全国农村家庭肉类人均消费量，为了增强与统计局数据的可比性，需要把调查农村住户收入调整到与统计局农村住户中等收入水平。根据农村居民的家庭肉类收入消费弹性（陈琼，2010），猪肉、牛羊肉和禽肉的收入消费弹性分别为 0.616 2、1.583 1 和 0.838 3，把调查的农村居民人均家庭收入为 9 754.39 元的人均消费需调整到人均家庭年收入 5919 元时的消费量，见表 10 中的 (1)。

从表 10 可以看出，假定我们推算的广义消费量是正确的，而且允许消费数据和生产数据存在 5% 的统计误差，那么根据本研究的分析，人均肉类占有量占人均消费量的 108.61%，生产量略高于消费量，从肉类结构来看，除了猪肉生产量高出猪肉消费量较多即 15% 以外，牛羊肉和禽肉的消费量和生产量基本一致，这与以前很多学者研究得到的生产量被高估很多的结论是不同的。这有可能是很多学者是基于 1998 年调整以前的数据分析的，之后，国家统计局对生产数据进行了两次调整，一是在 1996 年开始的第一次全国农业普查结束后，国家统计局于 1998 年将 1996 年肉类产量下调了 22.3%，这次调整幅度较大；在 2006 开始的第二次全国农业普查结束后，统计局于 2008 年对 2000—2006 年全国畜牧数据与农业普查数据作衔接，进行了微调，经过两次调整之后，生产量被高估的情况得到很大的改善。因此，本研究生产量并没有被高估，以前学者所研究的生产量与消费量之间的差距主要是由于消费量低估造成的。

表 10 人均消费量与人均占有量（生产量）的比较

单位：千克,%

	调查消费量 （1）	消除收入差别的 调查消费量 （2）	广义消费量 （3）	人均占有量 （4）	人均占有量与 消费量的比较 （5）
肉类	54.59	47.35	54.42	59.11	108.61
猪肉	31.19	27.74	32.64	37.82	115.89
牛羊肉	8.82	7.11	7.90	7.84	99.24
禽肉	14.58	12.50	13.89	13.44	96.77

注：假定猪肉从屠宰到零售的损耗率为 15%，其他肉类的损耗率为 10%；广义消费量（3）＝（2）/（1－损耗率）；人均占有量与消费量的比较（5）＝（4）/（3）×100。

五、结论与讨论

（一）主要结论

本研究基于 2010 年中国七个省共 107 户城市和农村居民的肉类消费调研

数据，进行整理和分析，并将调研数据和统计局数据进行比较，得到以下结论：

一是，近十年来中国肉类生产量和消费量均继续保持较快增长，同时肉类消费量和生产量的缺口也在增大。按照官方统计数据，考虑到肉类贸易，肉类消费量和生产量之间确实仍存在着巨大缺口，2012 年中国肉类生产量与消费量缺口占生产量总量的比重达到 50％以上。本研究分析认为，生产量和消费量的统计数据存在巨大缺口的主要原因是统计的消费量被大大低估；而肉类总生产量基本接近实际，并没有被高估。

二是，肉类消费数据被大大低估。根据调研数据分析发现，统计数据的消费量大大低于本次调查的调研消费量，城乡居民畜产品消费统计数据中肉类总消费被低估了 49.91％。肉类消费被低估的主要原因有统计局对户外消费没有或很少统计、统计局调查样本可能是收入偏低的住户、统计局的样本户没有充分记录消费实际情况等，总之，统计局统计的消费数量由于各种原因确实是偏低的。因此，统计局调查居民肉类消费时，其样本选择、调查内容、调查方法均需进行调整，才能更真实地反映实际消费情况。

三是，肉类生产数据似乎没有被高估。通过调研消费量与统计数据的生产量比较，发现肉类总消费量和总生产量的数据比较吻合，缺口较小或基本不存在缺口。肉类生产数据可能没有被高估，这不同与以前很多学者认为肉类生产数据被高估很多的结论，主要原因可能是自 1998 年以后统计局对肉类生产数据已经几次调整，"水分"已经被挤出，肉类生产数据被高估的情况得到很大的改善。但是不同肉类结构中，猪肉生产量被高估，牛羊肉和禽肉等其他肉类被低估，今后统计局在肉类消费特别是不同肉类品种的消费调查中还需要改善。

（二）有待探讨的问题

本研究得到了上述结论，但有两个问题值得学界讨论和进一步深入研究。

一是，样本代表性问题。本研究分析是基于 107 个样本数据，虽然在选择样本时考虑到代表性问题，选择有区域性特征的七个省份，并且对农村住户的人均收入调整到与统计局全国农村住户收入相当的水平来对比人均肉类消费量，与国家统计局的大样本相比，本研究样本仍属于小样本，代表性不高，因此基于小样本分析可能有一定的偏颇，有待改进。对于这个问题，今后研究应该扩大样本量，提高样本的代表性，从而使数据更接近现实，提高研究的准确性和可信度。

二是，户外消费中数据及参数的准确性问题。户外消费调查数据准确性对肉类消费分析至关重要。本研究在户外消费调查中，城乡居民户外每月消费次数是通过调查对象回忆最近一周在外消费次数来推算的，相对比较准确，但是住户对户外消费每餐吃几个菜肴，菜肴的品种，由于比较繁杂，记忆模糊，调查数据有可能不准确。户外消费量是根据每餐消费菜肴的个数和每个品种的菜肴中含畜产品的含量来计算出来的，每个品种的菜肴中畜产品含量这个参数来自于对 68 位不同地区餐馆厨师的调查，但是这个参数仍需要进一步精确，如还要考虑到消费餐馆的等级、区域差异、厨师的偏好等。因此，今后对户外消费的研究，一方面需要调查对象采用台账的方法对每天消费进行记录，准确记录消费次数和消费菜肴数量；另一方面要通过对不同层次的厨师和消费者进行广泛而深入细致的调查，确定每个品种的菜肴中畜产品含量这个参数。这样对户外消费分析才有可能更加真实可信。

参考文献

[1] 陈琼. 中国城乡居民肉类消费研究 [D]. 北京：中国农业科学院，2010.

[2] 蒋乃华. 全国及分省肉类产品统计数据调整的理论和方法 [J]. 农业技术经济，2002 (6)：11 - 20.

[3] 卢峰. 我国若干农产品产销量数据不一致及产量统计失真问题 [J]. 中国农村经济，1998 (10)：47 - 53.

[4] 马恒运，张兆瑞. 餐饮业市场发展与城镇居民在外饮食估计 [J]. 经济经纬，2000 (6)：45 - 46.

[5] 王济民，袁学国，李志强，范永亮. 城乡居民畜产品消费结构与消费行为 [J]. 中国食物与营养，2000 (2)：9 - 12.

[6] 辛贤，尹坚，蒋乃华. 中国畜产品市场：区域供给、需求和贸易 [M]. 北京：中国农业出版社，2003.

[7] 袁学国，王济民，韩青. 中国畜产品生产统计数据被高估了吗？——来自中国六省的畜产品消费调查 [J]. 中国农村经济，2001 (1)：48 - 54.

[8] 钟甫宁. 关于肉类生产统计数字中的水分及其原因的分析 [J]. 中国农村经济，1997 (10)：63，66.

[9] Bai J., Seale J., Jr., Wahl T., Lohmar B. Meat Demand Analysis in Urban China: To Include or Not to Include Meat Away from? [M] Agricultural & Applied Economics Association annual meeting，Washington DC，2013，August.

[10] Fuller F., Hayes D., Smith D. Reconciling Chinese meat production and consumption data [J]. Economic Development and Cultural Change，2000，49：23 - 43.

[11] Ma, H. , Huang, J. , Fuller, F. Rozelle S. Getting Rich and Eating Out: Consumption of Food Away from Home in Urban China [J] . Canadian Journal of Agricultural Economics, 2006, 54 (1): 101 - 119.

[12] Wang, J. , Zhou, Z. , Yang, J. How Much Animal Product do the Chinese Consume? Empirical Evidence from Household Surveys [J] . Australasian Agribusiness Review, 2004, No. 12: 1 - 16.

[13] Wang, J. , Zhou, Z. , Cox, R. J. Animal Product Consumption Trends in China [J] . Australasian Agribusiness Review, 2005. No. 13: 2 - 29.

[14] Yu X. , Abler D. Where Have All the Pigs Gone? Inconsistencies in Pork Statistics in China [J] . China Economic Review, 2014, 30 (3): 469 - 484.

疫病防控

我国 H5N1 高致病性禽流感
疫情模拟与防控策略选择

孙振[12]　王济民[1]　黄泽颖[1]

（1 中国农业科学院农业经济与发展研究所；2 中机生产力促进中心）

首次 H5N1 高致病禽流感疫情自 1996 年在我国广东省的家鹅中暴发以来，目前已演化成为席卷 63 个国家，涉及家禽和野鸟，具有高传染性和致死率的人畜共患传染病。2004—2013 年，我国 23 个省共暴发 110 起 H5N1 疫情，3 600 多万只家禽被捕杀，疫情给我国家禽业造成严重损失。自 1997 年香港报告首例 H5N1 禽类传染人病例以来，截至 2013 年，世界卫生组织报告我国确诊 45 例人感染 H5N1 病例，30 人死亡，致死率约为 67%。

一些国家控制 H5N1 高致病禽流感通过传统的捕杀策略或者在家禽生产过程中实行专门的生物安全措施阻止外来病毒的侵入；另外一些国家则主要依靠推行国家家禽免疫计划来控制疫情。2002—2010 年，有 15 个国家共使用 1 130亿只禽流感疫苗，这些国家家禽流感疫苗的平均覆盖率为 41.9%，全球家禽流感疫苗的平均覆盖率为 10.9%。绝大多数家禽的禽流感疫苗为 H5N1 型，这些疫苗 99% 被使用在我国（90.99%）、埃及（4.65%）、印度尼西亚（2.32%）和越南（1.43%）（Swayne 等，2011）。

最近二十多年中，数学模拟模型被越来越多地应用于动物传染病的暴发模拟和防控措施的评价。动物传染病传播的数学模拟模型的一个突出优点是：即便某地区没有暴发过某种动物传染病或缺乏疾病传染的相关数据时，也能够通过数学模拟的方式对该地区的疫情和各种疾病控措施进行有效的分析和评价。

北美动物疾病扩散模型（NAADSM）作为一种模拟动物疾病扩散的数学模拟模型，自 2006 年问世以来，目前已被超过 30 多个国家地区的学者所使用，该模型不仅可对动物疫情的传播和防控措施进行分析，而且还可进行相关的经济评价。NAADSM 为一种动态、随机的状态转换模型，它可以模拟具有高传染性的动物传染病在时间和空间的传播（Hill、Reevres，2006）。NAADSM 的基本概念模型是由 Schoenbaum、Disney 的模型演化而来，

Harvey et al.（2007）对该模型的应用进行了详细介绍。Kelly et al.（2013）
使用该模型对高致病性禽流感在美国南卡罗来纳的传播进行了模拟，并建立了
高致病性禽流感在美国南卡罗来纳的传播的基准模型。韦欣捷（2011）使用该
模型对我国某县的高致病性禽流感疫情进行了模拟，并对几种高致病性禽流感
防控策略进行了经济评价。

本研究将使用 NAADSM 对我国全国范围内分别采用"不免疫＋捕杀"和
"免疫＋捕杀"两种防控策略时，H5N1 高致病性禽流感疫情的严重程度进行
随机模拟；并对我国实行这两种策略的直接防控成本进行比较，从经济角度确
定我国高致病性禽流感的防控策略。由于篇幅所限，本研究将不考虑高致病性
禽流感疫情所带来的间接成本或损失，仅对上述两种防控策略的直接成本进行
比较分析。

一、方法与数据

（一）数据

本研究的我国蛋鸡和肉鸡的存栏密度、群密度数据来源为《中国畜牧业年
鉴（2011 年）》（2012 年以后出版的《中国畜牧业年鉴》统计信息做了调整，
没有了蛋鸡存栏量和肉鸡的出栏量信息，故本研究没有选取更新的统计数据）。
蛋鸡和肉鸡是目前我国存栏量最大的两种家禽，2010 年我国家禽存栏量为
53.5 亿只，其中蛋鸡和肉鸡的存栏量超过 80％。蛋鸡和肉鸡也是近几年我国
H5N1 高致病性禽流感发生疫情次数最多的家禽。虽然我国的鸭和鹅的存栏量
也较大，但由于缺乏相关的统计数据，故未选作研究对象。

我国的家禽饲养具有高存栏密度（主要指中东部地区）和存在大量散养户
（高群密度）两个重要特征，这两个特征决定我国 H5N1 高致病性禽流感的疫
情传播与西方国家高度规模化（低群密度）的家禽养殖方式存在重大区别。我
国各地区蛋鸡和肉鸡的饲养密度存在很大差异，中东部地区的饲养密度远高于
西部地区。2010 年我国每平方千米蛋鸡饲养场（户）数为 2.54 场（户），每
平方千米蛋鸡的存栏数为 324.39 只；河南蛋鸡饲养密度最大，平均每平方千
米 11.88 场（户），存栏 2 434.01 只；青海蛋鸡饲养密度最小，平均每平方千
米 0.19 场（户），存栏 1.92 只（西藏的数据为 0，不做考虑）。2010 年我国每
平方千米肉鸡饲养场（户）数为 3.02 场（户），每平方千米肉鸡的出栏数为
1 143.3只；山东肉鸡出栏密度最大，每平方千米出栏 13 591.96 只，海南肉
鸡场（户）数密度最大，每平方千米平均 17.99 场（户）；青海的肉鸡饲养密

度最小，平均每平方千米 0.12 场（户），出栏 1.37 只。目前，虽然我国蛋鸡和肉鸡的规模化养殖方式在生产中已占据主导地位，但小规模养殖方式仍十分普遍。2010 年，全国存栏数在 499 只以下的蛋鸡饲养场（户）数为 2 064 万户，占全国蛋鸡饲养场（户）总数的 96.85%，平均存栏数为 27.91 只，存栏数仅占蛋鸡总存栏量的 21.19%；出栏数在 2 000 只以下的肉鸡饲养场（户）数为 2 483.43 万户，占全国肉鸡饲养场（户）总数的 97.99%，平均出栏数为 55.08 只，提供肉鸡 14.27% 出栏量。

NAADSM 在模拟动物传染病扩散时，需要获得每个动物群的经纬度地理坐标和每群的动物数量。由于无法获得每群蛋鸡和肉鸡的精确地理坐标和具体数量，本研究仅对全国平均饲养密度下蛋鸡和肉鸡的疫情传播进行模拟和经济评价。

全国平均饲养密度下每群蛋鸡和肉鸡的经纬度地理坐标和每群数量的确定方法：首先，确定不同饲养规模的肉鸡和蛋鸡场（户）数密度，使用 2010 年不同饲养规模的肉鸡、蛋鸡全国场（户）数分别除以全国面积；第二，根据不同饲养规模的肉鸡和蛋鸡场（户）数密度在一定区域内随机生成不同规模鸡群的经纬度地理坐标；第三，确定每个场（户）的鸡数量，某个场（户）的鸡数量等于该鸡群饲养规模的全国平均存栏数（假定肉鸡一年出栏 4 次，肉鸡存栏量等于出栏量的四分之一）。在本研究中，家禽的 H5N1 高致病性禽流感的传播不再受家禽的群与群之间的真实距离和每群的实际数量影响，仅受我国肉鸡和蛋鸡的平均饲养密度影响。本研究的研究对象仅限我国大陆地区。

（二）参数设定

NAADSM 所需的输入参数为：动物总体特征（Animal Populations）、传染病、传染病传播、传染病检测（Detection）、传染病追踪（Tracing）、疫病区划分（Zones）、捕杀（Destruction）和成本八大类。本研究在确定相关输入参数时，以使用相关文献资料为主，辅以专家意见。

1. 动物总体特征参数。NAADSM 在进行疾病传播模拟时不是以单个动物为研究对象，而是以群为单位（unit）进行模拟。与群相关的参数包括：群类型，群内动物数量和群的地理位置（用经度和纬度表示）。

（1）群的类型划分。考虑到蛋鸡和肉鸡的饲养方式和管理方式上的差异，按照禽种类和饲养规模两个维度将群类型划分为四种：存栏数在 1～499 只的蛋鸡群（群类型 1），存栏数在 500 只以上的蛋鸡群（群类型 2），出栏数在 1～1 999 只的肉鸡群（群类型 3），出栏数在 2 000 只以上的肉鸡群（群类型 4）。

（2）群内家禽数量。某种群类型的群内家禽数量为该群类型的全国平均禽数。

2. 传染病参数。 参照 Patyk（2007），本研究将 H5N1 高致病性禽流感传播状态分为 7 种（表 1）。

表 1　H5N1 高致病性禽流感的状态特征

状态	特征
易感	无免疫力，易感染
潜伏	已感染，不传染，无疾病诊断信号
亚临床感染	已感染，可传染，无疾病诊断信号
临床感染	已感染，可传染，有疾病诊断信号
自然免疫	感染后获得免疫
疫苗免疫	通过疫苗获得免疫
死亡	不传染

"潜伏""亚临床感染""临床感染" 3 个阶段的持续时间分布如下。潜伏期：时间参数（0，1，2，3，7），概率密度参数（0，0.35，0.35，0.12，0）。亚临床感染期：时间参数（0，1，2，3，8），概率密度参数（0，0.15，0.5，0.12，0）。临床感染期：时间参数（0，2，4，6，10），概率密度参数（0，0.07，0.28，0.1，0）。

本研究假定家禽被感染后死亡率为 95%。

3. 传染病传播参数。 本研究所涉及的 H5N1 高致病性禽流感传播方式有两种：直接接触和间接接触。直接接触方式指的是家禽个体的直接接触，家禽的群密度越大，发生直接接触的概率越大；间接接触指的是由于不同群之间的人员、物资、车辆、装备和动物产品的流动引发的疫病传播。大型家禽养殖场由于采用整进整出的管理方式和较规范的卫生防疫措施，故通过直接接触方式感染病毒的概率较小；而散养饲养方式，动物的直接接触概率较大。

传染病传播参数包括：接触率（每群每天的平均接触次数），接触传染概率（易感群接触患病群发病的概率），接触距离，移动限制（疫情被确诊后，采取移动限制降低家禽群之间的接触率）。假定潜伏期的家禽只能通过直接接触传染疾病，临床感染的动物可通过直接接触和间接接触两种方式传播疾病。

（1）接触率和接触传染概率。参照韦欣捷（2011）和 Patyk（2007），并结合专家意见，不同鸡群间的平均接触率和接触传染概率见表2。

表2 不同群类型的平均接触率和接触感染概率

传播路径	传播方式	平均接触率	接触传染概率
群类型1→群类型1	直接接触、间接接触	1.2	0.25
群类型1→群类型2	间接接触	0.5	0.4
群类型1→群类型3	直接接触、间接接触	0.2	0.25
群类型1→群类型4	间接接触	0.2	0.3
群类型2→群类型1	间接接触	0.5	0.25
群类型2→群类型2	间接接触	0.9	0.4
群类型2→群类型3	间接接触	0.2	0.25
群类型2→群类型4	间接接触	0.45	0.3
群类型3→群类型1	直接接触、间接接触	1.2	0.25
群类型3→群类型2	间接接触	0.4	0.3
群类型3→群类型3	直接接触、间接接触	1.2	0.25
群类型3→群类型4	间接接触	0.6	0.4
群类型4→群类型1	间接接触	0.2	0.25
群类型4→群类型2	间接接触	0.26	0.3
群类型4→群类型3	间接接触	0.26	0.25
群类型4→群类型4	间接接触	0.4	0.4

（2）接触距离。假定群之间存在三种距离分布：近距离分布，远距离分布和交叉分布。三种分布的参数类型均为概率密度函数，近距离分布服从三角分布（0.08，0.3，1.6），即近距离中的最短距离为0.08千米，最长距离为1.6千米，最有可能距离为0.3千米；远距离分布服从三角分布（1，3，20），交叉分布服从三角分布（1，1.5，10）。假定散养群之间接触距离服从近距离分布，规模群之间服从远距离分布，散养群向规模群的传播服从远距离分布，规模群向散养群的传播服从交叉分布。

（3）移动限制。通过执行相关的移动控制措施，可有效减少家禽群之间的接触，减小病毒传播概率。假定时间参数为（0，3，5）、接触降低参数为（60，30，20），即移动限制开始执行的当天，接触率降为原来的60%，开始执行第3天，第5天，接触率分别降为原来的30%和20%。

4. 传染病检测参数。传染病的检测率等于以下两种概率之积：在出现诊断信号的患病群中发现诊断信号的概率和诊断信号被发现后患病群被报告的概率。

病鸡出现临床感染后，随时间变化，发现诊断信号的概率参数：时间参数为（1，2，3，10），发现诊断信号参数为（50，72，90，90）；即患病群出现诊断信号后的第1天发现诊断信号的概率为50%，出现诊断信号后的第2天、第3天以后发现诊断信号的概率分别为72%和90%。从第1例疫情被报告开始，患病群被报告的概率参数：时间参数为（0，5，10），被报告的参数为（10，60，90）；即第1例疫情被报告当天，患病群被报告的概率为10%；第1例疫情被报告后的第5天，患病群被报告的概率为60%；第1例疫情被报告后的第10天，患病群被报告的概率为90%。这里假定当疫情被报告以后，随时间推移，人们对疫情会逐渐重视，疫情被报告的概率也逐渐增大。

5. 传染病追踪参数。传染病的追踪指辨别与被检测群发生接触的高风险群的过程，假定只进行H5N1高致病性禽流感的前向追踪。追踪时间定为5天，直接接触追踪的成功率为0.9，间接接触追踪的成功率为0.7。检验的敏感性为0.95，检验的识别率为0.95。

6. 疫病区划分参数。将发病群周围3千米内划为疫区，3至8千米划为威胁区。疫区建立后，疫区内家禽直接移动率变化参数：时间参数为（0，1，2），直接移动率参数为（50，30，10）；即设立疫区的当天直接移动率下降为原来的50%，设立1天、2天后，直接移动率下降为原来的30%和10%。假定威胁区对家禽的隔离控制能力稍弱些，威胁区建立后，威胁区内家禽直接移动率变化参数：时间参数为（0，1，2），直接移动率参数为（60，30，10）。假定疫区和威胁区设立后，区内的检测准确率提高到原来的1.2倍。

7. 捕杀参数。假定从确诊疫情发生到开始捕杀的时间间隔为1天，在3天以后捕杀达到最大能力，捕杀参数为：时间参数（0，1，2，3，10），捕杀能力参数为（5 000，10 000，15 000，30 000，30 000）；即发现疫情的当天捕杀能力为5 000群，随后第1、2天的捕杀能力分为10 000群，15 000群，第3至10天的捕杀能力为30 000群。

发现确诊病例后，捕杀半径为3千米。当捕杀能力不足时，捕杀的优先顺序依次为：群类型4，群类型2，群类型3，群类型1。

8. 防控成本参数。疫情的防控成本包括以下两部分：

（1）疫区和威胁区的监控成本。疫区的监控费用为每只1.5元/天，威胁区的监控费用为每只 0.5 元/天。

（2）捕杀的总成本。捕杀每只鸡赔偿农户 20 元/只（根据我国相关规定，因 H5N1 高致病性禽流感被捕杀的每只鸡补偿额为 10 元，但实际上许多地方给出的补偿额达到每只 20 元左右），捕杀费用 5 元/只，死鸡处理 1 元/只。散养户的评价费用、消毒和无害化处理 200 元/群，规模养殖户的评价费用、消毒和无害化处理 700 元/群。

二、疫情的数值模拟

本研究的"不免疫＋捕杀"策略是指：对家禽不进行免疫，发现疫情后对病鸡周围 3 千米范围内的家禽进行捕杀，疫情中心 3 至 8 千米划为威胁区，威胁区实行相应的隔离和防疫措施。"免疫＋捕杀"策略是指：对家禽进行全面免疫，发现疫情后的捕杀措施和威胁区设定同"不免疫＋捕杀"策略。从 2006 年开始，我国对主要家禽实行全面免疫，根据《兽医公报》，近几年我国家禽抗体合格率为 90% 左右。考虑到 90% 的家禽具有抗体，在进行"免疫＋捕杀"策略模拟时，将接触感染率改为"不免疫＋捕杀"策略时的 10%，其他输入参数保持不变。

（一）"免疫＋捕杀"策略下的疫情模拟

1. 全国平均饲养密度下的疫情模拟。在进行 H5N1 高致病性禽流感病毒感染模拟时，考虑到散养群占比最大，在进行每次模拟开始时，假定群类型 1 的一个群处于潜伏期，其他群为易感群。使用 NAADSM 对全国平均饲养密度下鸡群的 H5N1 高致病性禽流感染进行 200 次基准数值模拟，结果见表 3。在 200 次模拟中，平均每次被捕杀的家禽数为 1.34 万只，被捕杀的群数为 124.49 群，疫情平均持续时间 13.15 天，出现的疫情数为 103 次（感染发展为疫情的概率为 51.5%）。

表 3 "免疫＋捕杀"策略下的基准模拟结果

变量	均值	标准差	最小值	最大值
被捕杀的家禽数（万只）	1.34	1.8	0	9.01
被捕杀的群数（群）	124.49	146.92	0	631
疫情持续时间（天）	13.15	4.65	5	27
发生疫情的次数（次）	103	——	——	——

2. 敏感性分析

（1）群密度。将肉鸡和蛋鸡的群密度同时变化为基准模拟的0.5，0.8，1.2倍，1.5倍和2倍，同时假定鸡群的接触率随群密度同比例变化，对这五种情形分别进行200次模拟，模拟结果见图1。结果表明，当鸡的群密度增大时，鸡的平均被捕杀数、平均被捕杀的群数、疫情平均持续时间和出现疫情的次数均显著增大。当群密度由0.5增加到2倍时（增长300%），平均被捕杀的鸡数和平均被捕杀的群数显著增长，平均被捕杀的家禽数由0.58万只增长到4.76万只，增长了721%，平均被捕杀的群数由39.04群增长到498.31群，增长了1 176%；疫情平均持续时间由12.22天增长至15.19天，增长了24%；出现疫情的次数由91次增长至140次，增长了54%。

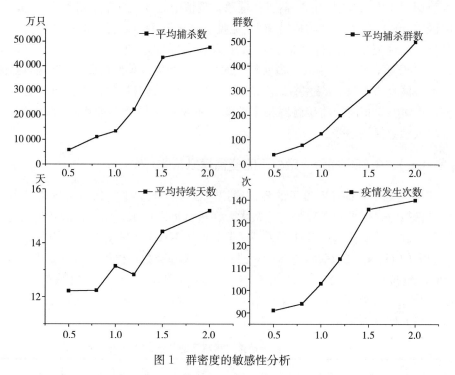

图1　群密度的敏感性分析

（2）群内数。将每群家禽的数量分别变为基准模拟的0.8，1.2倍，1.5倍和2倍四种情形进行200次模拟，模拟结果见图2。结果表明，当家禽的群内数增大时，除平均被捕杀的家禽数等比例增大外，平均被捕杀的群数、疫情平均持续时间和出现疫情的次数均无显著变化。当鸡的群内数由0.8增加到2倍时（增长150%），平均被捕杀的家禽数由1.01万增长到2.54万，增长了151%。

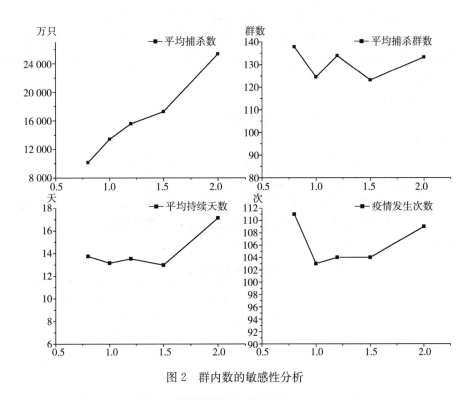

图 2　群内数的敏感性分析

（二）"不免疫＋捕杀"策略下的疫情模拟

1. 全国平均饲养密度下的疫情模拟。 在"不免疫＋捕杀"策略下，使用 NAADSM 对全国平均饲养密度下鸡群的 H5N1 高致病性禽流感染进行 200 次数值模拟，结果见表 4。在 200 次模拟中，平均每次被捕杀的家禽数为 14.4 万只，被捕杀的群数为 1 385.54 群，疫情平均持续时间 17.63 天，出现的疫

表 4　"不免疫＋捕杀"策略下的基准模拟结果

变量	均值	标准差	最小值	最大值
被捕杀的家禽数（万只）	14.4	9.86	0.81	49.15
被捕杀的群数（群）	1 385.54	903.48	199	4 605
疫情持续时间（天）	17.63	5.06	8	32
发生疫情的次数（次）	200	—	—	—

情数为200次（即出现疫情概率为100％）。2004年，我国共暴发50次H5N1高致病禽流感疫情，每次疫情平均被捕杀家禽数为18.08万只，与本研究的模拟结果比较接近，也验证了本研究对我国H5N1高致病性禽流感疫情模拟的可靠性。

2. 敏感性分析

（1）发现诊断信号的概率。将病鸡出现感染后，发现诊断信号的概率参数分别变为（25，36，90，90）和（50，72，45，45）进行200次模拟，结果见表5。当病鸡出现感染后，将发现诊断信号的前两天概率降低一半，后八天概率保持不变，被捕杀的家禽数增长了21.04％，被捕杀的家禽群数增长了21.6％，疫情持续时间增长了17.47％；前两天概率不变，后八天概率降低一半，被捕杀的家禽数增长了8.13％，被捕杀的家禽群数增长了6.55％，疫情持续时间增长了4.96％。

表5   发现诊断信号的概率参数的变化

变量	（25，36，90，90）	（50，72，45，45）
被捕杀的家禽数（万只）	17.43	15.57
被捕杀的群数（群）	1 685.52	1 476.35
疫情持续时间（天）	20.71	18.64
发生疫情的次数（次）	200	200

（2）群接触率。将家禽的群接触率分别变化为基准模拟下0.5、1.5倍、2倍和3倍四种情况，进行200次模拟，模拟结果见图3。模拟显示，鸡群接触率对疫情的严重程度影响非常大，鸡群之间的接触率越大，疫情越严重。当鸡群接触率由变为0.5增加到3倍时（增长500％），平均被捕杀的家禽数由6.36万只增长到37.12万只，增长了484.65％，平均被捕杀的群数由660.26群增长到3 488.25群，增长了428.31％；疫情平均持续时间由17.38天至20.24天，增长了16.46％；出现疫情的次数由192次至200次，增长了4.17％。

（3）捕杀半径。将发生疫情时家禽的捕杀半径分别变为1千米和2千米两种情况进行200次模拟，模拟结果见图4。模拟显示，当捕杀半径由1千米变为3千米（增长200％），平均被捕杀的家禽数由6.29万只增长到14.4万只，增长了128.93％，平均被捕杀的群数由264.23群增长到1 385.54群，增长了424.37％；疫情平均持续时间由19.71天下降至17.63天，下降了10.55％；出现疫情的次数没有变化，均为200次。

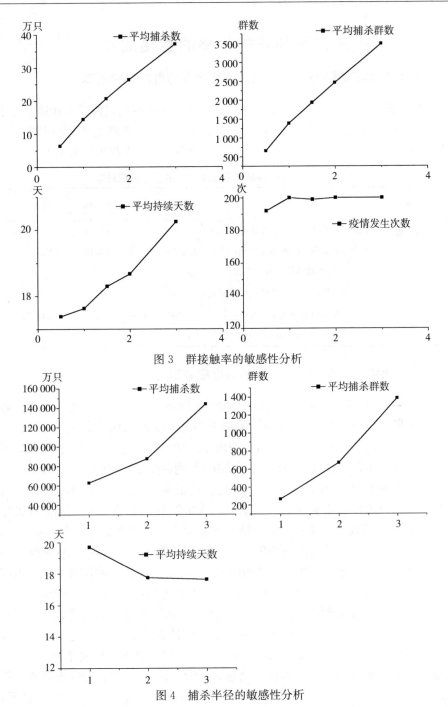

图 3　群接触率的敏感性分析

图 4　捕杀半径的敏感性分析

三、两种防控策略的直接成本

（一）两种不同防控策略下每次疫情的平均直接防控成本

每次疫情的平均直接防控成本为疫区和威胁区的平均监控成本和捕杀的平均成本之和。"不免疫＋捕杀"策略和"免疫＋捕杀"策略下（全国平均饲养密度）每次疫情的平均直接防控成本的模拟结果（200 次模拟）见表6。

表6　两种不同防控策略下每次疫情的直接防控成本

防控策略	变量	均值	标准差	最小值	最大值
不免疫＋捕杀	疫区和威胁区的平均监控成本（万元）	95.05	76.7	11.22	405.26
	捕杀的平均成本（万元）	373.08	253.09	21.73	1 255.6
	平均直接防控成本（万元）	468.13	—	—	—
免疫＋捕杀	疫区和威胁区的平均监控成本（万元）	5.44	10.59	0	92.39
	捕杀的平均成本（万元）	35.06	46.71	0	235.72
	平均直接防控成本（万元）	40.5	—	—	—

（二）两种不同防控策略下疫情的直接成本

"不免疫＋捕杀"策略下的 H5N1 高致病性禽流感防控的直接成本等于疫情的直接防控成本；"免疫＋捕杀"策略下的 H5N1 高致病性禽流感防控的直接成本等于疫情的直接防控成本与免疫成本之和。为了考察两种防控策略的长期直接成本，本研究比较了 2004 年至 2012 年两种防控策略的总直接成本，假定每年的免疫总成本不变，均为 51.5 亿元［根据韦欣捷（2011），2008 年我国蛋鸡和肉鸡免疫总成本为 51.5 亿元］。2004 年至 2012 年两种不同防控策略下我国 H5N1 高致病性禽流感的疫情数的确定方法："免疫＋捕杀"策略下，H5N1 高致病性禽流感病毒感染发展为疫情的概率为 51.5%，"不免疫＋捕杀"策略下，病毒感染发展为疫情的概率为 100%。2006 年我国开始对家禽实行 H5N1 高致病性禽流感的全面免疫政策，本研究假定 2004 年和 2005 年我国 H5N1 高致病性禽流感的疫情数为"不免疫＋捕杀"策略下的疫情数，其他年份暴发的疫情数为"免疫＋捕杀"策略下的疫情数。2004—2012 年两种防控策略下的直接成本对比见表7。在不考虑疫情的间接成本和损失条件下，"不免疫＋捕杀"策略的长期成本优势明显；2004—2012 年"不免疫＋捕杀"策略的直接成本为 6.27 亿元，"免疫＋捕杀"策略的直接成本为 463.78 亿元，前者仅为后者的 1.35%。

表 7　2004—2012 年两种不同防控策略的直接成本

防控策略	变量	
不免疫+捕杀	被捕杀的家禽数（万只）	1 929.6
（134 次疫情）	被捕杀的群数（万群）	18.57
	疫情的防控成本（亿元）	6.27
	直接成本（亿元）	6.27
免疫+捕杀	被捕杀的家禽数（万只）	92.46
（69 次疫情）	被捕杀的群数（万群）	0.86
	疫情的防控成本（亿元）	0.28
	免疫成本（亿元）	463.5
	直接成本（亿元）	463.78

四、讨论和结论

本研究的主要研究结论：

一是，现有的"免疫+捕杀"策略不能杜绝疫情的发生。因为我国肉鸡和蛋鸡注射疫苗后产生抗体的比例只有 90% 左右，本研究的模拟显示，当感染发生时，"免疫+捕杀"策略仅能降低一半左右的疫情发生。事实上，虽然我国从 2006 年就开始实行主要家禽的全面免疫，但除了 2010 年外，2006 年以后的每一年都有 H5N1 高致病性禽流感疫情发生，这也验证了目前我国所实行的"免疫+捕杀"策略并不能根治我国 H5N1 高致病性禽流感疫情的发生。

二是，与"不免疫+捕杀"的防控策略相比，"免疫+捕杀"的防控策略可显著降低疫情的严重程度。后者可使被捕杀的群数和家禽数下降 90% 左右，使疫情平均持续时间下降大约四分之一，疫情出现的概率下降一半左右。

三是，家禽的群密度、群内数和家禽的群接触率对我国 H5N1 高致病性禽流感疫情的后果影响较大，适当缩小捕杀半径可有助于减轻家禽捕杀损失。综合看，未来大力推广规模化养殖，降低家禽的散养比例有助于降低我国 H5N1 高致病性禽流感疫情的严重程度；从防控角度来看，当疫情发生时将家禽进行有效隔离，降低家禽的群接触率是减轻疫情的有效手段。

四是，"不免疫+捕杀"防控策略下，我国 H5N1 高致病性禽流感疫情是可控的。在"不免疫+捕杀"防控策略下（全国平均饲养密度），我国 H5N1

高致病性禽流感疫情平均每次被捕杀的家禽数为 14.4 万只，被捕杀的群数为 1 385.54 群，平均直接防控成本为 468.13 万元，这些损失是可以承受的。

五是，实行"不免疫＋捕杀"防控策略更具经济性。因为全面免疫成本过高，在不考虑疫情的间接损失情况下，无论从短期还是从长期看，"不免疫＋捕杀"防控策略都具有相当大的成本优势。

参考文献

[1] Harvey N., Reeves A., Schoenbaum M. A., Zagmutt-Vergara F. J., Dubé C. The North American Animal Disease Spread Model: A Simulation Model to Assist Decision Making in Evaluating Animal Disease Incursions [J]. Preventive Veterinary Medicine, 2007, 82: 176 - 197.

[2] Hill A., Reeves A. User's Guide for the North American Animal Disease Spread Model 3.2 [R]. Colorado State University, Animal Population Health Institute, Fort Collins, Colorado, USA, 2006.

[3] Swayne D. E., Pavad G., Hamilton K., Vallat B., Miyagishima K. Assessment of National Strategies for Control of High-pathogenicity Avian Influenza and Low-pathogenicity Notifiable Avian Influenza in Poultry, with Emphasis on Vaccines and Vaccination [J]. Revue Scientifique Et Technique, 2011, 30 (3): 839 - 870.

[4] Patyk K. A., Helm J., Martin M. K., Forde-Folle K. N., Olea-Popelka F. J. An epidemiologic simulation model of the spread and control of highly pathogenic avian influenza (H5N1) among commercial and backyard poultry flocks in South Carolina, United States [J]. Preventive Veterinary Medicine. 2013 (110): 510 - 524.

[5] 韦欣捷，高致病性禽流感防空策略的技术经济分析 [D]. 北京：中国农业大学，2011.

禽流感风险下肉鸡养殖户防疫行为分析

黄泽颖　王济民　王晨　刘春芳　靳淑平

（中国农业科学院农业经济与发展研究所）

一、问题的提出

禽流感是我国影响范围广、危害程度大的一类重大动物疫病。据《兽医公报》数据显示，2004—2014 年我国每年均暴发禽流感疫情，累计至少发生了 115 例禽流感疫情，波及 23 个省份，在鸡、鸭、鹅、鹌鹑、候鸟、野鸟等禽类中发现疫情，禽类的发病数至少是 362 736 羽，死亡数至少是 391 501 羽，捕杀数至少是 33 343 736 羽（黄泽颖、王济民，2015）。由此可见，禽流感疫情已成为影响我国养殖业可持续发展的一大难题。

面对疫病风险，必须从源头入手，抓好农村养殖场的饲养管理。养殖户是畜禽生产的主体，拥有动物健康状况信息，也是农村动物疫情防控的主体。养殖户自身的防疫行为是否科学到位，是控制禽流感疫情的关键。本研究在开展实地调查的基础上，充分了解基层一线养殖户目前的饲养管理情况，收集相关数据进行统计分析，总结一般情况和规律，为建立健全农村禽流感防控体系及完善相关政策提供参考。大体而言，防疫是防止、控制、消灭动物疾病措施的统称，分经常性和疫情后两种。农户被要求在疫情发生后依法做好疫情上报、封锁、隔离、扑杀、销毁、无害化处理、紧急免疫接种等强制性措施。更为重要的是，防控禽流感以预防为主，主要包括预防性用药、免疫、消毒、清洁、防疫设施建设等。

通过文献回顾，国内有少数学者关注养殖户的禽流感防控行为，如张桂新、张淑霞（2013）在陕西、河南两省问卷调查经历过低致病性禽流感的养鸡户的防疫选择行为；闫振宇、陶建平、徐家鹏（2012）在湖北省问卷调查畜禽养殖户报告禽流感疫情行为意愿；林光华、王凤霞、邹佳瑶（2012）在江苏省问卷调查蛋鸡养殖户的禽流感报告意愿。现实中，养殖户的防疫行为很多，且发挥重要的作用，而当前研究的防疫行为较为笼统或仅研究农户的疫情报告等行为，还有清洁、消毒、防疫设施建设、隔离、防鼠防鸟等有效防疫行为尚未被深入剖析和研究。在我国，养殖户受到《中华人民共和国动物防疫法》《重大动物疫情应急条例》《国家突发重大动物疫情应急预案》《动物防疫条件审查办法》等政策法规的约束，其中，《动物防疫法》是我国在动物防疫及其监督管理活动方面最为重要的法律，由于其权威性和强制性，其他相关规章条例均需根据该法制定，相关从业者也需要遵循该法律，否则违者犯法。根据该法规定，"从事动物饲养的单位和个人，应做好免疫、消毒等动物疫病预防工作""动物饲养场有为其服务的动物防疫技术人员""经强制免疫的动物，应建立免疫档案""动物饲养场有相应的污水、污物、病死动物、染疫动物产品的无害化处理设施设备和清洗消毒设施设备"。也就是说，养殖户需要依法做好免疫及档案、消毒及相关设施、无害化处理设施建设、配备专业技术人员等防疫工作。

肉鸡产业是我国畜牧业中产业化、市场化和规模化程度最高的行业。肉鸡产业的发展，优化了畜牧产业结构，为人民膳食提供了优质蛋白质，而且拉动种鸡、饲料、食品等产业的发展，提供了大量的就业岗位。然而，肉鸡养殖也面临动物疾病、环境污染、食品安全、动物福利等诸多问题，其中，疾病发生率的增加是影响规模化发展的最大因素（易敢峰、孙铁虎，2008）。在众多禽病中，禽流感疫情是肉鸡生产的最大威胁，据测算，2004—2009 年，H5N1 禽流感造成我国鸡肉产量损失 219.98 万吨，相当于原来 6 年鸡肉总产量的 3.54%。因此，为提高我国基层禽流感的防控管理水平，促进肉鸡产业健康可持续发展，弥补目前研究不足，本文以全国商品代肉鸡养殖户为问卷调查对象，围绕《动物防疫法》的防疫要求，进行问卷设计和调研，通过分析农户对防疫法的反应和执行情况，以期为禽流感防控政策的制定和完善提供决策依据。

二、数据来源与总体概况

（一）数据来源

为获得相关数据，国家肉鸡产业技术体系产业经济岗位课题组以体系试验站为依托，2015 年 4 月到河南鹤壁市试验站开展预调研，修改完善问卷。根据我国肉鸡生产呈现"北方白羽、南方黄羽"的格局，选择代表性的样本，在北方选择河北省、吉林省、山东省 3 个白羽肉鸡生产大省，在南方选择广西、湖北、广东 3 个黄羽肉鸡生产大省，作为样本省。如表 1 所示，2011—2013年，6 个肉鸡生产大省的产量排名均在全国前列，且排名不变，其中，山东、广东、广西 3 省（自治区）都稳居全国第 1、第 2 和第 4。

表1　2011—2013 年我国 6 省的肉鸡产量及全国排名

单位：万吨

省（区）	2011 年		2012 年		2013 年	
	产量	排名	产量	排名	产量	排名
河北	52.2	9	59.6	9	52.16	9
吉林	47.5	10	50.3	10	47.47	10
山东	178.2	1	193	1	178.18	1
广西	90.2	4	95.2	4	90.19	4
湖北	45.0	11	46.9	11	45.02	11
广东	105.2	2	107.5	2	105.2	2

数据来源：根据《中国畜牧业统计年鉴》（2012—2014 年）相关数据整理，鸡肉产量＝禽肉产量×70%。

2015 年 6—8 月，课题组以简单随机抽样的方法，调查了 6 省的 15 个地级市、26 个区县、86 个乡镇和 182 个农村共 373 个商品代肉鸡养殖户。通过检查问卷，剔除关键信息遗漏和明显不合逻辑的无效问卷 42 份，共获得 331 份有效问卷，问卷有效回收率达 88.74%。331 个调查样本的区域分布如表 2 所示，吉林有 26 份、河北有 71 份、山东有 57 份、广西有 56 份、湖北有 52 份、广东有 69 份。

表2　有效调查样本的分布情况

省（区）	肉鸡品种	有效问卷数量	调查的地级市数量	调查的区县数量	调查的乡镇数量	调查的农村数量
吉林	白羽肉鸡	26	1	2	5	13
河北	白羽肉鸡	71	2	4	25	34
山东	白羽肉鸡	57	8	13	27	41
广西	黄羽肉鸡	56	2	4	15	28
湖北	黄羽肉鸡	52	1	1	7	38
广东	黄羽肉鸡	69	1	2	7	28
总计		331	15	26	86	182

（二）样本的总体分析

从年龄的分布来看，6 成养殖户为中年人，3 成养殖户为青年人，不到 10% 的养殖户为老年人，这说明，全国的肉鸡养殖年龄结构以中年为主，大部分青年养殖户为返乡创业，具有外出打工经历。从受教育程度来看，只有

0.3%的养殖户为文盲，99.7%的养殖户接受过正式教育，其中，接近 6 成的养殖户为初中文化水平，2 成养殖户为高中专文化水平，可见，大多数养殖户为初中文化学历，受教育程度明显偏低。从养殖年限来看，从事肉鸡养殖在 5 年以下的占多数，有 152 个养殖户，占 45.92%，从事肉鸡养殖在 6~10 年的占 26.89%，11~15 年的比重最小，仅有 8.46%，16 年及以上养殖年限的占 18.73%。从家庭年均收入来看，养殖户以中低等收入为主，7 成养殖户的收入为 2.5 万~10 万元，在 10 万元以上的仅占 14.2%。根据《全国农产品成本收益资料汇编》对肉鸡生产规模的划分：0~1 999 只表示散养户，2 000~9 999只表示小规模养殖户，10 000~49 999 只表示中规模养殖户，50 000 只以上表示大规模养殖户。调查发现，农户以中等养殖规模为主，占 64.65%，其次是大规模养殖户，占 21.75%，其余为小规模养殖户和散户，说明我国的肉鸡产业正实现转型升级，实现规模化发展。养殖户为"市场＋农户"的人数较少，仅有 22.96%，多数养殖户加入公司和合作社，其中，"公司＋农户"的人数较多，占 53.78%，"合作社＋农户"和"公司＋合作社＋农户"的人数相对较少，合计仅占 23.26%，这表明，我国肉鸡养殖户朝着组织化发展，遵循组织的契约规定，规范饲养管理。

表 3　样本的统计特征

样本特征	选项	样本数	比例（%）	样本特征	选项	样本数	比例（%）
性别	男	286	86.4		5 000 及以下	2	0.60
	女	45	13.6		5 001~15 000	20	6.04
年龄	20 岁以下	0	0.00	家庭年均收入	15 001~25 000	28	8.46
	20~39 岁	100	30.21		25 001~50 000	117	35.35
	40~59 岁	201	60.73		50 001~100 000	117	35.35
	60 岁及以上	30	9.06		100 001 以上	47	14.20
受教育程度	文盲	1	0.3		0~1 999	6	1.80
	小学	40	12.08	养殖规模	2 000~9 999	39	11.78
	初中	195	58.91		10 000~49 999	214	64.65
	高中专	73	22.05		50 000 及以上	72	21.75
	大专及以上	22	6.65		公司＋农户	178	53.78
养殖年限	1~5 年	152	45.92		合作社＋农户	54	16.31
	6~10 年	89	26.89	生产组织形式	公司＋合作社＋农户	23	6.95
	11~15 年	28	8.46		市场＋农户	76	22.96
	16 年及以上	62	18.73				

三、养殖户的免疫和消毒的实施情况

禽流感风险下，免疫和消毒是养殖户重要的预防措施。免疫是给肉鸡注射疫苗，免除疫病；消毒是用消毒剂等方法杀灭鸡舍内外传播媒介上的病原微生物。建立免疫记录或档案，载明免疫情况，是健全动物疫病防控规章制度的重要环节。因此，在问卷调查中，进行了相关问题的设置，如表4所示。

表4　免疫及档案和消毒实施情况的问题设置

类别	调查问题设置				
	问题1	问题2	问题3	问题4	问题5
免疫	您是否给每只肉鸡免疫	您是否根据说明书的规定对肉鸡免疫	您是否按照国家制定的免疫程序做好肉鸡的免疫接种	在出栏前，每只肉鸡免疫的次数	是否建立免疫记录（档案）
消毒	进鸡前，饲养用具和设备是否彻底消毒	在养殖期，您是否定期消毒养殖场所和笼具	在养殖期，鸡舍消毒的时间间隔（天/次）		

（一）几乎全部养殖户按规定实施免疫，且建立档案，一般给肉鸡免疫4～5次

养殖户对肉鸡接种疫苗，是为了避免鸡群感染来自禽流感、新城疫、马立克氏病、大肠杆菌病、球虫病等常见病，由于一些疫苗可以预防一种以上的鸡病，较难区分。因此，此次问卷调查是对养殖户在饲养过程中的免疫行为进行分析。据调查，324个肉鸡养殖户给每只肉鸡免疫，占97.89%，仅有7个养殖户未能给每只肉鸡免疫，说明大部分农户能按国家规定履行免疫义务，遵纪守法。其中，有322个肉鸡养殖户根据说明书的规定对肉鸡免疫和按照国家制定的免疫程序做好肉鸡的免疫接种，占97.28%，仅有9个养殖户未能做到，可见，绝大多数农户能按照正确的方法对肉鸡进行免疫，保障免疫效率和避免动物应激。在养殖户之间，由于国家没有硬性规定，组织和个人根据情况决定免疫次数，出栏前每只肉鸡的免疫次数参差不齐，最少的是2次，最多是10次，比重均占0.3%，这可能是因为，一些养殖户对风险比较敏感，且资金充裕，通过给肉鸡打疫苗来增加抵御包括禽流感在内的多种疫病的免疫力，而一些农户是风险偏好型，受经济条件限制，感觉自己的肉鸡得病概率小，所以仅注射了强制性疫苗。但养殖户的免疫次数大多集中在4～5次，平均每1～2个

月免疫 1 次，占 68.28%，了解发现，4～5 次免疫属于经济效益型，既能抵抗 4 种常见疾病，降低肉鸡患病率，确保高的出栏率，又能节约成本。如表 5 所示，调查样本中白羽肉鸡的平均出栏日龄是 45 天，免疫次数为 2～8 次，平均免疫次数为 3.97 次，其中，超过一半的养殖户（55.33%）对白羽肉鸡免疫 4 次；调查样本中黄羽肉鸡的平均出栏日龄是 102 天，免疫次数为 3～10 次，平均免疫次数为 5.38 次，其中，超过一半的养殖户（53.04%）对黄羽肉鸡免疫 5 次，由此可见，虽然黄羽肉鸡的平均出栏日龄是白羽肉鸡的 2.27 倍，但平均免疫次数仅多了 1 次。绝大多数养殖户建立了免疫档案，占 85.5%，仅有 48 个养殖户未建立免疫档案，占 14.5%，这表明，我国肉鸡养殖户有较强的免疫意识和免疫管理经验，通过健全档案制度保障免疫的效果和精准性。

表5　调查样本中不同肉鸡品种的免疫次数

免疫次数	白羽肉鸡		黄羽肉鸡	
	养殖户数	比例（%）	养殖户数	比例（%）
2	1	0.67	—	—
3	37	24.67	7	3.87
4	83	55.33	22	12.15
5	25	16.67	96	53.04
6	3	2.00	29	16.02
7	—	—	15	8.29
8	1	0.67	4	2.21
9	—	—	7	3.87
10	—	—	1	0.55
总计	150	100	181	100

（二）几乎所有养殖户在存栏期和空栏期进行消毒，消毒时间间隔是 7 天／次

调查发现，绝大部分养殖户（98.19%）在进鸡前都对饲养用具和设备进行彻底消毒，仅有 6 个养殖户（1.81%）未进行彻底消毒，可见，我国养殖户采用全进全出的饲养模式，不将不同批次的肉鸡混养，且对可能带有细菌的笼具进行彻底消毒，切断禽流感病毒在鸡群内的二次传播。在养殖期内，养殖户定期消毒养殖场所和笼具，占 97.58%，仅有 8 个养殖户，占 2.42%，没有定期消毒，可见，大多数养殖场具备常规的消毒制度，能按时按点开展消毒工

作。一般而言，消毒的时间间隔越短，表示养殖户越重视消毒防疫，支出强度越大。如表6所示，没有进行消毒的养殖户有4人，占1.21%，一天消毒3次的养殖户有1人，养殖户间的变化幅度较大，且消毒时间间隔在1～40天，这又表明，由于国家没有对消毒次数进行强制规定，养殖户根据养殖场情况进行消毒，具有不可比性，但总之，风险厌恶型的农户偏向于将消毒工作做到位，会增加消毒次数和强度。但多数养殖户的消毒时间间隔是7天/次，比重为35.65%，由此可见，该次数大概适合我国养殖场的情况，既能基本达到消毒标准，又能节省开支。此外，由于肉鸡品种不同，消毒的时间间隔也随之变化，据调查，白羽肉鸡的平均消毒时间间隔是5天/次，黄羽肉鸡的平均消毒时间间隔是9天/次。

表6　样本养殖户的消毒时间间隔

消毒时间间隔（天/次）	养殖户个数	比重（%）
0	4	1.21
0.3	1	0.3
1	14	4.23
2	17	5.14
3	51	15.41
4	13	3.93
5	30	9.06
6	5	1.51
7	118	35.65
7.6	1	0.3
8	3	0.91
9	1	0.3
10	30	9.06
11	1	0.3
12	2	0.6
13	2	0.6
15	19	5.74
20	9	2.72
30	8	2.42
40	2	0.6
总计	331	100

四、养殖户防疫设施建设情况

防疫设施是养殖场重要的基础设施，也是减少和避免疾病发生的基础，特别是在规模化、集约化的饲养条件下，显得尤其重要。无害化处理设施、排污设施、消毒设施有各自的功能。调查发现，目前养殖场的代表设备如表7所示。无害化处理设施承担肉鸡尸体、用具等可能被污染物体的焚烧、深埋等工作，有助于彻底消灭病毒，且不造成其他污染，一般一个养殖场需要具备焚烧炉和填埋坑才能完成这项工作。排污设施在于将粪便、唾液、羽毛、掉落的饲料及灰尘进行机械排放，一般依靠清粪机能完成。消毒设施的代表是消毒池、消毒垫等，消毒池是对进出养殖场的车辆进行消毒，而消毒垫是对进出鸡舍的人员进行鞋底消毒，杀灭停留在轮胎或鞋底的病毒。

表7　无害化处理设施和清洗消毒设施类型、功能及代表设备

类型	功能说明	代表设备
无害化处理设施	对肉鸡尸体等被污染物进行适当处理	焚烧炉、填埋坑
排污设施	及时排放污物，避免滋生细菌	清粪机
消毒设施	杀灭鸡舍内外传播媒介上的病菌	消毒池、消毒垫

（一）大部分养殖户未建设无害化处理设施，造价较高，但普遍的使用效果良好

如表8所示，通过调查问题的设置与调查，291个养殖户没有焚烧炉，占87.92%，34个养殖户拥有1个焚烧炉，占10.27%，拥有2个以上焚烧炉的养殖户有8人，占1.81%，这说明，接近9成养殖户由于经济条件有限买不起焚烧炉，或采用其他方式取代焚烧炉进行处理，如采用深埋方式进行处理，然而，如果越过焚烧炉流程进入深埋，无害化处理的效果可能不佳。在40个拥有焚烧炉的养殖户中，焚烧炉的平均购买价是3 649.38元，少则0元（养殖户自己搭建），多则50 000元，这说明，焚烧炉的造价较高，对养殖户而言是一笔不小的防疫开支，如果都由养殖户自己承担，则焚烧炉的使用覆盖面会比较有限，这急需政府的相关补贴，类似于沼气池补贴、农机补贴等。通过对使用效果的调查发现，14个养殖户觉得效果非常好，占35%，21个养殖户觉得效果好，占52.5%，4个养殖户觉得效果一般，占10%，只有一个养殖户认为效果差，占2.50%，这表明，虽然焚烧炉的成本较高，但在使用过设备

的养殖户看来，口碑很好，因此，应进行焚烧炉的使用效果体验，让没有使用过的养殖户有亲身体验。213个养殖户没有填埋坑，占64.35%，31.42%的养殖户拥有1个填埋坑，仅有4.23%的养殖户拥有2个以上填埋坑，可见，不到一半的养殖户建有填埋坑，这可能是因为，一些加入产业组织的养殖户需按照公司或合作社规定将病死鸡送往登记，避免流入市场，带来巨大的食品安全隐患，然而，另一些养殖户则直接拿去喂狗或者食用，违反相关规定。在118个拥有填埋坑的养殖户中，填埋坑的均价是1 073.56元，少则0元（养殖户个人随意挖的坑，不计人工费），多则25 000元，这说明，一些有经济条件的养殖户则会建立常用性合规的深坑进行使用，而一些风险意识薄弱的养殖户则不愿意投入成本，比较随意挖坑填埋，这种做法难以保障彻底杀灭病毒，可能会导致病毒的二次传播。6成以上养殖户认为填埋坑的效果好，仅有1.69%的养殖户认为效果差，这说明了，大部分养殖户认可填埋坑的作用，能在一定程度上无公害地处理病鸡或死鸡。

表8　无害化处理设施和清洗消毒设施情况的问题设置

调查问题1	调查问题2	调查问题3
平均每栋鸡舍拥有的数量	价格（元/个）	使用后，您觉得效果如何？

（二）过半养殖户拥有消毒池，但没有清粪机和消毒垫，造价不低，使用效果良好

调查发现，265个养殖户没有清粪机，占80%，不到20%的养殖户拥有清粪机，通过调查发现，养殖户一般采用人工清洁卫生，不舍得投入购买清粪机或对该设备的功能抱有疑问。在拥有设备的农户当中，有34个养殖户拥有1台，有21个养殖户拥有2台，2台以上拥有者比重不到2.11%，这说明，养殖户根据污物的多少或经济条件购置相应数量的机器。在66个拥有清粪机的养殖户中，清粪机的均价是5 940.08元，多则56 000元，少则115元，这表明，清粪机的市场价格不菲，尤其是大型且功能齐备的清粪机。调查发现，27个养殖户认为效果非常好，占40.91%，29个养殖户认为效果好，占43.94%，仅有3.03%养殖户认为效果差，可见，在使用者看来，清粪机整体的使用效果良好，能满足养殖场清除粪污的基本要求。在消毒池方面，超过一半以上的养殖户拥有消毒池，有188人，占56.8%，其中，135个养殖户拥有1个消毒池，35个养殖户拥有2个消毒池，20个养殖户拥有3个及以上的消

毒池，这说明，消毒池已成为多数养殖场的必备设施，具体的数量根据养殖需要而定。在188个拥有消毒池的养殖户中，消毒池的均价是688.01元，少则5元，多则5 000元，由此可见，比起焚烧炉、清粪机，消毒池的价位稍低，农户一般能承受得起，购买的积极性较高。经调查，37个养殖户认为效果非常好，占19.68%，121个养殖户认为效果好，占64.36%，仅有30个养殖户认为效果一般，占15.96%，这表明，消毒池在消毒运输工具方面的功能得到多数养殖户的认可，起到不可替代的作用。在消毒垫方面，116个养殖户拥有消毒垫，占35.05%，其中，62个养殖户拥有1个消毒垫，30个养殖户拥有2个消毒垫，24个养殖户拥有3个及以上消毒垫，可见，相比消毒池，消毒垫的使用人数稍低，调查发现，这是因为，一些小规模或比较粗放的养殖场，不购买消毒垫，只用麻袋加上消毒液作为消毒垫的替代品，规格极其粗糙，不能有效消灭病菌。在116个拥有消毒垫的养殖户中，消毒垫的均价是92.49元，少则0.3元，多则3 000元。经调查，有23个养殖户认为消毒垫的效果非常好，占19.83%，63个养殖户认为消毒垫的效果好，占54.31%，29个养殖户认为消毒垫的效果一般，占25%，仅1个养殖户认为效果差，这表明，超过7成养殖户接受并认可消毒垫的使用效果。

五、养殖户雇佣专业防疫技术人员情况

根据养殖场需要配备专业动物疫病防控技术人员的规定，在问卷中设置了4个问题，如表9所示。

表9　养殖户雇佣专业防疫技术人员情况的问题设置

调查问题设置			
问题1	问题2	问题3	问题4
您是否系统学过畜牧兽医知识或相关专业	目前雇佣的总人数	懂得疫病防控的雇员总人数	雇工是否接受过免疫等疫病防控技术的培训

253个肉鸡养殖户（76.44%）没有系统学习过畜牧兽医知识或相关专业，只有不到1/4的养殖户系统学习过这些知识，这说明大多数养殖户受教育程度较低，且后期接受培训和再教育的机会较少，仅凭养殖经验开展防疫工作，很大程度上，防疫行为科学性较低。据调查，210个养殖户目前没有雇佣工人，占63.44%，这表明一半以上养殖户依靠自己或家庭成员进行养殖，比较局限。在有雇工的农户当中，雇佣1个工人的养殖户有43人，占12.99%，雇

佣 2 个工人的养殖户有 32 人，占 9.67％，雇佣 3 个及以上工人的养殖户有 46 人，占 13.90％。这表明，由于养殖规模不大，养殖利润不高，养殖户一般不雇佣超过 3 个工人从事肉鸡养殖。在 210 个没有雇工的养殖户当中，仅有 44 个养殖户系统学习过畜牧兽医知识，仅占 20.95％。在 121 个雇佣工人的养殖户中，22 个养殖户雇佣的工人不懂得疫病防控知识，占 18.18％，63 个养殖户雇佣的工人中有 1 人懂得疫病防控，占 52.07％，18 个养殖户雇佣的工人中有 2 个懂得疫病防控，占 11.11％，而且，雇工曾接受过免疫等疫病防控技术培训的有 71 人，占 58.68％。

六、结论与政策建议

通过对全国肉鸡养殖户执行防疫法规情况的调查得出以下结论：第一，绝大多数养殖户按照说明书和国家的规定程序给每只肉鸡实施免疫，并建立免疫档案，免疫次数随着肉鸡品种的不同而不同，白羽肉鸡平均免疫次数为 3.97 次，黄羽肉鸡平均的免疫次数为 5.38 次；第二，养殖户在空舍期和存栏期均进行消毒，且常规的消毒时间间隔为 7 天/次，从品种来看，白羽肉鸡的平均消毒时间间隔是 5 天/次，黄羽肉鸡是 9 天/次；第三，多数养殖户没建设焚烧炉和填埋坑，虽然造价较高，但拥有无害化处理设施的养殖户觉得使用效果好；第四，过半数的养殖户拥有消毒池，但没拥有清粪机和消毒垫，但使用过的养殖户普遍认可其效果；第五，七成以上养殖户没有系统学习过防疫知识，而且其中的大部分人不雇佣专业人员。针对养殖户严格执行免疫消毒规定，但许多养殖场卫生防疫设施薄弱，防疫专业人员稀缺的情况，提出如下的政策建议：

（一）强化农民和组织的利益联结性，提供有效的防疫支持

调查发现，77.04％的养殖户加入公司、合作社等各种形式的产业组织，在一定程度上改变了分散经营状态，尤其在组织的监督下，一些养殖户能严格遵守组织契约依法履行国家的防疫规定。然而，尚存在一些养殖户加入产业组织后，与公司、合作社之间的利益联结机制尚未建立起来，公司和农户仍仅为买断关系，在饲养管理方面仍得不到组织的技术指导，尤其是病鸡、死鸡的无害化处理，养殖户需要承担高疫病风险，获利少，加上基层的兽医体系运转困难，养殖户处于盲目防疫的境地。因此，应通过退税、贷款贴息等促进发展的优惠政策，引导企业、合作社正视与农户的风险共担、利益共享的利益联结机制，促进他们之间的良性互动，在防疫技术、资金、人员等方面为农户提供充

分、有效的服务，帮助养殖户构建科学防疫观念，保障农民的利益。

（二）加大补贴力度，强化防疫硬件设施建设

只有建设完善的卫生防疫设施，才有利于防疫制度的制定和执行。调查发现，养殖户对无害化处理设施和清洁消毒设施使用效果的好评，说明防疫硬件设施在禽流感预防方面的作用较大。然而，防疫设施造价偏高，使多数养殖户敬而远之。因此，通过政策补贴减轻他们的承担费用很有必要。首先，补贴比例应根据价格高低而定，焚烧炉的购价最高，则补贴比例较高，而消毒垫的购价最低，则补贴比例较低，既可以鼓励养殖户购买高层次的防疫设施，又可以保障财政支农的利用率。其次，适当降低补贴门槛，扩大防疫设施建设补贴的受益群体。调查发现，肉鸡养殖户以中等养殖规模为主，占6成以上，但他们很少得到该方面的补贴，故应将中等规模养殖户纳入补贴范围，从整体上提高我国肉鸡防疫硬件设施的水平。

（三）加强系统培训力度，提高养殖户的专业防疫能力

据调查，多数养殖户为初中文化，缺乏防疫的专业素养。为提高他们的防疫科学性和有效性，有必要定期组织系统的防疫培训，让养殖户拥有系统的专业知识。由于大多养殖户为"公司＋农户""合作社＋农户"等组织形式，应由公司、合作社来组织他们开展培训。因此，应提高培训费用的补贴力度，调动组织开展培训的积极性，创新培训形式和增加培训的时限。同时，对参加培训并考核合格的养殖户，提供技术、资金、人员的政策扶持，以提高培训的质量。

参考文献

[1] 黄泽颖，王济民. 2004—2014年我国禽流感发生状况与特征分析 [J]. 广东农业科学，2015（4）：93 - 98.

[2] 林光华，王凤霞，邹佳瑶. 农户禽流感报告意愿分析 [J]. 农业经济问题，2012（7）：39 - 45.

[3] 闫振宇，陶建平，徐家鹏. 养殖农户报告动物疫情行为意愿及影响因素分析——以湖北地区养殖农户为例 [J]. 中国农业大学学报，2012，17（3）：185 - 191.

[4] 易敢峰，孙铁虎，冯自科. 中国现代规模化肉鸡养殖面临的机遇和挑战及应对策略 [J]. 中国畜牧杂志，2008，44（14）：29 - 35.

[5] 张桂新，张淑霞. 动物疫情风险下养殖户防控行为影响因素分析 [J]. 农村经济，2013（2）：105 - 108.

禽流感风险下肉鸡养殖户
消毒行为及影响因素分析

黄泽颖[1]　王济民[1]　王晨[1]　欧阳儒彬[2,1]

（1 中国农业科学院农业经济与发展研究所；2 河北省农业厅）

新时期以来，我国肉鸡生产的规模化程度不断提高，2000—2012 年，我国肉鸡规模化养殖出栏数量占肉鸡出栏数量的比重呈现比较稳定的上升趋势，从 50.07％上升到 85.40％，提高了生产效率，保障了鸡肉的供给。然而，肉鸡规模化养殖也面临动物疾病、环境污染、食品安全、动物福利等诸多问题，其中，疾病发生率的增加是影响规模化发展的最大因素。在众多禽病中，禽流感疫情是肉鸡生产面临的最大威胁。据测算，2004—2009 年，高致病性禽流感疫情造成我国鸡肉产量损失 219.98 万吨，相当于原来 6 年鸡肉总产量的 3.54％。

面对禽流感风险，从 2006 年开始，我国实施"全面免疫＋扑杀"的防控策略，即要求对国内所有的家禽进行强制免疫，对禽流感疫区周围 3 千米内的家禽进行扑杀。此后，我国禽流感得到有效控制，到 2010 年，发生次数减少至 0。然而，2011 年之后，禽流感呈现死灰复燃的迹象，每年在我国个别省份出现零星式暴发，使原来的防控策略受到挑战。养殖户是畜禽生产主体，也是农村动物疫情的防控主体。禽流感应以预防为主，养殖户不仅需要做好国家规定的防控策略，还要依法严格做好消毒工作。我国《动物防疫法》要求从事动物饲养的个人，应做好免疫、消毒等动物疫病预防工作，减少传染源。消毒是有效预防禽场发生疾病的重要措施，然而禽流感等疾病的发生，往往是消毒不规范和不彻底导致的（苗旭、冯霞霞，2014）。根据文献和专家意见，养鸡场规范和全面消毒的工作，主要包括八大措施：第一，空舍笼具消毒，这是鸡舍消毒的重点，由于鸡群转出或淘汰后，笼具有潜在的细菌、病毒，为避免不同批次的鸡群交叉感染，在鸡只出栏后，要进行彻底清洗消毒，清除场内病原体，这是防疫的重点；第二，物品消毒，是对鸡舍的垫料、塑料网、料桶、饮水器、食槽、等易受感染的饲养器具进行消毒，保证舍内环境卫生；第三，消毒池消毒，在世界上应用最为广泛，一般在养殖场区、生产区、畜禽舍等入口处设立消毒池，人员和车辆需经过才能出入；第四，场区消毒，是鸡舍的外环境，包括鸡舍的外侧墙壁、门窗、进出通道及四周进行严格消毒；第五，带鸡喷雾消毒，是指在鸡群的饲养过程尤其是鸡只发病期间，定期使用消毒药对鸡舍内环境和鸡体喷雾，达到净化空气，杀灭或减少病原体的目的；第六，饮水消毒，由于饮水中常常存在大量细菌和病毒，为杜绝经水传染病的发生和流行，保证鸡群健康，养殖户应将水消毒处理后再让鸡群饮用；第七，进出车辆消毒，运载工具承担为养殖户运送饲料和拉运肉鸡的任务，由于来往于不同鸡场，车上的鸡毛、粪便和车轮黏着物可能携带病毒，因此，采用药物和设备进行消毒，可避免病原体在场内传播；第八，人的防护性消毒，由于禽流感病毒能使人禽共患病，饲养员由于经常与鸡群密切接触，被感染风险较大，为避免疫情扩散和维护人身安全，需做好个人防护，包括工作后自身消毒，接触病死禽及其污染物后立即用肥皂或洁剂洗手。这八大措施同等重要，共同构成养殖场的消毒体系，养殖户采取的措施越多，则越能铲除每个禽流感隐患。因此，本研究拟从养殖户采用消毒措施的数量为切入点，开展实地调查，旨在充分了解养殖户执行消毒措施的情况及影响因素，这对规范消毒行为，有效控制禽流感疫情有重要意义。

国内外学者一般采用调查数据分析农户防疫行为及其影响因素或原因，例如，Arunava 等（1997）采用技术模型分析发现，电脑的使用、兽医检查、养殖规模是美国内华达州大农场主采用疫苗的影响因素。Wilhelm、Schwalbach（2002）采用 Logit 模型对南非绵羊和山羊养殖户较多采用抗菌素而不是接种疫苗的行为进行分析，得出了"当防控动物疾病时，农户对亲眼所见的才有反应"的解释。闫振宇、杨园园、陶建平（2011）采用多元线性回归模型研究发现，从技术员、亲戚朋友那里获得的信息显著影响湖北省养殖户的防疫行为。靳淑平（2011）通过对北京郊区县的调查发现，农户家庭劳力数量对接种疫苗有正向影响，劳动力年龄和家庭劳动力数量对兽药技术采用有负面影响，入户指导次数对农民防疫技术采用有正面影响。张桂新、张淑霞（2013）采用 Logistic 模型分析发现，农户的已投成本、预期风险、防疫效果、信息渠道、技术服务便利程度及收入来源是养殖户禽流感防控行为的显著影响因素。林光华、汪斯洁（2013）采用自选择联立方程极大似然法和两阶段估计法研究发现，参加家禽保险的农户对防疫要素投入有负向影响。虽然当前的研究不仅包括笼统的防疫行为，而且包括免疫、喂药、扑杀、上报疫情等具体防疫行为，但由于现实中，养殖户的防疫行为很多，且多数发挥重要的作用，诸如消毒、防疫设施建设、隔离措施、无害化处理等有效防疫行为鲜有被深入剖析和研究。因此，对养殖户消毒行为的实证分析能弥补当前研究的空白。

一、研究方法

（一）数据来源

在问卷中，以上述 8 种消毒措施作为答案选择设计多选题对养殖户进行调查："您主要采取哪些方式进行消毒"。此外还问及养殖户的基本特征、养殖特征、疫病认知、饲养管理、风险偏好等问题。为获得相关数据，国家肉鸡体系产业经济岗位课题组以体系试验站为依托，2015 年 4 月到河南鹤壁市试验站开展预调研，并根据我国肉鸡生产呈现"北方白羽、南方黄羽"的格局，在北方选择河北、吉林、山东 3 个白羽肉鸡生产大省，在南方选择广西、湖北、广东 3 个黄羽肉鸡生产大省，作为样本省。2015 年 6—8 月，课题组以简单随机抽样的方法，调查了 6 省的 15 个地级市、26 个区县、86 个乡镇和 182 个农村共 373 个商品代肉鸡养殖户。调研共收回问卷 373 份，有效问卷 331 份，问卷有效率为 88.74%。样本的区域分布为：吉林有 26 个、河北有 71 个、山东有 57 个、广西有 56 个、湖北有 52 个、广东有 69 个。

（二）因变量及分析方法

本研究以养殖户采取消毒措施的数量为被解释变量，来反映养殖户防疫行为的积极性。由于消毒措施的采用数量是一个计数变量，其数据结构属于离散型分布，显然多元线性回归模型由于自身局限，不能分析连续性变量。因此，拟考虑泊松回归模型（Poisson Regression Model，PRM）或负二项回归模型（Negative Binomial Regression Model，NBRM）进行参数估计。Poisson 回归用于描述单位时间、单位平面或单位空间中罕见质点总数的随机分布规律，要求数据的均数和方差相等，但其应用条件比较苛刻，要求观测值之间是独立的。然而，本研究不能确保肉鸡养殖户所采用的消毒措施之间具有独立性，这是因为，例如消毒池消毒既可用于人员消毒，也可用于进出车辆的车轮消毒，但进出车辆消毒不局限于车轮消毒，还用于整辆车的药物消毒、喷雾消毒，但两种措施之间具有非独立性。然而，负二项分布是一个连续的混合泊松分布，它允许泊松均值服从分布，但放松了发生事件独立性的约束条件。如果将独立样本表示为 X_i，Y_i（$i=1$，2，…，n），那么 Y 的概率分布表达式为：

$$P(Y = y) = \frac{\tau(k+y)}{\tau(k)y!} \left(\frac{k+y}{k+\mu}\right)^k \left(\frac{\mu}{k+\mu}\right)^k \qquad ①$$

其中，Y 为肉鸡养殖户采用消毒措施的随机变量；y 为肉鸡养殖户采用消毒措施的数量；μ 为平均每个肉鸡养殖户采用的消毒措施的次数；k 为离散系数，k 值越大，离散性越大。

在 Poisson 分布中 μ 是一常数，在负二项分布中 μ 是一随机变量。因此，采取该模型分析影响因素，其表达式为：

$$\log\mu = \alpha + \beta_1 x_1 + \beta_2 x_2 + \cdots + \beta_k x_k + \varepsilon \qquad ②$$

②式中，μ 是养殖户采取消毒措施个数的指数函数，代表常数项，分别代表各解释变量的系数，代表各解释变量，代表误差项。可采用最大似然函数法（MLE）估计离散参数和回归方程的相关参数。似然函数的形式为：

$$\ln L(\bar{\beta}) = \sum_{i=1}^{n} \{y_i \ln\pi(x_i) + (1-y_i)\ln[1-\pi(x_i)]\} \qquad ③$$

（三）自变量选择

由于养殖户的消毒行为属于防疫行为的范畴，影响养殖户防疫行为的主要有个人与家庭特征、养殖特征、疫病认知水平、社会环境、饲养管理、防疫信念、风险偏好 7 大类共 29 个自变量，其定义、赋值、预期影响方向参考已有文献，相应的统计结果如表 1 所示。现对一些当前文献可能未研究过但拟考虑的变量及一些变量的赋值进行必要的说明。

1. 在个人与家庭特征方面，性别、年龄、婚姻状况、文化水平、健康状况、是否村干部、外出打工经历、是否系统学习过畜牧兽医知识、家庭劳动力数量等变量影响养殖户的防疫行为，即可假设为：男性、年龄较小、已婚、受教育年限较长、身体状况较好、担任村干部、家庭劳动力人数多的养殖户倾向于采取较多措施进行消毒。需要说明的是，养殖户具备外出打工经历和系统学习过畜牧兽医专业可能使他们采取较多的消毒措施，这是因为，在农村，越来越多的农民外出打工返乡，从城镇带来工作经验、技术与资金，在一定程度上提高了饲养管理水平，从而采取较多的消毒措施。而且，系统学习过畜牧兽医知识的养殖户，他们的畜牧兽医知识丰富，也尝试多种方式消毒。对于健康状况，良好代表身体非常健康，很少生病；一般表示正常身体，偶尔生病；不好表示体弱多病。

2. 在养殖特征方面，养殖年限、养殖规模、养殖收入占家庭总收入的比重、饲养模式、是否为政府规划的养殖小区、出栏家禽收购价等变量影响养殖户的防疫行为，即可假设为：养殖年限较长、养殖规模较大、养殖收入占比较高、采用全进全出饲养模式、为政府规划过的养殖小区、出栏肉鸡收购价较高的养殖户倾向于采取较多的消毒措施。需要说明的是，饲养模式、是否为政府规划的养殖小区、出栏肉鸡收购价可能影响他们采取消毒措施的数量，这是因为，一般的饲养模式分为全进全出和非全进全出。禽群的更新采用全进全出有利于避免不同出栏期的肉鸡交叉感染，控制疫病传播，可以认为，采用全进全出饲养模式的养殖户专业水准更高，本身往往具有较高的疫病防范意识，很大程度上增加消毒措施数量。养殖小区是新型的畜牧业养殖方式，而政府规划的养殖小区在选址、圈舍建造、废弃物处理、人流物流等方面均进行了科学的设计和管理，其综合防疫管理水平稍好于其他养殖小区，也就是说，在政府规划过的养殖小区，养殖户一般具备良好的防疫意识，倾向于增加消毒措施。肉鸡的收购价越高，意味着养殖的利润空间越大，越能调动养殖户防疫的积极性，反过来增加消毒措施。

3. 在疫病认知特征方面，疫病知识认知、防疫法规认知、疫情风险认知等变量影响养殖户的防疫行为，即可假设为对疫病知识、防疫法规、疫情风险认知程度高的养殖户倾向于增加消毒措施。完全不了解是指根本没听说过或学习过；不了解是指听过但不知道具体内容；一般是指仅知道基本情况；了解是指知道大部分情况，但不完全了解；非常了解是指知道全部情况。

4. 在社会环境方面，防疫信息渠道、参加产业组织、参加政府组织的防疫培训、周边动物疫情发生状况、地区因素、周边技术服务的便利性、防疫补贴等变量影响养殖户的防疫行为，即可假设信息渠道较广、参加产业组织、参加政府培训、周边发生过禽流感疫情、周边有消毒技术服务便利性、享有消毒补贴、南方的养殖户倾向于增加消毒措施。需要说明的是，政府及产业组织的消毒补贴反映了组织的重视程度，作为一种激励机制，能提高养殖户的消毒积极性，从而有动力增加消毒措施。防疫信息渠道方面，根据韩军辉、李艳军（2005）的赋值方法，农户获取的信息一般来自私人、公共、专家三大信息渠道，即将经验信息、其他养殖户、亲戚朋友等渠道获取的信息归纳为私人信息渠道，将政府宣传、报刊杂志、广播、电视等渠道统筹为公共信息渠道，将兽医、高校专家、畜牧养殖专业组织等渠道获取的信息作为专家信息渠道。在3大信息渠道当中，仅有1个信息渠道则赋值1，有2个信息渠道则赋值2，具备3个信息渠道则赋值3。地区因素方面，由于南方地区湿热多雨，易滋生细菌，加上是候鸟迁徙必经之地，禽流感疫情较北方重，所以南方养殖户可能采取较多消毒措施，故赋值1。

5. 在饲养管理方面，懂防疫的雇员占总人数比重影响养殖户的防疫行为，即可假设：懂防疫的雇员占比较高的养殖户倾向于增加消毒措施。需要说明的是，饲养员的防疫素质水平直接影响到肉鸡的生产水平和防疫水平，一般而言，专业畜禽防疫员具备防疫知识和经验，他们的比重越大，越有助于增加消毒措施。

6. 在防控信念方面，防疫效果认可、禽流感联防联控系统参与意愿影响养殖户的防疫行为，即可假设为：对消毒效果的感知程度较高、禽流感联防联控系统参与意愿较高的养殖户倾向于增加消毒措施。说明的是，禽流感联防联控系统参与意愿可能影响养殖户的防疫行为。禽流感联防联控是我国政策法规所提倡的有效控制禽流感疫情的重要措施，关键在于分散的养殖户能自愿联合起来，构筑一个完整、系统的防疫网络。意愿是表达行动的愿望，养殖户的参与意愿越高，表明他的防疫工作准备越充分，倾向于增加消毒措施。对于消毒效果认知，非常差是指确切知道效果一直极为不佳；差是指确切知道效果一直不佳；一般是指效果时好时坏，无定论；好是指确切知道效果一直佳；非常好是指确切知道效果一直极佳。

7. 在风险偏好方面，风险偏好影响养殖户的防疫行为，即可假设：对风险越厌恶的养殖户倾向于增加消毒措施。根据林光华、汪斯洁（2013）的衡量方法，在问卷中设计了"假设您参加一项有奖竞赛节目，您希望获得的奖励方案是什么？"的问题，分别以"立刻拿到1万元现金"（表示风险最厌恶型）、"有50％机会赢取5万元现金"（表示风险厌恶型）、"有25％机会赢取15万元现金"（表示风险偏好型）、"有5％机会赢取100万元现金"（表示风险最偏好型）设计答案。

表1　自变量描述性统计

变量类型	变量	定义与赋值	平均值	标准差	预期方向
个人与家庭特征	性别	男＝1；女＝0	0.86	0.34	＋
	年龄	岁	45.10	9.74	－
	婚姻状况	已婚＝1；未婚＝0	0.99	0.11	＋
	教育年限	年	9.67	2.30	＋
	健康状况	良好＝2；一般＝1；不好＝0	1.82	0.42	＋
	是否村干部	是＝1；否＝0	0.06	0.23	＋
	外出打工经历	是＝1；否＝0	0.56	0.50	＋
	系统学习过畜牧兽医知识	是＝1；否＝0	0.24	0.43	＋
	家庭劳动力数量	人	4.60	1.66	＋

（续）

变量类型	变量	定义与赋值	平均值	标准差	预期方向
养殖特征	养殖年限	年	8.75	6.92	＋
	养殖规模	万只	1.31	2.66	＋
	养殖收入占家庭总收入的比重	％	0.75	0.23	＋
	饲养模式	全进全出＝1；非全进全出＝0	0.92	0.27	＋
	养殖小区	是＝1；否＝0	0.50	0.50	＋
	出栏肉鸡收购价	只/元	24.36	10.99	＋
疫病认知水平	疫病知识认知	完全不了解＝0；不了解＝1；一般＝2；了解＝3；非常了解＝4	2.59	0.88	＋
	防疫法规认知	完全不了解＝0；不了解＝1；一般＝2；了解＝3；非常了解＝4	2.45	0.89	＋
	疫情风险认知	完全不了解＝0；不了解＝1；一般＝2；了解＝3；非常了解＝4	2.50	0.89	＋
社会环境	信息渠道	只有1种信息渠道＝0；2种信息渠道＝1；3种信息渠道＝2	1.16	0.80	＋
	参加生产组织	是＝1；否＝0	0.77	0.42	＋
	参加防疫培训	是＝1；否＝0	0.51	0.50	＋
	疫情发生状况	是＝1；否＝0	0.11	0.31	＋
	地区因素	南方＝1；北方＝0	0.53	0.50	＋
	消毒补贴	是＝1；否＝0	0.03	0.17	＋
	周边消毒技术服务的便利性	是＝1；否＝0	0.35	0.48	＋
饲养管理	懂防疫的雇员占雇佣总人数比重	％	0.22	0.38	＋
防疫信念	禽流感联防联控参与意愿	非常不愿意＝0；不愿意＝1；一般＝2；愿意＝3；非常愿意＝4	3.06	1.05	＋
	消毒效果认知	非常差＝0；差＝1；一般＝2；好＝3；非常好＝4	2.96	0.63	＋
风险偏好	风险偏好	风险最厌恶型＝3；风险厌恶型＝2；风险偏好型＝1；风险最偏好型＝0	1.92	1.09	＋

二、结果与分析

（一）样本基本特征

经初步统计，受调查的养殖户8成以上为男性，6成为中年人，接近6成为初中文化，受教育程度明显偏低，以中低等家庭收入水平为主，7 成养殖户的收入为 2.5 万～10 万元，养殖年限一般在 5 年以下，多数养殖户从事养殖的时间还不长，64.65％养殖户饲养 10 000～49 999 只肉鸡，以中等养殖规模为主，养殖户以"公司＋农户"的生产组织形式居多，占 53.78％。

（二）养殖户采取不同消毒措施的状况

如表 2 所示，在受调查养殖户中，只有 1 人没有采取任何消毒措施，在 8 种消毒措施当中，采用带鸡喷雾消毒措施的人数最多，累计 275 人，占 83.08％；其次是空舍笼具消毒，有 73.72％养殖户在进鸡前对笼具进行彻底消毒；然而，消毒池消毒和人的防护性消毒措施的使用人数最少，仅分别占 42.3％和 43.2％。

表 2　肉鸡养殖户采用消毒措施数量

采用的消毒措施	样本数	比例（％）
无	1	0.30
空舍笼具消毒	244	73.72
物品消毒	192	58.01
消毒池消毒	140	42.30
场区消毒	192	58.01
带鸡喷雾消毒	275	83.08
人的防护性消毒	143	43.20
饮水消毒	186	56.19
进出车辆消毒	171	51.66

如表 3 所示，平均每个肉鸡养殖户采用 4.76 个消毒措施，在 331 个样本中，只有 1 人没有采取任何消毒措施，其他人均采用 1 种以上消毒措施，其中，8 种消毒措施均采用的人数最多，累计 59 人，但仅占 17.82％；采用 5 种措施的人数次之，有 49 人，占 14.8％；采用 2 种措施的养殖户最少，人数只有 18 人，占 5.44％。这表明，养殖户对全方位消毒的重视程度还不够。

表 3　肉鸡养殖户采用消毒措施数量

采用的消毒措施数量	样本数	比例（％）
0	1	0.30
1	41	12.39

（续）

采用的消毒措施数量	样本数	比例（%）
2	18	5.44
3	47	14.20
4	45	13.60
5	49	14.80
6	35	10.57
7	36	10.88
8	59	17.82
均值	4.76	

（三）模型估计结果及分析

一般而言，实际数据回归时可能会遇到多重共线性问题与异方差问题。为避免自变量间的多重共线性，通过检验 29 个自变量之间的相关性，采用 Person 相关系数检验法发现，自变量之间不存在高度相关性（＞0.8）。其次，采用方差膨胀因子法（VIF）进行检验，一般来说，多重共线性要同时达到两个标准，即最大的 VIF 大于 10 和平均的 VIF 大于 1，否则，变量间不存在多重共线性问题。通过该方法检验，如表 4 所示，方程均达不到两个标准，不存在多重共线性。之后运用 Stata12.0 对 331 个调查样本进行负二项回归模型分析，为消除异方差，模型加入稳健标准误差检验，再通过逐步回归法，剔除既不符合经济意义又不符合统计意义的自变量，最终估计结果如表 4 所示。

表 4 方程方差膨胀因子法的检验结果

方程	最大的 VIF	平均的 VIF	是否存在多重共线性
是否增加消毒措施	2.46	1.35	否

1. 在个人与家庭特征变量中，是否有外出打工经历通过 1% 水平的显著性检验，系数为正，与前文推测相符合，这表明，打工返乡的养殖户，具有相对丰富的阅历，敢于尝试多种消毒措施。虽然家庭劳动力人数通过 5% 水平的显著性检验，但系数与预期不符，这可能是家庭劳动力人数越多，越存在分工协调的矛盾，阻碍了养殖户增加消毒措施的动力，而可以认为家庭劳动力人数越多不代表能增加消毒措施，可能更多的是，消毒作为一种整体性、连贯性的工作，由养殖户个人或夫妇完成，更具有可行性。此外，性别、是否村干部等自

变量对养殖户消毒措施的数量影响不显著，这表明，这两个变量不是养殖户增加消毒措施的充分条件。

2. 在养殖特征变量中，养殖规模、是否为政府规划过的养殖小区等变量分别通过1％、5％水平的显著性检验，且系数均与上述的预测相符。这分别说明，养殖规模越大的养殖户，意识到规模化养殖的疫病风险较大，为减少疫病入侵，故倾向于采取多种措施进行全方位消毒。此外，养殖收入占比、饲养模式对养殖户增加消毒措施影响不显著，这可能是因为，即使养殖户的养殖收入占比低、未采用全进全出的饲养模式，仍可能通过自身经验积累或防疫培训，使自身倾向于使用越多的消毒措施。

3. 在疫病认知水平方面，疫病知识认识、防疫法规认知均未通过显著性检验，这或许是因为，养殖户对禽流感病毒的传播、流行及危害等相关知识及防控的法规了解，不足以使他们产生足够的动力，去实施多种有效的消毒措施。然而，对知识和法规了解不够深入的养殖户，可能凭借自身的防疫经验或多方学习交流，会尝试去采取更多措施进行消毒。

4. 在社会环境方面，防疫信息渠道通过1％水平的显著性检验，系数为正，与前文推测相符，这表明，如果养殖户的防疫信息渠道越多，则从更多途径了解多种消毒措施的重要性，从而增加消毒的积极性。此外，参加生产组织、参加政府组织的防疫培训、地区因素、周边消毒技术服务的便利性未通过显著性检验，造成这一结果的原因可能是即使未参加产业组织和政府组织的防疫培训、周边没有提供消毒技术服务，养殖户也有可能凭借丰富的养殖和防疫经验体验到采用多种消毒措施的益处。

5. 在饲养管理方面，懂防疫的雇员占雇佣总人数比重未通过显著性检验，对养殖户增加消毒措施的行为影响不显著，这说明，该变量不是养殖户使用多种消毒措施的充分条件。

6. 在防疫信念方面，消毒效果认知和禽流感联防联控系统参与意愿两个变量分别通过10％和5％的显著性水平检验，这表明，养殖户更相信亲眼所见和亲身体验，对消毒措施的效果评价越高，越能促进他们使用多种消毒措施。此外，如果养殖户对禽流感联防联控系统的参与意愿越高，则会从大局入手，增强消毒积极性，故采用多种措施在场内外进行彻底消毒。

7. 在风险偏好方面，该变量未通过显著性检验，对养殖户采用消毒措施数量的影响不显著，这可能是因为，风险偏好不是消毒措施数量的充分条件，即使养殖户偏好风险，也可能由于加入公司、合作社等产业组织后，履行契约要求而采取多方面的措施。

表5 负二项回归估计结果

变量分类	解释变量	回归系数	稳健标准误	z统计量
个人与家庭特征	性别	0.083	0.081	1.03
	是否村干部	0.003	0.089	0.03
	是否有外出打工经历	0.163	0.048	3.38***
	家庭劳动力人数	−0.030	0.015	−2.01**
养殖特征	养殖规模	0.020	0.006	3.48***
	养殖收入占比	0.126	0.109	1.16
	饲养模式	0.121	0.082	1.48
	是否为政府规划过的养殖小区	0.092	0.050	1.85*
疫病水平认知	疫病知识认知	0.034	0.038	0.90
	防疫法规认知	0.022	0.033	0.68
社会环境	防疫信息渠道	0.208	0.033	6.22***
	参加生产组织	0.063	0.060	1.05
	参加政府组织的防疫培训	0.057	0.049	1.16
	地区因素	0.047	0.050	0.94
	周边消毒技术服务的便利性	0.084	0.111	0.75
饲养管理	懂防疫的雇员占雇佣总人数比重	0.067	0.055	1.24
防疫信念	消毒效果认知	0.074	0.040	1.84*
	禽流感联防联控系统参与意愿	0.055	0.024	2.32**
风险偏好	风险偏好	0.002	0.024	0.10
	常数项	0.325	0.236	1.38
	Log pseudo likelihood	−694.80		
	Wald chi2	150.97***		

注：*、**和***分别表示在10%、5%和1%水平上显著。

三、结论及政策含义

(一) 结论

空舍消毒、物品消毒、消毒池消毒、场区消毒、带鸡喷雾消毒、饮水消毒、进出车辆消毒、人的防护性消毒八个方面是全面开展养殖场消毒工作的保障，对切断疾病传播和杀灭病菌很有必要。因此，消毒措施越多，越有助于提高禽流感防控效率。通过对全国肉鸡养殖户的调查发现，养殖户的消毒并不到位，平均每个养殖户使用 4.76 种消毒措施，8 种措施均采用的养殖户仅占17.82%。通过采用负二项回归模型研究发现，影响养殖户采用消毒措施个数的因素很多，包括个人与家庭特征、养殖特征、疫病水平认知、社会环境、饲养管理、防疫信念、风险偏好等内外因素，尤其是养殖户具有外出打工经历、养殖规模越大、为政府规划过的养殖小区、防疫信息渠道越广、消毒效果认知越高、禽流感联防联控参与意愿越高，则具有明显的消毒意识，倾向于增加消毒措施。然而，与预期不同的是，家庭劳动力人数并不能正向影响养殖户采用消毒措施的数量。根据研究结论，拟提出两大措施鼓励养殖户增加消毒措施的积极性和主动性。

（二）政策建议

1. 推行规模化养殖，提高饲养管理水平

规模化养殖户具备全面消毒的条件和能力，故推动畜禽养殖规模化十分重要。首先，需要加强规模养殖的宣传引导，组织农户到规模养殖示范场参观，提高农户对发展规模养殖场重要性的认识和自觉性，尤其是学习规模养殖场的消毒做法；其次，科技支撑规模，通过开展防疫技术培养，进一步强化养殖户的技术水平和业务能力，使之提高规模化养殖的消毒水平；最后，通过项目扶持支持规模养殖场的消毒设施，特别是在政策、资金、技术等方面对消毒池的建设予以倾斜。

2. 加强专家信息指导，拓宽养殖户的防疫信息渠道

防疫信息的获取渠道广泛，有助于养殖户吸收多方面有用的消毒措施，对提高消毒意识很有帮助。调查发现，我国养殖户平均有两个禽流感防控的信息渠道，虽然不少，但渠道不够齐全，尤其是缺乏专家信息渠道。一般而言，防疫专家对于消毒措施具备相对权威的知识体系，他们的信息能有效指导养殖户开展各种消毒工作。因此，有关部门应为养殖户搭建知识交流平台，提高专家信息渠道的覆盖面，一方面，定期组织兽医、高校专家下乡开展实地的消毒指导和培训；另一方面，构建专家在线服务平台，鼓励养殖户利用广播、电视、短信等多种方式与相关专家进行咨询和互动，实时解决饲养管理中的消毒问题。

参考文献

[1] Arunava B. , Thomas R. H. , William G. K. , Gary M. V. Factors Influencing Rates of Adoption of Trichomoniasis Vaccine by Nevada Range Cattle Producers [J] . *Journal of Agricultural and Resource Economics* , 1997, 22 (1): 174 - 190.

[2] Wilhelm T. N. , SchwalbachL. Adoption of Veterinary Technologies amongst Sheep and Goat Farmers in Qwawqa, South Africa [A] . In: Processing of the 13th International Farm Management Congress [C] . Netherlands, 2002.

[3] 韩军辉, 李艳军. 农户获知种子信息主渠道以及采用行为分析——以湖北省谷城县为例 [J] . 农业技术经济, 2005 (1): 31 - 35.

[4] 靳淑平. 农民动物防疫技术采用的影响因素分析: 以北京郊区为例 [J] . 农业经济, 2011 (2): 14 - 16.

[5] 林光华, 汪斯洁. 家禽保险对养殖户疫病防控要素投入的影响研究 [J] . 农业技术经济, 2013 (12): 94 - 102.

[6] 苗旭, 冯霞霞. 畜禽养殖场消毒技术 [J] . 畜牧兽医杂志, 2014, 33 (2): 94 - 96.

[7] 闫振宇, 杨园园, 陶建平. 不同渠道防疫信息及其他因素对农户防疫行为影响分析 [J] . 湖北农业科学, 2011, 50 (20): 4242 - 4247.

[8] 张桂新, 张淑霞. 动物疫情风险下养殖户防控行为影响因素分析 [J] . 农村经济, 2013 (2): 105 - 108.

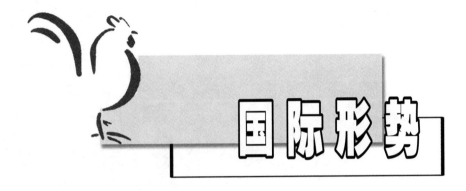

国际形势

2014 年国际肉鸡产业经济发展报告

王燕明　辛翔飞　王济民

（中国农业科学院农业经济与发展研究所）

2014 年世界经济出现复苏迹象，形势好于 2013 年。虽然经济增长明显，但不确定因素依然存在。美国量化宽松政策的逐步退出预示美国经济已经开始复苏。新兴市场经济体国家仍难摆脱经济下行的压力，特别是俄罗斯有可能会出现金融市场的波动。欧洲经济出现分化态势，复苏缓慢。"安倍经济学"政策也未能使日本摆脱经济负增长的颓势。在这样全球经济大环境下，肉鸡以生产周期短、性价比高的优势，维持生产与消费平稳增长，特别是中东和撒哈拉以南非洲地区强劲的消费带动了全球肉鸡出口贸易的增长。

一、国际肉鸡生产与贸易概况

（一）国际肉鸡生产

2014 年全球肉鸡生产仍然保持增长态势，增长幅度明显高于 2013 年（图 1）。

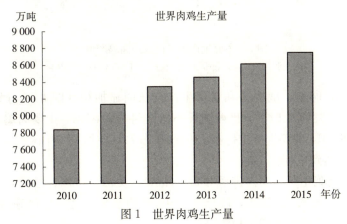

图 1　世界肉鸡生产量

数据来源：Foreign Agricultural Service/USDA Oct. 17. 2014。

2014 年全球肉鸡生产量可能达到 8 606.6 万吨，增长率为 1.82%。主要由于印度、俄罗斯、土耳其、巴西、美国和欧盟等国家和地区维持肉鸡生产增长，得以保持世界肉鸡产量增加。中国在 2014 年肉鸡生产呈下降趋势，是全球主要肉鸡生产国中负增长的国家。预计 2015 年全球肉鸡生产增长缓慢，生产量有可能达到 8 738.5 万吨，增长率会达到 1.53%。

2014 年全球肉鸡生产仍以美国、中国、巴西和欧盟产量最高，分别为 1 725.4 万吨、1 300 万吨、1 268 万吨和 1 007 万吨（图 2）。新兴经济体国家印度和俄罗斯肉鸡生产增长最为强劲，分别达到了 372.5 万吨和 320 万吨。巴西、美国和欧盟肉鸡生产增长显著，尽管中国肉鸡生产量仍在下降，但由于主要生产国维持生产增长，支撑了全球肉鸡生产量的明显增长。

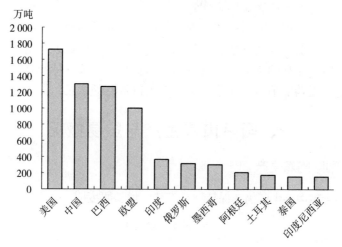

图 2　主要生产国（地区）肉鸡产量

数据来源：Foreign Agricultural Service/USDA Oct. 17. 2014。

2014 年，印度、俄罗斯和泰国生产增长明显加快（图 3），分别达到了 7.97%、6.31% 和 4.67%，巴西增长率也达到了 3.02%。主要肉鸡生产地美国和欧盟在 2014 肉鸡生产维持在 1.64% 和 1.72% 的增速。中国肉鸡生产量下降 2.62%，达到 1 300 万吨。

从主要肉鸡生产地所占份额分析（图 4），美国、中国、巴西和欧盟占全球肉鸡生产总量的 61.59%，略低于 2013 年的水平，这一比例在逐年下降。说明其他国家肉鸡生产增长趋势仍然显著。

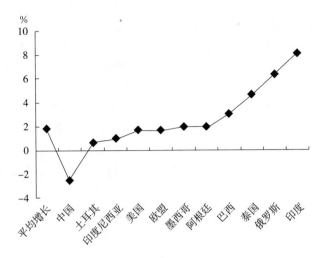

图 3　主要国家（地区）肉鸡生产增长率

数据来源：Foreign Agricultural Service/USDA Oct. 17. 2014。

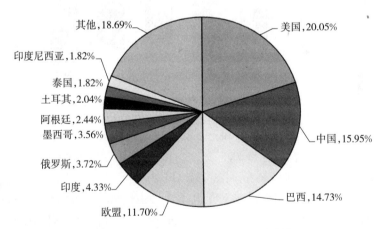

图 4　主要肉鸡生产国（地区）所占份额

数据来源：Foreign Agricultural Service/USDA Oct. 17. 2014。

（二）国际肉鸡贸易

2014 年全球肉鸡出口量会达到 1 047.8 万吨，比 2013 年同期增长
2.30%，增长略高于 2013 年的水平（1.28%）。由于中东和非洲消费市场增加
的拉动，主要肉鸡生产大国生产显著增加，带动了肉鸡出口贸易的增加。预计

2015年全球肉鸡出口可能会达到1 092.8万吨，增长接近4.3%。

全球肉鸡进口贸易多年来增长一直明显放缓。2014年肉鸡进口出现了下降的趋势。2014年肉鸡进口量为855.0万吨，比2013年同期下降0.80%。

2014年肉鸡贸易出现了进口下降，出口增长放缓的趋势（图5）。由于俄罗斯等传统肉鸡进口国发展本国生产，提高自给率，减少进口以及应对输入性通货膨胀对本国的经济与社会的影响。日本由于本国经济不景气，货币贬值严重，肉鸡进口减少，从而带来了全球肉鸡的进口贸易下降。这一趋势可能会由于中东等传统进口国生产技术的进步而成为不可逆。但是由于近期中东与非洲政治局势不稳定，预计2015年全球肉鸡进口会有小幅增长，达到866.2万吨，增长率约为1.31%。

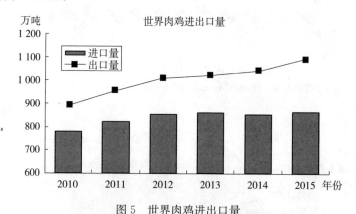

图5　世界肉鸡进出口量

数据来源：Foreign Agricultural Service/USDA Oct. 17. 2014.

2014年以乌克兰、白俄罗斯和土耳其为代表的新兴经济体国家出口增长最快，乌克兰出口增长率达到了20.57%，白俄罗斯肉鸡出口增长了11.43%，土耳其肉鸡出口增长了10.09%，泰国肉鸡出口增长了5.26%（图6）。但这些国家虽然出口增长迅猛，但出口的绝对量并不大，占国际贸易的份额很小。巴西、美国和欧盟仍然是肉鸡出口的主力军，三者合计出口占全球肉鸡出口贸易的73.12%，这一比例略低于2013年77.10%的水平。巴西和欧盟出口基本维持增长，增长率分别为3.39%和1.57%，美国肉鸡出口略有下降（-1.05%）。

2014年肉鸡进口增长最快的国家为委内瑞拉、伊拉克和南非，增长率分别为20.23%、6.98%和4.23%（图7）。进口肉鸡最多的国家为日本、沙特阿拉伯和伊拉克，分别为88万吨、77万吨和72万吨。中东地区仍维持较高的肉鸡进口量，但增长幅度有所下降，拉动肉鸡进口贸易增加的主要仍是南美和中东地区的国家。

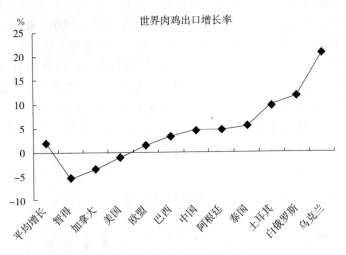

图 6　世界肉鸡出口增长率

数据来源：Foreign Agricultural Service/USDA Oct. 17. 2014。

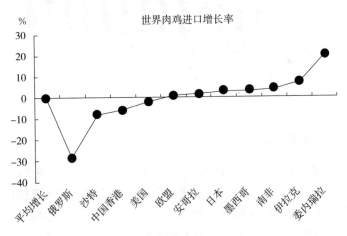

图 7　世界肉鸡进口增长率

数据来源：Foreign Agricultural Service/USDA Oct. 17. 2014。

二、中国肉鸡生产与贸易概况

（一）中国肉鸡生产

2014 年中国肉鸡生产有所下降，产量将达到 1 300 万吨，比 2013 年减少

35 万吨,下降约 2.62%。由于"速成鸡"事件引起的对食品安全性的担忧,消费者对鸡肉消费仍心有余悸,消费的拉动作用不强,因而产业的正常发展受到相当大的影响,造成肉鸡生产继 2012—2013 年后连续下降。2014 年经济进入了下行通道,产能过剩,市场疲软,GDP 增长乏力,这些因素对肉鸡产业发展并非利好。但中央和地方政府保民生政策的实施力度还会进一步加强,对生产周期短、性价比高的肉鸡产业产生正面影响。预计 2015 年中国肉鸡生产会保持平稳,产量可能会维持 2014 年 1 300 万吨的水平,可能会终止连续两年生产下滑的局面(图 8)。

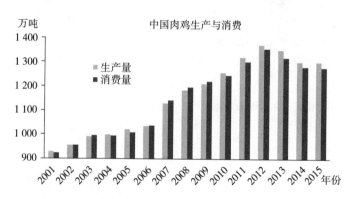

图 8　中国肉鸡生产与消费

数据来源:Foreign Agricultural Service/USDA Oct. 17. 2014。

(二)中国肉鸡贸易

2014 年中国肉鸡出口 44 万吨,增长率达到了 4.76%(图 9)。中国肉鸡出口在 2001 年达到 48.9 万吨的历史最高位,由于受到人民币升值的压力及禽流感的影响,出口贸易难度加大,到 2010 年的 10 年间,中国肉鸡出口都处于较大波动中。从 2012 年开始,中国肉鸡出口又进入了一个短暂的平稳增长时期。预计 2015 年肉鸡出口会与 2014 年持平,实现 4.54% 的增长,肉鸡出口将达到 46 万吨。

2014 年中国肉鸡进口量 24 万吨,比 2013 年同期下降了 1.64%(图 9)。由于国内消费者尚未恢复对肉鸡的安全的信心,制约了肉鸡生产与进口增长。预计 2015 年肉鸡进口仍会继续下降,估计会达到 23.5 万吨,预计下降 2.08%。

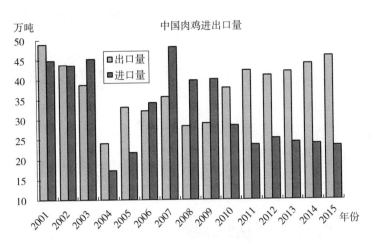

图 9　中国肉鸡进出口量

数据来源：Foreign Agricultural Service/USDA Oct. 17. 2014。

（三）中国肉鸡消费

2014 年中国居民人均肉鸡消费 9.2 千克，低于世界平均水平约 2.4 千克（图 10）。全球因金融危机给肉鸡产业带来了机遇，人均肉鸡消费都在增长，中国 2012 年人均肉鸡消费达到 9.8 千克的最高点。但之后因受到"速成鸡"的影响，2013 年肉鸡消费开始下降，近两年以每年高于 3% 的速度下降。预计

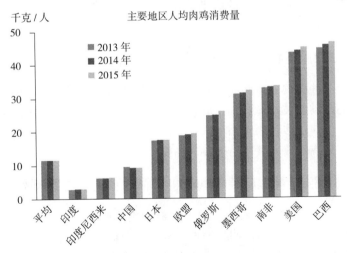

图 10　主要地区人均鸡肉消费量

数据来源：Foreign Agricultural Service/USDA Oct. 17. 2014，OECD-Agricultural Outlook。

2015 年中国人均肉鸡消费仍将下降，达到 9.1 千克，下降 0.75％，但下降速度明显放缓慢。

三、国际、国内肉鸡产业经济政策研究进展

2014 年全球经济走向缓慢复苏的道路，特别是美国结束了"量化宽松"的货币政策。由乌克兰危机引发的美、欧对俄罗斯的贸易制裁，对欧和俄双方经济造成重创，但对民生影响甚微。在这一背景下，全球肉鸡生产与消费仍保持两旺，国际贸易平稳增长。与其他肉类（牛肉和猪肉）比较，肉鸡的价格优势更加显著。

（一）非洲地区肉鸡产业发展迅猛

由于这一地区城镇化步伐加快，经济发展带来的收入增长和人口优势，使非洲成为继亚洲后全球肉鸡产业发展最快的地区。非洲肉鸡生产以小规模生产为主，但使用了先进的生产设备和方法，现代化大规模肉鸡生产主要集中于非洲大陆的北部和南部，其中两家企业以宰杀只数计，排名世界前 30 之列。这些企业中大部分都有政府的参与，特别是在产品安全方面。目前，非洲地区肉鸡产业的投资还在不断增加，预计生产还会快速增长，其目标是由肉鸡进口转向出口，不仅向临近国家出口，还包括了非洲大陆以外的地区。由于这一地区人力成本低和土地资源丰富的优势，非洲在不久的将来会成为国际肉鸡市场有力的竞争者（Clemerns，2014）。

（二）谷物质量和价格波动仍是关注的重中之重

为了应对冲粮食价格的波动，肉鸡生产者投资改良设备，采用新成分和试验以营养为基础的技术降低饲料成本。目前最普遍控制饲料成本的策略是调整饲料配方，如使用多种酶作添加剂。添加益生菌的配方饲料替代抗菌素，具有很好的抗病防病的效果（Roembke，2014）。

（三）食品安全和供应链风险成为肉鸡产业关注的主要问题

2014 年欧洲有关报告显示，整个鸡群中肉鸡感染沙门氏菌的病例有明显下降，但弯曲杆菌感染病例明显增加，成为欧洲食品安全的主要问题。欧盟食物安全以弯曲杆菌作为主题之一，特别是英国专门开展了食品安全周活动，宣传弯曲杆菌污染的途径，教导消费者避免感染的正确方法，如不要用水直接冲

洗生鲜鸡肉，这可能会造成交叉污染、包装袋也可能造成弯曲杆菌的污染等，增强消费者安全消费的意识。经验就是消费者也是需要教育的，这对肉鸡产业的可持续发展意义重大。

（四）改善肉鸡肠道菌群提高其健康水平，减少或不使用抗菌素

欧盟已经开始了"无抗菌素"（Antibiotic Free，ABF）肉鸡生产模式，即 seed-feed-weed 模式。在雏鸡时培育有益菌群，以便形成健康的肠道消化饲料；喂养育肥过程中给予有利于肠道有益菌群产生和发挥主导作用的饲料，如通过在饮水中添加有机酸等；通过饲料添加剂消灭肠道中的有害病原体。seed-feed-weed 模式可以使肉鸡生产净利润提高 27.3%，料肉比（FCR）降低 2.0%，欧洲生产效率因子（EPEF）提高 7.2%（Poultry World，2014）。美国 ABF 肉鸡生产模式可以总结为：全素的饲料来源、鸡群密度、鸡舍管理和鸡球虫病免疫等是开展 ABF 的关键因素（Thornton，2014）。

（五）英国把寻找蛋白质饲料替代大豆作为当务之急

英国肉鸡饲料中，本土蛋白质饲料仅占 44%，其他 16%～20% 来源于进口大豆。由于大豆价格的不确定性和可持续供给的安全性，使得英国肉鸡生产处于巨大风险中。英国有关方面组织若干的技术团队寻找可替代大豆的、本土可种植生产的资源，特别是目前已有、但尚未有效利用的资源（Poultry World，2014）。

（六）H5N6 禽流感对东南亚肉鸡产业构成严重威胁

H7N9 疫情余波还未消散，中国肉鸡产业尚未从 H7N9 流感的打击中恢复过来。2014 年 4 月又出现了 H5N6 高致病禽流感，并已经造成一例人死亡的病例。相继越南东部地区也出现了 H5N6 高致病禽流感，造成高达 30% 的死亡率。据 UNFAO 兽医官员分析，这种禽流感病毒具有高致病性和高死亡率的特点，还在不断的混合和重新组合，形成新的威胁。WTO 表示对有关情况进行密切监控。为了做好防控工作，有关方面强调肉鸡疾病预防与健康方面信息共享，加强对人禽共患疾病的疫苗的重点研发。

四、问题与建议

市场需求的大幅度波动、食品质量安全隐患等问题一直笼罩着肉鸡产业挥

之不去。高致病性 H5N6 禽流感的突发严重威胁我国肉鸡产业的可持续发展，基于 2014 年中国肉鸡产业发展存在的问题，提出如下建议：

1. 以科技驱动企业转型升级，提高产业整体水平。肉鸡产业面临的禽流感、"速成鸡"等问题和困境，亟需以科技投入和创新为突破口，驱动企业全面的转型升级，增加规模化、标准化养殖比重，以提高产业整体水平。坚决杜绝企业盲目、低水平扩大生产规模。通过市场引导和政策扶持，加大规模化和标准化养殖场建设，这也是防止个别不规范养殖户出问题，整个产业发展受拖累的有效措施。同时，也是提高食品安全的有力保障。

2. 加强媒体监督，建立新闻媒体责任追究制度。针对媒体不负责任、缺乏科学性的报道，有关部门应及时有力地予以澄清和纠正，对虚假报道和宣传要严厉查处，追究相关法人和个人的法律责任，甚至赔偿经济损失，维护企业合法权益。同时积极组织专家、学者，利用电视、网络、报纸，客观、真实讲解、说明肉鸡生产、加工、物流和消费各环节，扩大正面宣传，重塑鸡肉营养、安全、经济的正面形象，增强消费者对鸡肉的消费信心。

3. 加强对消费者的宣传教育，引导正确消费。根据欧盟的经验，消费者也是需要教育的。正确的营养观念需要教育和宣传，食品卫生知识、食源性疾病的防治和正确处理更是消费大众所欠缺的。要大力开展对消费者的科普教育和宣传工作，利用大众喜闻乐见的方式，如讲座、游戏、竞赛等，科学性、观赏性、通俗性兼具的公益宣传会起到事半功倍的效果。另一方面，由行业协会组织专门的部门，成立自己的宣传平台或与大众媒体联合，根据行业特点、季节性问题和突发性事件，定期或不定期开展专题活动，提高产业的透明度，使消费者对肉鸡产业有客观、科学的了解和认识，以免被误导，以利于肉鸡产业可持续发展。

4. 建立健全配套政策措施，保证整个产业的可持续发展。肉鸡产业相对其他肉类生产周期短，但投资大，风险高，肉鸡产业仍然是弱势产业。近几年肉鸡产业发展实践充分说明了产业抗风险能力亟待提高。建立健全肉鸡产业持续发展的配套政策和措施刻不容缓：①开展肉鸡政策性保险，以扶持受损企业恢复生产；②制定标准化养殖的扶持政策，对肉鸡规模化养殖提供贴息贷款；③对肉鸡深加工企业实行税收优惠；④对畜禽粪便无害化处理和有机肥加工给予奖励和补贴等；⑤建立危机应急专项资金，动员、协调和组织相关各方共同应对突发事件，促进肉鸡产业可持续发展。

参考文献

［1］ Clemerns，Mark. The Continuing Rise of the Modern African Poultry Producer ［J］ . Poultry International，2014，53 (2)：18 - 19.

［2］ Foreign Agricultural Service/USDA. Livestock and Poultry：Market and Trade ［R］ . Oct. 18. 2014.

［3］ Poultry World . Alternative to Soya Is Top Priority ［J］ . Poultry World，2014，169 (6)：2.

［4］ Poultry World. Seed，Weed and Feed Favoured over Antibiotics ［J］ . Poultry World，2014，169 (4)：36 - 37.

［5］ Roembke，Jackie. World Poultry Industry Adapts to Commodity Volatility ［J］ . Poultry International，2014，53 (7)：8 - 10.

［6］ Thornton，Gary. Life Without Antibiotics in Poultry Production ［J］ . Poultry International，2014，53 (8)：26 - 30.

2015 年国际肉鸡产业经济发展报告

王燕明　辛翔飞　王济民

（中国农业科学院农业经济与发展研究所）

　　2015 年全球经济形势更趋复杂化，不确定因素依然存在，经济复苏仍缺乏动力。美元加息预期预示美国经济已经走向复苏之路，但也预示着各国汇率的连动变化，以及给国际贸易带来的不确定性。难民潮使欧洲经济雪上加霜。日元持续贬值刺激出口的政策对经济增长的拉动作用不彰，未能使日本摆脱经济负增长的颓势。油价持续走低，卢布疲软给俄罗斯经济造成沉重打击。其他新兴市场经济体国家继续面临经济下行的压力。在这种复杂的全球经济大环境下，肉鸡再次以生产周期短、性价比高的优势，成为猪、牛、羊和禽肉中生产与消费增长最快的肉类。于 2014 年底开始暴发于德国、荷兰和英国等欧盟国家，蔓延至美国和西非等国家的高致病性禽流感（HPAI）持续半年之久，不仅给本国的肉鸡产业以沉重的打击，同时也加剧了肉鸡进出口贸易摩擦，国际贸易量明显下降。

一、国际肉鸡生产与贸易概况

（一）国际肉鸡生产

　　2015 年全球肉鸡生产仍保持增长态势，但增长幅度明显低于 2014 年（图 1）。2015 年全球肉鸡生产量可能达到 8 794.4 万吨，增长率为 1.61%，明显低于 2014 年的增长幅度。主要由于欧洲、美国等主要肉鸡生产地遭受了高致病禽流感（HPAI），生产受到严重影响，而俄罗斯、泰国、印度、巴西和墨西哥等国家肉鸡生产维持增长，但增长量明显低于 2014 年。2015 年中国肉鸡生产基本与 2014 年持平，止住了生产下滑的趋势。预计 2016 年全球肉鸡生产继续维持缓慢增长的态势，生产量有可能达到 8 933.3 万吨，增长率为 1.58%。

　　2015 年全球肉鸡生产仍以美国、巴西、中国和欧盟产量最高，分别为

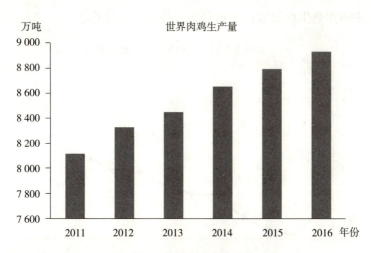

图 1　世界肉鸡生产量

数据来源：Foreign Agricultural Service/USDA Oct. 9. 2015。

1 796.6万吨、1 308 万吨、1 302.5 万吨和 1 060 万吨（图 2）。新兴经济体国家印度、俄罗斯和泰国肉鸡生产增长最为强劲，分别达到了 390 万吨、355 万吨和 198 万吨。中国肉鸡生产基本维持在 1 302.5 万吨的水平，缓慢回升。

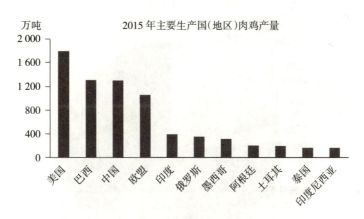

图 2　主要生产国（地区）肉鸡产量

数据来源：Foreign Agricultural Service/USDA Oct. 9. 2015。

2015 年，俄罗斯、泰国和印度保持 2014 年肉鸡生产态势，产量增长率明显高于其他国家（图 3），分别达到了 8.90％、5.10％和 4.70％。主要肉鸡生产国美国和巴西增长率也分别达到了 3.86％和 3.06％。欧盟肉鸡生产增长了

2.61%。中国肉鸡生产量增长了 0.19%，终止了下降的趋势。

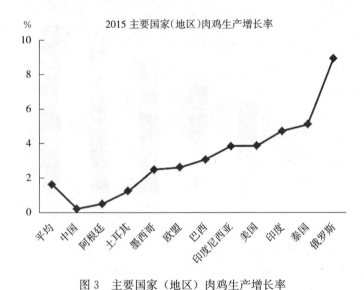

图 3　主要国家（地区）肉鸡生产增长率

数据来源：Foreign Agricultural Service/USDA Oct. 9. 2015。

依据主要肉鸡生产地所占份额分析（图 4），美国、巴西、中国和欧盟占

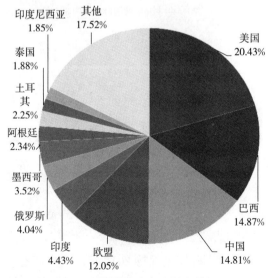

图 4　主要肉鸡生产地所占份额

数据来源：Foreign Agricultural Service/USDA Oct. 9. 2015。

全球肉鸡生产总量的 62.16%，略高于 2014 年 61.61% 的水平。新兴经济体国家和传统肉鸡生产国家肉鸡生产继续增长，而其他国家肉鸡生产负增长，造成其所占份额下降。

（二）国际肉鸡贸易

2015 年全球肉鸡出口量会达到 1 023.1 万吨，比 2014 年同期下降 2.28%。由于欧洲等国和美国暴发了高致病禽流感，亚洲和非洲国家纷纷关闭了从疫区进口禽产品贸易，造成主要肉鸡生产国美国、阿根廷和中国肉鸡出口量明显减少，欧盟肉鸡出口增速显著下降，严重限制了肉鸡出口贸易的增加。鉴于 2016 年全球经济复苏渺茫的估计，以及对禽流感的有效防控，性价比高的鸡肉会成为肉类消费中的主要部分，从而会刺激肉鸡生产和出口的增长。预计 2016 年全球肉鸡出口可能会达到 1 068.8 万吨，增长率接近 4.67%。

全球肉鸡进口贸易与出口高度正相关。由于俄罗斯和南非等新兴经济体致力于发展本国的肉鸡产业增长本国供给，以减少对进口的依赖，使得进口需求多年来一直增长缓慢，2015 年肉鸡进口出现了下降的趋势。2015 年肉鸡进口量为 863.9 万吨，比 2014 年同期下降 2.860%。

2015 年肉鸡贸易出现了进出口同步下降的趋势（图 5）。由于美元、日元持续贬值，新兴市场国家大力发展本国肉鸡产业，造成传统的肉鸡进口国，如

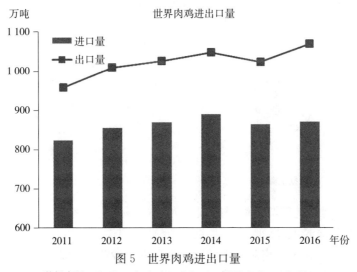

图 5　世界肉鸡进出口量

数据来源：Foreign Agricultural Service/USDA Oct. 9. 2015。

日本、俄罗斯等减少进口，从而带来了全球肉鸡的进口贸易下降。这已经成为全球肉鸡贸易不可逆转的趋势。但是由于近期叙利亚与非洲政治局势不稳定，大批难民对欧洲经济产生影响，预计2015年全球肉鸡进口会有小幅增长，达到863.9万吨，增长率约为0.63%。

从肉鸡出口增长速度分析，2015年以智利、乌克兰、泰国、白俄罗斯和巴西为代表的新兴经济体国家出口增长最快，智利肉鸡出口增长率达到9.20%，乌克兰达到了7.787%，泰国肉鸡出口增长6.23%，白俄罗斯增长6.19%。巴西是传统肉鸡生产大国中出口增长最高的国家，肉鸡出口增长了5.11%（图6）。但从出口量分析，巴西、美国和欧盟仍然是肉鸡出口的主力军，三者合计出口占全球肉鸡出口贸易的77.02%。巴西维持较高的出口增长，欧盟基本保持了2014年的增长，美国肉鸡出口大幅下降（-9.72%），造成了全球肉鸡出口量的整体下降。虽然新兴经济体出口增长迅猛，但不能弥补美国出口下降的缺口。

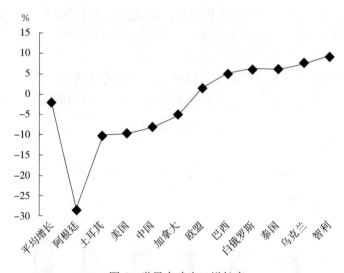

图6 世界肉鸡出口增长率

数据来源：Foreign Agricultural Service/USDA Oct. 9. 2015。

2015年肉鸡进口增长最快的国家为沙特阿拉伯、南非和古巴，中国香港的肉鸡进口增长也很迅速，增长率分别为16.13%、13.82%、12.90%、20.40%（图7）。进口肉鸡最多的国家为日本、沙特阿拉伯和墨西哥，分别为90万吨、90万吨和76万吨。亚洲和南美洲成为肉鸡进口最多的地区。

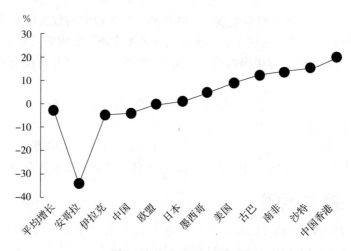

图 7　世界肉鸡进口增长率

数据来源：Foreign Agricultural Service/USDA Oct. 9. 2015。

二、中国肉鸡生产与贸易概况

（一）中国肉鸡生产与消费

2015 年中国肉鸡生产略有回升，产量将达到 1 302.5 万吨，比 2014 年仅增长 2.5 万吨。由于消费者对鸡肉质量安全的担忧对产业的正常发展的负面影响还没有完全消散，肉鸡生产呈恢复性增长（图 8）。2015 年经济进入新常态，

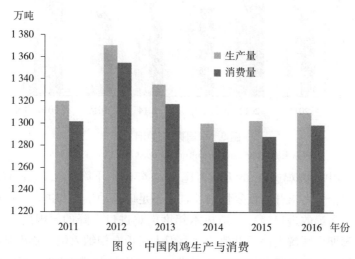

图 8　中国肉鸡生产与消费

数据来源：Foreign Agricultural Service/USDA Oct. 9. 2015。

GDP 增速放缓，市场消费会受到一定的影响。鉴于白肉与红肉性价比的优势，以及中央和地方政府改善民生、扩大内需的政策实施，对肉鸡产业会有一定的提升作用。预计 2016 年中国肉鸡生产会持续缓慢增长，产量可能会达到 1 310 万吨。

2015 年中国肉鸡消费开始回升，全年消费量达到了 1 288 万吨。虽然增长幅度不显著，但肉鸡消费已经开始止跌回升，有望结束 2013—2014 年的下降周期。但这种回升还很脆弱，还需在防控疫病、提升质量和提振消费者信心等方面下工夫。预计 2016 年中国肉鸡消费量可能会达到 1 298.5 万吨（图 8）。

（二）中国肉鸡贸易

2015 年中国肉鸡出口 39.5 万吨，与 2014 年相比下降了 8.14％（图 9）。这一年人民币升值较快，以及全球贸易保护主义抬头，加之禽流感的影响，加大了肉鸡出口贸易的难度，2015 年出现了肉鸡出口明显下降的趋势。预计 2016 年肉鸡出口还会继续下降，将达到 37.5 万吨，下降 5.06％。

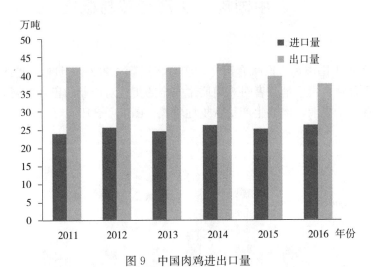

图 9　中国肉鸡进出口量

数据来源：Foreign Agricultural Service/USDA Oct. 9. 2015。

2015 年中国肉鸡进口 25 万吨，比 2014 年同期下降了 3.85％（图 9）。由于国内肉鸡消费需求开始恢复性增长，还不足以拉动生产和进口。国内生产的增长替代了肉鸡的进口，也是造成本年度肉鸡进口下降的原因之一。2016 年美元加息预期会缓解人民币升值压力，但人民币有望纳入国际货币基金组织的特别提款权（SDR）货币篮子，会对进口有一定的刺激作用。预计 2016 年肉鸡进口会有所增长，可能会达到 26 万吨，增长 4.0%。

三、国际、国内肉鸡产业经济政策研究进展

2015 年全球经济复苏乏力，油价持续走低，美元疲软以及欧洲债务和难民危机的影响，新兴经济体国家经济下行，使得全球经济发展充满了不确定性。在此背景下，欧洲、美国、西非和亚洲一些国家暴发了高致病性禽流感，肉鸡的进出口贸易受到沉重打击。但与其他肉类（牛肉和猪肉）比较，价格优势突出，全球肉鸡生产与消费仍会保持平衡增长。

（一）欧洲、美洲和西非禽流感暴发引发行业反思

2014 年 11 月德国、荷兰和英国暴发了 H5N8 高传染性禽流感，这种病毒对人类具有潜在的威胁。欧盟为此召开紧急会议，采取严密的防控措施，以应对疫情的蔓延和再次暴发。从 2014 年 12 月到 2015 年 6 月在美国中西部的 16 个州共发现了 181 起禽流感案例，涉及了 4 100 万只家禽，其中大部分为 H5N2 高致病性禽流感病毒。美国威斯康星州于 4 月 20 日宣布进入防控禽流感紧急状态。这是美国近 30 年来最严重的一次禽流感疫情。韩国、南非和中国等国已禁止从美国进口禽肉和禽类产品。西非尼日利亚、布基纳法索、尼日尔、科特迪瓦和加纳等国家暴发了 H5N1 高致病禽流感，FAO 发起了 2 000 万美元的紧急计划用于控制当地疫情。

高致病禽流感病毒 H5 随着时间不断进化和流行病学变化，我们很难及时选择和使用合适的疫苗，人类研究总是无法领先病毒一步，禽流感往往是防不胜防。高致病性禽流感（HPAI）在全球范围的暴发，使家禽产业（包括肉鸡）面临一个新的"世界秩序"（Clark，2015），即目前人类最有效的措施似乎不足以保护家禽行业。我们不能控制候鸟迁徙，但我们必须学会如何在环境中与禽流感共存。

（二）肉鸡进出口贸易严重受阻

由于欧洲和美国高致病性禽流感的暴发，非疫区国家采取了极端措施禁止和限制禽产品和种禽的进口。2015 年全球肉鸡进出口贸易双双下降，特别是美国肉鸡出口减少了近 10%。另一方面，接种疫苗成为进出口贸易技术壁垒（争端）之一，对国际贸易产生了严重影响。接种防疫与进出口贸易形成了两难的局面，还没有两全的破解方案。

（三）"无抗"畜禽产品的流行与抗菌素使用的新政策

世界卫生组织公布"由于滥用抗菌素，超级病毒将可能成为人类健康的最大威胁"。出于对人类健康的考虑，为了阻止人体耐药性产生，人们把目光转移到了日常消费的食品上。不使用或少使用抗菌素的鸡肉、猪肉和蛋等所谓"无抗"产品开始大行其道。与此相适应，欧盟和美国等发达经济体执行更加严格的强制性措施限制抗菌素的使用。行业共识是"抗菌素有必要在家禽疾病控制时使用"，坚持"替代、减少和细化"（replace、reduce、refine）的原则。英国正在尝试应用细菌控制（Applied Bacterial Control，ABC）方法（Poultry World，2015），从繁殖饲养到出栏全程使用短链脂肪酸、精油和益生菌等，改善肉鸡健康及其肠道菌群，以便在整个饲养过程中不使用或减少使用抗菌素。

（四）白肉健康营养优势会替代部分红肉

世界卫生组织下属国际癌症研究机构（IARC，2015）成立的由来自 10 个国家的 22 名专家组成的专题研究组，在对以往科学文献进行全面回顾的基础上，根据食用红肉对人类致癌的有限证据和强大机理证据，把红肉即牛、羊、猪等哺乳动物的肉类，列为 2A 级，即对人类可能致癌的食物（加工肉制品列为 1 级，即对人类致癌可能性较高的食物）。这一研究结论会鼓励人们出于健康考虑，控制红肉的摄入量，增加白肉的消费以替代红肉。"白肉比红肉更健康"对肉鸡产业发展是利好的消息，会给受高致病禽流感沉重打击的全球肉鸡产业带来难得的恢复和发展良机。

（五）欧盟有望放松对氯漂鸡的进口

欧盟与美国跨太平洋贸易与投资伙伴（TTIP）谈判要求相互开放市场。欧盟是否允许美国氯漂鸡进口成为关键。用过氧乙酸作为消毒剂对宰杀肉鸡进行处理（氯漂鸡），这是美国农场通常的做法。但欧盟以食品安全和环境安全为由拒绝氯漂鸡进口。近期欧洲食品安全局（EFSA）的研究表明氯漂鸡无毒性，且产生的环境污染也是有限的。在功效方面，使用过氧乙酸消毒可以有效减少沙门氏菌，弯曲杆菌和大肠杆菌，并且无产生抗菌素耐药性的任何担忧。近期欧洲市场出现了多起弯曲杆菌污染肉鸡的食品安全案例，引起了消费者的关注。EFSA 倾向于接受氯漂鸡的进口，美国肉鸡终于有望进入欧盟市场。

（六）新蛋白质饲料资源开发替代转基因大豆

欧盟对转基因食品一直持谨慎态度，但饲料和畜牧业对从第三方进口转基因大豆依赖度又很高。转基因大豆作为植物蛋白质饲料的主要来源存在争议，分歧很大。另一方面，饲料成本及其波动成为影响肉鸡生产效益的最敏感的因素。欧盟各成员肉鸡企业开始寻找能够替代转基因大豆新营养饲料。目前正在研究试验的有小麦酒糟蛋白饲料（DDGS）、昆虫蛋白饲料、酵母蛋白饲料和马铃薯蛋白饲料（Poultry World，2015）。这四种蛋白质饲料开发成功将能彻底改变肉鸡饲料的构成，摆脱依赖转基因大豆进口的局面。

四、问题与建议

据国家统计局核算，2015 年国内生产总值按可比价格计算，比上年增长6.9%，经济复苏压力加大，对肉鸡需求造成负面影响。禽流感的有效防控、产品质量安全和消费不振仍然是肉鸡产业存在的主要问题。鉴于全球高致病禽流感频繁暴发及我国肉鸡产业发展存在的问题，提出如下建议：

（一）以科技创新驱动企业转型升级，提高产业整体水平

禽流感、鸡肉产品安全以及环境污染等问题一直困扰肉鸡产业的发展，亟需以科技创新为突破口，驱动产业全面的转型升级，增加规模化、标准化养殖和加工比重，以提高产业整体水平。科技投入和创新不仅是肉鸡产业标准化和规模化的基础，也是产业生产效率和经济效益的重要支撑，更是解决环境污染、打造环境友好产业不可或缺的依赖手段。通过市场引导和政策扶持，加大规模化和标准化养殖与加工企业建设，逐步淘汰技术落后、设备陈旧和分散养殖企业（户），加快提高产业整体水平。

（二）加强合作研究和信息共享，共同应对禽流感

近年来由于全球多地暴发了多起高致病禽流感，严重影响了正常的生产，加剧了贸易的摩擦，也严重打击了消费者的信心，给整个产业造成了深远的影响。为了避免这一情况成为新常态，共同有效应对禽流感疫情，应加强肉鸡疾病预防与疫情情报信息共享，充分利用现有兽医监测系统和专家网络，有效协调疾病与疫情预防与控制工作，合作研究，重点攻关疫情的早期预警和禽流感疫苗的研发，以便在暴发疫情前及时识别病毒，做好防控。

（三）加大对消费者营养与健康的宣传教育，引导正确消费

世界卫生组织下属国际癌症研究机构（IARC）的研究把红肉（牛、羊、猪肉等）列为"致癌可能性较高"的食物。利用这一契机，大力宣传白肉的营养优势，提高人们肉鸡消费水平。行业协会可以成立自己的宣传平台或与大众媒体联合，开展定期或不定期科普宣传和专题活动，引导消费者对肉鸡产业有客观、科学的了解和认识，大力宣传白肉（鸡肉）产品对健康的好处，培养大众消费鸡肉的习惯，以消费拉动生产，实现肉鸡产业可持续发展。

（四）依法为据，整治行业乱象，为肉鸡产业发展创造良好环境

我国肉鸡生产标准化水平低，规模化差异大，加工企业良莠不齐，标准执行与监督环节严重滞后。由于缺乏有效、快速、准确的监测手段和严厉的惩罚措施，不合格产品屡禁不止。新修订的《食品安全法》已于 2015 年 10 月 1 日正式实施，是保证食品生产与质量安全的有力保障。要大力宣传，强化标准执行、加大监督与执法力度。以有法可依、违法必究为武器为肉鸡产业发展创造良好环境。

参考文献

[1] Foreign Agricultural Service/USDA. Livestock and Poultry：Market and Trade. Oct. 9. 2015.

[2] Clarke，Philip. Global Industry faces "new world order" ［J］. Poultry World，2015，170（7）：12.

[3] Poultry World. Fresh Approach to Cutting on-farm Antibiotics Use ［J］. Poultry World，2015，170（6）：9.

[4] IARC. Monographs Evaluate Consumption of Red Meat and Processed Meat ［R］. Press Release，News 240，Oct. 26，2015.

[5] Poultry World. Four Raw Materials That Could RevolutionizeRations ［J］. Poultry World，2015，170（4）：29.

会议综述

2014 年中国肉鸡产业经济
分析研讨会会议综述

王济民[1]　辛翔飞[1]　周慧[1]　贾钰玲[1]　周蕊[2,1]

（1 中国农业科学院农业经济与发展研究所；
2 黑龙江八一农垦大学经济管理学院）

2014 年 7 月 19 日，国家肉鸡产业技术体系产业经济岗位在北京召集召开了"2014 年中国肉鸡产业经济分析研讨会"。会议由国家肉鸡产业技术体系产业经济岗位专家、中国农业科学院农业经济与发展研究所副所长王济民研究员主持。农业部畜牧司统计监测处处长辛国昌，全国畜牧总站行业统计分析处处长田建华，山西鸡体系首席科学家、山西省畜禽繁育工作站副站长曹宁贤，现代农业产业技术体系北京市家禽创新团队经济岗位专家、北京农学院经济管理学院院长李华教授，中国农业科学院畜牧所副研究员郑麦青，国家肉鸡产业技术体系部分试验站站长及团队成员、部分试验站依托企业负责人、产业经济岗位团队成员，以及现代农业产业技术体系北京市家禽创新团队成员等近 50 人参加了此次研讨会。

上午，会议进行了专题报告。辛国昌、田建华在讲话中分别通报了 2014 年上半年全国畜牧业生产形势和肉鸡产业数据监测情况，郑麦青做了《2014 年 1—6 月肉鸡生产监测分析》报告，李华作了《移动互联网下企业经营的跨界思考与农产品营销》报告，曹宁贤作了《山西肉鸡产业发展形势》报告，国家肉鸡产业技术体系北京综合试验站站长、北京家禽育种有限公司总经理孙迎春作了《肉鸡产业健康发展》报告，国家肉鸡产业技术体系产业经济岗位团队成员、内蒙古大学经济管理学院张瑞荣副教授做了《中国肉鸡产业价格波动预警研究》报告，国家肉鸡产业技术体系产业经济岗位团队成员、中国农业科学院农业经济与发展研究所贾钰玲硕士研究生汇报了近期到山东和广西就肉鸡产业发展进行调研的情况。下午，会议进行了讨论。

本次会议在分析当前及未来肉鸡产业发展形势，尤其是 2014 年上半年我国肉鸡产业发展现状，以及 2014 年下半年和 2015 年肉鸡市场发展形势，在交流肉鸡产业研究成果、调研情况，在探讨肉鸡产业健康可持续发展的有效途径和措施等方面，均取得了有益的成果。

一、2014 年上半年我国畜牧业发展状况

辛国昌谈到，总体来看，2014 年上半年全国畜牧业生产形势不容乐观，甚至可以说，2014 年上半年我国畜牧业生产进入了历史上最艰难的时期。虽然往年畜牧业经历的大事、难事并不在少数，如 2005 年四川资阳市暴发的猪链球菌病、2008 年"三聚氰胺婴幼儿奶粉"事件、2011 年河南"瘦肉精"案件等，但是即使在这些突发事件造成了巨大冲击的情况下，畜牧业生产也不及 2014 年上半年发展这么艰难。这可能由三个原因导致：①消费低迷导致主要畜禽品种的养殖效益持续亏损，其中养猪亏损尤为严重。2011 年生猪养殖行情非常好，全年平均利润为 415 元/头，2012 年平均利润为 70 元/头，2013 年为 50 元/头。可以看得出 2012 年和 2013 年生猪养殖利润非常小。按照传统规律来讲，生猪养殖呈现三年一个周期的波动循环，于是很多生猪养殖从业者把希望寄托于 2014 年，然而还未进入 2014 年，在 2013 年 12 月中旬，猪价已经开始下降，拉开了养猪亏损的序幕。直到 2014 年 6 月，生猪养殖持续处于亏损状态。这是农业部在进行生猪养殖数据监测以来从未出现过的长期亏损现象，甚至在春节消费旺季都在亏损。②H7N9 流感的影响。2013 年 3 月 31 日媒体公布第一例人感染 H7N9 的病例，持续发展到 5 月 1 日以后，情况稍有好转，然而 2014 年 1—2 月，H7N9 卷土重来，给畜牧业生产造成的伤害极其严重。对很多养殖企业来说，由于 2013 年 H7N9 的影响，部分家禽企业的资金链已经绷得很紧，在元气尚未恢复的情况下，1—2 月 H7N9 的袭击几乎成为压倒骆驼的最后一根稻草，导致很多企业破产倒闭。③畜产品进口方面的因素。近年来主要畜产品的进口同比增长在两位数以上，2014 年上半年除了杂碎进口同比下降之外，其他畜产品都呈现同比上升的趋势。之所以出现这种情况，是因为我国在加入 WTO 初期时的价格优势已经不复存在，不仅如此，国内的成本仍在逐步递增，包括用地成本、融资成本、饲料成本、环保成本等。其中，饲料成本方面，我国蛋白饲料的依存度从过去的 70%～75% 上升到现在的 80% 以上；环保成本方面，2014 年 1 月 1 日，规模场污废处理条例的出台使得规模养殖场压力大增，要做粪污处理就意味着成本的增加。发达国家由于土地资源优势，根本无需对废弃物进行复杂处理，只需在三级沉淀之后存放半年即可直接还田，这种优势是我们不可能具备的。所以，从长期来看，世界

贸易背景下的进口冲击非常严重，国内价格优势不仅荡然无存，而且以后与国外的差距会越来越大。以饲料成本为例，因国内粮食价格不会下降，所以饲料成本也将不断攀升，玉米价格目前已经连涨十周，形势非常严峻。以上三个方面的原因导致 2014 年上半年成为我国畜牧业生产有史以来最艰难的时期，过去面对例如三聚氰胺等突发事件时，行业管理部门尚有能力进行处理，然而像 2014 年的情况，行业管理部门只能静观其变，无能为力，主要原因在于以上三个导致畜牧业发展困难的因素在很大程度上并非相关部门能够左右的。

二、2014 年上半年我国肉鸡市场发展状况及未来近期肉鸡市场发展趋势

（一）2014 年上半年我国肉鸡市场发展总体状况

郑麦青《2014 年 1—6 月肉鸡生产监测分析》报告显示，2013 年人感染 H7N9 流感给肉鸡产业带来了重创，2014 年 1—2 月 H7N9 卷土重来，对肉鸡产业更是雪上加霜。中小养殖户纷纷退出养殖，大企业也由于亏损严重，大幅减产，降低存栏量。2014 年 2 月国内肉鸡存栏量较往年平均水平减少约 20％～30％，3 月减少约 40％；3 月后 H7N9 流感影响减弱，4 月由于大量养殖户退市和养殖规模大幅缩减，肉鸡产品价格开始上涨，肉鸡养殖从深度亏损转为盈利；5 月肉鸡养殖收益达到高峰，超过 2013 年最高值；6 月肉鸡行情略有回落。根据农业部对 60 个生产大县（市、区）的 300 个行政村 1 460 户肉鸡养殖户月度定点监测数据分析，2014 年 1—6 月累计出栏 4 016.1 万只，较 2013 年同比减少 24.0％，较 2013 年下半年减少 19.0％；存栏较 2013 年同比减少 15.0％。其中，白羽肉鸡累计出栏 1 805.4 万只，较 2013 年同比减少 16.1％，较 2013 年下半年减少 18.0％；存栏较 2013 年同比减少 14.6％。黄羽肉鸡累计出栏 2 210.7 万只，较 2013 年同比减少 29.4％，较 2013 年下半年减少 4.3％；存栏较 2013 年同比减少 15.1％。监测数据显示，2014 年 1—6 月，肉鸡体重成本同比减少 0.93％，饲料价格同比增加 1.16％，活鸡价格上升 1.19％，平均收益 1.07 元/只，成本利润率为 5.00％，成本利润率较 2013 年同比增加 2.40 个百分点。

辛国昌谈到，农业部对全国 60 个生产大县的月度监测数据显示，2014 年 1—6 月肉鸡产量比 2013 年同期降低 20％，肉鸡出栏量比 2013 年同期降低 24％。肉鸡生产确实受到重创。2013 年 3 月 31 日第一例 H7N9 病例公布之

后，到 5 月 31 日，统计数据显示两个月的时间内，白条鸡价格下降 20%，雏鸡价格下降 52%。而且，价格的下降还不算最严重的问题，最严重的问题为当时出台的禁运规定，很多鸡苗孵化之后运不出去，造成巨大损失。据统计，19 家重点企业这两个月内销毁鸡苗达 2 500 万只，实地调研时我们看到的场面非常惨烈，很多企业将鸡苗深埋进行无害化处理。同期有 2 200 万枚种蛋因无市场，不能进行孵化，只能作为商品蛋出售。畜牧业协会统计，2013 年 H7N9 流感疫情给家禽业带来直接经济损失达 800 亿，2014 年 1—2 月又出现 H7N9 病例的报道以后，两个月的时间使得一大批企业遭受破产或濒临破产，形势相当严峻。统计资料显示，2014 年两个月的损失接近 400 亿，然而发生于 2004 年的 H5N1 流感疫情同样非常严重，损失为 200 个亿，相较而言 2014 年肉鸡产业发展形势更为堪忧。发展至今，从监测情况来看，肉鸡产业已经开始走出低谷。2014 年 7 月第二周白条鸡价格已回升到 18.24 元/千克，与往年同期相比，此价格为中等偏好的水平。现在肉鸡养殖场（户）已开始盈利，2014 年 6 月出栏白羽肉鸡利润为 1.1 元/只，出栏黄羽肉鸡利润为 3.4 元/只。从养殖效益来看，这一价格水平比过去两年的平均效益都要好；从存栏方面来看，肉鸡存栏已经历了连续四个月环比增长，养殖积极性有所提高。然而，我们必须注意到的一点是，形势的不确定性仍然很大，尤其是入冬时 H7N9 流感是否会卷土重来是我们很担心的问题，现在肉鸡产品消费信心刚开始恢复，我们在下半年对其发展形势仍应密切关注。

（二）2014 年上半年我国部分省肉鸡市场发展状况

国家肉鸡产业技术体系长春试验站团队成员、吉林农业大学动物科学技术学院徐日福教授介绍了吉林省肉鸡市场的发展形势：吉林省肉鸡产业发展变化与全国基本一致，市场低迷，存出栏规模缩小，行情下跌，经济效益差。吉林省试图启动肉鸡加工产业大型项目，大规模收购屠宰肉鸡，但是受到火灾事故影响，政府停止肉鸡加工企业运行三个月，致使 2—3 月存出栏规模比 2013 年减少 40%，父母代减少 50% 以上。4—5 月市场行情回暖，雏鸡价格 2.2~2.5 元/千克，毛鸡 9.8~11 元/千克。6 月价格又下滑，雏鸡价格不到 1.5 元/只，毛鸡价格不到 9 元/千克，企业无法预知未来市场行情，疑虑重重。

国家肉鸡产业技术体系广西试验站站长、广西金陵农牧集团有限公司总经理陈智武介绍了广西、广东两省肉鸡市场发展形势：市场消费低迷，企业弹尽粮绝、融资困难，两广黄羽肉鸡的出栏量减少 30% 以上，2014 年 2 月个别企业减少三分之二。例如，广西最大的活鸡交易市场五里亭市场，往年正常日交易量为 7 万～8 万只，2013 年日销售量大概为 6 万只，但是当前日销售量只有 4 万～5 万只。市场供应量的迅速降低使 4 月快速型黄羽肉鸡价格迅速飙升，50 天上市的快大黄羽肉鸡利润达到 13～14 元/只。黄羽肉鸡从 5 月开始逐渐恢复成本价以上，最高达到 27 元/千克（清远鸡），但是近期回落到 18 元/千克左右。

国家肉鸡产业技术体系扬州试验站团队成员、江苏省家禽科学研究所赵振华副研究员介绍了江苏省肉鸡市场发展形势：2014 年江苏肉鸡价格起伏大，2 月价格下跌，3 月回升，4 月快速反弹。

（三）2014 年下半年和 2015 年肉鸡产业发展形势

会议讨论认为，2014 年下半年及 2015 年，我国肉鸡产业将逐步回暖，进入一个上升周期。其理由是：①H7N9 流感对肉鸡乃至整个家禽业发展的不利影响逐步减弱。2014 年 4 月农业部、卫计委等有关部门从科学的态度出发，已达成共识，今后对 H7N9 流感不再冠以"禽"字，并且 2014 年 5 月中宣部已对主流媒体进行舆论指导，今后报道能感染人的流感病毒将不再加"禽"字，这将在很大程度上有效避免公众对禽产品产生恐慌，保护家禽行业发展。②肉鸡价格未来一段时间内将处于上升阶段。2013 年以来，因 H7N9 流感造成的养殖规模大幅减少，以及因公众对肉鸡产品消费恐慌心理的改变带来的肉鸡市场需求恢复等因素，将使肉鸡产品价格保持在合理水平，从而促进肉鸡养殖业的进一步复苏。此外，肉鸡价格开始处于新的上升周期。根据张瑞荣对肉鸡价格的波动周期研究，肉鸡价格平均波动周期长度在 34 个月，景气周期持续时间基本高于不景气周期，当前肉鸡价格处于不景气周期的尾部，正处于上升阶段。③猪肉价格反弹给肉鸡产业发展带来积极影响。根据农业部对全国 400 个生产大县（市、区）的 4 000 个行政村 8 000 户生猪养殖户月度定点监测数据分析显示，当前的猪肉价格正处于小幅上涨阶段，当前生猪存栏及能繁母猪存栏不仅低于 2013 年同期，也低于近几年同期平均水平，生猪产能已有大幅度下调，如果后期行情不景气，产能继续走低，2015 年生猪价格涨幅可能会超出市场预期。

三、我国肉鸡产业发展面临的困境及未来发展路径

（一）白羽肉鸡产业发展面临的困境及未来发展路径

当前我国白羽肉鸡产业发展所面临的最大问题在于产能过剩导致的行业利

润的急剧下滑。产生这一问题的根源在于祖代种鸡引种量和产能的过剩。孙迎春关于"肉鸡产业健康发展"的报告，结合其所在企业北京家禽育种有限公司的具体实践，着重阐述了在产能过剩背景下，祖代公司如何走出困境、实现健康发展。报告分为四个部分，第一部分是关于祖代种鸡公司的现状，第二部分是行业协会发挥的作用，第三部分是关于健康之路发展的思考，第四部分是北京家禽育种有限公司所做的实践。

1. 我国白羽肉鸡祖代种鸡公司的现状。 目前祖代公司共有 17 家，其中有 3 家小公司已经做了整合（联合），实际运作的有 15 家公司。这 15 家公司从引种量来看，2011 年祖代引种量为 118 万套，2012 年为 135 万套，2013 年为 154 万套。2013 年供需平衡下的引种量为 120 万套，这说明 2013 年超过正常引种量 34 万套，超了将近 20% 以上。这种超量引种的结果是导致整个祖代公司从 2012 年 8 月开始持续 24 个月，父母代鸡苗的售价低于成本价。也就是说祖代公司已经连续两年亏损。从 2013 年经营数据来看，大致为每卖一套父母代就要亏 10 元，2013 年共销售父母代 6 400 万套，实际上祖代企业加在一起至少亏损 6.4 亿元。进入 2014 年，这种情况并没有得到好转，从 2014 年上半年的情况来看，每卖一套父母代亏损已经达到 12 元，有的企业可能还会更多一些，总体来讲祖代公司已经赔得一塌糊涂。

2. 行业协会发挥积极作用。 2014 年 1 月 8 日，我国白羽肉鸡联盟成立，这是在中国畜牧业协会禽业分会领导下的一个组织。联盟成立以后做了两件重要事情：一个是"H7N9 禽流感"的去"禽"字工作；另外是关于白羽祖代引种的限产、现有存栏的减产工作。关于限产、减产的工作，一是，白羽祖代肉种鸡公司在 2013 年底和 2014 年初的时候达成共识，联盟成员各家公司的引种量要做削减，共同签署 2014 年引种量要控制在 120 万套的协议，目前正在落实当中。联盟成员基本上都遵守了这一承诺。二是，针对 2013 年已经引进的 150 多万套鸡数量庞大的情况，2014 年 3 月和 6 月，联盟两次召集成员公司就现有存栏进行减产进行共同研讨，虽然 3 月没有达成共识，但是对 4—5 月价格的抬升起了很好的推动作用，并最终在 7 月达成了减产的"北京共识"。目前，在联盟监督之下，各家联盟成员公司轮流淘一定比例的祖代鸡。白羽肉鸡联盟在协会领导下确实发挥了作用。与此同时，我们也应该认识到联盟有先天的不足，主要体现在以下三个方面。第一，白羽肉鸡联盟 17 家公司达成促进白羽肉鸡产业发展健康发展的协议，但这不能阻止产业内其他企业以及产业新入者的增产行动。因为联盟拿不到行政许可的授权，所以这个约束有着先天的不足，在一定意义上也正好给新入者腾出了空间。第二，联盟阻止不了白羽祖代肉种鸡企业换羽的冲动。现在大家都预期 2015 年情况会好，在这样的预期下，可能会出现虽然联盟企业引种量没增加，但是对已有存量强制换羽的行为，将导致产量上的额外增加。第三，在 7 月"北京共识"上达成的限价协议，可能还需要一定的时间去成熟，因为就目前实际操作来看，价格的协同还是不能完全落地，价格的联合并不能完全做到位，仍旧存在有的企业将父母代鸡苗压到成本线以下以争取市场份额的情况，无论从目前还是从长远看，这极不利于产业的持续健康发展。

3. 对健康发展之路的思考。 祖代白羽种鸡行业的健康发展，首先应在发展的方式上进行调整。大家前期基本是在追求速度、规模，一味想着抢占市场份额，并没有考虑当前的需求量，这样的发展方式导致了现在产能过剩的局面。产业的发展实际上需要转变成以质量和效益促发展。在质量方面，应该以内在质量为根本，如鸡群的净化（应该比较谁的鸡更干净，如沙门氏菌的控制、MGMS 的控制），由于种源对下游的影响非常大，真正的价值是影响力而非产值，做好品质是根本，所以祖代公司的发展模式必须朝这个方向去调整。第二，企业要自律，应以销定产。根据自己的市场组织自己的生产，就可避免产能过剩的进一步恶化，不必争行业老大这种虚的东西，规模大也可能导致亏损大，所以大也不一定是完全好。第三，祖代公司应该与下游的父母代客户进行战略合作或商业联合。即可将下游的父母代公司当成自己的父母代公司，父母代公司可将上游的祖代公司当成自己家的祖代公司或者祖代场。这样可以事先约定供种量，核心是要确定一个价格形成机制，有了机制之后，可以把风险事先锁定，到时按量进行引种即可，大家就不会面临因为价格谈不成或者被别的商家打压价格的情况下生意谈不成的风险。这个商业联合，如果进一步来做的话，除了卖鸡苗，还可以卖问题解决方案、疾病控制方案、生物安全措施等。相互之间可以成为彼此的一部分，这样大家可以共同健康发展。

4. 企业的具体实践。 孙迎春介绍了北京家禽育种有限公司的一些实践。从 2013 年下半年开始，面对"卖产品却在赔钱"的市场形势，北京家禽育种有限公司着力推动公司和父母代客户的战略合作。在价格形成方面，公司确定了三种模式：一是，参考协会网上公开的价格；二是，协会价格加价，保底封顶；三是，全年一个价，一次签订三年的协议，不受市场价格变动的影响。通过推动这样的战略合作，公司能够得到显著的效益。这样的做法可以复制到父母代的客户，父母代可以用这个模式与商品代客户合作，这样整个产业链都可以实现稳定的生产和供应，能够实现不赔钱卖鸡。在赔钱卖鸡这个问题上，企业辛辛苦苦是为了多亏几千万，实际上这是没有道理的。当然，公司在推行这样的理念的过程中，确实也存在一些困难，需要花些时间和力气让客户认可公司的经营理念和销售策略，但我们看到这条路应该可以走得通。

（二）黄羽肉鸡产业发展面临的困境及未来发展路径

为了加强对疫病，尤其是 H7N9 流感疫情的控制，许多地方出台了限制活禽交易、推广冰鲜鸡的做法，这对我国黄羽肉鸡产业的发展带来了新的挑战，也成为当下我国黄羽肉鸡产业发展所面临的最大困境。对此，与会专家提出了自己的看法和建议。

1. 冰鲜鸡将成为黄羽肉鸡产品上市的趋势。陈智武谈到，广东某个入选可屠宰黄羽肉鸡的企业在试点之初的 2014 年 5 月日屠宰 2 000 只左右，现在却不到 100 只。究其原因是市场不接受冰鲜鸡，因为冰鲜鸡有屠宰、运输费用，而且还增加了税收费用，使一只冰鲜鸡的成本达到了 60～70 元，而且广东的消费习惯一直是以活鸡为主，经调查广东地区 50％以上消费者不接受冰鲜鸡的口感。价格高，以及人们口味不习惯等因素，致使冰鲜鸡的推广困难重重。除了我国之外，法国是世界上唯一有黄羽肉鸡的国家。法国 6 000 多万人口，肉鸡出栏量 6 亿只，平均每人消费不到 10 只鸡，市场饱和。2012 年中国人均鸡肉消费量达到 9 千克以上，由此可以看出我国的消费市场潜力巨大。法国黄羽肉鸡大约占 20％。法国没有活鸡市场，所以黄羽肉鸡都是以冰鲜鸡形式进入市场。所以，借鉴成熟的法国市场可以看出我国冰鲜鸡的上市是不可阻挡的，只是时间问题。目前我国黄羽肉鸡占到 40％，冰鲜鸡上市后，估计黄羽肉鸡将会下降 25％～30％。申杰谈到湖北武汉市的情况，武汉市现在禁止黄羽肉鸡活鸡销售，但是屠宰后的黄羽肉鸡老百姓不认可，市场不景气使黄羽肉鸡出栏量下降。国家肉鸡产业技术体系大兴试验站站长、北京农林科学院畜牧兽医研究所刘华贵研究员谈到北京的情况，北京主要是研究北京油鸡选育、推广、养殖技术，黄羽肉鸡市场不大，同时北京的活鸡市场已取缔 10 年，所以黄羽肉鸡在北京很难发展起来；其次是冰鲜鸡的口感与白羽肉鸡、其他品种的鸡差异并无显著差异；再次是北京市场紊乱，如超市柴鸡、三黄鸡名不副实，消费者不放心消费；最后是北方在饮食上没有两广地区的消费传统。从 2013—2014 年的发展态势看，黄羽肉鸡的发展量已经达到顶峰，特别是活鸡市场将逐渐取消，行业内又没有统一的标准，致使黄羽肉鸡品质参差不齐，这些问题将导致黄羽肉鸡市场份额下跌。冰鲜鸡是大势所趋。

2. 黄羽肉鸡标准的出台已经成为保障产业健康持续发展的迫切要求。国家肉鸡产业技术体系南昌试验站团队成员、江西省农科院畜牧兽医研究所康昭风研究员谈到，黄羽肉鸡行业内部缺乏统一标准，黄羽肉鸡饲养天数参差不齐致使市场上的黄羽肉鸡品质好坏不一，消费者失去消费信心，导致行业发展更加艰难。江西现在 100 天以上出栏的黄羽鸡市场占有率为 70%，60～70 天出栏肉鸡的市场占有率在下降，跟以前的情况恰恰相反，反映出消费者对肉鸡品质的要求在提高，所以将来的市场将主要是白羽肉鸡与真正的优质黄羽肉鸡的市场。陈智武谈到，为了保住黄羽肉鸡的市场份额，我们可以借鉴法国的经验。法国在 1958 年对黄羽肉鸡出台了一个红标签制度，对黄羽肉鸡生产要求极为严格。第一，品种是特定的，81 天以上达到 2 千克，而且请第三方进行监督，以防养殖户弄虚作假。第二，鸡舍是有标准的，鸡舍必须是 400 平方米，每平方米 11 只鸡，一栋鸡舍 4 400 只鸡，通常前 4 周舍饲，后 9 周放养。对于法国而言，一方面，完善的制度保证了黄羽肉鸡饲养品质；另一方面，其国民高收入下的消费能力以及先进的烹调技术保留了黄羽肉鸡的口感，使黄羽肉鸡在法国占领了一定的消费市场。而我国黄羽肉鸡现在很难界定，有的黄羽肉鸡饲养品种 49 天体重就达到了三斤半，还有的黄羽肉鸡饲养天数长达 80 多天甚至 100 多天，因此建议严格界定优质黄羽肉鸡，让消费者放心消费，也利于产业的发展。申杰谈到，黄羽肉鸡应成立行业协会达到行业内部团结、自律，实施标签鸡制度，但实行难度大。刘华贵谈到，只有相应的标准（出栏周期、体重、品种）、监督机制、指导价格出台，黄羽肉鸡才能实现健康有序的发展，才能让消费者真正实现放心消费。

3. 活鸡消费是我国的一种食文化，冰鲜鸡的发展不能一蹴而就。国家肉鸡产业技术体系信阳试验站团队成员、固始原种鸡场技术总监赵河山谈到，国人愿意吃活鸡，这是一种食文化，强推冰鲜鸡有待考量，政策的出台应以市场为引导。冰鲜鸡的发展需要物流系统、冷冻系统、诚信系统，不是一日之功，需要一个很长的推行时间。推行冰鲜鸡可以学习香港的做法，用价格杠杆调节。现在香港的冰鲜鸡占据了 90% 的市场，一只冰鲜鸡价格是 70～80 港币，活鸡价格是 300 港币。未来，我国黄羽肉鸡的规模将会缩小 20%～30% 左右。黄羽肉鸡的中、快、慢生长类型会对应不同的消费者。刘华贵也谈到，冰鲜鸡是趋势，但是要逐步推行，以利于行业实现平稳发展。

4. 冰鲜鸡良好口感的保留是未来产品研发的重点。申杰谈到，要建立冰鲜鸡品牌，使冰鲜鸡的口感明显好于白羽肉鸡，让百姓放心消费，否则走冰鲜鸡的道路困难重重。曹宁贤说，活鸡交易市场关闭使黄羽肉鸡自身的优势减少，育种专家应该改善黄羽肉鸡品种使之在保留了口感的同时又适宜冰鲜。刘华贵补充说，黄羽肉鸡宰后的品质控制很重要，冰鲜鸡不是冷冻过后的鸡，而是在 4 摄氏度保存的鸡。肉鸡屠宰后必须立刻使其温度保持在 4 摄氏度左右，否则其营养、口感就会下降，与白羽肉鸡无区别。然而屠宰企业多为小型企业，质量控制很难达标，现在超市里的大多数冰鲜鸡都不达标，冰鲜鸡的道路任重而道远。

四、代表性省份肉鸡产业发展形势

（一）肉鸡主产省调研情况报告

山东和广西分别是我国白羽和黄羽肉鸡的生产大省（区）。贾钰玲交流了 2014 年上半年在山东和广西两地的调研情况。两次调研的目的，是为了深入了解我国白羽肉鸡以及黄羽肉鸡这两大类肉鸡养殖的基本情况以及产业化经营情况。两次调研分别在山东考察了山东亚太中慧集团、山东诸城外贸集团，在广西考察了广西金陵养殖有限公司、广西参黄养殖集团有限公司、广西春茂农牧集团有限公司、广西富民牧业有限公司等，并与当地畜牧兽医局、畜牧业协会相关负责人进行了座谈。

1. 山东和广西肉鸡产业发展基本情况。山东白羽肉鸡养殖是全国白羽肉鸡养殖的领头羊。①山东亚太中慧集团肉鸡养殖的主要模式为"公司＋农场主"。经营之初，签约养殖场长和公司分别提供建场资金的 1/5 和 4/5。这样，公司作为养殖场最大的股东，拥有养殖场产权。投产之后，养殖场长每年需向公司返还其投入的建场资金的 12%～18%，在资金未全部返还公司之前，养殖场须接受公司"十统一"的管理，即：统一规划建设，统一鸡苗采购，统一饲料专供，统一招标，统一防疫，统一技术管理，统一销售服务，统一信息平台，统一人员培养、统一财务结算等。直到将所有的成本金额归还公司，养殖场产权发生转移，由公司所有转为养殖场长所有。此时，养殖场长可以选择在亚太中慧提供的平台上继续原来的养殖方式，也可以选择脱离亚太中慧的平台，对养殖场人员配备、材料选择、养殖技术等诸多方面拥有自主权。②山东诸城外贸公司以"垂直一体化"养殖为主，以"公司＋农户"为辅。下属养殖场为企业自建厂，从厂址选择、人员配备、建场资金到经营管理都由公司进行统一调度。而下属签约农户则是纯粹的合作关系，当农户有意愿加入诸城外贸的平台时，公司会考察其厂址的地理位置、场房规模以及周边条件，各方面条件合格之后，公司同意农户加入，并由农户自行承担建场费用，场房产权属农户自身所有，人员雇佣以及财务状况农户都可以自行管理，公司只负责提供鸡苗、饲料、药品以及技术支持等，农户保证必须在诸城外贸的平台之下进行养殖，接受公司在养殖各个阶段提供的原料并将出栏鸡卖给公司。

广西黄羽肉鸡养殖是广西畜牧业产业化经营的典范。①广西肉鸡养殖模式以"公司＋农户"为主。1996年4月，广东温氏食品集团有限公司跨省投资建立家禽子公司，正式落户于广西玉林市，拉开了广西肉鸡养殖产业化运作的序幕。十多年的发展，一大批龙头企业从当初的养鸡专业户、鸡贩子中脱颖而出，在其发展壮大的同时为当地的农村经济繁荣做出了巨大贡献。目前全区有玉林市参皇养殖有限公司、广西凤翔集团公司等近十家龙头企业，每一个龙头企业身后都带动着成百上千户养殖农户。"公司＋农户"的经营模式已成为广西黄羽肉鸡养殖的主要模式。广西每年的肉鸡出栏中，以产业化模式生产的超过60%。据不完全统计，2012年，全区20家重点养鸡企业总产值为86.69亿元，共带动农户36 812户，全年为农民提供总纯收入7.3亿元。②广西肉鸡养殖另一个比较重要的特点为林下养殖。20世纪90年代开始，广西黄羽肉鸡养殖户开展山地养殖、果园养殖等养殖新型模式，且取得了较好的效果，"公司＋农户"模式下的黄羽肉鸡养殖户养殖场一般选在山地上，农民上山进沟，利用当地温度和湿度优势，将养殖业与种植业相结合，有效实现了优势互补，形成了循环相生、协调发展的生态模式。

2. 有益的经验。经过调研，课题组总结了山东和广西两省肉鸡养殖方面比较好的做法和经验。①标准化生产，保障产品质量。随着肉鸡养殖产业化运作的发展，肉鸡养殖业走上了集约化、标准化、专业化、现代化的道路。一是雏鸡、饲料、药品、疫苗等生产资料严格把关，为保证肉鸡质量提供前提条件；二是技术支撑到位，保证产品质量；三是检验检疫体系完善，确保了肉鸡产品质量的安全。②以销定产，保障经营利益。其中亚太中慧主要为肯德基、麦当劳、双汇以及一些大型超市提供肉鸡产品，通过这种途径的销售量占到总销量的70%以上；诸城外贸公司产品主要销往欧盟、日本等国，其出口销量占总销量的90%以上。当国内市场出现突发事件时，销往国外市场以及肯德基、麦当劳等大型企业的肉鸡产品数量能够保持较好的水平，能够保证其订单量不会遭到太大冲击，有效保障了公司利益。③合理布局，保障防疫效果。大型养殖公司均实行统一规划建场，对养殖场地进行严格选择；此外，公司拥有生物有机肥厂以及污水沉淀处理系统，统一处理养殖场（户）粪便，防止相互污染；值得一提的是，亚太中慧尝试聚落式发展，目前建成山东寿光聚落、山东邹平聚落及山东安丘聚落等，努力实现健康养殖与有机种植相结合。④生态建设产业化，产业发展生态化。国土资源部、农业部对于养殖业占用土地的总原则：养殖用地尽量利用荒山荒坡等，不占或少占耕地，禁止占用基本农田，可利用自家宅基地。林下养殖不与种植业争耕地，有效化解养殖用地矛盾。得益于广西当地自然地理环境，养殖业与种植业相结合，优势互补、循环相生、协调发展，污废处理问题不大，生态循环系统同时降低了肉鸡养殖过程中疫病发生率，广西林下养殖的肉鸡防疫成本为 0.6～0.8 元/只，大大低于其他养殖地区。⑤广西当地"公司＋农户"准入门槛低，助产增收。黄羽肉鸡与白羽肉鸡的养殖鸡舍存在不同，前者鸡舍的自动化程度、封闭程度均较后者低，结合当地林下养殖的特点，原生态的循环模式大大降低了建场成本，与白羽肉鸡建厂成本投资巨大不同，一栋年出栏 2 万只以上的黄羽肉鸡鸡舍，其建成成本仅需 8 万元左右，农户可利用自家存款或通过农村小额贷款实现其养殖致富的梦想。自身拥有的土地优势、投资成本的可承受性加之龙头企业平台下养殖的低风险、高收入特点，使得越来越多的农户选择加入到"公司＋农户"的平台进行肉鸡养殖，有效吸纳了当地闲置劳动力，增加了农民就业，实现了农民增收，繁荣了农村经济。⑥打造品牌，发挥品牌优势。广西当地龙头企业顺应市场经济的需求，充分发挥品牌优势，经过多年的发展，使得"古典鸡""金大叔""参皇鸡""叮当鸡"等品牌深入人心。

3. 存在的问题。经过调研，课题组也提出了山东、广东两省在肉鸡养殖方面存在的主要问题及相关政策建议。①区域规划困难，养殖户和小规模养殖场污废处理问题突出。由于污废处理成本高、有机肥与无机肥相比并不具备价格优势，导致部分养殖户和小规模养殖场养殖污废处理环节不重视，区域与区域之间，养殖场与场之间存在的交互污染的情况比较严重。②受 H7N9 流感疫情影响严重。由于 H7N9 的影响，2013 年全年整个肉鸡养殖行业亏损数额高达 1 500 亿元。很多企业在被动承受疫情影响的同时只能通过大量减少存栏进行减损，在 2013 年 3 月暴发 H7N9 流感后，不少企业随即在 4 月中旬开始出现亏损。较大型的公司亏损数额以亿计：广东温氏集团广西分公司 2013 年全年亏损 18 亿元；参皇集团全年亏损 2.3 亿元；一些较小型的公司亏损数额也达到数千万元。③农户投机行为影响产业化链条的稳定发展。在利益驱使下，当市场价格高于公司原定收购价格时，有的农户会选择考虑将部分肉鸡转卖给市场；当市场价格低于公司原定收购价格时，有的农户会选择从市场购买肉鸡来补充养殖过程中出现死伤的肉鸡数量，农户通过这种渠道获取差价利润的同时为公司带来了一定的经济损失。④黄羽肉鸡产品加工程度低。受居民消费习惯的影响，广西当地大部分黄羽肉鸡仍直接以活鸡的形式进入市场，产业链条短，活鸡交易一方面不能满足目前产品多元化的市场需求，一方面易受市场行情的影响。⑤养殖农户存在盲目发展的现象。很多农户在选择进出肉鸡行业时处于盲目跟风的状态，轻易地进出会导致肉鸡产业发展不稳定。此外，一些农户由于受教育程度所限，信息获取与搜集能力、经济学分析能力以及政策解读能力均比较差，导致对于疫情、行业市场情况、农业用电申请政策、高额贷款政策等了解甚少。⑥广西当地关闭活禽交易市场政策推广存在困难。受传统消费习惯影响，广西当地消费者以活禽交易为主，很少购买"冰鲜鸡"，一律推行关闭活禽交易市场的做法可能导致当地肉鸡产业效益严重受损。

（二）非主产省发展形势分析

近几年，在我国肉鸡生产快速发展的进程中，我国肉鸡主产区生产保持着稳定增加的趋势，而部分非主产区作为肉鸡生产的新生力量，以相对更快的速度发展，成为肉鸡生产持续增长的重要支撑点，这已经成为我国肉鸡生产的一个显著特点。其中，最具代表性的是山西省。2005—2012 年山西肉鸡产量的年均增长速度达到 10.59%，明显高于 3.18% 的全国平均水平。曹宁贤在交流中介绍了山西近年来肉鸡产业快速发展的形势和经验。山西肉鸡产业主要有山西大象农牧集团、山西粟海集团和平遥龙海实业有限公司三家国家重点龙头企业。在这三家龙头企业的带动下，山西肉鸡产业已经成为畜牧产业中最稳定和最具潜力的产业。2013 年全省肉鸡出栏 1.5 亿只。实际上按照生产规模来讲，2013 年没有进行满负荷生产，有的正进行削减。到"十二五"期末，有可能达到实际存栏 6 亿～8 亿只。山西肉鸡产业发展整体上有以下几个特点：

一是省政府对产业结构调整转型的重视度有所提高。农业本身即弱势行业，而畜牧业是农业产业中的弱势行业。过去山西是煤炭大省、能源大省，以煤炭和能源为主要经济来源。以阳泉市为例，其第一产业占国民经济收入的1%，其余基本均来自矿业。在近几年调整发展的过程中，很多投资方规避掉农业种植利润低的特点将资金投入到养殖上，其中以养猪和养鸡为主，实现了产业结构调整。

二是集约化程度有所提高。尽管规模化生产受到疾病和其他方面的影响所占比例较大，但其发展空间较大，适者生存，其他一些资金链短和技术水平比较差的小型养殖户逐渐退出市场。

三是矿区发展肉鸡养殖。这是山西肉鸡养殖比较重要的一个特点。与2013 年出栏 1.5 亿只规模相比到 2015 年底山西要达到的年出栏 6 亿～8 亿只规模中所增加的 4 亿～6 亿只的养殖规模基本上都是在矿区发展的。矿区之所以发展较快是因为其资金充裕、土地资源雄厚。另一方面，矿区失业的矿工也为肉鸡养殖提供了大量劳动力。山西肉鸡发展近年来最主要的特点是规模逐渐增大，肉鸡和蛋鸡出现很多养殖大场，其中肉鸡场不乏年出栏 100 万只、200 万只的规模，蛋鸡养殖业也有存栏 100 万只、60 万只、50 万只等诸多规模养殖场的建成。新建的养殖场起点较高，与中国农科院等研究机构和专家结合，技术上有支撑。

五、近期两个肉鸡产业经济研究成果报告

（一）我国肉鸡产业价格波动预警研究

张瑞荣关于《我国肉鸡产业价格波动预警研究》的报告，主要包括三方面的内容：一是，描述分析肉鸡价格的波动轨迹，并对价格波动成分进行分解，探析价格波动的原因；二是，构建向量自回归模型，运用向量自回归模型的脉冲响应函数和方差分解方法，对影响肉鸡价格的各因素进行实证研究；三是，构建肉鸡价格预警系统，预测肉鸡市场价格走势，为政府及时采取调控措施、规避价格波动风险提供参考意见。这一研究的现实意义在于：为稳定肉鸡行业市场价格提供理论依据，帮助相关部门及时制定应对政策，减轻市场波动；为生产者提供价格预警信息，避免决策出现大的失误；为国家宏观调控部门制定肉鸡产业发展战略提供参考，为产业结构调整提供信息。

（二）移动互联网下企业经营的跨界思考与农产品营销

李华关于《移动互联网下企业经营的跨界思考与农产品营销》的报告提出：移动互联网给农产品营销带来四个方面的转变：一是，由价格竞争导向转到客户价值竞争导向；二是，由寻找市场机会导向转到营销能力导向；三是，由投机需求导向转向市场效益导向；四是，由大众媒体传播转向新媒体和自媒体传播导向。报告中还提出了家禽产品应重视的八种影响方式，包括绿色营销，关系营销、文化营销、服务营销、体验营销、低碳营销、新媒体营销、整体营销。

六、促进我国肉鸡产业健康发展的政策措施

在会议讨论中，与会专家围绕促进我国肉鸡产业的健康发展进行了深入探讨，并提出了许多有益的建议。

（一）完善产业化经营模式

稳定的产业化经营模式是肉鸡产业得以健康持续发展的重要基础。"公

司＋基地"的一体化经营模式值得推广。国家肉鸡产业技术体系武汉试验站站长、湖北农业科学院副畜牧兽医研究所申杰研究员谈到，湖北的白羽肉鸡主要是"公司＋基地"的一体化经营模式，屠宰后以订单方式销往双汇、麦当劳，所以在 H7N9 流感暴发后，各地价格都在下降，湖北的鸡肉每吨价格比其他地区要高几百块钱。湖北现在的白羽肉鸡散养户几乎没有了，中级企业也垮了一半。国家肉鸡产业技术体系诸城试验站站长、诸城外贸有限责任公司经理王春民和潍坊试验站团队成员、山东农业科学院畜牧兽医研究所许传田副研究员分别针对山东诸城外贸公司和亚太中慧的"公司＋基地"的垂直一体化模式，谈到了垂直一体化经营模式在 H7N9 流感暴发时期所体现出来的优势，即在销售渠道、销售数量、销售价格方面受疫病产生的不利影响非常微弱。此外，"公司＋农户"经营模式要加以完善。长春试验站团队成员、吉林粮食集团农牧有限公司秦宁畜牧师说，"公司＋农户"模式存在很多需要完善的地方，如兽药滥用，应当加强监管。贾钰玲建议，要建立良好的公司与农户利益联结机制，要从根本上解决农户投机的问题。现代农业产业技术体系北京市家禽创新团队经济岗位团队成员、北京农学院经管学院曹暕副教授谈到，美国的"公司＋农户"，合同非常具体，法律效力强。养殖户与公司之间因道德信任和法律效力共同使合同完美执行。同时，曹暕谈到，加工企业与养殖户之间的利益如何分配是应加强研究的，美国的加工企业则与养殖户的利益密切相关，而国内则不甚理想，需加以解决。

（二）防止肉鸡生产的盲目扩张

国家肉鸡产业技术体系鹤壁试验站站长、河南大用实业有限公司副总裁郝国庆谈到，近几年来白羽肉鸡发展太快与国民经济和人均收入增长不成比例，行业发展越来越艰难，白羽肉鸡的发展进入了一个恶性循环。尤其是 2008 年前后，肉鸡养殖企业也都在迅速扩张规模，市场饱和又恰逢世界经济危机，企业遭受了重创。当前的主要目标就是找出适合我国经济发展和人均收入水平的肉鸡发展模式。王春民说，行业的发展需要自律，不能盲目扩张，建议要加强对肉鸡产量的控制，协会要发挥其应有的功能；相关研究专家也可以从育种角度分析祖代、父母代和商品代的存栏量，结合市场行情提供肉鸡产量的趋势，为企业扩大还是缩小规模提供参考。

（三）大力发展标准化规模养殖

秦宁谈到，当前国内小规模鸡场总体养殖环境较差，品质不高，管理水平低，所以小规模鸡场将逐渐退出市场，而标准化、规模化鸡场将发展起来。高标准的鸡场会大大促进鸡的品质，使之价格稳定，消费者放心消费。许传田指出，肉鸡标准化养殖过程中一直存在的问题仍没有得到相应解决，如鸡舍不标准，死鸡处理不规范等；但是引进国外标准化的饲养方式还需要考虑我国的国情，因为国外的标准并不一定适合国内。国家肉鸡产业技术体系济南试验站团队成员、山东省农业科学院家禽研究所李福伟副研究员谈到，国内一些企业尽管机械设备先进，但是饲养人员和技术人员的设备使用能力差，对设施设备的使用不充分，这也是我国肉鸡标准化养殖发展过程中的短腿，应当着力提高饲养人员和技术人员的技术水平。

(四) 加强对养殖污染问题的重视程度

国家肉鸡产业技术体系河北试验站团队成员、河北省农业科学院畜牧兽医研究所王学静副研究员谈到，土地资源利用紧张程度和污染处理仍存在很大问题。地方政府应重视肉鸡产业的发展，对肉鸡产业的场地、规模进行统一指导。李福伟认为，目前部分区域内的土壤消化能力趋于饱和、生物安全压力大、鸡舍环境控制水平差、养殖效益水平差，迫切需要政府进行养殖规划，引导肉鸡生产与资源环境的协调发展。李福伟还谈到，在我国目前的标准化养殖过程中，废弃物处理存在很多问题，废弃物的资源利用很少。贾钰玲认为，政府应加大对于整个产业污废处理补贴的力度。一方面可以通过对龙头企业进行资金支持，引导周边散户将废弃物统一运送到企业进行统一处理；另一方面，政府可在养殖区域内投资建立污废处理厂，对本区域的所有养殖场（户）的污废进行统一处理。这不仅可以实现污废的无害化处理，减少环境污染，同时也可抑制病菌的扩散，降低疫病防疫成本，保证肉鸡产品质量，维持肉鸡产业健康平稳较快发展。

(五) 加强产业风险控制

曹睐谈到，2013年至2014年上半年出口的禽肉被退运，原因不在于产业本身，与产业相关的上游企业生产的饲料、添加剂、兽药等有关，所以产业要加强风险控制。许传田谈到，在标准化养殖过程中，整个行业一定要加强自律，对激素、兽药加强控制，提高鸡肉品质，一定会渡过现在的困难时期。许传田还谈到，生物安全措施不到位，未能按照全进全出的制度，导致疫病经常发生，也是我国肉鸡养殖风险控制需要注意的问题。可采取的方法是在养殖密度集中的小区内实行区域内的全进全出制度，批次间隔离，防止交叉感染。

（六）科学推行"关闭活禽交易市场"政策

与会专家普遍认为，关闭活禽交易市场不应采取"一步到位"的措施，应当"循序渐进"，且应针对不同省市因地制宜。传统消费习惯需要时间进行改变，也需要市场进行引导，在通过多种途径宣传鼓励消费者购买"冰鲜鸡"的同时，允许"冰鲜鸡"交易与活禽交易并存，由市场对其进行选择。这样既可达到在潜移默化中引导消费者接受"冰鲜鸡"，也可规避立即关闭活禽市场可能对当地肉鸡产业带来的巨大冲击。

（七）在充分利用电子互联网方面做文章

现代农业产业技术体系北京市家禽创新团队经济岗位团队成员、北京农学院计算机与信息工程学院牛艻洁讲师谈到，农产品电商虽然起步晚，但是在电子互联网的大环境下发展是大势所趋。牛艻洁根据农产品相对其他产品强调安全性、时效性和物流成本高的特点，以及针对肉蛋类在电子商务中存在的问题给出以下建议：第一，应该由冻鲜产品向调味品发展，这样可节约物流成本；第二，电商的发展使消费数据容易获得。通过大数据云计算技术进行计算，对消费行为准确定位和预测消费行为，从而指导消费和生产；第三，重视客户的消费体验，关注网络信息的扩散，重视消费者的好差评，做好应急准备，在产品出现问题时及时处理以免对声誉造成影响。

（八）公正客观宣传以提高消费者信心

曹睐谈到，北京市禽肉消费低迷，究其原因是户内消费不愿选择禽肉，担心鸡肉存在激素等。当前，关于禽肉的新闻也多是负面的，因此大多不主动购买禽肉。所以行业应该通过正面宣传提升消费者信心。贾钰玲认为，政府要加强疫情知识的科学普及，一方面媒体对措辞严格把关，防止对大众认知产生误导；另一方面，要通过发放宣传资料、制作科学宣传影像、组织相关专家进行知识宣讲等途径引导大众正确认识禽流感。此外许传田也谈到，互联网的发展使疫情的负面影响快速传播。其实 H7N9 并不可怕，只是正面的宣传没有跟上，业内的科学家也没有进行充分的正面解释，未能缓解事件对消费者造成的恐慌。建议引入第三方宣传，客观公正地宣传，重塑消费者信心。

2014 年中国肉鸡产业形势
分析研讨会会议综述[①]

王济民[1]　辛翔飞[1]　王祖力[1]　贾钰玲[1]　周蕊[2,1]

（1 中国农业科学院农业经济与发展研究所；
2 黑龙江八一农垦大学经济管理学院）

　　2014 年 12 月 15 日，国家肉鸡产业技术体系产业经济岗位在北京召集召开了"2014 年中国肉鸡产业形势分析研讨会"。会议由国家肉鸡产业技术体系产业经济岗位专家、中国农业科学院农业经济与发展研究所副所长王济民研究员主持。国家肉鸡产业体系首席科学家、中国农业科学院畜牧所副所长文杰研究员，农业部畜牧司统计监测处处长辛国昌，农业部畜牧司畜牧处处长王健，全国畜牧总站行业统计分析处处长田建华，山西肉鸡体系首席科学家、山西省畜禽繁育工作站副站长曹宁贤，畜牧业协会禽业分会高海军和腰文颖，中国白羽肉鸡联盟执行秘书长黄建明，中国农业科学院畜牧所副研究员郑麦青，国家肉鸡产业技术体系部分试验站站长及团队成员、部分试验站依托企业负责人、产业经济岗位团队成员等近 40 人参加了此次研讨会。

　　上午，会议进行了专题报告。腰文颖做了《2014 年白羽肉种鸡全年形势分析》报告，高海军做了《2014 年黄羽肉种鸡全年形势分析》报告，郑麦青做了《2014 年肉鸡生产信息监测情况汇报》报告，国家肉鸡产业技术体系鹤壁试验站站长、河南大用集团副总裁郝国庆做了《河南白羽肉鸡产业发展形势和存在的问题》报告，国家肉鸡产业技术体系广西试验站团队成员、广西金陵农牧集团有限公司副总经理粟永春做了《2014 年广西黄羽肉鸡产业发展形势分析》报告，国家肉鸡产业技术体系宣城试验站站长、安徽五星食品股份有限公司总工胡祖义做了《长三角区域优质肉鸡生产现状发展趋势和存在的问题》报告，曹宁贤作了《山西肉鸡产业发展形势和存在的问题》报告。下午，会议

---

　　① 本次研讨会于 2014 年 12 月中旬召开，相关专题报告中关于 12 月的数据分析为当时的估计值。

进行了讨论。会议讨论并总结了 2014 年全年肉鸡产业发展的形势、存在的问题，并探讨了保障肉鸡产业健康发展的政策建议。

一、2014 年我国肉种鸡生产形势

（一）白羽肉种鸡生产形势

腰文颖关于《2014 年白羽肉种鸡全年形势分析》的报告从引种、存栏、雏鸡销售等方面分析了我国白羽肉种鸡生产状况。

1. 白羽肉鸡监测企业数量及覆盖率。畜牧协会白羽肉种鸡信息监测方面，当前监测企业增至 34 家。其中，2014 年新加入的有河南华英、威海福喜。从代次来看，仅养殖祖代种鸡的企业有 7 家；仅养殖父母代种鸡的企业有 20 家；既养殖祖代种鸡，又养殖父母代种鸡的企业有 7 家。祖代环节，信息监测企业的存栏量占全国总存栏量的 100%；父母代环节，信息监测企业的存栏量占全国总存栏量的比重在 27%～30%。

2. 祖代种鸡。

（1）引种减少，祖代存栏降低，但种源依旧充足有余。2014 年，我国引进的祖代白羽肉雏鸡有 AA＋、罗斯 308、科宝艾维茵以及哈伯德 4 个品种，全年引种量为 118.08 万套，比年初计划的 127 万套减少 7.02%，比 2013 年的 154.16 万套减少 17.62%。2014 年实际引种数量较计划量和 2013 年引种量均有所下降，说明：祖代企业亏损三年，加上资金链紧张，内在和外在的因素都迫使祖代企业更为理性。同时，2013 年底召开的"祖代白羽肉雏鸡引种总量调控协商会议"达到了预期效果。

得益于引种规模的减少，2014 年全国祖代白羽肉种鸡平均存栏量为 166.45 万套，较 2013 年同比下降 15.64%。其中，在产存栏 107.37 万套，同比下降 8.63%；后备存栏 59.07 万套，同比下降 26.62%。按白羽肉鸡年出栏 45 亿～46 亿只推算，拥有 100 万套左右的在产祖代白羽肉种鸡，即可满足实际需要[①]。2014 年的种鸡规模高于但相较于前两年更接近这一水平，目前种源供应仍然充足有余。

（2）处于消化过剩产能以及 H7N9 疫情影响的过程中，3 月以后父母代鸡苗销售基本正常，但价格未及成本，祖代企业连续三年亏损。2014 年父母代雏鸡累计销售量为 5 321.40 万套，较 2013 年减少 1 111.59 万套，降幅为

---

① 按照一套祖代一年提供 42 套父母代，一套父母代一年提供 105 只商品雏推算。

17.28%。父母代雏鸡供应量与祖代存栏水平息息相关，2014 年父母代雏鸡供应量减少如此幅度不足为奇。价格方面，2014 年，父母代雏鸡年平均价格为 9.58 元/套，虽比 2013 年价格增长超过 30%，但 2014 年的价格整体也并不理想，仍未及成本价（成本价 18 元/套）。由于终端鸡产品的库存较高，所以加快了负面消息传导的速度，产业链上游的祖代企业很容易就感觉到终端市场的风吹草动。行业虽然正在恢复，但仍然是较为脆弱和敏感，供给稍微多一点就会造成价格很大程度的下跌。祖代企业已经连续三年亏损。

3. 父母代种鸡。

（1）监测企业父母代种鸡存栏稳步增加，中小型父母代场继续退出，总量上 2014 年与 2013 年基本持平。根据祖代企业在不同区域销售分布以及山东、东北、山西、河南、江苏、安徽等区域父母代场估计的情况，2014 年全国父母代种鸡规模与 2013 年总体持平，略有增加，约为 4 210 万套。2013 年全国父母代白羽肉种鸡的年平均存栏量约为 4 185 万套[①]。目前的种鸡规模大致形成于 2013 年第三、第四季度。受 H7N9 疫情对行业的影响，一些中小型父母代场寄希望于 2014 年行情出现大好转，但事实并非如此，因此，2014 年又有一批中小型种鸡场退出。

（2）2014 年全国商品代白羽肉雏鸡的销售量与 2013 年相比基本持平，销售价格同比上涨 33.31%。据畜牧协会推算，2014 年全国父母代白羽肉种鸡规模约为 4 210 万套，按每套父母代种鸡一年产 114.15 只商品代雏鸡推算，2014 年全国商品代白羽肉雏鸡的销售量约 48.06 亿只，与 2013 年的 47.77 亿只基本持平，略有增加。2014 年，监测企业的商品代白羽肉雏鸡的平均销售价格为 2.03 元/只（成本价 2.43 元/只），比 2013 年增加了 0.51 元/只，增幅为 33.31%。商品代雏鸡 11 月价格 1.63 元/羽，环比下降 35.31%，同比下降 3.14%。11 月雏鸡价格迅速回落的主要原因包括三个方面：一是 H7N9 疫情，二是季节性因素，三是终端消费启动不利。

---

① 本年度报告中，"全国父母代白羽肉种鸡年平均存栏量"的推算与以往有所不同。早前，某一年度的该指标是通过上一年度父母代雏鸡的累计销售量，育雏、育成、产蛋期的综合成活率以及监测企业的覆盖率推算得来的。2013 年，H7N9 疫情有如行业地震，父母代种鸡场提前淘汰种鸡的现象非常普遍，大量中小规模父母代企业退出种鸡行业，在如此的巨变之下，再沿用原先的方法，将导致数据出现较为严重的高估。因此，本年度报告中，该指标的推算方法如下：首先，将全国白羽肉鸡按主产区分为山东、东北、山西、河南、河北、江苏、安徽、福建、北京、天津及其他等；其次，分别调研各区域 2012 年（H7N9 之前）与 2013 年（H7N9 之后）父母代种鸡存栏情况的变化幅度及总量规模；在与部分行业企业、专家讨论之后，汇总出"全国父母代白羽肉种鸡年平均存栏量"。

4. 总结 2014 年我国白羽肉种鸡生产形势。 2014 年全年引种量下降行业回归理性过程中的重要阶段性成果，产能过剩问题有所缓解，但终端禽肉消费未启动，屠宰场库存较高以及 H7N9 仍然零星散发是行业继续恢复的隐患。2014 年的种鸡规模高于但相对接近于合理水平，目前种源供应仍然充足有余。父母代雏鸡累计销售情况仍不理想，祖代企业连续三年亏损。父母代种鸡存栏稳步增加，中小型父母代场继续退出，2014 年父母代种鸡总量规模与 2013 年总体持平，略有增加。全国商品代白羽肉雏鸡的销售量比 2013 年略有增加，父母代企业有五个月的盈利期，全年拉平仍然面临亏损。2014 年的核心词汇是"消化"，一是消化 H7N9 的影响，二是消化过剩产能。2013 年形成的种鸡规模在 2014 年继续保持，预计将稳定一段时间，目前行业一定要控制住产能扩张的冲动，用两三年的时间将产能调整至合理水平。

（二）黄羽肉种鸡生产形势

高海军关于《2014 年黄羽肉种鸡全年形势分析》的报告从黄羽祖代和父母代肉种鸡存栏，以及父母代雏鸡和商品代雏鸡销售等方面分析了我国黄羽肉种鸡生产情况。

1. 种鸡存栏。

（1）祖代种鸡存栏。2014 年 11 月，畜牧协会监测企业的在产祖代种鸡平均存栏量约为 124.37 万套，较上月环比减少 3.33%，较 2013 年同比增加 1.81%，依然维持在较高水平。2014 年 1—11 月信息监测企业的平均存栏量为 122.41 万套，较 2013 年同比微幅增加 0.72%。整体来看，2014 年的祖代种鸡存栏量与 2013 年相比略有增加，存栏水平充足有余。

（2）父母代种鸡存栏。2014 年 11 月父母代种鸡平均存栏量，较上月微幅减少 0.51%，较 2013 年同比大幅减少 11.02%。2014 年 1—11 月平均存栏量为 971.04 万套，明显少于 2013 年同期的 1099.83 万套，减幅为 11.71%。从全年走势来看，父母代种鸡存栏在 2014 年上半年呈现逐月减少趋势，7 月开始反攻，连续三个月增加，且增幅逐渐增大，9 月达到 2.5%，但随后的 10 月虽然继续增加，但增幅已收窄，11 月更是出现减少势头。分析原因有以下几方面：第一，当前父母代种鸡的存栏量仍明显低于往年，企业的补栏意愿还是有的，但近两个月下游活鸡价格出现回落趋势，虽然仍然能够盈利，但空间有限，受此影响，父母代种鸡存栏增加势头受到遏制；第二，随着气温下降，逐渐进入生产淡季，种鸡存栏也不可避免受到影响；第三，H7N9 疫情的潜在威胁，使得企业在补栏时保持着非常谨慎的态度。

2. 雏鸡销售。

（1）父母代雏鸡销售情况。2014 年 11 月父母代雏鸡销售量，较上月环比减少 9.33%，较 2013 年同比减少 9.64%；2014 年 1—11 月销售总量，较 2013 年同比大幅减少 18.26%。父母代雏鸡价格继续维持波澜不惊，近期走势与 2013 年类似，4 月后以稳为主，全年价格平均水平比 2013 年下降了 5.07%。

（2）商品代雏鸡销售情况。2014 年初受 H7N9 疫情再次冲击影响，市场行情极不乐观，商品代雏鸡在 2014 年 1—3 月的销售总量较 2013 年同期减少 27%，销售价格降低 39%。从 2014 年 3 月开始行情逐渐好转，销售量走势除 6 月出现略微下降外，其余各月份始终以增加为主，10 月达到年度最高水平，且在 2014 年首次突破 1 亿只。但 11 月商品雏鸡销量继续减少到 0.95 亿只，较上月环比减少 5.90%，较 2013 年同比减少 5.23%。2014 年监测企业 1—11 月商品雏鸡销售总量为 9.99 亿只，明显少于过去几年水平，与 2013 年同期的 11.56 亿只相比减少 1.57 亿只，减幅达到 13.58%。2014 年 11 月，商品代雏鸡平均销售价格为 1.88 元/只，较上月环比大幅下降 24.37%，但较 2013 年同比上涨 17.16%，部分父母代场已经开始出现亏损。2014 年 1—11 月平均销售价格为 1.88 元/只，较 2013 年同比上涨 11.70%。11 月价格下降的原因主要有两方面，一方面，有新报 H7N9 病例的影响，另一方面，也在于行情已经开始进入了正常的下行周期。各品种比较而言，快速型黄羽肉鸡受 H7N9 影响最大。

3. 总结 2014 年我国黄羽肉种鸡生产形势。 2014 年祖代种鸡存栏与 2013 年相当，仍然处于过剩状态；而父母代种鸡存栏量减少幅度较大，是促进 2014 年，尤其是 2014 年下半年形势利好的重要因素。从雏鸡销售情况来看，2014 年的父母代雏鸡销售量和价格都不如 2013 年，但总体处于较为正常的区间水平。商品代雏鸡的销售明显少于 2013 年，这也致使 2014 年商品代雏鸡的价格明显高于 2013 年。总体来讲，2014 年上半年，尤其是 1—3 月，行业处于深度亏损的状态，4 月开始，行业逐渐恢复，维持了很长一段时间的盈利。从调研反馈的情况来看，全行业 2014 年全年处于略有盈余的状态。近期，尤其是 11 月 28 日在东莞曝出 H7N9 病例后，对行业产生了一定的影响，但影响的程度比 2013 年大大减弱，影响时间相对较短，不同品种的黄羽肉鸡受影响的程度不尽相同，快速型与中速型的黄羽肉鸡受影响较大。调研显示，广东地区原本 5 元/斤的黄羽肉鸡在曝出流感疫情后，其单价平均每天减少 1 元，连续三天下降，最低降到 3 元/斤左右，12 月 2 日下降势头得到抑制。慢速型优质鸡的鸡苗价格稍有影响，优质鸡活鸡价格基本不受影响，10月活鸡价格虽有下降，但仍处于较高水平。

二、2014 年我国商品代肉鸡生产形势

郑麦青关于《2014年肉鸡生产信息监测情况汇报》的报告，根据农业部对60个生产大县（市、区）300个行政村1 460户肉鸡养殖户月度定点监测数据，从商品代肉鸡生产数量和市场行情等方面分析了2014年我国商品代肉鸡生产形势。

（一）生产形势

1. 总体形势。 2014年1—11月监测商品鸡出栏累计监测总量为7 800多万只，较2013年同比减少16.5%。11月出栏量与2013年同期持平。11月底存栏数为1 800多万只，较2013年同比减少13.6%。全年活鸡平均出栏价格上升3.8%，平均收益为1.8元/只。从生产成本来看，1—11月与2013年同期相比，雇工费和煤火费有所减少，雏鸡价格与防疫成本大幅增加，饲料价格近几年保持1%～3%的年均增幅。

2. 白羽肉鸡。 2014年1—11月监测白羽肉鸡的累计出栏3 500多万只，较2013年同比减少10.5%，11月出栏数量大幅增加，同时存栏数下降幅度较大。就存栏数量而言，11月是除1月以外最低的月份。活鸡价格近三个月虽连续下降，但仍较2013年同比上升2%。雏鸡价格较2013年同比有较大幅度的增加，但近三个月与活鸡价格相同，同样连续下降，当前价格为1元/只左右。1—11月肉鸡生产成本较2013年同比略有下降，降幅为0.6%。活鸡生产成本为8.93元/千克，下降的成本费用主要为煤火费和水电费，增加的成本费用主要为雏鸡价格防疫费与雇工费。1—11月肉鸡养殖利润较2013年同比增加80%，平均收益为1.22元/只，其中，11月为0.85元/只。

3. 黄羽肉鸡。 2014年1—11月监测黄羽肉鸡累计出栏4 300多万只，较2013年同比减少21%。11月监测存栏为1 400多万只，较2013年同比减少12%。从2月到11月，黄羽肉鸡存栏量实际上呈现倒"V"字形，7月达到最高，之后连续四个月减少。监测的活鸡价格与2013年同期相比上升约10%，但近期快速型鸡也呈现出快速下降的趋势，11月已经低于成本线。1—11月雏鸡价格较2013年同比上升约5%；肉鸡生产成本方面较2013年同比上升4%，达到12.4元/千克。2014年肉鸡生产成本的上升，主要是由于2014年黄羽肉

鸡中慢速型鸡所占比例较大,生产成本中雇工费和煤火费变化较大,雏鸡费用与防疫费用增加的比例较大。1—11月养殖利润较2013年同比翻一番,达到2.86元/只。这与2014年慢速型鸡比例增加有一定关系。

(二)市场行情

1. 白羽肉鸡方面。 2014年白羽肉鸡出栏大幅增加,同时也导致存栏量大幅减少,表现出对市场信心的缺乏。活鸡价格连续三个月出现下降,已经低于生产成本线,从11月底开始到12月,行业开始为春节前出栏肉鸡进行补栏,所以月底价格开始回升。11月存栏大幅减小主要是由于补栏量下降以及季节性因素的两者叠加效应造成的。

2. 黄羽肉鸡方面。 存栏、出栏及价格均有不同程度的下降趋势。雏鸡市场受到的影响更大,除了受H7N9报道的影响,也受季节性消费因素的影响。对慢速型鸡的影响较小,对快速型鸡的影响较大,且各地域影响不同。消费市场没有得到根本性恢复,整体消费估计低于2013年初的20%以上,当前黄鸡的产量仍然超过市场消费的需求。11月黄鸡价格已经接近底部,近期价格将以回调为主,但大幅上升可能性不大。

三、2014年我国部分省区肉鸡产业发展状况

(一)河南肉鸡产业发展状况

郝国庆介绍了河南白羽肉鸡产业发展形势及存在的问题。

1. 河南白羽肉鸡产业发展状况。 总体来看,河南一体化企业的白羽肉鸡产量在下降,且整个河南的肉鸡总产量也是下降的。河南有四家比较大型的肉鸡养殖企业,分别是河南大用集团、河南永达集团、河南华英禽业集团和河南禾丰牧业有限公司。四大企业肉鸡出栏总量较2013年减少约10%。具体情况是:河南大用集团的出栏量从以前的1.2亿只,减少至2014年的不到1亿只;河南永达集团往年出栏量为5 000万只,2014年不到4 000万只;河南华英禽业集团有两个养殖场,位于信阳的养殖场在2014年没有减少养殖规模,但其2009年在霍杨建立的养殖场,原来产量为2 000万只,2014年减少到1 000万只;河南禾丰牧业有限公司往年出栏量不到2 000万只,2014年大致下降700多万只。

河南祖代肉种鸡企业共有两家,2014年引进鸡苗6万~7万套。父母代肉种鸡养殖场有两大类,一类是一条龙企业的父母代肉种鸡养殖场,另一类是单独饲养父母代肉种鸡的养殖场。目前,单独饲养父母代种鸡场规模均在1万~

2 万只或者 3 万～4 万只以上，小户饲养的情况已经很少存在。2014 年，一条龙企业的父母代肉种鸡养殖规模增长较快，例如河南大用集团增加近 30 万套，河南永达集团增加 20 多万套，河南双汇集团增加 15 万～16 万套。单独饲养父母代肉种鸡的养殖场中，最大的三家养殖场养殖规模均有增加，分别从 10 万套增加到 19 万套，从 20 万套增加到 27 万套，从 12 万套增加到 16 万套。这三家企业在前几年处于盈利的状态，银行贷款比较少，而且对未来的预期也较为乐观。此外，也有减产企业，也有部分企业退出行业，但也有三家新增企业。新增企业对肉鸡行业本身就有比较全面的了解，且资金充足，三家新增企业增加 11 万～12 万套。总的来说，2014 年河南父母代白羽肉种鸡养殖规模增加 60 万～70 万套。

河南肉鸡产业产能过剩的情况较为突出。河南肉鸡产业规模在 2008 年后迅速扩张，养殖场、屠宰场数量大幅增加，导致产能大幅增长。河南大用集团、河南华英禽业集团等很多企业的养殖场均是在 2008 年以后建成。在 2008 年以前，河南肉鸡屠宰量不到 2 亿只，而在 2008 年以后的短短几年间增加了将近 5 亿只。河南大用集团即是一个典型案例，大用集团在 2008 年以前有两个养殖场，养殖规模一个为 3 000 万只，一个为 6 000 万只。2008 年以后，大用在周口开始施工准备建立两个屠宰能力为 8 000 万只的屠宰场，几乎同时，开封 8 000 万只规模的屠宰场也开工建设。具体情况如下：周口的其中一个屠宰场在 2009 年建成的时候已经基本上能够达到 5 000 万～6 000 万只的屠宰量；另一个屠宰场企业与美国福喜 2012 年合资后，于 2013 年开工建立 260 栋商品鸡舍，鸡舍规模均采用统一的 18 米×150 米尺寸，然而，合资后福喜于 2014 年发生食品安全事件，鸡舍的建设随即停工，目前只有两个养殖场建成正式生产；在开封建立的屠宰量为 8 000 万只的屠宰场，还有饲料场和孵化场，厂房已经建成，只是设备还未进行安装。永达集团也建成规模为 8 000 万只的屠宰场；已经建成商品鸡舍 103 栋，正在建设中的还有 48 栋。双汇从 2009 年便开始从大用购买鸡苗进行商品鸡饲养，但当时仅有两三个养殖场，然而，2014 年其新建成 18 个商品鸡养殖场，每个场养殖规模为 50 万只（2014 年这新建的 18 个养殖场还没有进行养殖）。

2. 河南肉鸡产业发展存在的几点问题。 商品代肉鸡饲养环节存在的问题是制约白羽肉鸡产业一体化发展的最大瓶颈。一是饲养方式不当。河南商品代肉鸡的平均饲养水平较低，尤其是龙头企业自养商品鸡效益非常差。虽然近几年有一定的发展，但是发展缓慢，情况不容乐观。整体来看，河南白羽肉鸡饲养在商品化规模化饲养、鸡舍的建立、自动通风等技术方面没有一个很好的标准来遵循，这些关键养殖技术不能得到解决，对商品鸡的饲养来说是一个很大的问题。日本、美国等一些国家的饲养技术及鸡舍尺寸全部进行过实验验证，但是我国肉鸡饲养业缺乏这样的实践。二是平养饲养水平不理想。2014年河南农户养殖3 000多万的肉鸡中有1 000多万为笼养，成活率可达到96％以上，日龄40天以上肉鸡重量即可达到2.5千克，料肉比为1.6～1.7。而当地的龙头企业因采用平养饲养方式，未能达到这样的养殖水平，冬春季成活率仅为80％左右，料肉比在2.1以上。如果龙头企业能够达到农户笼养的养殖效果，那么养殖效益和应对危机的能力定会随之提高。

此外，河南肉鸡产业发展还存在如下几个问题：第一，大型企业普遍效益不好。2014年河南的大型企业效益均不是很好，包括大用集团、永达集团在内的很多企业2014年均处于亏损状态。第二，2014年产销率较低。大用集团2014年产销率不足80％，达到历史较低水平，库存量大大增加。而且2014年由于市场行情不好，甚至出现了一种前所未有的应对方式：在鸡苗价格较高的时候不进行商品肉鸡的饲养，而是选择先将鸡苗卖掉，随后再进行补养，以规避市场风险。第三，快餐销量急剧减少。2014年，对于肯德基、麦当劳等快餐店的订单一直在减少，多数企业对快餐企业的计划目标都只完成60％左右。第四，单独饲养白羽肉鸡父母代种鸡的企业，种蛋利用率非常低，占60％左右。第五，父母代种鸡的生产水平较低。尤其是受H7N9疫情的影响，生产情况很差，这与我国的动物疫病多有关系，禽流感和新城疫的影响较大。第六，疫苗环节存在着体质不健全的问题。当前国家对疫苗的管理是把钱直接给生物药厂，养殖企业免费使用疫苗，然而，与此并存的现实状况是，养殖企业不用免费疫苗，而是自己再掏钱从疫苗生产企业购买质量过硬的疫苗。第七，当前对病死鸡处理规定是病死鸡不能流出养殖场，但是规定屠宰线上的病死鸡可以做肉骨粉。企业养殖场的病死鸡不仅卖不出去，还无法焚烧（因焚烧会形成严重臭味污染），企业的病死鸡很难处理。此外，2014年国民经济增长速度较慢、消费市场疲软对肉鸡行业发展影响较大。

3. 河南肉鸡产业发展取得的几点进步。

（1）肉鸡产业的技术创新与进步有一定发展。一是商品鸡出栏喂料自动化，环境控制自动化的普及情况较好；二是种蛋的自动收集设备也在不断更新。

（2）药残的控制效果明显。就河南大用集团而言，也是正在转变养殖观念，通过鸡舍完全自动化控制，为商品代肉鸡提供适宜的生长环境，减少疾病发生，减少用药。同时，集团规定饲料中也不能添加抗菌素。2014年河南大用集团每只鸡的药费平均为0.4～0.5元，跟往年相比明显下降。此外，就河南大用集团而言，免疫水平有很大提高，孵化场的免疫实施是一种进步。河南大用集团已经做到新城疫苗经过浓缩后在孵化场注射，鸡进到鸡舍即不再免疫，如果遇到特殊情况，会采取饮水进行免疫处理。

（二）广西肉鸡产业发展状况

畜牧业是广西当地农业和农村经济的支柱产业，而黄羽肉鸡产业已成为本地畜牧业的中流砥柱。2013 年，广西家禽出栏 8.22 亿只，存栏 3.06 亿只，其中，肉鸡存栏 2.38 亿只。广西肉鸡总产量位居全国前四强，每年向全国各个省（市、区）销售种苗约 3 亿只，占全国鸡苗外销量的 30％以上。粟永春从以下几个方面报告了广西黄羽肉鸡产业发展形势及存在的问题：

1. 2014 年广西黄羽肉鸡产业发展情况。 受 2013 年和 2014 年 H7N9 流感疫情影响，广西黄羽肉鸡存栏量大幅下降，然而在农业部对祖代场进行保种扶持政策的支持下，迎来了 2014 年后三个季度黄羽肉鸡行业的恢复期，从各企业提供的数据来看，2014 年广西黄羽肉鸡规模企业大部分都赚了钱，企业也得到了进一步的发展和提升。

（1）鸡苗产量和肉鸡出栏量。据估计，2014 年广西肉鸡产量和出栏量都下降了 25％左右。2014 年出现了不少退出养殖的养殖场（户）。其中，散户停养的比较多；规模化的大企业中，广西巨东集团因资金链问题，已全面停产，11 月下旬后部分场由债主接管经营。广西现正常经营的种鸡存栏量在 5 万套以上的种禽生产企业大约有 38 家；规模养殖企业的生产情况总体上基本稳定，管理较好的部分规模养殖企业处于上升发展阶段。

表 1　部分企业 2013 年和 2014 年鸡苗产量和肉鸡出栏量对比

单位：万只,％

公司	鸡苗产量			肉鸡出栏量		
	2013 年	2014 年	2014 年增长率	2013 年	2014 年	2014 年增长率
金陵集团	9 060	6 800	−24.94	1 950	1.90	−23.08
凤翔集团	7 200	6 300	−12.50	1 650	1.50	−12.12
富凤集团	4 300	3 500	−18.60	1 100	2.20	63.64
鸿光农牧	4 700	4 300	−8.51	150	2.34	−36.67
良凤农牧	2 700	2 600	−3.70	0	2.51	—

注：表中未包含广西当地两个较大的企业：春茂及参皇。原因是没有获得两个企业较为详细的统计数据。但是通过与这两家企业交流得知，两家企业在 2014 年也均为减量生产。总的来说，2014 年广西肉鸡生产企业中，只有富凤集团是增产的，其余企业均减产。

（2）2014 年黄羽肉鸡鸡苗销售价格。广西黄羽肉鸡商品代鸡苗慢速型销售区域以广西、广东、浙江等地为主，中速型销售区域除了两广地区外，在云南、贵州、四川、重庆等地占有 60％以上的市场份额，全年鸡苗出厂销售价格大部分都在成本价以上（2014 年鸡苗生产成本约为 1.95 元/只）。9 月价格最高，中速型达到 3.45 元/只，慢速型 2.82 元/只。从 10 月开始逐渐下降，到 11 月降到了更低水平。

表 2　2014 年广西黄羽肉鸡商品代鸡苗销售价格

单位：元/千克

月份	中速型	慢速型
1 月	2.41	1.90
2 月	2.18	1.50
3 月	2.16	2.20
4 月	2.14	2.34
5 月	2.65	2.54
6 月	2.60	2.39
7 月	2.46	2.26
8 月	2.74	2.30
9 月	3.45	2.80
10 月	2.90	2.82
11 月	2.76	2.51

（3）2014 年黄羽肉鸡出栏销售价格情况。2014 年 1—11 月广西黄羽肉鸡平均出栏销售价格，中速型 11.62 元/千克，慢速型 14.94 元/千克。总的来说，全年平均价格比较理想。

（4）广西黄羽肉鸡产业发展模式。龙头企业带动农户进行标准化养殖是广西肉鸡产业化经营的主要养殖模式。据统计，仅玉林市每年 2.5 亿多只的黄羽肉鸡出栏中，以产业化模式生产的已超过了 90％。伴随着产业化的不断推进，广西黄羽肉鸡产业的规模化养殖也取得了显著成效。2012 年玉林 21 家重点家禽企业年终统计显示，玉林市存栏种鸡 370 万套，全年出栏鸡苗 4 亿多羽，联系农户 3.88 万户，全年给养户劳务报酬 7.89 亿元。

表 3   2014 年广西黄羽肉鸡出栏销售价格

单位：元/千克

月份	中速型	慢速型
1 月	8.22	10.58
2 月	6.96	9.32
3 月	9.68	10.30
4 月	13.06	13.32
5 月	15.62	16.54
6 月	13.78	16.24
7 月	12.26	15.58
8 月	12.82	15.62
9 月	15.28	16.96
10 月	15.36	16.88
11 月	12.72	15.00

2. 广西黄羽肉鸡发展中存在的主要问题。

（1）受 H7N9 流感报道影响严重。广西肉鸡养殖业以黄羽肉鸡为主，受当地市场消费习惯的影响，黄羽肉鸡的主要交易方式为活鸡交易，这就导致 H7N9 流感对当地肉鸡产业的影响远远超过以"冰鲜鸡"或"加工鸡"为主要交易形式的白羽肉鸡。广西肉鸡产业受 H7N9 流感报道的影响非常明显，2014 年初关于 H7N9 病例的报道给所有企业带来了巨大的经济损失，随着 H7N9 流感疫情的退去，第二季度开始市场行情逐步好转，但是 11 月出现 H7N9 病例的报道之后价格随即出现了下降，鸡苗价格下降 0.5～1 元/只，广西金陵农牧集团有限公司在近期一周之内即有 2 万只鸡苗销毁。很多企业都较为忧虑未来的报道会对产业产生多大程度的影响，这一忧虑影响了大部分企业的补栏、生产以及扩产意愿等。

（2）广西黄羽肉鸡深加工业发展缓慢。受消费习惯影响，广西自古以来以活禽销售为主，加工成"短腿"，凸显了家禽养殖业规避市场风险的薄弱环节。为增强产业发展后劲，各级政府引导企业走"先建市场，后建工厂"的发展思路，联合科研部门着力培育黄羽肉鸡加工，全面推动产业升级。通过招商引资和跟踪服务，各级畜牧部门将基础好、企业创新能力强、发展潜力大、带动农户多、增收效果显著的龙头企业，优先列入重点扶持对象。但到目前为止，虽然有不少加工项目纷纷上马，比如凤翔集团的黄羽肉鸡深加工生产线、春茂公司投资 1 700 万元兴建的"金大叔"土鸡深加工生产线、祝氏公司推行集中屠宰、加工、配送的优质鸡专卖店。但据了解，各企业的深加工业都是惨淡经营，难以生存。目前，禁止活禽交易的政策执行计划暂未在广西施行。

（3）肉鸡粪污无害化处理成本高，影响黄羽肉鸡产业发展。近年来，环保部门加强了对养殖污染的治理和管控工作，企业分批进行节能减排考核，这给企业增加了 5% 左右的成本，进一步压缩养殖业的利润空间和生存空间。因为，以前养殖场粪便经过简单发酵后就出售给农户进行种植蔬菜瓜果使用，然而，现在则不可以继续用此办法进行处理。以 30 万套种鸡的饲养场来计算，需要征地 30 亩左右来建设粪便无害化处理厂，总投资成本在 500 万元以上；还有污水处理设施，投资额度也不会少于 100 万元。

（三）长三角区域肉鸡产业发展状况

胡祖义介绍了长三角地区肉鸡产业发展形势及存在的问题。

1. 生产情况。

（1）同比产量有所下降。一是企业出栏量下降。就安徽五星集团来讲，2013 年出栏量为 3 700 万只左右，2014 年不到 3 200 万只，2014 年出栏量较 2013 年减少 15%～20%。二是外销饲料量下降更多。正常年份，安徽五星集团外销饲料量可达到 8 万吨，而 2014 年的销售量不足 2 万吨，这也在一定程度上说明了农户养殖量的减少。

（2）散户养殖在快速消失。一方面是由于散户养殖抗风险能力弱，H7N9 流感疫情影响严重；另一方面是长三角区域工厂较多，快速增长的工资水平，诱使散户放弃养殖业。

（3）机械化、规模化养殖比例快速增加。长三角地区黄羽肉鸡现存的企业养殖的规模化、机械化有了很大程度的提高。很多企业养殖过程中的饲料供给环节以及饮水环节已经由人工供料、喂水改为自动给料、饮水。

2. 消费情况。2014 年第三季度优质肉鸡消费情况有两个主要特点：一是消费量下降，二是消费两极分化严重。低成本、低价位的小白鸡以及肉杂鸡的消费以及高成本、高价位的放养土鸡的消费对黄羽肉鸡的消费产生了一定的冲击和影响。其中山东聊城等地的肉杂鸡以及安徽宣城小白鸡的饲养量均比较大。

3. 存在的问题。长三角地区白羽肉鸡与黄羽肉鸡存在共性问题：一是产能过剩，消费者消费信心不稳定。二是 H7N9 流感对行业影响重大，很多企业发展举步维艰，部分企业濒临破产。2014 年 11—12 月，市场销量萎缩

60％，价格跌到 1 元/千克。虽然早在 2014 年 4 月卫计委已经与行业协会达成共识，不再将 H7N9 命名为"禽流感"，而现实情况是，在 11 月 28 日 H7N9 病例出现后，除了卫计委的报道为"H7N9 流感病例"之外，其他多数媒体仍然进行名为"H7N9 禽流感"的报道，导致对行业的市场影响非常严重。安徽省最大的肉鸡企业安徽和威集团已经提出破产申请，面临破产。除安徽和威集团外，安徽宣城市另一家省级的农业产业化龙头企业也已经破产，可见 H7N9 流感疫情影响之大。

4. 发展趋势。

（1）销售模式改变。安徽宣城很多主城区与以前直接进行活鸡销售不同，现在很多企业进行杀白鸡的销售。所谓的杀白鸡是指肉鸡养殖企业为经销商提供活鸡，活鸡经由各地区不同市场上小的分销商宰杀后进行销售。对于引导经销商直接从养殖企业购买冰鲜鸡的尝试并没有成功，很多经销商还是倾向于从企业购买活鸡。但杀白鸡的销售已经为冰鲜鸡的推广奠定了较好的基础。

（2）黄羽肉鸡加工研发将更为重要。一是与白羽肉鸡相比，黄羽肉鸡比较瘦，卖相不好；二是冻品对肉质的影响很大；三是良莠不齐，难以区分。通过对山东的调研发现，存在将蛋鸡养殖 70～80 天之后宰杀充当优质黄羽肉鸡销售的情况，其在超市的售价达到 17 元/千克，且销售量在逐步增加，对黄羽肉鸡的销售市场形成很大的冲击。因为全国每年蛋鸡鸡苗可达到 7 亿～8 亿只，甚至 9 亿只，相应将会产生 9 亿只左右的蛋鸡活鸡，如果将其作为商品肉鸡销售，其对优质肉鸡的饲养产生的冲击可想而知。黄羽肉鸡由活鸡改为冰鲜鸡销售后，肉鸡羽毛颜色不再那么重要。在当前面临小白鸡正逐步开始替代快大黄羽肉鸡，蛋公鸡正逐渐开始替代优质黄羽肉鸡的形势下，黄羽肉鸡加工研发的重要性越发凸显。

（3）品牌营销是王道。众所周知，在品牌方面做得比较好的是立华的雪山草鸡，在 H7N9 流感疫情影响比较严重的环境下，其售价仍能维持在较高的水平。

（4）肉鸡屠宰加工后销售是大势所趋。一方面是因为 H7N9 流感疫情可能会长期存在，屠宰加工将是企业规避市场风险的最好办法。H7N9 流感病例发生后，江苏省农业厅对本区域内所有商品鸡进行了抽查，结果是 60 天以内的鸡均为阴性，而 70 天以上的商品鸡阳性率很高，同样，70 天以上的父母代鸡阳性率也较高。这也在一定程度上说明活鸡体内确实携带 H7N9 流感病毒，这种现象并不是短短几年之内能够解决的问题；另一方面，各地方政府对活禽市场的监管更加严厉。H7N9 流感疫情只要没有彻底解决，那么政府对于活禽市场的监管就不会放松；第三方面，2014 年 H7N9 流感疫情对快大型黄鸡价格的影响较为严重。面对 H7N9 流感疫情，最好的应对方法即为减少产量，提高屠宰量。目前，每天的屠宰量为 10 万只左右，活鸡销售 1 万只左右，冻库里的库存量相当大。肉鸡屠宰加工后再进行销售是 H7N9 流感疫情频发情况下的大势所趋。

（5）加工型优质黄羽肉鸡是未来黄羽肉鸡发展的重要趋势。我们企业的目标是生产加工型优质土鸡，其肉质要好、屠体要美观、能耐冻藏、简单烹饪、有标记、好辨别，力争生产安全、健康、美味、简便的肉鸡产品。

（6）低端产品更关注成本。希望饲养的肉鸡饲料报酬率高、抗病力强、生长周期短、生长快、载肉量适中，以能够带来更大的低价优势。

（7）高端产品更注重品质。高端肉鸡以散养为主，成本高，价格相应也要高，其毛鸡售价达到 50 元/千克，鸡蛋达到 1.5 元/枚。

（四）山西肉鸡产业发展状况

曹宁贤介绍了山西肉鸡产业发展的基本情况。

当前，山西肉鸡主要包括白羽肉鸡以及部分淘汰蛋鸡，黄羽肉鸡与 817 肉鸡产量非常少。黄羽肉鸡的饲养主要集中在前几年，当时运城有部分企业养殖父母代黄羽肉鸡，主要是从广东购买种蛋，运到当地后，利用北方的气候、廉价劳动力、玉米、煤电等进行饲养，长大后将其运到广州，在广州商品代孵出，然后饲养上市。近几年，这种方式饲养的黄羽肉鸡量逐步萎缩，白羽肉鸡的发展较快。

山西肉鸡生产和市场变化与全国肉鸡行业的变化基本同步。2014 年白羽肉鸡 5—11 月价格比较平稳。其中，价格养殖利润最好的是 8 月，雏鸡价格低，出栏毛鸡价格高。全年整体看略有盈余，波动曲线与全国总体情况一致。从全年总体来看，2014 年白羽肉鸡出栏量略有增长。这种增长并不是由于市场形势较好引致，其真正的原因有两个：一是 2011 年新希望集团与山西省政府协议建立 10 个肉鸡养殖基地，每个基地年出栏 2 000 万只，到 2013 年底和 2014 年初，10 个基地中已经有 7 个建成，并陆续投产，目前生产量并不大；二是江苏雨润集团在山西阳泉建立出栏 3 000 万的屠宰线，2014 年已经投产，配合这一加工项目配套建设了相应的养殖场，目前年出栏达到 50 万～60 万只。当然，从整体上来讲，目前对山西肉鸡产量的贡献较大的仍为山西大象农牧集团、山西粟海集团和山西平遥龙海实业有限公司。

近几年山西肉鸡产品工业发展规模正逐步扩大。2013 年，阳煤集团与粟海集团合作建立肉鸡产品深加工企业，主营业务为深加工，投资 20 亿元，现在还未投产。2014 年 8 月，山东新希望六和集团与汶水县政府协议在汶水建设深加工企业，现处于投资建设阶段。

四、2014 年几家代表性企业发展状况

（一）诸城外贸有限责任公司 2014 年发展状况

国家肉鸡产业技术体系诸城试验站团队成员、诸城外贸有限责任公司养殖部主任杨勇介绍了所在公司 2014 年发展情况。

1. 总体情况。诸城外贸有限责任公司成立于 1975 年，是首批 151 家农业产业化国家重点龙头企业之一，2003 年 12 月完成改制，注册资本 22 087 万元，现有员工约 2 万人。其肉禽一体化生产体系形成了年产父母代种鸡 420 万套、商品代鸡雏 1 亿只、商品代鸭雏 1 000 万只、饲料 60 万吨、鸡肉冻品 15 万吨、鸡肉熟食品 10 万吨的生产能力，是全国最大的肉鸡出口生产基地之一。近几年公司基地饲养肉鸡 3 500 万～3 600 万只，合同户饲养数量为 5 万～6 万只。主要出口日本、马来西亚、欧盟等地区，2014 年下半年也开始关注国内市场，专门建了一个加工厂。公司产品主要是出口，所以国内的疫情对公司的影响不是很大，但是出口量也因国外市场饱和的关系有所下降。受泰国、巴西等国消费税提高等因素的影响，客户纷纷要求降低产品价格，开发新型低成本产品，进一步造成了产品价格下降，同时由于"福喜"事件的影响，日本消费者对中国产品抱有疑虑，从而造成中国产品在日本市场的竞争能力下降。预计 2015 年随着"福喜"事件的逐步平息，中国产品在日本的竞争能力将会有所恢复，但受到泰国、巴西等其他出口方竞争的影响，日本的市场形势依然严峻。欧盟市场需求量及产品价格基本保持稳定，但由于出口配额的限制，在欧盟开拓新市场的难度较大，预计 2015 年市场形势不会有大的波动。马来西亚因马航事件导致旅游业下滑、泰国竞争加剧、非法进口、市场供应充足等原因，马来西亚市场竞争激烈，未来形势的复杂性和不确定性增强。

2. 面临的困难。

（1）国内市场方面。2014 年上半年"速生鸡"事件和 H7N9 流感疫情很大程度上引发了社会恐慌，消费者信心丧失，企业压力极大，鸡雏、毛鸡、鸡肉产品滞销，价格下滑，库存增加，众多中小型家禽企业歇业，龙头企业纷纷减产，种禽繁育环节压缩生产规模超过 1/3，一些银行取消对家禽业的贷款或逼迫还贷，不少企业资金链断裂，整个家禽业已陷入崩溃边缘。而 2014 年下

半年受"福喜"事件影响，国内再次出现对食品行业的信任危机，从而进一步影响了国内食品行业的整体形象。另外，自中央宣布实施稳健的货币政策以来，连续回收流动性，收紧银根，很大程度上增加了企业的融资难度；而根据金融机构的最新要求，企业贷款抵押担保条件更加严格，融资门槛有所提高。在贷款利率方面，银行为了提高盈利水平，坚持执行较大幅度的上浮利率，一段时期以来，诸城外贸有限责任公司公司贷款利率平均上浮达到40%～50%，企业财务费用大幅增加。

（2）国际市场方面。欧盟市场，按照2009年6月欧盟提出修改有关禽肉产品的关税减让表的计划及最新谈判结果，2013年开始实施的减让表修改方案涉及鹅肝或鸭肝制品、熟制鸡肉、熟制鸭肉等8个产品将实行关税配额管理，在这些新的配额产品中，泰国和巴西占据96%的配额，中国和其他国家仅分得不足4%的配额。输欧鸡肉熟制品中原来不受配额限制的含肉量在57%以下的鸡肉产品也全部纳入配额管理，每年配额为2 800吨，加上此前一直受到配额管理的含肉量在57%以上的鸡肉产品，第三方国家对欧出口鸡肉熟制品配额总量仅为1.42万吨/年；包括中国在内的第三方国家相关鸭肉产品配额降为每年220吨，我国对欧鸭肉产品出口将近乎停顿，即使勉强维持出口也将比泰国同类产品价格下降30%。这一做法压制了我国禽肉出口企业自由发挥的空间，阻碍了我国鸡肉产品对欧出口规模的扩大，损害了中国禽肉生产出口企业及其产品在欧盟市场的竞争能力。日本市场，因安倍政府实行宽松货币政策，导致日元贬值超过30%，日本进口环境恶化，许多进口商经营困难；此外，泰国、巴西为了平衡因欧债危机导致的欧盟市场收缩，不断加大对日本出口力度，泰国更因与日本签订自贸区协定，对日本禽肉出口竞争力进一步增强，这些因素对我国禽肉出口企业的挤出效应逐步显现。马来西亚市场，在全球经济疲软的影响下也呈现一定的收缩，同时面临泰国禽肉出口的压力以及我国国内禽肉市场变化的影响，禽肉冻品对马来西亚出口存在较大不确定性，利润空间也较为有限。

（二）北京家禽育种有限公司2014年发展状况

国家肉鸡产业技术体系北京综合试验站站长、北京家禽育种有限公司总经理孙迎春介绍了所在公司2014年发展情况。

1. 总体情况。北京家禽育种有限公司于1981年成立，在正大旗下做祖代育种。公司每年生产父母代1 000万套，其中，北京本部800万套，吉林德大200万套，包括科宝和AA＋两个品种。2013年平均每套祖代种鸡亏损10元，亏损总额达到 7 000 多万元。从 2014 年 6 月开始盈利，年底基本上已处于盈亏平衡状态。

2. 销售策略。 北京家禽育种有限公司实行以销定产，通过与父母代企业战略合作来决定引种量和生产量。目前，价格的制定模式有三种：第一种是在协会价格的基础上加 3 元；第二种是在协会加价的基础上要有一个保底价（15 元/套）和封顶价（27 元/套）；第三种是全年一个价格。第三种价格制定模式是公司力推的价格制定策略，截至目前，有两家公司分别以全年 24 元/套和 25 元/套的价格与北京家禽育种有限公司签订了合同。已签订 2015 年的订单共有 450 万套，其中，100 万套的订单认可了这种"全年一个价格"的模式。2015 年公司可外销的种鸡数量为 700 万套，现在已经完成了 2015 年任务销售量的 80%。

北京家禽育种有限公司坚持不打价格战，不妄想超额利润，但因此也受到了一些损失。最艰难的一次考验是 2014 年 10 月河南双汇集团的引种，其要求各家祖代肉种鸡场竞价，另外一家公司以 12 元/套的报价拿到订单，北京家禽育种有限公司因有 15 元/套的最低价在限制未能中标，使 106 000 套父母代种鸡直接宰杀损失了 100 多万元。然而也正是因为公司的坚持，使得整个行业父母代市场的价格下降并不严重。在最近这一次河南双汇集团的引种竞标中，北京家禽育种有限公司以 16.26 元/套高于竞争对手 3 元/套中标。2014 年全年协会的价格是 9.58 元/套，而公司全年的价格是 14.08 元/套，比协会价格高了 4.5 元/套。

（三）河北飞龙家禽育种有限公司 2014 年发展状况

国家肉鸡产业技术体系河北试验站团队成员、河北飞龙家禽育种有限公司总经理王胜军介绍了所在公司 2014 年发展情况。河北飞龙家禽育种有限公司从事白羽肉鸡祖代经营已 20 多年，2013 年和 2014 年这两年的亏损相当于过去 10 年的累计亏损。2013 年是亏损最严重的一年，2014 年虽然行情有所好转，但是仍处于亏损状态。行业父母代种鸡的平均成本为 15~20 元/套，河北飞龙家禽育种有限公司约为 15.5 元/套，但是市场上的销售价格为 14 元/套，仍在成本线以下。

（四）固始县固始鸡原种场 2014 年发展状况

国家肉鸡产业技术体系信阳试验站团队成员、固始县固始鸡原种场陈素娟介绍了所在公司 2014 年发展情况。固始县固始鸡原种场主要销售商品代雏鸡，同时有小部分的商品代成鸡。固始县固始鸡原种场在 2014 年全年的发展中，基本上已经将 2013 年的亏损补上。但是从销售量上看，2014 年的销售数量低于 2013 年。2014 年鸡苗价格平均为 1.95 元/只，相当于成本价。进入 2014 年 12 月以来，商品代成鸡价格明显下降，低于成本价。

五、产业发展存在的其他问题和政策建议

（一）合理确定白羽肉种鸡需求数量，解决祖代肉种鸡产能过剩问题

王胜军认为，2015 年肉鸡祖代引种不应超过 100 万套。当前，同行对消费总量的估计过于乐观，但实际上，当前总消费量仅是过去的 60%～70%，所以供需矛盾较为明显，使价格下降。预计 2015 年上半年的价格因供大于需仍不会好转。黄建明建议，控制供给的较好办法是根据商品鸡的需求量确定祖代鸡的供给量。目前来看，祖代鸡 100 万套已经足够，70 万～80 万套也是可以的，因为换羽的影响是不可小觑的。祖代鸡企业普遍认为现在供给量过大，所以急需一个明确的规划，以能够确定好总量分布（例如根据区域自然特点和消费量来确定区域布局的合理性）、养殖模式和风险评估等。同时，黄建明建议企业家要提高经营理念，摒弃价格战。孙迎春也谈到，白羽祖代肉种鸡公司的集中度很高，排在前面的四五家大公司销量占市场的 80%，所以呼吁这几家大公司要摒弃价格战，加强企业自律，提高效益和质量，以利于整个行业健康发展。

（二）解决养殖设施和技术不配套问题，提高饲养水平

郝国庆谈到，制约白羽肉鸡行业发展最大的问题是祖代鸡、父母代鸡和商品鸡的饲养及生产水平较低。在上述方面，我国与欧美的差距较大，自动化水平等技术问题从根本上制约了产业发展的速度。河南华英禽业集团和河南双汇集团在鸡舍的建立上，不仅向美国等国家进行学习，而且切实分析鸡舍采取不同尺寸的原因，这为我们提供了一种借鉴思路。此外，针对国家肉鸡产业技术体系河北试验站团队成员、河北省农业科学院畜牧兽医研究所研究员魏忠华提出的土地资源的制约是影响当前和未来肉鸡产业发展的重要因素之一的问题，黄建明谈到，为应对土地资源问题，可推广立体养殖，提高生产效率，增加土地利用率，降低料肉比。山西大象牧业集团已经审批通过立体养殖的标准。但是，目前这个立体养殖模式和动物福利有些相悖，然而一切都有一个慢慢发展

的过程。

（三）增加对污废处理的财政支持，并加快肉鸡环境污染治理技术的研究和推广

国家肉鸡产业技术体系云浮试验站团队成员、广东温氏集团张燕谈到，对于政府出台的环保政策，每个企业都应该承担社会责任。曹宁贤谈到，《畜禽规模养殖污染防治条例》实施之后对肉鸡养殖成本的增加可能要超过 5%。实行新的条例后，病死鸡的处理成本为 1.5 元/只；除了病死鸡之外，还有对废气及废水的处理。条例出台后应有相应的实施细则，肉鸡产业污废处理应受到国家政策以及财政的支持，企业独自承担污废处理成本压力较大，对肉鸡产业的健康快速发展会产生一定的影响。黄建明在谈到环保问题时也认为，希望政府能够有一个政策上的补贴或者有一个过渡期，因为行业本身不是太景气，企业再拿出资金和精力做环保会加大企业的生存压力。粟永春谈到，肉鸡养殖过程中产生的对环境污染的主要因素是粪污和病死鸡，在现实养殖中环境污染处理是一个较为突出的问题，而且散养户在这方面的问题尤其突出，然而现行处理技术都还不能有效地达到环保部门的要求，期望相关部门能在这方面投入更多的技术力量和财政力量进行研究开发，指导广大养殖企业既能走养鸡致富的道路，又能符合环保部门的要求。

（四）加大对企业贷款支持力度，帮助企业渡过难关

杨勇谈到，为保障肉鸡企业的正常运转，建议加大对企业流动资金贷款的支持力度。一是政府组织协调金融机构。在当前这种关乎整个行业生存发展的严峻时期，不对农业龙头企业抽贷、缩贷，期望降低抵押和担保门槛，缩短还贷后续贷的审核周期，保证企业流动资金及时足额到位。二是建议政府协调有关方面放宽对贷款币种的限制。我国出口型企业每年都有很多出口创汇，但进口用汇机会相对较少，大量外汇储备未得到充分有效的利用，因此，建议国家出台相关政策允许出口企业自主选择贷款币种，并准予结汇，收汇后归还外汇贷款，这样既能以更合理的利率使银企双方共同获益，又能使外汇在借贷渠道的流动中避开汇率风险，符合国家藏汇于民的大方针。此外，建议政府协调有关金融机构，在信贷方面对涉农企业的养殖、宰杀加工等环节实行基准利率，在当前复杂严峻的形势下，保护食品农产品生产能力，确保产品质量和供应，稳定物价水平，增强企业带动能力，共同推动"三农"领域平稳较快发展。

（五）改革疫苗体制，优化疫情解决方案

王济民提出对疫苗的解决办法有两种，一种是根据企业肉鸡养殖的数量进行补贴，但因这一补贴方式相当于直补，所以可能存在一些困难；第二种是政府把采购疫苗分成优劣等级，企业自愿采购，企业、中央、政府三方平摊，使其透明化。我国每年有 60 亿元的疫苗费用，但是扑杀费用才 8 000 万元。国外以扑杀为主，国内是免疫为主。国内疫苗体制还需改革，疫情解决方案还需要优化。

（六）慎重关闭活禽交易市场，保护黄羽肉鸡传统消费文化

粟永春谈到，黄羽肉鸡产业是中国特有的产业，在我国南方地区的农业生产中占有举足轻重的地位。国家卫生计生委于 2014 年初公布的 H7N9 流感疫情防控方案中建议发生疫情地区的活禽市场休市，目前已经陆续有省市进行试点。然而关闭活禽交易市场是否能够很好地对流感进行防控，这是一个值得思考的问题。活禽交易的传统历史有几十甚至几百年，而现在为了遏制疫情就将活禽市场关闭，其中的利弊应该进行调研权衡。对于广西而言，政府部门为响应国家的号召，也对此问题进行研讨，计划在 2015 年进行试点。然而活禽市场的关闭对黄羽肉鸡的影响较为严重。由于黄羽肉鸡在我国长江以南地区的市场量及欢迎度都很高，所以希望国家考虑如何正确引导黄羽肉鸡产业的发展。同时，建议政府部门给予黄羽肉鸡企业大力支持，建设黄羽肉鸡名牌，改变各企业单打独斗的局面，通过行业协会带领，稳定黄羽肉鸡生产和发展，逐步推向世界，建成民族品牌。

（七）加大科普宣传力度，拉动消费

王胜军和黄建明都谈到，公众对白羽肉鸡认识不够，负面报道使社会各阶层人士都是谈鸡色变，应加大科普力度，增加公益性质的宣传工作，同时还要扫清互联网、微信等媒体平台的谣言传播。黄建明还谈到，联盟自筹资金拍摄《公鸡母鸡拖拉机》普及肉鸡知识，其中就有对"肉鸡为什么长这么快"这一原理的解释，以消除消费者对肉鸡的误解。卫计委已经与行业协会达成共识，不再将 H7N9 命名为"禽流感"，而是改称为"H7N9 流感"或者"H7N9 病毒"。但是，前段时间，中央电视台新闻中心在关于 H7N9 的报道中仍错误地添加了"禽"字，就这一问题白羽肉鸡联盟与卫生计生委进行了沟通，期望能够保证权威报道的正确性。

2015年我国肉鸡产业经济
分析研讨会会议综述

王济民[1]　辛翔飞[1]　周慧[1]　周蕊[2,1]　贾钰玲[1]

（1 中国农业科学院农业经济与发展研究所；
2 黑龙江八一农垦大学经济管理学院）

2015年7月19日，国家肉鸡产业技术体系产业经济岗位在北京召集召开了"2015年我国肉鸡产业经济分析研讨会"。会议由国家肉鸡产业技术体系产业经济岗位专家、我国农业科学院农业经济与发展研究所副所长王济民研究员主持。国家肉鸡产业体系首席科学家、我国农业科学院畜牧所副所长文杰研究员，全国畜牧总站行业统计分析处处长田建华，我国畜牧业协会禽业分会秘书长宫桂芬，我国白羽肉鸡联盟主席、北京华都肉鸡公司总经理佘锋，我国白羽肉鸡联盟执行秘书长黄建明，现代农业产业技术体系北京市家禽创新团队经济岗位专家、北京农学院经济管理学院院长李华教授，我国农业科学院畜牧所副研究员郑麦青，我国畜牧业协会禽业分会腰文颖，国家肉鸡产业技术体系部分岗位科学家、试验站站长、岗位和试验站团队成员、部分试验站依托企业负责人，现代农业产业技术体系北京市家禽创新团队成员，以及山西鸡体系团队成员等50人参加了此次研讨会。

上午，会议进行了专题报告。文杰在讲话中讨论了当前影响我国肉鸡产业发展的几个重要因素，田建华在讲话中通报了国家关于家禽细分统计工作的进展，腰文颖作了《2015年上半年肉种鸡生产监测分析》报告，郑麦青作了《2015年上半年肉鸡生产监测分析》报告，李华作了《北京商品肉鸡养殖户安全生产行为研究》报告，国家肉鸡产业技术体系产业经济岗位团队成员、我国农业科学院农经所孙振博士后作了《我国H5N1高致病性禽流感疫情的随机模拟和防控策略选择》报告，国家肉鸡产业技术体系南宁试验站站长、广西金陵农牧集团有限公司副总裁陈智武作了《2015年上半年广西黄羽肉鸡产业发展形势和存在问题分析》报告，国家肉鸡产业技术体系潍坊试验站团队成员、山东农业科学院畜牧兽医研究所许传田副研究员作了《国家肉鸡产业技术体系潍坊试验站养殖示范基地——山东亚太中慧集团的养殖状况分析》报告，国家肉鸡产业技术体系信阳试验站、河南三高农牧公司技术总监赵河山围绕当前肉鸡产业形势与存在的挑战，以及如何促进肉鸡产业健康发展做了题为《为什么我国肉鸡价格变化像股市一样》的报告。下午，会议进行了讨论。本次会议在分析 2015 年上半年我国肉鸡产业发展现状以及未来肉鸡市场发展形势，交流肉鸡产业研究成果、调研情况等方面，均取得了有益的成果。

一、2015 年上半年我国肉鸡产业发展状况

（一）2015 年上半年全国肉种鸡生产形势分析

1. 白羽肉种鸡生产形势。腰文颖关于《2015 年上半年肉种鸡生产监测分析》的报告从引种、存栏、雏鸡销售等方面分析了我国白羽肉种鸡生产状况。

（1）祖代种鸡。①引种。2015 年 1 月 9 日，质检总局、农业部联合发布《关于防止美国高致病性禽流感传入我国的公告》，禁止从美国输入禽类及其相关产品。对美封关以来，第一季度引种数量大幅减少，随后逐渐恢复。6 月引种量 12.25 万套，恢复到单月引种量的较高水平。1—6 月，累计引种 30.65 万套，较 2014 年同比减少 42.66％。从品种来看，AA＋引进了 5.85 万套，罗斯 308 引进了 14.60 万套，哈伯德引进了 10.20 万套。②在产、后备祖代种鸡存栏及总存栏。2015 年 6 月，总存栏 140.80 万套，其中，后备 34.39 万套，在产 106.40 万套。上半年，祖代企业继续保持均衡生产，鸡群周转正常，在产种鸡存栏稳定，1—6 月平均存栏 102.12 万套，较 2014 年同比下降 8.71％。总的来看，目前在产祖代存栏低于 2012 年"大扩张"以来的存栏规模，与 2010—2011 年行业效益较好时的存栏相近。后备存栏，受对美封关影响，自年初以来持续下降，1—6 月后备平均存栏 48.99 万套，较 2014 年同比下降 18.66％。受后备存栏下降影响，总存栏上半年持续下降，1—6 月平均存栏 151.11 万套，同比下降 12.19％。需要指出的是，畜牧协会监测数据统计口径为实际的存栏数据，也就是说"提前淘汰"和"强制换羽"的情况已经被实时反映在监测数据之中，不需要额外考虑这两个方面对种鸡存栏规模的影响。总体来讲，目前种源供应仍然充足。按白羽肉鸡年出栏 50 亿只推算，拥有 100 万套左右的在产祖代白羽肉种鸡，即可满足实际需要。③父母代雏鸡销售。2015 年 6 月，父母代雏鸡产销量 414.84 万套。2015 年上半年与 2014 年同期相比，父母代雏鸡的销售呈现"量减价增"态势，累计产销量 2 426.38 万套，同比下降 10.76％，平均价格为 11.91 元/套，同比增加 75.73％。父母

代雏鸡销售的下降幅度超过在产存栏的下降幅度。从月度数据环比来看,父母代雏鸡价格在2015年上半年一路下滑。有的祖代企业在春节过后推迟上孵时间,有的给出了5元以下的极低价格,还有的转商品蛋销售。上半年父母代雏鸡销售仍不理想。分析认为,由于2015年1月才开始减少祖代引种量,这些减少的祖代种鸡将在2015年8月以后生产父母代种苗,所以,在第三季度前,国内父母代种鸡苗的产量并不会减少。因此,这段时间,父母代雏鸡供应还是相当充足的,在终端行情依旧低迷的情况下,父母代雏鸡价格暂时难有大的起色。目前,祖代企业亏损扩大,主要还是处于消化过剩产能的过程中。

(2) 父母代种鸡。2015年上半年,监测企业父母代存栏稳中有升,继续延续2012年"大扩张"以来的高位,平均在产父母代存栏1 085.36万套,较2014年同比增加6.08%。监测企业后备存栏占比为42.75%。如此高的后备占比是否正常,是需要认真思考的问题。需要说明的是,据畜牧协会测算,2014年全国父母代种鸡存栏量约为4 493.10万套,与2015年上半年水平相当,监测企业存栏的增加意味着中小型种鸡场的继续压缩。

(3) 商品代雏鸡。2015年6月,监测企业商品代白羽肉雏鸡产销量为1.70亿只,环比下降4.62%,商品代雏鸡价格较5月0.71元/只的"谷底"有所回升,6月均价为0.98元/只,环比上涨38.03%。2015年上半年,监测企业商品代雏鸡累计产销量9.59亿只,是有监测数据以来商品代雏鸡半年产销量的最高值,较2014年同比增加了5.42%。正常情况下,2015下半年,监测企业商品代雏鸡产销量将继续高于往年同期水平。

2. 黄羽肉种鸡生产形势。腰文颖关于《2015年上半年肉种鸡生产监测分析》的报告从黄羽祖代和父母代肉种鸡存栏,以及父母代雏鸡和商品代雏鸡销售等方面分析了我国黄羽肉种鸡生产情况。

(1) 祖代种鸡。2015年上半年,监测企业在产祖代种鸡存栏量为118.75万套,依然维持高存栏水平,较2014年同比仅微幅减少0.63%。从走势看,与2014年类似,2015年上半年祖代种鸡存栏量也是以3月为转折,呈现出先减后增的趋势,但2015年3月以后增加的势头相对缓和。2015年6月,祖代种鸡存栏119.17万套,环比基本持平,同比减少2.99%。当前祖代种鸡存栏持续过剩。据监测数据占全国88.20%的比例推算,2015年上半年全国在产祖代种鸡平均存栏量约为134.64万套,按照2015年上半年种鸡实际产能水平推算,这些祖代种鸡如正常开产,未来一年可向社会提供商品代雏鸡近51.74亿只,即便是按照祖代产能明显低于正常年份的2014年水平推算,未来一年也可向社会提供商品代雏鸡46亿只,而社会实际需求量仅40亿只左右。根据商品代雏鸡的社会需求量倒推测算，全国在产祖代种鸡存栏 122 万套左右即可满足市场。

（2）父母代种鸡。2015 年上半年，监测企业在产父母代种鸡平均存栏量为 974.30 万套，同比小幅减少 0.81%。2011 年以来，在产父母代种鸡存栏量呈现逐年减少的趋势，这在一定程度上反映了黄羽肉鸡行业前几年的产能过剩现象。在产父母代种鸡存栏减少，表现尤为明显的是 2012 年和 2014 年，2012 年种鸡大幅减少主要源于行情的迅速回落，2014 年更是受"H7N9"的影响加速了行业产能下调。从 2014 年下半年开始，父母代种鸡存栏量进入一个相对平稳的周期，近一年的时间内，父母代种鸡各月存栏始终起伏不大，以稳为主。

（3）父母代雏鸡。2015 年上半年，监测企业父母代雏鸡销售总量为 2 158.49 万套，较 2014 年同比增加 12.15%，销售价格为 6.55 元/套，较 2014 年同比上涨 2.71%。近月来表现更为稳定。总的来看，近期无论是销售量还是价格，父母代雏鸡的销售情况依然变动不大。

（4）商品代雏鸡。2015 年上半年，监测企业商品代雏鸡各月销量均高于 2014 年同期，累积销售总量为 5.73 亿只，同比增加 12.67%。6 月销售量为 0.99 亿只，环比减少 3.57%，同比则有 9.74% 的增幅。价格方面，2015 年上半年，商品代雏鸡销售价格在 3 月突破历史高位，达到 2.99 元/只，此后则连续三个月直线回落，但上半年平均价格 2.47 元/只依然远高于 2014 年同期 1.86 元/只，同比上涨 32.60%。6 月均价 1.99 元/只，环比大幅下降，降幅为 15.29%，同比则上涨 4.47%。养殖效益方面，2015 年上半年，快速、中速、慢速三种类型黄羽肉雏鸡成本价分别为 1.49 元/只、1.57 元/只、2.40 元/只（慢速型雏鸡成本融入了因部分公雏无法进入养殖环节的系数），盈利情况对比结果为：慢速型（1.01 元/只）＞快速型（0.52 元/只）＞中速型（0.39 元/只）。

（二）2015 年上半年全国商品肉鸡生产形势

郑麦青关于《2015 年 1—6 月商品肉鸡生产监测分析》的报告显示，2015 年上半年，我国白羽和黄羽肉鸡生产呈显著分化的局面。白羽肉鸡由于产能持续严重过剩，2013 年祖代鸡引种高峰的产能在 2015 年上半年彻底暴发，而 2014 年"去产能"的结果还没有体现到商品鸡生产中；截至 6 月底，白羽肉鸡经历了长达 40 周的亏损期，为近 7 年来，甚至是有史以来最长亏损期，其中 5 月亏损最为严重。2014 年的"去产能"以及季节效应在 6 月开始逐步显现，6 月已经呈现回转迹象，7 月中旬盈亏接近持平。黄羽肉鸡由于主要生产企业 2013 年的主动"去产能"，至今已经维持了长达 15 个月的较好盈利，尤其是慢速型黄羽肉鸡；而快速型黄羽肉鸡虽然盈利水平好于白羽肉鸡，但远逊于慢速型黄羽肉鸡，期间有近 1/3 的时间面临亏损。目前，黄羽肉鸡产能正在快速恢复中。近两个月价格的持续下降已经预示黄羽肉鸡的产能开始超过市场需求量，如果下半年产能增加的态势无法得到遏制，第四季度很可能就会出现较严重的供过于求的情况。根据农业部对 60 个生产大县（市、区）300 个行政村 1 460 户肉鸡养殖户月度定点监测数据，商品肉鸡养殖存出栏状况方面，2015 年上半年肉鸡出栏量开始逐步摆脱 2013—2014 年 H7N9 疫情的影响，月度变化趋势在逐渐恢复正常，与 2012 年接近，但整体存出栏量依旧明显少于 2012 年与 2013 年同期。2015 年 1—6 月，监测养殖户累计出栏 4 042.8 万只，较 2014 年同比增加 0.7%；存栏同比减少 13.7%。其中，白羽肉鸡累计监测出栏 1 783.9 万只，同比减少 1.2%；存栏同比减少 10.1%。黄羽肉鸡累计监测出栏 2 258.9 万只，同比增加 2.2%；存栏同比减少 14.9%。成本收益方面，2015 年 1—6 月监测养殖户肉鸡体重成本同比增加 0.19%，饲料价格同比增加 0.63%，活鸡价格同比上升 1.21%，出栏体重同比减少 3.36%。2015 年 1—6 月监测养殖户平均收益 1.25 元/只，成本利润率为 5.9%，同比增加 0.9 个百分点。

（三）2015 年上半年部分省区肉鸡产业发展状况

陈智武介绍了广西黄羽肉鸡发展情况。2015 年上半年，广西黄羽肉鸡整体发展相对平稳，数量上继续处于恢复阶段，价格上个别品种延续了 2014 年 4 月以来的行情，处于较好的盈利状态。一些品种随市场的变化有所起伏，但总体仍处于盈利状态，大部分养殖企业也处于正常盈利状态。减产自保、以量换价是目前黄羽肉鸡发展行情较好的主要因素。以养殖量最大的广西玉林市为例，2013 年高峰时投苗在 1 800 万～2 000 万羽/月，2014 年 9 月投苗降到 800 万～1 200 万羽；出栏销售到珠三角地区的肉鸡数量，由原来每天 50 万～60 万羽降到 30 万～40 万羽；在产种鸡存栏由 500 万套降到现在的 360 万套。广东也同样减量 40%～60%。黄羽肉鸡总体产量估计减少 10%～15%。很多散户企业都已亏损歇业。量的减少换来价格的提升，广西优质黄羽肉鸡从 2014 年 4 月到 2015 年 6 月，价格基本都保持在 20 元/千克以上。每只鸡平均利润在 10 元左右，是多年来罕见的行情。行情的好转也提高了大量散养户的补栏意愿。

国家肉鸡产业技术体系河北试验站岗位科学家、河北省农业科学院畜牧兽医研究所魏忠华研究员介绍了河北肉鸡产业发展情况。2015 年上半年，河北肉类产量较 2014 年同比增长 2.43%，其中生猪增加 0.31%，肉羊增加 0.6%，肉牛下降 3.9%，肉鸡上升 7.09%。对肉鸡来讲，因为其中一个养鸡公司倒闭，深州市下降 9.10%，其余市有不同程度上升；定州市从无到有，上升最高；其他老牌养殖区中唐山上升最高，上升 40.68%。河北肉鸡总出栏 2.65 亿只，存栏 1.14 亿只。

国家肉鸡产业技术体系育种规划与核心群建立岗位团队成员、四川畜牧科学研究院家禽研究所副所长杨朝武副研究员介绍了四川肉鸡产业发展情况。四川是生猪养殖大省，生猪产值占畜牧业总产值的 60%～70%，肉鸡只有不到 30%。四川有 3.8 亿～4 亿只的肉鸡，其中 99.5% 为黄羽肉鸡。四川之前没有白羽肉鸡，2014 年建了一个规模为 3 000 万只的白羽肉鸡养殖场，开始了四川白羽肉鸡养殖；因为市场销量有限，目前该养殖场实际规模只有 500 万只，主要供应给肯德基、麦当劳。四川是养殖大省，但是为什么肉鸡养殖量不大？主要是受四川长期形成的消费习惯影响。当地人们比较喜欢吃猪肉，白羽肉鸡的口感和风味不能满足四川麻辣、鲜香的加工方式，就只有吃黄羽肉鸡。四川黄羽肉鸡 30%～50% 都是放养，特别是在丘陵地区；家庭养殖的规模大多是 50只以上，大规模也就是一千多只左右，没有集约化养殖。

山西省鸡产业技术体系团队成员、山西省畜禽繁育工作站李沁高级畜牧师介绍了山西肉鸡产业发展情况：山西肉鸡产业起步于 20 世纪 80 年代末，起步虽晚但是起点高，而且发展势头好；特别是随着山西省国家重点龙头企业的创立和发展，山西肉鸡产业得到了迅速发展，也具有了一定优势。优势体现在两个方面，一是，规模化养殖水平比较高。2014 年山西肉鸡出栏 2.45 亿只，鸡肉产量 41.36 万吨，较 2013 年分别增长 22.8% 和 28.14%。2013 年山西肉鸡出栏总量全国排名 19 位，比 2012 年前进了 4 位。虽然出栏总量不大，但是规模化养殖水平明显高于全国平均水平。2012 年山西省出栏 5 万只以上的肉鸡规模户占全省出栏户比例就已经远远高于全国平均水平，达到 9.5%。2014 年出栏 100 万只的规模场户数已经发展到 29 户。二是，产业龙头企业带动性强。目前在山西肉鸡产业发展中占主导地位的有三家大型企业，分别是山西大象农牧集团、山西粟海集团和山西平遥龙海实业有限公司，全部是农业产业化国家重点龙头企业，产业化经营模式都是"公司＋农户"。三家企业的种鸡拥有量占到全省的 90% 以上，肉种鸡饲养集中度高。值得一提的是，山西大象农牧集团在 2007 年与山东六合集团进行了股权合作，加入了全国最大的农业企业集团新希望农牧体系，通过近几年的发展，山西大象农牧集团年屠宰加工肉鸡能力达到 2 亿只，肉种鸡饲养量达到 100 万套以上，建有高标准肉鸡饲养场 48 个，饲养量达到 8000 万羽。2014 年在白羽肉鸡行业普遍出现亏损的情况下，山西大象农牧集团年屠宰肉鸡量达到 1 亿只，销售鸡产品达到 22.3 万吨，屠宰量和鸡产品销量全国排前五名，签约农户 100% 拿到了年均 3.8 元/只的收益。在生产能力进一步提高的同时，山西大象农牧集团多年来试验推广的商品肉鸡笼养模式也得到了很好的推广应用。相对于网上平养，商品肉鸡笼养在人工成本、取暖费、药费、料肉比方面具有不可比拟的优势，笼养很好地解决了药残问题，可以保证提供安全、优质、健康、可追溯的产品，所以其产品深受肯德基、麦当劳、德克士、双汇青睐。2014 年山西大象农牧集团发展成肯德基在国内的第七大供应商，双汇的第二大供应商。就生产形势而言，山西肉种鸡经营处于亏损状态，但是，产业化龙头企业签约的农户收益基本上得到保障，每只鸡平均收益在 3.2 元左右，其中，商品肉鸡笼养的合同农户平均收益在 3.9～4.0 元；屠宰加工略有盈余。产业化龙头企业整体算账处于略有盈余的状态。鉴于前几年肉鸡产业的快速发展和连续几年市场行情波动大，未来几年，山西肉鸡产业的生产规模将基本稳定，龙头企业的发展规划由前几年的"发展一只鸡"向"养好一只鸡"转变。

国家肉鸡产业技术体系长春试验站团队成员、吉林粮食集团农牧有限公司秦宁畜牧师介绍了吉林肉鸡产业发展状况。在 2013 年宝丰源火灾后吉林整个肉鸡行业比较脆弱，整体价格比较低迷。调研发现，2013 年以后因产业形势不好，散户开始逐渐减少，但仍然较多。散养户减少是好的趋势，但是由于养鸡是养殖户的主要经济来源，现在行业不景气最吃亏的还是养殖户。吉林肉鸡疾病方面主要是鸡腺胃炎和鸡肿头综合征。吉林养鸡大市主要是德慧市，主要企业有吉林正通牧业有限公司、长春吉星实业有限公司、吉林德生牧业有限公司等。上半年由于美国的禽流感，种鸡引种受到限制，父母代受祖代影响产量下降。7 月 18 日吉林毛鸡价格为 8.5～8.7 元/千克，鸡苗价格为 2.6～2.9 元/羽。7 月 2 日上午，吉林正大食品有限公司食品加工厂在榆树奠基，标志着吉林 1 亿只肉鸡产业化项目实现从养殖到加工、从农业到工业的跃升。吉林对龙头企业的政策比较好，与龙头企业签约的养殖户对肉鸡产业也比较有信心。

（四）当前我国肉鸡产业发展面临的挑战和存在的问题

1. 产能过剩、盲目发展仍是影响产业持续健康发展的突出问题。赵河山谈到，二三十年前我国畜产品供需的主要矛盾是求大于供，所以无论产量是多少都能够顺利消化，但现在是供大于求。白羽肉鸡已经亏损近三年，很多企业在硬扛。我国肉鸡产业缺乏行之有效的行业管理和自律，存在无序竞争和盲目发展的现象。虽然近来市场形势好转，但能否持续健康发展还有很大不确定性。

腰文颖谈到，产能过剩是当前白羽肉鸡行业面临的主要困难，白羽肉鸡联盟在 2014 年底制定了 2015 年引种 110 万套的限量上限，不期而遇的美国禽流感客观上有助于压缩产能，但目前对于产业终端毛鸡及鸡肉的销售而言还是很不理想，雏鸡、毛鸡价格在 4 月甚至出现了历史低价，行情极端之时堪比H7N9 疫情时期。出现这种情况原因有几个方面：一是，2013 年引种 154.16万套，产能过剩的影响仍然存在；二是，大量存在的换羽抵消了一部分引种调控的效果；三是，2014 年开始的产能调控的各种努力仅仅集中于祖代，尚未触及父母代庞大的产能以及下游大量的冻品库存，这一点与黄羽肉鸡立竿见影的产能调控有所不同；四是，宏观经济进入新常态，需求疲软。

宫桂芬谈到，从 2013 年暴发 H7N9 流感以来，肉鸡行业市场行情一直不是很稳定。黄羽肉鸡由于 2014 年和 2013 年自动降低了 20%～30%的产能，所以市场行情相对稳定，但整体来看总量仍是过剩的。黄羽肉鸡制种较为灵活，可进行不同品种的杂交，不像白羽肉鸡只能依靠引种。白羽肉鸡现在的市场形势不是很好，主要原因是产能过剩。白羽肉鸡联盟成立之后，从 2014 年开始对白羽肉鸡产量进行控制，然而 2013 年白羽肉鸡引种量过剩导致 2014 年和 2015 年一直处于释放状态，2015 年上半年是释放的高峰期。产能过剩导致现在的价格低迷。白羽和黄羽是我国肉鸡的主要品种，但现在肉杂鸡也不可忽视。此外，蛋鸡数量也在增加，淘汰蛋鸡也会加入到肉鸡的消费中。肉鸡供给过剩的原因，一方面是大环境的影响，经济增速下降使消费较为低迷。另一方面是人口的因素，人口老龄化程度的上升也会导致肉类食物消费的下降，同时，年轻人口增加速度较慢也影响着肉类消费水平的提高。

杨朝武谈到，肉鸡产业发展过程中要充分尊重市场的主体地位，政府或者行业协会不能过多干预市场发展。四川广元剑门关的土鸡前几年发展较好，因为政府大力提倡要打造"亿只土鸡工程"，在不到五年的时间里从年出栏 300多万只发展到 3 000 万～5 000 万只。但是现在市场行情差，缩减到不足 1 000万只。供过于求造成价格急剧下降，之前贵的时候 200 多元/只，现在 25 元/只都卖不出去。可以看出，任何一个行业还应是以市场为导向，政府盲目干涉在产业发展初期会起到一定的作用，但是从长远来看却不利于产业发展。

2. 肉鸡产品大量走私现象的存在对行业产生不利影响。腰文颖谈到，长期存在的冻品走私对我国畜禽养殖行业危害很大。以家禽产品为例，据估计，海关进口数据仅为实际进口总量的 20%~25%。2015 年以来，国家加大了对冻品走私的打击力度。据新华社报道，食品药品监管总局、海关总署、公安部打击走私冷冻肉品力度加强，威慑力加大导致很多走私冻品肉囤积在国门周边，非正常渠道的肉类入境急剧减少。2015 年 1—6 月全国海关共立案侦办冻品走私犯罪案件 141 起，查证走私冻品 42 万吨，同比分别增长 1.3 倍和 2.7 倍。据了解，目前仅香港囤积的冻品就要超过 1 万个集装箱，迫于近期的严打压力未敢实施走私，目前尚不能排除未来通过各种非法渠道进入大陆的可能。因此，行业的发展仍需政府持续不懈地对走私行为进行打击。

宫桂芬谈到，肉类走私非常严重，对市场冲击很大。据了解，现在全国有 43 家缉私单位，2015 年对打击冻品走私进行了全方位的运作，现在已立案 141 起，破获近 50 起，2015 年已查获的走私产品达到 50 万吨。2014 年生猪、肉鸡市场一直亏损，与走私产品多导致价格低迷有很大关系。2015 年猪肉价格上涨，全国生猪收购价格平均已经将近 18 元/千克。这既与生猪存栏减少有关，也与打击走私有关。现在通过打击，走私现象得到了很好的遏制，这也说明走私对市场的影响是很严重的。如果一放松，外面的产品进来得多，对国内市场的冲击将是非常大的。

3. 实行"冰鲜鸡"销售将对黄羽肉鸡的发展产生深远影响。陈智武谈到，一些省份已经在推广冰鲜鸡的销售，但由于目前黄羽肉鸡屠宰之后卖相不如之前，直接影响销售量。因此，品种的发展也要适合冰鲜鸡屠宰的需求。"禁售活鸡"改为"销售冰鲜鸡"，对黄羽肉鸡的养殖影响是深远的，特别是一些散养户，由于养的鸡无路可销，受到很大打击。施行"冰鲜上市"的销售规定之后，很多企业看不到冰鲜鸡的销售市场前景。现在两广地区的很多加工企业，要么处于停产或等订单待产状态，要么处于亏损或微利状态。从活鸡到冰鲜，黄羽肉鸡还缺少白羽肉鸡规模养殖效益的基础，改冰鲜上市后，性价比也远远不如白羽肉鸡。成本较高导致价格较高，由于这一原因，冰鲜鸡在超市下架率大、亏损大。从 2015 年上半年对浙江、江苏、新疆和云南市场考察的情况看，目前黄羽肉鸡发展也出现了一些新的趋势。例如普遍对出栏重量要求更多，对体型也有一定的要求，价格有所差异。目前推广的冰鲜鸡和活鸡批发市场要进行"一日一清"和"一日一消毒"，这对市场的影响还没有体现，究竟如何，影响多大，还存在很大的变数。黄羽肉鸡养殖优势有两点，一是适应性强，二是抗疫性强。黄羽肉鸡不仅适合规模化养殖，同时也适合小规模养殖。黄羽肉鸡肉质好，味美，适合各种做法。如何保护我国特色的肉鸡发展仍面临很大的问题。

陈智武还谈到，H7N9 疫情的影响还会在今后相当长的时间内存在，一些卫生专家"远离家禽""不与活禽接触"的言论对肉鸡消费仍有很大影响。每年冬春季节，都是 H7N9 疫情的高发季节，之前没有出现过疫情的云南也出现了一例死亡的病例，对当地肉鸡的消费产生了极大的影响。

二、近期两个肉鸡产业经济研究成果报告

（一）北京市商品肉鸡养殖户安全生产行为研究

李华关于《北京商品肉鸡养殖户安全生产行为研究》的报告内容主要包括研究背景和方法、北京肉鸡养殖户生产行为分析、北京肉鸡养殖存在的主要问题等方面。

1. 研究背景和方法。 北京市家禽养殖在空间分布上逐渐合理化，按照北京市畜牧规划的三区四带五网络的区域布局发展。《北京市畜牧业发展规划 2010—2015》提到"建设房山、延庆、怀柔、密云的京北蛋禽产业带，大兴、平谷、通州的京南产业带"，以及"建设以生态涵养保护区为重点，从房山、门头沟、延庆、怀柔、密云到平谷环京西北肉禽产业带"。本研究通过分析肉鸡养殖户生产行为，发现其存在的问题。研究方法主要包括两种：第一，问卷调查。2014 年 7—8 月对北京昌平区、密云县、怀柔区、延庆县和平谷区五个县区肉鸡养殖户进行实地调研，共发放问卷 203 份，收回有效问卷 198 份。问卷涉及内容主要包括：养殖户基本情况、肉鸡养殖情况和养殖户对质量安全的认知。第二，计量分析。运用描述性统计方法客观描述了北京市肉鸡养殖情况和肉鸡养殖户的生产行为情况，进一步运用二元 Logit 回归模型，对影响肉鸡养殖户安全生产行为的因素进行分析。

2. 北京市肉鸡养殖总体情况。 2003—2013 年，除去个别年份，北京肉鸡生产年增长率在−10％左右，肉鸡养殖向河北等周边省市转移。本研究利用《全国农产品成本收益资料汇编》数据进行了概率优势分析。概率优势反映了资源能否充分利用。分析认为，与全国平均水平相比，北京肉鸡中规模生产具有概率优势，大规模肉鸡生产不具有概率优势。此外，通过计量模型分析认为，影响大规模肉鸡生产成本差异的因素主要包括主产品产量差异、精饲料价格差异、鸡苗价格差异；影响中规模肉鸡生产成本差异的因素主要包括鸡苗价格差异、医疗防疫费差异、南北差异。

3. 北京市肉鸡养殖户生产行为。北京肉鸡饲养天数 34～60 天，饲养批次 1～6 次，饲养规模以中规模为主。饲养的主要品种包括 AA＋、科宝 500、罗斯 308；其中，AA＋占主要比重。饲料来源主要有三个途径，分别是市场（30.8％）、北京大发正大（13.6％）和北京华都（55.6％）。参加培训的养殖户比例达到 93.4％。参加产业化经营的养殖户比重达到 82.3％。养殖户技术获取主渠道有三个，分别是企业（62.6％）、政府（27.3％）、自学（10.1％）。在降低药残方面对政府的需求包括：新型高效兽药的研发、加大对无公害或绿色兽药的宣传力度、多举办兽药使用技术培训、对无公害或绿色兽药的使用采取补贴措施。养殖户对政策法规的关注度不高，有 51％的养殖户基本不关注，这可能与肉鸡的支持政策较少有关。53.5％的养殖户了解安全畜产品生产技术与规程，52.5％的肉鸡养殖户对自己养殖肉鸡充满信心，超过 7 成的养殖户知道药残对健康有影响。肉鸡发病时，76.8％的养殖户及时请教兽医。养殖户认为肉鸡价格波动的原因主要有三个：养殖成本增加（49.0％）、媒体过度宣传（17.7％）、肉鸡养殖户太多（14.6％）。

4. 北京肉鸡养殖存在的主要问题。北京肉鸡养殖存在的问题主要有：养殖规模不统一，媒体过度负面宣传，政府对肉鸡行业支持力度不够（与蛋鸡相比，肉鸡行业政策上还需要支持），行业转型慢，鸡舍空置或转让，产品价格波动并伴随生产成本上升，合同鸡市场鸡、大小合同并存。

（二）我国 H5N1 高致病性禽流感的疫情模拟与防控策略选择

孙振关于《我国 H5N1 高致病性禽流感的疫情模拟与防控策略选择选择》的报告内容主要包括研究背景、研究方法、禽流感防控策略选择对疫情控制的影响、不同防控策略成本比较、主要结论和政策建议等方面。

1. 研究背景和意义。2004—2013 年，我国 23 个省（区、市）共暴发 110 起 H5N1 疫情，3 600 多万只家禽被捕杀。疫情对我国家禽业造成了非常大的影响。从目前来看，世界上对 H5N1 的防控策略分为两大类：第一种为"捕杀"，发生疫情后，一般会以 3 千米为半径，对家禽进行捕杀；第二种为"捕杀＋免疫"，国家除了对家禽进行捕杀之外，还会对其进行 H5N1 高致病性禽流感的免疫。从目前来看，H5N1 高致病性禽流感疫苗的使用情况为：91％被使用在我国（90.99％），埃及（4.65％），印度尼西亚（2.32％）和越南（1.43％）。这就意味着全世界 90％以上的 H5N1 高致病性禽流感疫苗全都用在了我国。我国家禽饲养的特点有两个：一是中东部地区家禽存栏密度较高，二是家禽饲养存在大量散养户（高群密度）。基于上述研究背景，本研究要解决的两个基本问题：一是，判断如果我国放弃 H5N1 高致病性禽流感的全面免疫政策，一旦禽流感疫情暴发，疫情是否可控；二是，研究"不免疫＋捕杀"和"免疫＋捕杀"两种防控策略哪一种策略成本更低。

2. 研究方法。研究所使用的是北美动物疾病扩散模型（NAADSM）软件。NAADSM 为一种动态、随机的状态转换模型，可以模拟具有高传染性的动物传染病在时间和空间的传播。NAADSM 所需的输入参数为八大类，包括：动物总体特征、传染病、传染病传播、传染病检测、传染病追踪、疫病区划分、捕杀和成本。NAADSM 在模拟动物传染病扩散时，需要获得每个动物群的经纬度地理坐标，和每群的动物数量。在我国要想获得相关的数据可能性较小。所以，针对本研究，提出的解决办法是：根据不同饲养规模蛋鸡或肉鸡的全国平均场户数密度，在地图上随机生成不同饲养规模的鸡群位置；而对于某群鸡的存栏量，采用该鸡群饲养规模的全国平均存栏数来代替。研究中将免疫与非免疫进行了如下区别：目前我国家禽 H5N1 疫苗的抗体合格率为 90％左右。考虑到 90％的家禽具有抗体，在进行"免疫＋捕杀"策略模拟时，将接触感染率改为"不免疫＋捕杀"策略时的 10％。

3. 禽流感防控策略选择对疫情控制的影响。研究首先假定其中某一个鸡群被 H5N1 高致病性禽流感感染，在"免疫＋捕杀"和"不免疫＋捕杀"两种策略下，分别对平均饲养密度下鸡群感染 H5N1 的情况 200 次数值模拟。通过模拟可以看出，在全国平均饲养密度下，如果发生疫情后不进行免疫，那么将近 100％都会演化为异型禽流感。"不免疫＋捕杀"策略在 200 次模拟中，平均每次被捕杀的家禽数为 14.4 万只。与"不免疫＋捕杀"策略相比，"免疫＋捕杀"策略可大大降低疫情严重程度，其中，被捕杀的家禽数下降了 90.69％，被捕杀的群数下降了 91.01％，疫情平均持续时间下降了 25.41％，出现疫情的概率下降了 48.5％。2004 年，我国禽流感实际共发生了 50 次，我国 H5N1 高致病禽流感疫情平均捕杀家禽数为 18.08 万只/次，与模拟结果比较接近。2004 年我国也使用了疫苗，但疫苗的使用数量和范围是非常小的，可以近似认为当年施行的是"不免疫＋捕杀"的策略，这一事实也验证了此模型的结果较为符合实际。研究进行了群密度变化、群内数变化、鸡群接触率、鸡群捕杀半径四个敏感性分析。得到的结论认为，一是，群密度对于禽流感的防护的影响是非常重大的，我国家禽大量的小规模饲养对于禽流感的防控是非常不利的；二是，群内数与被捕杀的家禽数是同比例增加的；三是，疫情所带来后果的严重性与群接触率成正比，在疫情发生时，进行隔离是非常有必要的；四是，适当减小捕杀半径能够减少被捕杀的家禽数以及鸡群数。

4. 不同防控策略成本比较。

（1）2004 年两种不同防控策略的经济评价。2004 年我国施行的是"不免疫＋捕杀"的策略，当年发生了 50 次疫情。根据前面的研究结果，如果施行"免疫＋捕杀"策略，可以降低 48.5％的疫情，所以，如果当年使用"免疫＋捕杀"策略，将会发生 26 次疫情。对于"不免疫＋捕杀"的策略，依据疫情发生次数与每次捕杀的家禽数及群数，可求出 50 次疫情发生时捕杀的家禽数总和为 720 万只，被捕杀的群数将近 7 万群，直接防控成本为 2.34 亿元。如果使用"免疫＋捕杀"策略，求得被捕杀的家禽数为将近 35 万只，被捕杀的群数为三千余群，直接防控成本为 0.11 亿元。此外，根据动物疾病防控中心数据，如果施行全面免疫，免疫成本为 51.5 亿元。

（2）2004—2012 年两种不同防控策略的经济评价。这一评价的主要目的是考虑长期成本的比较。研究假定 2004 年与 2005 年施行"不免疫＋捕杀"策略，2006 年及以后施行"免疫＋捕杀"策略，在这样的假设条件之下，如果我国一直施行"不免疫＋捕杀"策略，那将会发生 134 次疫情，若 2004 年即进行全面免疫，那么将发生 69 次疫情，其中前者直接成本为 6.27 亿元，后者直接成本为 463.78 亿元。直接成本的主要来源是免疫成本，在全面免疫的情况下，免疫成本将达到 463.5 亿元，所占比重非常大。

5. 主要结论和政策建议。

（1）主要结论。一是，与"不免疫＋捕杀"防控策略相比，"免疫＋捕杀"防控策略可显著降低疫情的严重程度。可将被捕杀家禽的数量、群数和直接防控成本降低 90％左右，将疫情持续时间减少四分之一，降低一半左右的疫情发生。由此可以发现，我国疫情免疫措施是不能够完全消除疫情影响的，只能在一定程度上降低疫情影响。二是，疫情是可控的。平均每次被捕杀的家禽数为 14.4 万只，被捕杀的群数为 1 385.54 群，平均直接防控成本为 468.13 万元。三是，通过敏感性分析发现，家禽群密度、鸡群接触率和群内数对高致病性禽流感疫情的影响较大。由此可见，我国家禽饲养高密度以及存在大量散户的特点不利于疫情防控。四是，"不免疫＋捕杀"防控策略的直接成本远低于"免疫＋捕杀"策略。

（2）政策建议。一是，适时退出"免疫＋捕杀"防控策略，转而实行"不免疫＋捕杀"防控策略。二是，我国高致病性禽流感的防控策略应该由"防"转变为以"控"为主，完善健全的高致病性禽流感监控体系，要在出现疫情后采取有效的措施进行疫情控制。三是，推进规模化养殖，以能够减少散户饲养的比例，有效降低疫情严重程度；进一步完善家禽的生物安全措施，以能够有效减少鸡群的接触率。

三、国家肉鸡产业技术体系潍坊试验站养殖示范基地养殖情况介绍

许传田介绍了国家肉鸡产业技术体系潍坊试验站养殖示范基地——山东亚太中慧集团的养殖状况。山东亚太中慧集团于 2005 年下半年起步,至今已经历了将近 10 年的发展历程。山东亚太中慧集团作为商品肉鸡规模化养殖的典型代表,能够在一定程度上反映我国商品肉鸡规模化养殖的发展趋势。

(一)组织形式和饲养模式

山东亚太中慧集团的组织形式是"家庭农场"模式。目前,我国纵向一体化肉鸡企业的组织模式主要为"公司+基地"模式。山东亚太中慧集团"家庭农场"与其他企业的"公司+基地"模式存在较大差异。"家庭农场"模式下,场长是农场主,农场主的权利较大,养殖规模与工人工资的决定权等全部在农场主的手中。

山东亚太中慧集团养殖主要集中于父母代和商品代肉鸡,没有祖代肉鸡,这种养殖模式也造成了山东亚太中慧集团养殖的短板在于鸡苗的供应需要借助于其他种鸡场。除此之外,其他环节保持一条龙服务模式,财务、饲料、兽药、疫苗等均实行统一化管理。

山东亚太中慧集团目前的饲养模式主要有地面平养和网上平养两种。山东亚太中慧集团地面平养起始于 2005 年,地面平养的主要对象为鸡苗;发展至 2009 年,网上平养较地面平养体现出更多优势,于是山东亚太中慧集团饲养模式逐渐向网上平养转移;到目前为止,网上平养与地面平养的比例均接近一半。但从 2015 年开始,山东亚太中慧集团引入"笼养"模式,因笼养较前两者更具优势。

(二)鸡舍和设备

目前山东亚太中慧集团有 110 个左右规模化商品鸡场。鸡舍净宽度 12.8 米,净长 116 米,房檐高 2.1~2.4 米。鸡舍大部分是圆顶,主要是考虑到大风、大雪环境下,圆顶不易被压塌。每个养殖场 8 栋鸡舍,占地 50~60 亩,投资 500 万~800 万元。

鸡舍是全封闭环境控制式,光照全部由节能灯提供,温度由温度探测系统

通过风机和锅炉调节。鸡舍全部采用锅炉取暖，通过暖风带（长约 100 米）将暖风送至舍内各个鸡栏，可以通过开关暖风带上的出风口来调节不同鸡栏的局域温度。鸡舍降温设备主要是湿帘。当风机降温达到极限时，开始启用湿帘降温，夏天使用频繁时可通过操作系统实现自动控制，使用不频繁时也可人工操作。鸡舍通风系统主要由横向风机、纵向风机和过渡风机组成，其中，通过控制系统来调节小窗的大小。通过控制小窗大小以及对风机横向和纵向的控制，能够达到通风控制的效果。鸡舍靠风机形成负压通风，负压太高或太低都是不利的。每栋鸡舍有 6 个小风机（20 800 立方米/小时）和 8 个大风机（43 070 立方米/小时），风机由操作系统根据室内温度变化自动开关。

养殖场供料系统实行全自动模式，供水和供料均施行自动模式。每栋鸡舍有 3～4 条料线和 4～5 条水线；料线全部是自动控制，加料次数可以设定。每条料线连接一个料盘，每个料盘可供 40～60 羽。饮水系统方面，鸡场全部饮水均是深层地下水，经检测可以作为饮用水。由于用自来水成本较高，故采用自行打井，不仅节约成本，而且可以实现自行控制、自行检验。自雏鸡进鸡舍那天起，每天都要通过水表统计饮水量。该饮水系统可以对水线进行消毒和反冲，节省人力。每个乳头可供 10～12 羽鸡饮水。操作间方面，全部采用 607 操作系统控制舍内风机、温度和锅炉的开启，能够充分发挥环境控制式鸡舍的优势，节约了大量人力物力。喷雾消毒和自动加药设备方面，因为养殖环境污染严重，消毒杀灭传染源和切断传播途径显得尤为重要。山东亚太中慧集团鸡舍内部有自动喷雾消毒系统，可以定期对鸡舍内环境喷雾消毒。饮水投药和免疫通过自动加药器完成。

（三）饲养过程

饲养过程中主要包括以下几个方面：

一是进鸡前的准备（清洗、消毒等）。其中包括：①鸡粪清理，这项工作一般承包给外面专门的鸡粪处理队；②用水冲洗干净，这项工作一般是饲养员完成；③消毒（第一次）；④空舍，饲养员回家休息；⑤进填料（稻壳），熏蒸消毒（第二次）；⑥提前 2～3 天预温。

二是温度设定。如果鸡舍温度偏高，保温过度的话，养殖指标将会较差。①进鸡当天：34～35 度育雏，每天降 0.5～0.8 度，到第 7 天 29～30 度；②第 2～4 周，每天降 0.2～0.3 度；③第 4～6 周，每天降 0.3～0.5 度；④出栏时温度：18～24 度。

三是通风。通风是商品肉鸡饲养管理最重要也是最难的环节。能否正确处理通风与保温之间的矛盾，关系着养殖成败。冬天相对来说管理较为容易，是较为保守型的，最小通风量为 0.015 5 立方米/（千克·分）；夏天通风量一般没有问题；春天和秋天通风的控制需要格外重视，通风过度可能会造成肉鸡受凉，通风不够则会导致细菌繁殖。

四是湿度。湿度控制是较难的一个环节，尤其在北方的冬天，即使向鸡舍内不断注水，其湿度还是不容易升上来。山东亚太中慧集团尝试了各种方法进行加湿，但是效果不是很明显。理想的湿度：第一周 65%～70%；第二周 60%～65%；第三周 55%～60%；第四周至出栏：50%～55%。但理想的湿度在一般的饲养过程中是很难达到的。

五是光照。由于肉鸡饲养光照没有统一的标准，所以相应的，山东亚太中慧集团鸡场的光照不统一：其中有"关 2 小时开 2 小时"的光照方式，还有"24 小时"全开的方式，但总体上是处于两者之间的居多。

六是生物安全措施。方针是"预防为主，严格消毒"。①消毒措施：生活区与生产区分开。进入鸡舍须脚踏消毒盆，换上鸡舍专用鞋；进入场区车辆须喷雾消毒；定期在生活区和生产区环境消毒；定期带鸡消毒。山东亚太中慧集团前期所建鸡场基本都是进行人工喷雾，而近期新建鸡场基本都能实现自动喷雾。②严格免疫，严格用药并填写好记录，病残鸡要焚烧处理。③全场采用全进全出制。④做好场区绿化，有计划做好灭鼠，灭蝇除草工作，创造一个舒适生活环境。

七是免疫。山东亚太中慧集团的免疫情况正在不断改进，目前施行的大部分为 1 日龄免疫。1 日龄孵化厂或养殖场喷雾免疫传支，或在孵化厂注射法氏囊免疫；2～3 日龄地面场做球虫疫；7～8 日龄新支二联滴眼滴鼻、新流二联苗注射；18～21 日龄新城疫饮水二免。

八是药物使用。药物使用以控制呼吸道疾病为主：第 1 周，开口药使用，鸡苗净化；第 2 周，呼吸道疾病的控制，加一次药；第 3 周，肠道疾病的控制；第 4～5 周，根据情况使用肠道药或呼吸道药。

（四）总体养殖指标

山东亚太中慧集团目前全年欧值平均在 330～340；夏季欧值较高，平均在 370～380。指标最差的季节在深秋（11—12 月）和春季（4—5 月），原因是当时温差大、风大、雾大，导致肉鸡可能产生呼吸道疾病，饲养较为困难。冬天相对比较稳定，如果下几场雪，空气得到净化，情况就会改善很多。

2015 年 1—6 月，山东亚太中慧集团经济效应基本处于小于或等于 0 的状态，无论是养殖场还是屠宰场，均存在不同程度的亏损。2015 年 7 月之后，经济效益有所改善，较为可观。从 7 月上旬出栏情况来看，鸡苗成本较低，出栏价较高，较好的鸡场可赚到 70 万～80 万，但是这种盈利并不具有可持续性。

（五）存在的问题

山东亚太中慧集团经过十年的发展，养殖设备先进，规模大，肉鸡养殖水平居于国内前列。但是，还存在一些问题，这些问题也是目前我国肉鸡产业养殖所存在的较为普遍的问题。一是，标准化水平有待进一步提高。先进设备和大规模并不意味着养殖的现代化和标准化，如果管理跟不上，规模化养殖只是扩大了的散养户，如何使养殖设备发挥最大化效率还是其面临的主要问题。二是，养殖观念没有彻底改变，存在用药不够科学的现象。由于农场主的知识和技术水平参差不齐，有的用药较为盲目，既造成了成本的浪费，也不利于肉鸡的健康养殖。三是，温度、通风和湿度等饲养关键因素控制缺乏统一标准，还存在碰运气养鸡，养殖形势好则赚得较多，形势差则会有很大亏损。仍没有可以复制的持续盈利的养殖模式。

四、促进肉鸡产业健康发展的对策探讨

（一）用新常态的视觉审视肉鸡产业发展

王济民在会议总结中谈到，对新常态的理解，第一是经济发展速度要降下来。之前 GDP 是 9%、10%的速度，但 2015 年是维持 7%的速度，也许将来7%就是新常态的增速。第二是结构调整。涉及产能过剩，涉及区域调整，涉及产品结构。第三是动力转换。过去的发展有的是以牺牲环境、牺牲农民工利益等换来的，那么将来就要靠科技创新。总体来讲，过去的十年，是新中国成立以来城乡关系、工农关系，以及国际关系都发生巨大变化的十年。以前是农村劳动力严重过剩，到 2006 年突然劳动力短缺，这是因为过去十年 GDP 都是接近 10%的增长，这靠的不是农业，而是靠工业、靠城市发展，那么这两个产业发展之后对农业的影响就是劳动力从农村转移到城市，资金从农村、农业转移到城市、工业，土地也是从农业、农村转到城市、工业。国际关系是，过去十年国内产品出口都是以年均百分之十几的增加，出口增速非常快，然而现在出口出现了明显下降。

面对新常态，农业发展需要思考的第一个问题是：新常态对农业的影响是什么？首先，来分析一下农业的成本由谁决定？农业的需求由谁决定？大家可能认为是由农业的供给决定，实际上并不尽然。比如说，现在劳动力成本、资金成本、土地成本均上升，不是由于农业对土地、资金、劳动力用得多了，而是因为工业和城市用得多了。农业规模化需要土地、资金和劳动力，但是工业、房地产比农业资金用量更大。所以从这个意义上来说农产品的成本不取决于农业本身，还取决于整个国家的发展形势。农业的需求也是由整个国家发展速度决定的。现在 GDP 的增速是 7%，过去 GDP 的增速是 10%。从 10% 下降到 7%，第一个影响就是需求，下降 3 个点意味着农产品需求再乘以固定收入弹性同样要往下降，需求下降的同时对生产也会产生影响。因为过去 10% 的增速时，工业化、城市化、进出口贸易发展很快，这三个方面对农业资源的抢夺力量很强，农业自然是抢不过工业化、城市化和进出口贸易。那么增速下降后，过去抢资源的形式会减缓，比如说劳动力价格的上升可能会停滞，土地价格的上升也有可能停滞，出口现在已经出现下降趋势。这些资源只能转移到农业上，农业资源的增加会使生产增加，但需求却因 GDP 下降而减少了，价格下跌是必然的。假如"十三五"期间 GDP 增速不再提高，那么"十三五"期间所有农产品价格也不会有大提高。从目前来看，国外需求乏力。像希腊高额债务，美国复苏缓慢，日本经济低迷，所以未来农产品价格在"十三五"期间还要下滑。解决的办法一个是去产能；另一个是提质增效。不去产能就得实施"走出去"战略，扩大出口，即是国家战略上讲的"一带一路"。"一带一路"中有的国家是有潜力的，比如消费牛羊肉的国家现在牛羊肉的价格也很高。由于鸡肉不存在民族、宗教问题，任何民族、任何宗教都能接受，我们可以趁此扩大鸡肉出口。俄罗斯参赞说现在欧盟制裁俄罗斯导致欧盟农产品禁运，禁运之后俄罗斯的鸡肉、猪肉等供给成为大问题；本来如果不禁运的话，俄罗斯也是鸡肉进口大国，所以俄罗斯就积极招商引资，让我国到那里办养鸡场、养牛场、养羊场。我们过去老是盯住国内，在产能过剩的情况下，在需求下降的情况下，要试着走出国门，比如中亚地区，甚至还有非洲。企业若想做大，要放眼全球，在全球布局产业链。

面对新常态，农业发展需要思考的第二个问题是：农业内部应当做出什么样的调整？非常重要的一点是农业产业链的延伸。一是产业链向前延伸。商品鸡养殖户跟前端祖代、父母代的联系要加强。为什么我们的祖代、父母代一会儿多了一会儿少了，跟商品代没有联系？主要是由于祖代或者父母代跟商品代的联系只是一纸合约甚至是口头承诺，这些并不可靠，必须有利益的连接。比如几个养殖企业合资成立一个祖代父母代场，这样前端祖代、父母代和后端的商品代价格就不会大起大落。二是向产业链后端延伸。养鸡的人变成食品供应商，这可能也是个趋势。从食品供应的角度来讲，后端利润很大。将来规模变大找销路还不如自己创造销路。如欧盟的养猪加工厂就是农民或者合作社办的，所以不管加工赚到多少钱最后返利还是会返到农民手上。产业一体化的企业是养种鸡、养商品鸡、屠宰，然后食品加工，但是由于资金有限，企业只能做其中的一两个环节，那其他环节就要靠利益连接如入股等实现。汪洋副总理提出的三次产业融合的最核心问题就是如何实现利益分享机制，融合之后形成稳定的利益关系。三次产业的融合首先要让农民受益，不管是养殖企业、工业还是餐饮旅游等服务业，如果不能给农民带来收益反而却把污染留在农村，那么国家是不会让这样的产业发展长久的。

此外，畜牧业既受本身行业供需变化的影响，又受国家宏观经济的影响，甚至也受宏观政策的影响。有些看起来是中性的宏观政策对农业的影响比农业政策对农业的影响更大。比如汇率政策，汇率政策看起来对国民经济各个行业的影响都是一样的，但并非如此。国内所有农产品普遍比国外贵 30%，这也是近年来走私问题严重的诱因，价差越大利润空间越大。差价大一方面也反映了我们农业的生产水平差、效率低，但另一方面也与汇率有关系。从 2000 年到现在汇率提升了 30%，如果把汇率因素考虑进去，目前国内农产品价格与国外价格基本持平；所以，仅因为汇率一项，就会导致国内国外价格差距拉大。货币政策对三次产业的影响也不尽一样。因为流转机制不同，钱到底是被房地产商拿走了还是被农业拿走了？农业拿走多少？房地产商或者第三产业拿走之后又对农业有什么影响？这都需要研究。过去以为研究制定好农业政策就会有利于农业发展，但是现在的实际情况是，可能制定好五个农业政策就会被一个宏观政策所冲销。汇率政策是客观的，现在人民币贬值不太可能，升值压力也不大，国外农产品差价 30% 在短期来看也是一个不争的事实。在汇率不变的情况下，唯一的办法就是把成本降低再降低。现在我们肉鸡产业的竞争对手是美国、巴西。美国的养鸡场全是自动化操作，而且极其干净，效率非常高，玉米大豆等饲料也都是定产定销，而我们还需要漂洋过海再加关税进口玉米和大豆，这一项饲料成本就会远远高于美国了。国家收购玉米是高价进高价卖，企业买不起就买美国的转基因玉米，现在国家又禁止进口转基因玉米，那就进口高粱、大麦、DDGS。虽然国家粮食进口量、库存量都是十一连增，但是价格就是没有降低。在如此重重困难下，养鸡人必须还要把成本降低，不至于把 30% 的价差扩大；否则不仅是打击走私问题，国外产品会大规模涌入。

（二）加强行业自律和监督

佘锋谈到，黄羽肉鸡经过一定的调整产量缩减了 20％～30％，价格随着产能的减少而上升；但是白羽肉鸡没有任何改善。因为白羽肉鸡本身出栏时间快，一旦市场价格升高，养殖户肯定会随之补栏，42～45 天出栏后市场又饱和，价格反而下降得更多。在当前的宏观经济条件下，浪费现象明显减少，需求下降迅速，在产能增加或者不变的情况下依然是产能严重过剩，价格自然下降，因此必须警惕消费形势的变化对畜禽产业的影响。

黄建明谈到，白羽肉鸡现在是供过于求，行业要制定白羽肉鸡产业规划，不能盲目生产。俗话说"猪粮安天下"，但随着鸡肉产量的增加，肉鸡产业在畜牧业中的地位不断提升，国家可以考虑让鸡肉与猪肉一起承担国家肉量的保障。白羽肉鸡产业应进入到自律、监管的阶段。产业联盟要起到真正的作用，在削减产量、反对价格战方面要统一步调，各企业要齐心协力。

国家肉鸡产业技术体系北京综合试验站站长、北京家禽育种有限公司总经理孙迎春在发言中提出三点建议。一是加强行业自律。在当前形势下企业不要无节制地换羽。基于供不应求的局面，很多企业的想法是可能又有市场机会了，可能父母代卖到 30～40 元的时代又来了；基于赌市场这样的考虑，可能会导致没有节制地换羽。可以理解 2015 年 1 月的换羽是为了保种，但现在已经基本明确下半年引种会恢复正常，那么换羽得来的供应量将会增加市场负担，导致量多价降。而且，无节制的换羽对种雏的风险很大，因为很多病是通过换羽刺激发生的。二是推行全年一个价。基于 2015 年 9 月到 2016 年上半年市场行情的好转，父母代种雏会卖到较高的价钱，但是此时的高价又会换来彼时的低价，借此时机应该大力推动全年一个价，借鉴国外种鸡公司的经验，做到价格一年谈一次，不打价格战。不要行情好的时候卖到 30～40 元，行情差的时候 3～4 元也卖；我们把波动幅度拉小，做全年一个价，如果市场价格已经达到 30～40 元/只，我们就按照 24～25 元/只卖，以后常年就按照这个价格销售，这样行业才会健康发展。三是实现企业联合，以销定产。一方面包括祖代企业和父母代企业的纵向联合，增强战略合作，提前商量好价格、需求，这是上下游之间的联合。另外一方面就是横向的联合，祖代企业之间、父母代企业之间联合。白羽祖代种鸡企业目前有十几家，实际上有三、四家已经足够，有两家是大企业，另外两家作为补充。这样的联合不是垄断，而是让企业得到一个合理的利润回报，让行业更加健康发展。因为种鸡企业卖的是信誉，产值不是很大，若想在种鸡行业赚大钱是不可能的，所以数量少的种鸡企业之间可以商量经营策略和政策，更好地促进行业发展。

田建华在讲话中谈到，通过与国家统计局沟通，肉鸡统计工作有了较为乐观的进展，即将家禽的统计做进一步细分，这将为肉鸡供需形势判断提供重要参考。

（三）有效发挥行业协会的作用

赵河山介绍了两个发达国家农业组织的相关职能，以及给我们的启发。一是法国波尔多葡萄酒业协会。成立于 1948 年。此协会的主要职能有：对市场状况进行调查统计分析，知己知彼；研发职能，制定标准，分析未来可能遇到的困难；推广职能，将波尔多作为一个统一的产区进行推广，并兼职打假职能。其模式很值得黄羽肉鸡产业学习和借鉴，黄羽肉鸡要形成自己的协会组织。此外，波尔多认为葡萄原料决定了其品质的 70%，而我国黄羽肉鸡在这方面还给不出确切的数据。二是美国大豆协会。成立于 1920 年。美国农民自愿每生产一个蒲式耳大豆，给大豆协会一个美金。协会的宗旨是保护及提升大豆的市场价值及机遇。协会愿景是让大豆产业满足全球日益增长的粮食、饲料和能源方面的需求。协会目标有六个：一是政府游说，即负责游说政府制定相关产业和贸易政策；二是会员发展，即通过举办各种活动为其会员提供商机；三是大豆推广，即开拓美国国内及全球大豆市场，从事人道主义行动，使豆农获益；四是产业关系维护，即与产业内伙伴进行交流合作，使大豆全产业获益；五是领导力开发和种植户教育，即对大豆种植者进行领导力培训及知识普及，确保从业人员更好地服务大豆产业；六是协会影响，即发挥世界级组织的影响，使协会会员及大豆全产业受益。能够看到，上述这六项职能靠一个企业是不可能完成的任务，这也足以反映出协会组织的重要性。

赵河山谈到，对于畜禽养殖行为的规范，很多学者可能认为，这是企业和政府的事情；而政府官员则可能认为，这只是企业的事情。但其实，关乎行业健康发展和食品供给安全，以及行业上下游近亿万人民幸福指数的大事情，应该由协会充分发挥自己的作用。协会作用发挥必须有两个前提，一是充分民主，二是法制健全。行业协会的作用有以下几个方面：一是规范业内行为；二是研究颁布标准和组织行业共性问题的立项；三是代表行业与政府、媒体等打交道。

（四）提高肉鸡养殖水平

佘锋认为，虽然目前白羽肉鸡消费有所下降，但我国白羽肉鸡产业仍是一个朝阳产业，因为还有很大的改进空间。欧洲肉鸡养殖料肉比达到了 1.5：1，新西兰肉鸡养殖料肉比是 1.4：1，这明显高于我国的饲养水平。我们养殖水平的提升空间很大。

国家肉鸡产业技术体系鹤壁试验站站长、河南大用集团副总裁郝国庆谈到，河南大用集团选择发展白羽肉鸡是基于两点：第一，白羽肉鸡的饲料转化率高，适合规模化、工厂化饲养，是其他畜禽无法比拟的；第二，白羽肉鸡是可以做大的产业，例如美国一个白羽肉鸡养殖企业的产值达到 20 亿元。基于以上两点，白羽肉鸡产业发展前景应该是非常好的。2008 年之前大用集团只有两个基地，产值五六千万元；真正开始扩张是从 2008 年全球金融危机之后，2008 年后大用集团有几个基地同时开工建设，预计产值 4 亿元。现在企业面临最困难的问题是技术创新，大用集团的全年平均料肉比是 1.9 以上，所以企业现在应该研究如何让肉鸡的料肉比达到 1.5：1 或者 1.6：1，将肉鸡的产肉性能极大地发挥出来，这会创造出巨大效益。

（五）深入思考黄羽肉鸡产业发展方向

王济民谈到，就黄羽肉鸡的发展而言，应把握黄羽肉鸡的市场动向，注重消费者对于黄羽肉鸡质量的需求。就两广地区消费者的特点来说，40～50 岁年龄段的消费者比较喜欢黄羽肉鸡，但是年龄段较小的消费者是否有同样的倾向？这还需要进一步进行研究。另外，浙江、上海、江苏等地对黄羽肉鸡的偏好程度也需要关注。未来黄羽肉鸡的发展如果能够延续白羽肉鸡规模化养殖路线，会是一个比较好的选择。另外，如果进行散养的话，也应该提高散养水平，可模仿小别墅养殖，提高饲养成本的同时可提高黄羽肉鸡的价格，将其定位为肉鸡消费领域的奢侈品。以上两条路的选择是需要我们去尝试和践行的。

国家肉鸡产业技术体系大兴试验站站长、北京农林科学院畜牧兽医研究所刘华贵研究员谈到，在当前形势下，黄羽肉鸡面临的主要是行业本身不规范，是否适合年轻人的消费习惯等问题。因为黄羽肉鸡品种差别大，分别为快、中、慢三大类；养殖方式有笼养、圈养、散养；上市日龄有 50 天、70 天、120 天。这些区别导致黄羽肉鸡的产品比较混乱复杂。因此，黄羽肉鸡迫切需要协会或者联盟这样的组织。第一是进行市场调研、统计分析和总量控制。第二是要制定黄羽肉鸡统一的标准。对于活鸡，消费者可通过表面特征鉴别品种，比如通过腿的粗细和体型来判定快、中、慢型，通过鸡爪子指甲的形状或者表面质地来判定笼养的还是散养的；但是活鸡销售会越来越受到限制，而屠宰包装之后这些特征都消失了，消费者无法鉴别。如果没有行业统一的规范，市场价格就会混乱，消费者无法认定自己的消费是否真正物有所值。长此以往，消费者慢慢失去了信心，黄羽肉鸡市场就会越来越萎缩。所以应借鉴国外的发展经验，制定行业自身的标准。

（六）加强肉鸡健康消费宣传

王济民谈到，在美国对鸡肉最主要的宣传是健康宣传，一是宣传"营养学专家认为鸡肉是健康产品"，二是宣传药残绝对没有超标。我国肉鸡行业现在最重要的两件事，一是保证产品确实不存在药残超标问题，二是宣传鸡肉是健康食品。如果做不到这两点，那么行业很难发展壮大。文杰谈到，白羽肉鸡的宣传在 2015 年做得较好。白羽肉鸡联盟参与策划的肉鸡安全生产故事片《公鸡母鸡拖拉机》已经在 5 月进行了首映式，意义重大。电影通过消费者喜闻乐见的方式对肉鸡的安全进行宣传，这将是肉鸡行业非常重要的一项进步。肉鸡的健康宣传应该继续创新方式，提高宣传的针对性和有效性。佘锋指出，不仅要推广我们的电影《公鸡母鸡拖拉机》进行肉鸡健康知识宣传，改善消费者对鸡肉的偏见，而且更要举办烹饪大赛创新肉鸡菜品。鸡肉是最好的抗癌食物，要创新推广方式，使老百姓接受白羽肉鸡。刘华贵认为，肉鸡行业的宣传一定要上主流媒体。不仅是在畜牧报或者农民日报等行业自身的媒体，还要在消费者的主流媒体，在消费者愿意关注的媒体界面上宣传，会对鸡肉消费有更好的促进作用。

国家肉鸡产业技术体系宣城试验站站长、安徽五星食品股份有限公司总工胡祖义认为，消费者的引导和教育对培育潜在市场有很大关系。五星公司有自己的屠宰加工厂，希望产品以冰鲜鸡的方式上市销售，既能方便生产又能缓冲活鸡市场取缔带来的冲击。4～6 月在杭州调研销售模式发现，前几年杭州市场卖的都是毛鸡，没有冰鲜鸡和光鸡；自从 H7N9 疫情之后，逐渐关闭毛鸡市场，逐步引导销售光鸡。五星公司为了满足市场需求，也在通过冷链做满膛鸡，但是 24 小时必须销售完，否则就会坏掉。此外，鸡贩子购买各公司的鸡，拿到城乡结合处去屠宰，屠宰之后销售满膛鸡。鸡贩子的这种销售方式极易引发食品安全问题，对行业的健康发展存在很大隐患，因为在夏天高温天气下内脏 5～6 个小时就会坏掉。但是我们却无力阻挠这种销售行为，因为市场上引导消费者行为的是这些鸡贩子。鸡贩子说五星公司的冰鲜鸡不新鲜，因为鸡的刀口处没有血；消费者也会如此认为。而实际上，五星公司做的是全程冷链，自然不会出现刀口处有血的鸡。

国家肉鸡产业技术体系肉品监测与评价岗位科学家、扬州大学动物科学与技术学院王金玉教授认为，引导消费者消费习惯是一个文化引导的过程，不可能一蹴而就，要长期坚持。赵河山也谈到，培养消费理念是一项长期工程，不是说随便拿出 100 万元做广告就可以收到立竿见影的效果。加多宝是投入了 100 多亿元才取得今天的效果。对肉鸡产品而言，鸡胸肉是我国消费者很不喜欢的部位，但是美国的养鸡协会花了 50 年时间培育本国消费者的消费习惯，美国消费者最喜欢的就是鸡胸肉。麦当劳、肯德基的生日聚会都是以卡通人物作为主题，就是为了从小孩起就培养消费习惯。有研究表明 8 岁以前人的味蕾喜欢吃的东西一辈子都不会忘记，胃是有记忆力的。美国企业抓下一代的消费习惯，这一做法是值得我们借鉴的，但是也说明培养一个群体的消费习惯需要相当长的时间。

杨朝武谈到，现在单纯靠养殖可能利润会越来越低，企业要根据市场需求开展多元化的产品培育和多种形式的销售模式。科技成果要真正落实在老百姓的餐桌上，要发展精深加工。冰鲜鸡并不是精深加工，因为并没有改变产品形式。我们项目团队构建技术链支撑产品产业链，做一些特色产品如鸡爪子，牛肉、兔肉等休闲食品，并参照麦当劳、肯德基发展模式，在全国开设了 30 多家黄羽肉鸡快餐店，快餐店全部是鸡肉产品，如鸡肉包子，鸡肉汤，鸡肉凉拌菜，经济效益是养殖经济效益的 2 倍以上。通过第二、三产业拉动第一产业，很好地实现了三次产业融合发展。此外，秦宁谈到，"互联网＋"这种平台和模式非常好，肉鸡行业可以借鉴。

（七）坚持肉鸡产业的适度规模发展

王金玉认为，我们要重新思考产业化、规模化的问题。产业化是发展的必然趋势，这是毋庸置疑的，但是规模化就需要好好思量。比如申报项目时都是以规模为标准，规模大的就容易得到国家资金支持，但是换一种角度考虑，规模大虽然赚钱多，但是赔钱的时候也是赔得多，所以不能以规模大叫作规模化，要适度规模，要始终强调"精"。

国家肉鸡产业技术体系呼吸道疾病防控岗位科学家、华南农业大学副校长廖明教授谈到，不能够一味地扩大规模，要鼓励科学饲养。在肉鸡养殖初期发展的时候为了迅速提高生产量，发展规模化是很必要的，但现在到了一定要讲究科学饲养的阶段。科学饲养就是打造科学的防疫体系，达到标准的养殖环境，包括场内防疫控制和场外的缓冲地带。

（八）高度重视肉鸡养殖和肉鸡产品的安全问题

廖明谈到，应从食品安全角度规范企业行为。现在不是疫情有多严重，而是老百姓消费鸡肉没有安全感，这才是生产者需要考虑的问题。食品安全应该建立在生产的第一线，养殖不仅仅是解决温饱的问题更重要的是解决食品安全的问题。作为生产企业要有生产的责任感，而不是把责任推给政府，更不能把产品交由市场去检验，产品出厂就一定要保证产品的质量，而不是说让消费者去监督。产品出厂的防疫和检疫是由谁来做？生产公司一定要自己先做，不能让政府花钱检验，因为政府的钱是纳税人的钱，一是政府精力有限，二是政府无法从源头控制。生产者要承担起第一责任人的要务，谁生产谁负责。

赵河山谈到，在"互联网＋"的发展趋势下，李克强总理说此时是比历史上任何时候更能让一个小而美的企业成为一个知名品牌。企业创立知名品牌首先要保证食品安全和产品质量。并且，可以通过大数据来实现这一目标。在产品上打上生产信息的标签，保障消费者的商品知情权，运用大数据对每天的销量进行统计，做到产品全部销售而又不浪费，消费者也可以消费到新鲜、安全的食品。

（九）科学探讨捕杀与免疫的选择问题

廖明谈到，应科学核算捕杀成本和防疫成本之间的关系。捕杀疫情的成本包括捕杀成本、政治成本、社会成本、经济成本。第一，捕杀成本。预算里有疫苗的成本，但是没有捕杀成本，所以要考虑捕杀成本到底有多少，不是简单按照 10 元/只鸡来算。规模越大，密度越高的时候，捕杀成本越大，这也是政府现在无法下决心的重要原因。第二，政治成本。按照现在流感捕杀的费用来算，如果以广东为例，捕杀掉一个点需要投入 600 万元左右，这也是地方人员不愿意上报疫情的重要原因。还有一个重要原因是地方官员都签一个安全责任状，不允许发生重大疫情，这个是政治责任，是不能有任何马虎的。第三，社会成本。社会成本指养殖规范问题，如果杀了养殖户的鸡，政府给了一点点钱补偿，但是鸡贩子收购价格比政府补贴价格还高的话，那养殖户肯定不会杀鸡。社会成本是最大的问题，如何让养殖户心甘情愿地杀鸡是需要解决的问题。第四，经济成本。我们喊了两年说要退出疫苗供应，但为什么仍然不能够退出，一是疫苗公司怎么办？二是如何核算政府官员在防疫上做了多少成绩？还有，取消疫苗后实际预算需要多少？这是一个两难的境地。那么政府为什么要买疫苗？因为政府要评估绩效。绩效评估，一是要看疫苗的购买，二是要看疫苗免疫后的抗体水平。但绩效评估也会存在问题，在估算免疫后抗体水平时会出现蒙蔽情况，举个例子：拿一份血清分出 100 份，上级来一次就检查一次，但是检的都是一份样品，怎么检查都是一样的抗体水平。这样的情况越来越普遍。但是要退出来也很麻烦。此外，疫苗在使用上也存在诸多问题。一是，现在的疫苗已经失去了最初的作用。政府免疫的初衷是提高养殖户对疫苗使用的重视度，让老百姓打疫苗，而现在打疫苗已经成为市场的一个调节行为，不打疫苗养殖户的鸡要死，自然而然就去打，结果是拿了政府的疫苗不用，反而是花高价钱买市场上的高价疫苗；生产厂家则通过各种手段应标，再另辟捷径改变生产工艺提高抗原量，在市场上提供所谓的浓缩苗和其他品质的苗。二是政府在决策的时候遇到两难。第一，现在疫情频发，疫苗需要不断更换，但是养殖户却对频繁地更换有意见，质疑为什么疫苗只能用一段时间。第二，来自防疫部门，3 月人大开会定好预算，防疫部门确定秋防、冬防的疫苗使用量再进行招标采购，采购好后已经是下半年，疫情变化疫苗也得更换了，那么采购好的疫苗算是政治责任还是浪费呢，很难说清楚，所以就是尽量不换。第三是疫苗使用上存在困难，由于疫情的变化，是把已有的疫苗叠加使用，还是新研发的疫苗？这个很难决策。万一免疫失败是谁的责任？如何破解这些难题需要相关方面的努力。

许传田谈到，从 H5 亚型病毒本身来看，正是由于我们不断加大免疫压力，才使得 H5 亚型病毒从 H5N1 发展到 H5N8，还有可能继续发展。而且所有 H5 亚型的最新病毒都在我国，为什么国外就没有呢？这是因为我们没有捕杀，只是一味地免疫，使得病毒变异越来越频繁。假如我们进行捕杀，虽然当时的成本高一些，但是以后每年鸡感染病毒的概率都会减少，病毒也会逐渐弱化，从长远来看会是一个很好的选择。目前政府每年花费几十亿的资金采购疫苗，但是据了解，有的养殖场拿到国家的 H5 型疫苗却根本都不用，这造成了巨大浪费，如果把这些钱用在捕杀损失补偿上，也会把损失补偿回来。这样既可以使养殖户得到补偿，又可以减少病毒变异概率，增加生物安全，是一举两得的办法。

（十）建立健全风险防控体系

廖明提出，应鼓励养殖场（户）参与农业保险。广东的做法是政府出保险费的 70%，企业付另外的 30%。建立保险的赔偿机制有两种方式：一是疫情，二是价格波动，即分别按疫情发生和价格剧烈波动造成的损失进行理赔。个人认为价格波动险更可行，因为价格受市场影响，也可能受疫情影响。养殖企业的确需要这样一个保险，对此政府也容易接受和支持。即便有争议，争议也无非是在政府资助的比例上。风险较高的是疫情保险，最大的问题是有的地方政府不承认有疫情，不承认有疫情那就没办法赔偿。解决这个问题也有办法：保险公司进行赔偿时由保险员的勘察来决定是否发生疫情，疫情界定时不需要界定到是不是禽流感，只界定到疫情是不是发生即可；如果疫情发生了保险公司就进行赔偿。这样一来，政府只需要购买保险这样一项第三方的服务，保险公司负责跟养殖户接洽到底是发生了疫情还是发生了价格波动，减少了政府对疫情判定的政治风险。

（十一）高度重视白羽肉鸡的本土育种工作

文杰谈到，2015 年上半年白羽肉鸡祖代的引种出现了较大的问题，这是由于美国禽流感的暴发导致了我国对美国禽类进口的封关政策，给白羽肉鸡行业造成了一定的影响。同时这个问题也给同行带来了很多的启发和思考。现在国内很多企业对于白羽肉鸡的本土育种已经开始重视。过去认为引种质量已经很好，没有必要进行育种，而现在一些企业已经开始行动。各相关方面应大力支持白羽肉鸡的本土育种工作。

2015 年中国肉鸡产业形势
分析研讨会会议综述 [①]

王济民[1]　辛翔飞[1]　王祖力[1]　周蕊[2]　王晨[1]

（1 中国农业科学院农业经济与发展研究所；
2 黑龙江八一农垦大学经济管理学院）

2015 年 12 月 19 日，国家肉鸡产业技术体系产业经济岗位在北京召集召开了"2015 年中国肉鸡产业形势分析研讨会"。会议由国家肉鸡产业技术体系产业经济岗位专家、中国农业科学院农业经济与发展研究所副所长王济民研究员主持。国家肉鸡产业体系首席科学家、中国农业科学院畜牧所副所长文杰研究员，农业部畜牧司统计监测处处长辛国昌，农业部畜牧司畜牧处处长王健，全国畜牧总站行业统计分析处处长田建华，中国畜牧业协会禽业分会秘书长宫桂芬，中国白羽肉鸡联盟执行秘书长黄建明，农业部农业贸易促进中心吕向东处长，青岛农业大学动物科技学院院长单虎教授，畜牧业协会禽业分会高海军和腰文颖，农业部肉鸡生产信息监测专家组成员、中国农业科学院畜牧所副研究员郑麦青，相关肉鸡企业代表，国家肉鸡产业技术体系部分试验站站长及团队成员、部分试验站依托企业负责人、产业经济岗位团队成员，以及山西鸡体系团队成员等近 50 人参加了此次研讨会。

上午，会议进行了专题报告。文杰在发言中分析了当前肉鸡产业发展的总体情况，提出了今后产业发展需要思考的一些问题；辛国昌在发言中肯定了国家肉鸡产业技术体系的工作，并对肉鸡产业当前形势和今后发展发表了意见；王健在发言中对肉鸡产业发展提出了需要重视的几个问题；田建华在发言中通报了家禽统计工作的相关情况；宫桂芬在发言中就肉鸡产业发展形势和今后需要着重开展的工作发表了看法；腰文颖做了《2015 年白羽肉种鸡生产监测分析》报告，高海军做了《2015 年黄羽肉种鸡生产监测分析》报告，郑麦青做

[①] 本次研讨会于 2015 年 12 月中旬召开，相关专题报告中关于 12 月的数据分析为当时的估计值。

了《2015 年肉鸡生产信息监测情况汇报》报告，吕向东做了《2015 年我国肉鸡国际贸易形势》报告，单虎做了《山东肉鸡产业发展形势分析》报告，国家肉鸡产业技术体系广西试验站站长、广西金陵农牧集团有限公司总经理陈智武做了《广西黄羽肉鸡产业发展形势分析》报告，国家肉鸡产业技术体系宣城试验站站长、安徽五星食品股份有限公司总工胡祖义做了《长三角区域优质肉鸡生产现状发展形势分析》报告，山西鸡体系团队成员李沁做了《山西肉鸡产业发展形势分析》报告。下午，会议进行了讨论。本次会议在分析当前及未来肉鸡产业发展形势、交流经验，探讨肉鸡产业发展对策等方面，取得了有益的成果。

一、2015 年全国肉鸡产业发展形势

（一）2015 年肉种鸡生产形势

1. 白羽肉种鸡。腰文颖关于《2015 年白羽肉种鸡生产监测分析》的报告从引种、存栏、雏鸡销售等方面分析了我国白羽肉种鸡生产状况。

（1）白羽祖代。

祖代雏鸡引种。2015 年前三季度，累计引种 49.81 万套。2015 全年引种量预计为 71 万套，比 2014 年减少 47 万套，降幅为 39.87%。从品种来看，AA+引进 22.91 万套，罗斯 308 引进 30.10 万套，哈伯德引进 14.88 万套，科宝引进 3.20 万套。其中，科宝受美国禽流感影响，在 2015 年前三季度没有引种，只在 12 月有少量引种。

祖代种鸡存栏。2015 年 1—11 月，后备 48.50 万套，同比下降 17.81%；在产 96.48 万套，同比下降 10.42%；总存栏 144.97 万套，同比下降 13.03%。8—11 月，祖代强制换羽共 11.29 万套。目前，种源供应仍然充足。一是，按白羽肉鸡年出栏 50 亿只推算，拥有 100 万套左右的在产祖代白羽肉种鸡，即可满足实际需要。2015 年的平均水平是 96.48 万套，与之接近，这是行业种源调控的结果。二是，H7N9 事件以来，协会测算的年度白羽肉鸡出栏量不及 50 亿只，2013 年为 45.06 亿只，2014 年为 45.59 亿只，预计 2015 年少于 2014 年，因此 100 万套在产祖代充足有余。三是，如果行业强制换羽过多，100 万套仍有可能过剩。四是，近年来，宏观经济下行压力加大，原本作为白羽肉鸡主要消费市场的集团客户采购减少，而且突发事件以及针对肉鸡的谣言对行业的影响仍然存在。

父母代雏鸡生产及销售。2015 年 1—11 月，父母代雏鸡累计销售

4 285.39万套，同比下降 12.46%。预计 2015 全年，父母代雏鸡累计销售 4 628.21万套，同比下降 14.11%。父母代雏鸡全年平均价 9.64 元/套，与 2014 年基本持平，祖代企业亏损依旧严重。考虑到产业链上下游的联动性，虽然终端消费市场规模缩减的数据可得性较差，但是终端倒逼上游的态势越发明显，因此，种鸡销售的情况一定程度上反映了下游需求减少的幅度。

（2）白羽父母代种鸡。

全国父母代总存栏。2015 年，全国父母代种鸡存栏量约为 4 551 万套（其中，在产 3 200 万套），与 2014 年基本持平。一些父母代企业开展了强制换羽。2015 上半年，父母代种鸡存栏基本保持在 4 500 万套。从 9 月开始，父母代种鸡规模产能压缩速度加快，11 月全国父母代种鸡存栏较 2015 年 8 月的高峰值已下降 16.02%。从行业整体产能来看，祖代种鸡存栏的下降尚不足以影响整个白羽肉鸡行业产能规模，父母代种鸡存栏出现持续明显的下降，对最终出栏的商品代肉鸡的影响更为直接。因此，自 9 月以来的父母代种鸡存栏的下降对行业而言是一个积极的信号。

监测企业父母代存栏。2015 年 1—11 月，监测企业父母代存栏占全国总存栏的比重①约为 35.89%，预计 2015 年底提升至 37%～39%。监测企业父母代白羽肉种鸡存栏量虽然依旧保持高位，但从 9 月开始，已连续 3 个月下降，总体呈现稳中有降的态势。

（3）白羽商品代肉鸡。

监测企业商品代雏鸡生产及销售。2015 年 1—11 月，商品代雏鸡累计销售 41.24 亿只。预计全年 45 亿～46 亿只，较 2014 年同比下降 5%～6%。

鸡肉价格。2015 上半年，鸡肉价格始终低迷，5—6 月更是跌破了每吨一万的心理价位。上半年均价为 10.04 元/千克。7—8 月价格出现恢复性上涨，为 9.70 元/千克左右。9 月以后又出现下跌，11 月降幅收窄。

（4）总结。

一是，2015 年初与年末，美国、法国暴发禽流感而相继封关，但这并未影响到 2015 年种源的供应。种鸡供应依旧充足，生产较为正常，祖代企业种鸡利用率较低，父母代雏鸡按月的销量保持低水平，价格低迷种鸡企业亏损非

---

① 由于逐个月份的监测企业父母代雏鸡引进量占比变动幅度较大，为"熨平"这种监测企业引种时间分布造成的影响，同时改进推算全国父母代种鸡存栏的方法，用累计 36 周的监测企业父母代雏鸡新增量/累计 36 周的父母代雏鸡销售量作为覆盖率，对应 25 周以后的父母代存栏水平（鸡群 25 周开产，大致养至 60 周淘汰）。

常严重。从目前在产及后备种鸡规律来看，2016 年上半年的种源供应问题不大。

二是，2015 年全国父母代种鸡存栏量与 2014 年总体持平，但从下半年看，尤其是进入 9 月以来，已连续 3 个月大幅下降，父母代种鸡环节目前正处于行业产能调整的主战场，产能要调整到位还需一段时间，因此产能过剩仍然是行业面临的主要困难。

三是，2015 年鸡肉价格低迷，猪肉价格对鸡肉价格的带动效应不明显。

2. 黄羽肉种鸡。高海军关于《2015 年黄羽肉种鸡全年形势分析》的报告从黄羽祖代和父母代肉种鸡存栏、父母代雏鸡和商品代雏鸡销售，以及商品代成鸡销售等方面分析了我国黄羽肉种鸡生产情况。

（1）黄羽祖代种鸡。2015 年 11 月，监测企业在产祖代种鸡平均存栏量为 109.48 万套，环比减幅 1.62%，至此，减少势头已延续 5 个月；2014 年下半年行情利好，2015 年 11 月同比出现较大减幅（11.98%）。2015 年 1—11 月的平均存栏量为 115.81 万套，同比减少 5.39%。当前祖代种鸡整体存栏水平继续下行，但减幅不大。虽然 2015 年下半年祖代种鸡存栏水平处于 2011 年以来的较低水平，但当前的存栏量依然不小。据测算，2015 年 11 月全国在产祖代种鸡平均存栏量约为 131.30 万套，根据 2014 年祖代种鸡的实际产能推算，这些祖代鸡未来一年有能力向社会提供商品代雏鸡约 45 亿只左右，能充分满足市场需求。

父母代雏鸡生产及销售。2015 年 1—11 月父母代雏鸡销售总量为 4 071.95 万套，同比增加 7.15%。父母代雏鸡供应量的增加，将影响到后市父母代种鸡的存栏量，从而对市场产生影响。从销售价格来看，1—11 月的父母代雏鸡均价为 6.62 元/套，总体表现稳定。

（2）黄羽父母代种鸡。2015 年 11 月，父母代种鸡平均存栏量为 985.78 万套，环比减少 1.04%，同比增加 2.18%。1—11 月累计平均存栏量同比增加 1.33%。

从各年度种鸡存栏量的对比来看，自 2011 年以来，父母代种鸡存栏量呈逐年递减趋势，到 2014 年减至最低水平，2015 年虽然出现小幅反弹，但增幅很小，而且，2015 年各月度父母代种鸡存栏量上下变动幅度非常小，表现极为稳定，从而使得黄羽肉鸡行业能够保持长时期盈利，尽管 2015 年下半年行情有所回落，但企业仍有一定的盈利空间。一方面企业迫切需要挽回 H7N9 流感疫情带来的损失，另一方面又面临着活禽管控政策的变革和制约，同时业内企业也发起自主控量的约定，要求理性生产以求市场平衡，从而使得行业以往盲目扩张、恶意竞争的情形得到了有效缓解。

商品代雏鸡生产及销售。2015 年 1—11 月商品代雏鸡累计销售量为 10.81 亿只，同比增加 8.29%。2015 年 1—11 月父母代种鸡平均存栏量较 2014 年同比增加 1.33%，但所生产的商品代雏鸡量同比增长 8.29%，据此可见，黄羽肉鸡行业的种鸡产能水平往往随着市场行情的波动而进行调整，种鸡产能值在面临不同的市场行情时的表现差距很大。2015 各月度商品代雏鸡销售量全面高于 2014 年的同期，但同比增幅呈逐月收窄态势，到最近几个月其同比差距已经非常接近。从销售价格来看，2015 年 1—11 月商品代雏鸡累计均价 2.36 元/只，同比上涨 13.96%。随着气温的下降，近几个月来的雏鸡价格呈持续走低趋势，11 月价格水平处于同期中等偏下水平。

（3）黄羽商品代肉鸡。商品代毛鸡价格。2015 年 11 月，商品代毛鸡价格环比下降 1.87%，同比降幅达到 12.55%；11 月 13.02 元/千克的毛鸡价格，也继续创下了 2014 年 4 月 H7N9 流感事件以来的最低水平。据中国畜牧业协会监测数据统计，各类型黄羽肉鸡 11 月的价格分别为：快速型 9.70 元/千克（环比 0.09%、同比 -4.09%）；中速型 12.24 元/千克（环比 -5.19%、同比 -9.16%）；慢速型 17.11 元/千克（环比 -0.49%、同比 -14.11%）。由此可见：①近期快速和慢速型黄鸡价格变化不大，主要以中速型下降为主；②各类型黄鸡价格均明显不如 2014 年同期，但价格下降幅度最大的是慢速型黄鸡，快速型黄鸡的价格降幅相对最小。

（4）总结。总体来讲，黄羽祖代种鸡存栏量持续数月减少，但父母代全年表现稳定，量充足。父母代雏鸡销售"量价持稳"；商品代雏鸡"量价齐跌"。商品代毛鸡售价继续下降，创 2014 年 4 月以来新低。总体来看，2015 上半年行业效益好于下半年，但全年行业效益远不及 2014 年下半年。

由于 2015 年以来行情较好，下半年虽有所回落，但市场基本保持稳定。受宏观经济形势影响，近期黄羽肉鸡产品消费相对低迷，由此，种鸡存栏量大幅增加的动力不足，但由于当前种鸡存栏水平相对并不高，且市场相对较好，因此种鸡存栏大幅减少的可能性也不大。因此，预计未来一段时间内，种鸡存栏水平还是以稳为主，行业市场行情波动的幅度有限。

（二）2015 年我国商品代肉鸡生产形势

郑麦青关于《2015 年肉鸡生产信息监测情况汇报》的报告，根据农业部对 60 个生产大县（市、区）300 个行政村 1 460 户肉鸡养殖户月度定点监测数据，从商品代肉鸡生产数量和市场行情等方面分析了 2015 年我国商品代肉鸡生产形势。

1. 肉鸡出栏。 根据国家肉鸡产业技术体系在全国范围内关于肉鸡出栏数量的调查，2011—2012 年，我国白羽肉鸡和黄羽肉鸡各占半壁江山，分别在44 亿只左右；之后开始有一些分化，白羽肉鸡维持在 45 亿～46 亿只，黄羽肉鸡则逐步下降，2013 年为 43 亿只，2014 年和 2015 年大致维持在 37 亿只。

2015 年 1—11 月，监测肉鸡养殖户黄羽肉鸡和白羽肉鸡累计出栏7 302.9万只，较 2014 年同比减少 6.9%；2015 年 11 月存栏数 1 517.8 万只，较 2014年同期减少 15.9%。预计全年出栏量 83.2 亿只左右，较 2014 年微增 0.1%。其中，预计白羽肉鸡年出栏 45.2 亿只，较 2014 年微减 0.8%；预计黄羽肉鸡年出栏 37.0 亿只，较 2014 年微增 1.3%。

2. 肉鸡产量。 2015 年监测养殖户白羽肉鸡和黄羽肉鸡产肉量为 1 137 万吨，较 2014 年同比减少 2.2%。其中，白羽肉鸡由于出栏活体重量的减少，产肉量减少的幅度比较大，约为 777 万吨，较 2014 年同比下降 3.7%；黄羽肉鸡产肉量为 360 万吨，较 2014 年同比增加 1.2%。

3. 肉鸡价格。 白羽肉鸡方面，2013—2014 年受禽流感影响，活鸡销售市场价格创了 7.1 元/千克的低点后，这两年间基本上再没有更低的价格；但2015 年，白羽肉鸡价格不断创新低，每个月平均价格下降 3.8%。2015 年 6月价格下降到 6.6 元/千克后曾短暂地回到生产成本线，但 10 月又降到 5.3元/千克，这一价格成为白羽肉鸡价格从 2009 年有数据以来到 2015 年末的最低点。最近几周平均价格在 6.6 元/千克，价格波动范围在 0.1～0.2 元/千克。

黄羽肉鸡方面，活鸡价格持续高位，已经连续 19 个月给养殖户带来盈利，但 2015 年 11—12 月价格可能已经处于成本线以下。其中，慢速型鸡略高于成本线；快速型鸡低于成本线，从高峰到现在降幅达到 20%。

4. 肉鸡养殖成本收益。 白羽肉鸡方面，2015 年单位体重生产成本也是最低的。2012—2014 年白羽肉鸡养殖成本大都表现为逐步攀升或高位振荡的格局，但 2015 年呈现出下降趋势，且降幅较大，平均成本下降 2.7%。最大的生产成本减幅是在鸡雏上，降低了接近 13%；防疫费也是减少的；水电、煤火费是增加的，且增加的幅度比较大。虽然白羽肉鸡成本处于低位，但由于价格严重不景气，仍在低位徘徊，肉鸡养殖依旧亏损。

黄羽肉鸡方面，2015 年下半年和上半年相比生产成本有所下降。其中，雏鸡价格、饲料价格增加，雇工、水电、防疫费用减少。黄羽肉鸡市场养殖利润连续 19 个月维持在较高的区间，但是 2015 年已经明显低于 2014 年，并且近段时间不断缩窄。2015 年黄羽肉鸡平均利润较 2014 年减少 18%；出栏黄羽肉鸡平均收益为 1.41 元/只。

5. 养殖户数量和养殖规模变化。从 2012 年到现在，养殖户数量呈波动下降趋势。其中，养殖户的比例减少了一半还多，过去每个村有近 1.6％的农户养鸡，而现在已经降到 0.7％。但是，平均每户的养殖量是增加的，从平均每户养殖 0.8 万只，上涨到 2011 年的 1.3 万只。

（三）2015 年我国肉鸡国际贸易形势

吕向东关于《2015 年我国肉鸡国际贸易形势》报告的主要内容包括 2015 年我国农产品国际贸易总体形势和我国肉鸡国际贸易形势两大方面。

1. 2015 年我国农产品总的进出口形势。2015 年农产品进口和出口都在下降，下降幅度不大，但趋势明显。总体贸易额 1 531 亿美元，下降 4％左右，出口下降的幅度小一点，进口下降的幅度大一些，逆差在 400 亿美元左右。主要出口农产品中，蔬菜、水果、茶叶出口在增加，水产品、畜产品出口下降；从出口来看，畜产品中家禽产品下降幅度相对不大。在主要进口产品中，粮食、水果、食糖的进口增加；油籽、植物油、畜产品、棉花进口下降。

从谷物来看，2015 年我国粮食进口第一次超过 1 亿吨，其中饲料粮进口增长特征非常明显。2015 年 1—10 月玉米进口同比增长 160％；此外，高粱、大麦等没有配额限制的饲用玉米替代品的增长幅度也特别大，其中，高粱同比增长 100％，大麦同比增长 120％。对于肉鸡行业来讲，这直接关系到养殖成本。进口的玉米、高粱、大麦的价格是 0.8 元/斤左右，国内玉米市场的价格都是高于 2 元/千克。1—10 月谷物进口 2 846 万吨，DDGS 进口 594 万吨，二者加起来 3 000 多万吨。采用进口玉米会帮助企业降低生产成本。近两年谷物的进口量大致等于国内库存的增加量，就相当于国内一部分谷物没有进入市场就直接存到库里了，即"洋货入市、国货入库"。

2015 年畜产品进出口下降 10％以上。其中，进口额 170 亿美元，减少 11％；出口额 48 亿美元，减少 14％。猪肉和牛肉进口都在增加，2015 年猪肉进口量 60 万吨，牛肉进口量是 36 万吨，各增加了 30％～40％；羊肉进口量是 19 万多吨，下降 22％；家禽产品进口量是 34 万吨，下降 10％；奶粉进口量是 62 万吨，下降 35％。从猪肉、牛肉、羊肉、禽肉、蛋、奶出口的总体情况看，家禽产品出口额 13 亿美元，占畜产品出口额的 1/4，对畜产品出口的贡献比较大。

2. 我国肉鸡国际贸易形势。

（1）总体形势。加入 WTO 以来，在畜产品，甚至整个农产品中，肉鸡产品是保持贸易顺差不多的几个产品。尤其是 2010 年以来，肉鸡产品出口大约保持在 15 亿美元，进口大约 10 亿美元。2015 年 1—10 月，出口 11.4 亿美元，较 2014 年同期下降 13%；进口 7.7 亿美元，较 2014 年同期增长 10%。

肉鸡产品进出口的主要品种分为活鸡、鸡肉、鸡杂和制成品四大类。种鸡方面，进口活鸡主要是种鸡，1—10 月近 2 000 万美元；出口活鸡主要是供港消费。鸡肉方面，主要包括整鸡和鸡块，主要是出口；其中，整鸡出口也主要是冰鲜鸡供港澳，大概 4 万多吨，鸡块出口有 10 万多吨。鸡杂方面，主要包括鸡翅、鸡爪、鸡胗等，主要是进口；其中，鸡翅 1—10 月进口约 15 万吨，鸡爪进口约 10 万吨。鸡肉制品方面，包括鸡罐头、鸡胸肉、鸡腿肉、鸡肉及食用杂碎，主要是出口，出口地区主要为日本和我国香港地区，制成品占出口量的 70% 以上。

肉鸡产品的进口关税。种鸡是免关税的，冷鲜鸡块、鸡杂是 20%，制成品是 15%，冻的鸡产品是从量税。从量税相对于从价税控制严一些。我国肉鸡产品的进口关税并不低，和牛羊肉差不多；东盟、新西兰自贸区这些国家大部分都降到零关税。

（2）重点产品。我国肉种鸡常年进口量是 4 000 多万美元，而 2015 年 1—10 月进口量 1918 万美元，同比下降 31.9%。除了 2004 年和 2015 年因禽流感的发生，种鸡主要从英、德、法进口外，常年都是从美国进口。整鸡出口主要是供港澳，常年出口量 5 万～6 万吨。2015 年与往年类似，冻整鸡出口量也不大，主要是我国港澳地区和一些周边国家。冻鸡块有出口也有进口，进口大部分是来自美国和巴西，常年进口量 5 万吨，2015 年 1—10 月进口了 5.3 万吨；出口主要到港澳和周边东南亚国家。鸡翅常年进口量为 10 万～15 万吨，2015 年鸡翅 1—10 月进口 14.5 万吨。鸡爪在"双反"以前常年进口量为 30 万～40 万吨，2011—2012 年以来约 20 多万吨，2015 年进口 10.8 万吨。

（3）国际市场。从 2014 年和 2015 年 1—9 月数据看，种鸡最大的出口国是荷兰、美国和欧洲一些国家。2015 年荷兰、美国出口额基本下降一半左右。进口量与 2014 年相比也下降了近一半，全球的形势都不太好。

与我国关系比较大的鸡肉和鸡杂进出口情况。鸡肉和鸡杂的主要出口地区是巴西和美国，主要进口地区的是中国、日本、越南等，另外，中国香港地区也是主要的进口地之一。从出口额来看，2015 年的出口额与 2014 年相比也在下降。关于我国对美肉鸡出口实施双反对美国的出口影响方面，通过历史数据分析可以看到，美国的鸡爪出口市场主要为中国香港和中国内陆地区；从 2010 以来连续两年对中国内陆地区的出口减少了，但是到中国香港的出口增加了，美国鸡爪出口的收入并没有减少。

日本的鸡肉制品主要从中国和泰国进口。日本从 2005 年前后从我国进口的数量基本上是稳定的，增量基本上是从泰国进口增加。我国肉鸡产品出口的制约因素主要有两点：第一是如何顺利通过市场检验检疫的问题，第二是如何拓展多元化市场的问题。近十年我国向日本出口量基本不变，如何进一步开拓新的市场对企业和产业决策者来说还是应该加强考虑的问题。

二、部分地区肉鸡产业发展形势

（一）广西肉鸡产业发展形势

陈智武介绍了广西黄羽肉鸡产业发展形势。

1. 黄羽肉鸡品种。黄羽肉鸡的品种主要有快大型、中速型、慢速型（优质型）。快大型出栏时间一般在 50～80 天，出栏体重在 2.0～3.0 千克。中速型出栏时间一般在 70～100 天，出栏体重在 1.8～2.2 千克。慢速型出栏时间一般在 100 天以上，出栏体重在 1.4～1.8 千克。

广西肉鸡主要饲养方式有：一是放养。有运动场，主要为优质黄羽肉鸡，慢速型的。二是平养。无运动场，类似白羽肉鸡，以开放为主，没有控制环境主要为快大型黄羽肉鸡。三是笼养。这一类比较少，主要为广东麻黄鸡，供港专用。

广西地区现有的黄羽肉鸡品种主要是 6 个通过国家品种资源委员会认定的地方鸡品种，分别为广西麻鸡、广西黄鸡、霞烟鸡、南丹瑶鸡、龙胜凤鸡、东兰乌鸡，其中龙胜凤鸡列入国家保种目录。饲养量最大的为广西麻鸡和广西黄鸡。

近年来在育种方面进展迅速，已有 4 个公司的 7 个新品种（配套系）通过国家品种资源委员会审定，分别为快大型的金陵麻鸡、金陵花鸡（公示阶段）、良凤花鸡、凤翔青脚麻鸡、凤翔乌鸡，中速型的金陵黄鸡，优质型的春茂黄鸡也叫桂香鸡。

2. 2015 年广西各品种黄羽鸡生产成本收益。

（1）快大型黄羽肉鸡。主要饲养地区为南宁、柳州、桂林等地。2015 年 1—11 月约出栏 2 500 万羽。表 1 报告了金陵花鸡出栏及盈利情况。公鸡出栏时间 55～60 天，母鸡出栏时间 60～65 天。2015 年 1—11 月，公鸡平均盈利 1.86 元/只，母鸡平均盈利 2.30 元/只。2015 年养殖收益较好主要得益于饲养量总存栏量减少，饲料价格下降比较明显（大致在 10% 以上）。

表1 2015年金陵花鸡出栏及盈利情况（公鸡出栏时间55～60天，母鸡60～65天）

类别	性别	1月	2月	3月	4月	5月	6月	7月	8月	9月	10月	11月	合计
均重（千克）	公	2.16	2.21	2.27	2.36	2.14	1.97	1.92	1.96	2.03	2.13	2.25	2.13
	母	2.15	2.20	2.20	2.27	2.04	1.87	1.89	1.93	1.94	2.16	2.16	2.08
料肉比	公	2.17	2.20	2.18	2.23	2.20	2.30	2.32	2.25	2.20	2.20	2.27	2.23
	母	2.36	2.36	2.37	2.42	2.40	2.51	2.51	2.40	2.41	2.40	2.45	2.42
平均成本价格	公	10.12	10.04	9.66	9.64	9.38	9.18	9.22	9.26	9.34	9.12	8.96	9.44
（元/千克）	母	10.16	10.36	10.04	10.00	9.64	9.46	9.34	9.50	9.48	9.52	9.28	9.70
平均销售价格	公	10.98	9.92	12.44	9.48	9.16	9.92	9.64	11.44	12.06	10.02	8.48	10.32
（元/千克）	母	11.32	10.72	12.68	10.22	10.12	10.68	9.84	12.08	12.70	9.80	8.80	10.82
盈利情况	公	1.86	-0.27	6.31	-0.38	-0.47	1.45	0.80	4.26	5.52	1.91	-1.08	1.86
（元/只）	母	2.49	0.79	5.81	0.50	0.98	2.28	0.95	4.98	6.25	0.60	-1.04	2.30

（2）中速型黄羽肉鸡。主要饲养地区为玉林、南宁、白色、桂林等地。2015年1—11月约出栏8 000万羽。表2是矮脚鸡出栏及盈利情况。公鸡出栏时间60～65天，母鸡出栏时间70～80天。全年盈利还是比较可观，公鸡平均盈利2.58元/只，母鸡平均盈利2.39元/只。

表2 2015矮脚鸡出栏及盈利情况（公鸡出栏时间60～65天，母鸡70～80天）

类别	性别	1月	2月	3月	4月	5月	6月	7月	8月	9月	10月	11月	合计
均重（千克）	公	2.14	2.17	2.22	2.25	2.09	1.98	1.93	1.98	1.98	2.07	2.10	2.08
	母	2.17	2.20	2.29	2.19	2.08	2.05	1.95	1.98	2.04	2.09	2.06	2.10
料肉比	公	2.64	2.67	2.63	2.79	2.57	2.64	2.72	2.69	2.88	2.77	2.70	2.70
	母	3.25	3.22	3.21	3.26	3.26	3.31	3.25	3.20	3.11	3.12	3.15	3.21
平均成本价格	公	10.92	10.76	10.82	11.50	10.52	10.14	10.32	10.66	9.72	10.56	9.86	10.52
（元/千克）	母	13.30	13.34	13.40	13.24	13.16	12.72	12.62	12.60	12.54	12.62	12.40	12.90
平均销售价格	公	12.22	11.46	13.02	11.00	10.54	10.80	12.78	13.66	11.46	10.14	11.76
（元/千克）	母	15.54	12.78	15.02	14.62	15.08	14.18	13.16	14.48	13.88	12.90	12.86	14.04
盈利情况	公	2.77	1.51	4.88	3.36	-0.34	0.78	0.92	4.19	7.78	1.86	0.58	2.58
（元/只）	母	4.86	-1.24	3.70	3.01	3.98	2.98	1.05	3.71	2.72	0.58	0.94	2.39

（3）优质型黄羽肉鸡。主要饲养地区为玉林、南宁、钦州、梧州、桂林等

地。2015 年 1—11 月约出栏 25 000 万羽。这类鸡主要是饲养母鸡，因为两广公鸡吃得很少。表 3 是广西麻鸡出栏及盈利情况。母鸡出栏时间 115～125 天。2015 年 1—11 月平均盈利 4.96 元/只，其中，最高盈利 11.32 元/只，效益比较可观。

表 3　2015 年广西麻鸡出栏及盈利情况（母鸡 115～125 天）

类别	性别	1月	2月	3月	4月	5月	6月	7月	8月	9月	10月	11月	合计
均重（千克）	公	—	—	—	—	—	—	—	—	—	—	—	—
	母	1.78	1.81	1.73	1.78	1.73	1.70	1.62	1.61	1.64	1.65	1.65	1.70
料肉比	公	—	—	—	—	—	—	—	—	—	—	—	—
	母	4.01	4.00	3.70	3.81	3.77	3.93	3.82	3.80	3.69	3.80	3.81	3.83
平均成本价格	公	—	—	—	—	—	—	—	—	—	—	—	—
（元/千克）	母	16.64	16.38	15.88	16.16	16.08	15.94	15.30	15.34	15.18	15.18	15.12	15.74
平均销售价格	公	—	—	—	—	—	—	—	—	—	—	—	—
（元/千克）	母	23.00	22.40	21.00	19.60	18.50	20.20	16.20	17.00	15.96	15.62	15.84	18.66
盈利情况	公	—	—	—	—	—	—	—	—	—	—	—	—
（元/只）	母	11.32	10.86	8.86	6.12	4.18	7.24	1.46	2.67	1.28	0.73	1.19	4.96

3. 2015 年广西玉林市黄羽鸡生产形势。表 4 是玉林市规模化养殖企业投苗情况。2015 年 1—10 月规模化企业投苗 9 000 多万只，整个趋势在逐渐增加，随着鸡苗的增加，肉鸡的价格也在下降。

表 4　2015 年玉林市主要规模化养殖企业投苗情况

单位：万羽

序号	企业名称	1月	2月	3月	4月	5月	6月	7月	8月	9月	10月
1	玉林温氏公司（兴业）	170	150	170	180	190	190	180	180	175	167
2	参皇集团（玉林）	80	75	75	75	80	80	80	80	100	100
3	春茂集团（玉林）	150	160	160	160	130	130	180	180	210	210
4	凉亭集团	90	80	80	80	85	85	90	90	90	90
5	祝氏公司	15	15	15	15	15	15	15	15	15	15
6	利源公司	70	70	70	70	80	85	85	90	90	85
7	新天地集团	45	45	40	45	45	45	50	50	53	55
8	裕辉公司	30	30	40	40	40	40	50	50	50	50

（续）

序号	企业名称	1月	2月	3月	4月	5月	6月	7月	8月	9月	10月
9	国余公司	30	35	35	35	35	35	35	35	50	50
10	和丰公司	50	40	40	30	40	40	40	40	50	50
11	富民公司	27	25	25	28	24	24	28	28	30	30
12	平原公司	55	55	55	55	45	50	36	30	55	55
13	和时利公司	5	5	5	5	6	6	8	8	7	7
14	常富公司	10	12	12	12	14	15	12	14	15	14
15	北贸公司	5	5	5	5	5	6	10	10	15	8
16	黎村协会	25	25	20	18	30	35	40	40	20	20
17	梧州广信农牧公司	4	8	16	14	10	15	15	15	15	10
合计		861	835	863	867	874	896	954	955	1 040	1 016

4. 2015 年广西黄羽肉鸡生产形势总结。 2015 年广西黄羽肉鸡生产总体处于盈利状态，其中优质鸡盈利状况最好，一些以优质型鸡为主的肉鸡养殖企业盈利明显。总的投苗和出栏有所增加，但总量增加有限。2014 年广西每月平均肉鸡出栏 3.5 亿～4 亿只，2015 年预计每月平均为 4 亿～4.5 亿只，2015 年较出栏顶峰 2013 年（约 4.5 亿～5 亿只）有所下降。规模化养殖企业所占比例不断增加，散养农户在减少。预计 2015 年规模化养殖企业占总肉鸡出栏数量的 60%～65%，2013 年为 35%～40%。广西黄羽肉鸡仍以活鸡上市为主，冰鲜鸡所占比例不到 5%。品牌鸡全产业链有所发展，抗风险能力强，也为优质鸡养殖企业特别是中小型企业提供了一条可借鉴的发展方向。例如广西岑溪外贸鸡场的"古典鸡"，走品牌加盟模式，估计每只鸡盈利在 5～8 元，全年出栏肉鸡约 300 万～500 万只，盈利每年在 2 000 万左右。广西春茂集团的快餐连锁"全上品"等，盈利能力稳定，受市场影响小。

5. 存在的问题

一是整体生产水平有待提高。 大部分肉鸡，无论种鸡还是商品代肉鸡相对于白鸡来讲仍以粗放散养为主，鸡舍建筑简陋，投入不足，抗风险能力差。种鸡管理生物安全措施差，品种的疾病净化程度低。种禽多以笼养和人工授精，尽管使生产成绩有所提高，但所用的人员较多，一般 30 万只存栏规模的种鸡场用人要 200～250 人，存在人力成本高和用人难的现象。

二是疾病因素复杂。 禽流感毒株变化快，对养鸡影响大。此外，H7N9 阴魂不散，随着冬季的来临，疫情不容乐观。

三是冰鲜屠宰上市对黄羽肉鸡影响巨大。"关闭活禽市场""限销活禽"使农民养出的鸡无市场销售，活鸡积压，一些企业严重亏本、甚至倒闭。为了企业自保，全行业只好限产，减少产能。以广西玉林为例，2013年前，全市每月投苗数都保持在1 800万～2 000万羽范围，2014年9月以来，玉林每月投苗降至800万～1 200万羽，肉鸡出栏外销珠三角地区由原来每天50万～60万羽降至如今的30万～40万羽。在产种鸡存栏由500万套降至现在的360万套。广东也同样减量40%～60%。减产虽然提高了企业和养户效益，但对满足市民对优质鸡需求产生影响。"禁售活鸡"改为强推"冰鲜鸡"，两败俱伤。由于岭南人数千年的饮食习惯是吃"鲜活"农产品，不吃"冰冻"产品。禁售活鸡，改"冰鲜上市"，企业看不到冰鲜鸡销售市场，不敢大量生产冰鲜鸡，也无能力大量生产冰鲜鸡，也卖不出去。北方人吃冰鲜鸡可能感觉与吃活鸡没有什么区别，但两广地区的居民还是能够吃出不一样，因此冰鲜上市影响还是比较大。现有冰鲜鸡加工的凉亭集团生产线、春茂集团生产线、原巨东集团生产线，全停产或等待订单待产，凤翔公司加工生产线虽正常生产，但屠宰量每天只有2 000～3 000只，也难以盈利。所以不能强推，只能分步实施。活禽市场里禽流感病毒感染的影响还是比较大，黄鸡究竟怎么做还是很难，法国也有优质鸡，每年有10亿只鸡上市，其中2亿只是优质鸡，上市方式全部是冰鲜。把优质活鸡销售改为冰鲜上市，性价比远远不比白羽肉鸡冰鲜鸡。而且优质鸡的冰鲜鸡与白鸡冰鲜鸡上到超市货架，由于优质鸡成本高，白鸡养殖成本低，而两者的冰鲜鸡在市民眼里无法分辩，使两者销价无法拉开，使优质鸡冰鲜鸡销路不畅而下架率高，造成亏损大。特别是现在小白鸡、817肉杂鸡外观看着比一些快大型黄羽肉鸡的外观还要好，毛孔很细，脚也很细，很难区分。

（二）山东肉鸡产业发展形势

单虎介绍了山东肉鸡产业发展形势。

1. 山东畜牧业发展总体形势。2014年畜牧业产值达到2 460亿元。全省畜产品加工业、饲料工业、兽药产业年产值分别达到4 000亿元、900亿元、65亿元，畜牧业相关一、二、三产业形成了7 000多亿元的产业链，占全省地区生产总值的11%。2014年肉、蛋、奶产量分别达到770万吨、390万吨、300万吨；肉蛋奶总产量占全国的10%，居全国首位；禽肉总产量占全国的34.49%，居全国首位。2014年山东省肉类产量中，猪肉占46%，比全国均值低15个百分点；禽肉占41%，比全国均值高17个百分点。山东省禽肉产量在肉类产量占比2012—2015年呈现持续下降趋势。

2. 肉鸡产业发展形势。

（1）产业总体规模和产业体系。2014 年山东肉鸡出栏量 16.94 亿只，产量 386 万吨，连续多年位居全国首位。规模饲养比重 95%，标准化饲养比重 85%，远远高于全国平均水平。山东省良种繁育体系健全，全省地方家禽保种场 11 个，祖代肉种家禽场 3 家，存栏量占全国 30%，其中，山东烟台的益生公司是全国最大的祖代鸡场；父母代种鸡场 354 家，存栏量占全国近 30%；年出栏 100 万吨以上的肉鸡养殖场 160 家；规模屠宰企业 149 家，屠宰量居全国首位。

（2）肉鸡产业结构和地域分布。山东省饲养的白羽肉鸡的主要品种有 AA＋、罗斯 308 以及科宝艾维茵等常规的品种，有一部分黄羽肉鸡，还有一部分肉杂鸡和一部分淘汰的蛋鸡。其中，白羽肉鸡占 59%，817 小型肉鸡占 5.4%，黄羽肉鸡占 25%，淘汰蛋鸡占 10.6%。

在山东，快大型白羽肉鸡养殖地主要分布在青岛、烟台、潍坊、东营、德州、临沂、聊城、枣庄几个区域。年产 10 万吨以上禽肉大市中，潍坊最多，其次是青岛、聊城、济宁等地市。表 5 是日屠宰能力 15 万只以上的肉鸡加工厂，日屠宰能力最多 50 万只。

表 5　山东日屠宰能力 15 万只以上的肉鸡加工厂

序号	企业名称	市	县	设计能力	
				日屠宰量（万只）	库存容量（吨）
1	潍坊美城食品有限公司	潍坊市	潍城区	50	500
2	青岛九联集团股份有限公司	青岛市	莱西市	45	16 200
3	天禧牧业有限公司	滨州市	惠民县	40	15 000
4	山东凤祥实业有限公司	聊城市	阳谷县	32	20 000
5	山东春雪食品有限公司	烟台市	莱阳市	30	10 000
6	诸城外贸有限责任公司	潍坊市	诸城市	25	22 000
7	山东盈泰食品有限公司	枣庄市	滕州市	20	7 000
8	福喜（威海）农牧发展有限公司	威海市	乳山市	20	3 000
9	山东众鑫食品有限公司	威海市	文登市	20	30 000
10	博大食品加工有限公司	滨州市	博兴县	20	5 000
11	博兴县经济开发区新盛食品有限公司	滨州市	博兴县	20	10 000
12	山东仙坛食品有限公司	烟台市	牟平区	16	5 000
13	山东铭基中慧食品有限公司	潍坊市	昌乐县	16	5 000

（续）

序号	企业名称	市	县	设计能力	
				日屠宰量（万只）	库存容量（吨）
14	聊城市福润禽业食品有限公司	聊城市	东昌府	16	2 600
15	莱州市成达食品有限公司	烟台市	莱州市	15	3 000
16	山东泰森食品有限公司	潍坊市	昌邑市	15	8 000
17	山东万泉食品有限公司	潍坊市	经济区	15	3 000
18	山东凯加食品股份有限公司	潍坊市	高密市	15	3 500
19	山东新和盛食品有限公司	潍坊市	坊子区	15	2 500
20	梁山县六和樱源食品有限公司	济宁市	梁山县	15	700
21	山东泰森食品有限公司	日照市	莒 县	15	4 000
22	建发食品有限公司	聊城市	阳谷县	15	2 000
23	山东惠民飞佳食品有限公司	滨州市	惠民县	15	3 500

（3）肉鸡生产关键技术指标。近年来，山东肉鸡生产效率也有很大提高，山东肉鸡生产欧洲指数从"十一五"末的 260 左右提高到目前的 300 以上，个别企业达到了 380 以上；料肉比甚至降到了 1.6∶1 以下；出现了一些非常先进的技术，机械化、信息化、自动化水平明显提升。

（4）肉鸡市场行情

①父母代鸡苗销售价格。2014—2015 年父母代鸡苗销售价格非常低，2015 年 10 月，父母代雏鸡理论生产成本 15 元/套，实际生产成本 18.57 元/套，市场价格都要低于生产成本，而且一直在低价徘徊。2015 年从开春到 6 月，价格一直在下降。

②商品代鸡苗销售价格。2015 年初商品代鸡苗销售价格稍微高一点，中间有波动，但总体是非常低的趋势，2015 年是行情最差的一年。

③鸡肉消费。受速成鸡、H7N9 等事件影响，禽肉占肉类消费总量的比重已连续两年下降。2013 年，禽肉占比 21.10%，2014 年禽肉占比 20.11%，分别下降了 0.60 及 0.99 个百分点。2015 年下降得还要多。从与消费者和其他行业人员交谈中发现他们在速成鸡、H7N9 事件上还是有一些困惑。

④肉鸡经济效益。白羽肉鸡在 2015 年被许多企业评为"史上最差行情"，从全产业链来看种鸡场、肉鸡场、屠宰场均处于亏损状态，亏损程度较 2014 年更为严重。黄羽肉鸡在 2015 前三季度行情较好，行业持续盈利，但盈利水平明显不及 2014 年下半年，在第四季度盈利也开始下降。2015 年以来，白羽

肉鸡毛鸡价格始终处于低迷状态，前三季度社会鸡的回收价没有一个月能达到平均 9 元/千克的成本价，整体处于亏损状态。2015 年鸡肉价格一直在下降，并且下降幅度比较大；自 5 月起，更是跌至每吨一万元以下；10 月稍微有一点上升，但很快又降下来。

（5）肉鸡产品出口贸易情况。山东肉鸡除了满足本省需要外，出口品种不仅有鲜冷及冻鸡肉产品，也有附加值高的熟制品。销售区域有国内的香港、澳门以及国外的日本、韩国、欧盟等传统区域，此外，近几年沙特阿拉伯、阿尔巴尼亚等新兴市场也在不断扩大。全省共有 10 家熟制禽肉企业和 10 家冷冻禽肉企业获得欧盟注册。在全国通过出口认定的 35 家禽肉加工企业中，山东占 17 家；出口禽肉占全国总量的 40%，占山东肉类产品出口总量的 77%。对日出口占全国禽肉出口的 40% 以上，国内上海市场 70% 的禽产品来自山东。

3. 山东肉鸡产业发展存在的困难和问题。山东肉鸡产业发展除了环境保护意识增强导致污染治理迫在眉睫，社会舆论引导不力导致群众消费信心不足，动物疫情形势严峻导致疫病防控压力增大，良种资源受制于人导致产业竞争活力不足四方面的困难外，还存在以下三方面的问题：

（1）资源环境约束趋紧。一是土地资源紧张。二是粮食和饲料原料资源不足，对耗粮为主的肉鸡业发展限制越来越紧。三是从业人员年龄结构老化，后备人员不足，人口红利优势不再，劳动力成本不断走高。四是山东省还存在部分区域养殖规模大、密度高、布局不合理，粪污对周边环境影响较大，山东省环境改善也是需要重点关注的问题。

（2）产业动荡日趋频繁。一是应对市场风险能力弱，周期性价格波动对行业冲击较大。二是应对突发事件冲击能力弱，如"禽流感""速生鸡"等，易对行业造成重创，恢复周期长。三是生产稳定性差，一哄而上、一哄而下的现象还存在。四是疫病防控难度加大，系统性大面积疫病暴发隐患依然存在。五是祖代鸡引种总量过大，肉鸡生产供大于求，带来价格走低和产品滞销，自我调整缓慢。

（3）终端消费挖掘不深。白羽肉鸡是山东省肉鸡养殖的主导品种和优势产业，但尚未根据我国居民的消费习惯和现实需求，开发出适合广大农村和城市居民消费的特色产品，不利于扩大消费。对吃鸡的方式方法，研究、推广、普及不到位，影响了家庭消费。精深加工不足，产品附加值低，品牌创建滞后，制约了市场竞争力提升。地方鸡、817 肉杂鸡等，产业化开发不够，高端品牌少、高端市场占有少，品牌带动效应不强，特色消费挖掘不深、特色竞争优势不强。

4. 肉鸡产业发展主要思路

一是做大做强良种产业。保持适当的良种规模，整合种质资源和技术力量，培育具有自主知识产权的肉鸡品种。

二是建立重大禽病防控体系。积极实施动物疫病区域化管理，加快构建病死畜禽无害化处理长效机制，探索完善以重大动物疫病和人畜共患病防控为重点的新型防控机制。

三是持续强化社会舆论引导，打造肉鸡品牌。一方面，对于谣传，要勇于辟谣。另一方面，山东省也要树立山东省白羽肉鸡品牌，建立产业联盟，抱团共同发展。

四是坚持环保发展统筹兼顾，推进生态产业建设。考虑全省资源环境，优化养殖区域布局，稳定存量、提升质量，科学制定肉鸡发展规划。建设畜禽规模化、标准化养殖场，促进产业转型升级、提质增效，促进产业实现规模化、机械化、设备化，加快发展标准化养殖。严格制度管理无害化处理，雨污分流，粪便污水资源化利用。此外，畜牧机械化和畜牧业无害化处理也是下一步畜牧业产业升级的一个重要环节。

（三）长三角区域肉鸡产业发展状况

胡祖义介绍了长三角区域肉鸡产业发展状况。

目前，长三角区域肉鸡生产消费以中、慢速为主。其中，中速以公鸡为主，慢速以长日龄的母鸡居多。另外肉杂鸡冲击快大黄鸡市场比较厉害，肉杂鸡成本低，养到 50～60 天肉质和快大黄鸡肉质相近，冲击市场的能力越来越强。快大白羽肉鸡基本上退出活禽市场。江苏无锡市场在 2000 年以前每天可以卖 2 万只白羽肉鸡活禽，现在每天只可以卖到 300～400 只。中慢速鸡以活禽上市为主。

安徽宣城生产的肉鸡主要供应江、浙、沪地区，在 2002 年以前主要养的都是快大白羽肉鸡，基本上都是活禽销售，2005—2013 年主要生产快大黄羽肉鸡，近两年中慢速比例越来越高。快大鸡逐渐减少的主要原因是以下四个方面。一是宣城快大鸡生产没有生产优势，成本高于山东。二是育种技术的原因。过去追求快长，高饲料报酬，忽视了我国的烹饪习惯，在 2002 年以前养的白羽肉鸡 55～58 天出栏，出栏体重 2.7 千克，现在白羽肉鸡 37 天就能达到这个出栏水平，长得太快，按照我国消费者的烹饪习惯炒鸡肉会出一锅水，所以都不愿意吃了。三是快大黄羽肉鸡销量减少和大的经济形势有关。目前，大概一半的企业开工不足，快大黄羽肉鸡主要的销售对象是工厂的食堂，2015

年的经济形势不好影响了快大黄羽肉鸡的销量。四是消费水平提升,消费需求改变。以前比较穷的时候能吃饱就行,现在要吃好,即由果腹向美食的转变。

此外,长三角区域肉鸡销售方式也在改变。杭州、上海主城区禁止活禽销售,逐渐开始流行销售光鸡,即不去内脏的满膛鸡。销售方式是将活鸡拉到市场边上去宰,晚上12点屠宰,凌晨2～3点二级、三级批发商去拿货,然后到市场上卖。同时,冰鲜鸡、冻品销售开始推广。

(四)山西肉鸡产业发展形势

李沁介绍了山西肉鸡产业发展形势。

山西省肉鸡生产总体规模不大,但近些年来,尤其"十二五"以来,产业发展势头强劲,呈现出了起点高、发展快、标准化程度高和龙头企业带动性强的特点。2014年,山西肉鸡出栏2.45亿只,产量41.36万吨,较2013年分别增长22.8%和28.14%。2015年,山西肉鸡出栏量预计达到2.7亿只,比"十一五"末增长163%。山西肉鸡产业的标准化程度较高。2014年,年出栏5万只以上的肉鸡规模户的年出栏量占全省的比重达70%。出栏100万只以上的肉鸡规模户29户,出栏量占到全省的22%;出栏50万以上的肉鸡规模户达56户,出栏量占到全省的31%。

当前山西肉鸡产业发展存在的问题主要有两方面,一是扶持资金的使用问题,二是政策的执行问题。扶持资金的使用问题上,最好集中使用,避免撒胡椒面,取得的实际效果会更好。政策的执行问题主要集中在两个方面:一方面是环保问题。企业反映,国家规定10吨以下的燃煤锅炉不准投入生产。在政策执行过程中,应考虑到养殖场建设的实际情况,养殖场一般都在偏僻村庄,远离气源,而且开一个气口也需100万元以上,对于弱势群体的养殖人群,根本没有能力。所以不应一刀切,一律不准上,而应从解决脱硫除尘、使排放达标等环节入手,既解决环保达标,又顾忌到弱势群体的生产生存问题。另一方面是污水排放和粪污处理问题。过腹还田是处理粪污的适宜方法,但土地流转政策的不落实阻碍了这一方法的实施,所以应尽快出细则,执行这一政策。

三、我国肉鸡产业存在的问题与发展对策探讨

(一)国家应制定全国肉鸡产业发展的总体规划

黄建明谈到,白羽肉鸡在提供优质动物蛋白方面具有节粮、节地、节水,以及生产效率高的优势,在畜牧业中占有重要地位,应制定全国肉鸡产业发展

的总体规划，对产业布局、引种规模、动物蛋白计划等一系列问题进行总体设计，引导肉鸡产业有序发展。从白羽肉鸡生产效率高等诸多优点看，政府或许可以把对猪肉消费的支持力度转到肉鸡产业上 5～10 个百分点，那么对土地和粮食的节约将是非常可观的。美国的鸡肉消费占到肉类消费的 70%～80%，正是因为企业和政府的引导作用强大，而且我国自白羽肉鸡引进的 30 多年，生产技术、产业化和规模化都消化吸收并且做得很好，政府更应切实加强鼓励促进发展。

福建圣农发展股份有限公司常务副总裁傅细明谈到，20 世纪 80 年代初，企业家们去国外考察衡量后选中白羽肉鸡这个行业，因为白羽肉鸡消耗资源少且能提供更加优质的蛋白，非常适合我国人多地少的国情，白羽肉鸡经过 30 年的发展，其规模化、技术化养殖是所有畜禽养殖中最接近世界先进水平的，但最后的结果是老百姓认为白羽肉鸡有药残、激素，甚至将白羽肉鸡定义为速生鸡。目前来看，黄羽肉鸡的发展好于白羽肉鸡，生猪的发展也好于白羽肉鸡，牛羊产业的发展更是好于白羽肉鸡。国家应对肉鸡产业给与重视和支持，统筹规划，加强协调，推动产业健康发展，从而达到节能、节粮、环保、营养的效应。

（二）重视供给侧改革

王济民着重强调，要重视供给侧改革。一是，产品质量的差异化。困扰白羽肉鸡企业最大的问题就是药物、激素残留问题，那么企业关键是要能够保证自身的产品是健康食品。参考伊利集团在其众多产品中推出一个高端产品"金典"，保证产品质量等方面跟其他产品不一样，具有独特性。肉鸡企业也可以两手抓，一方面是大众产品，产品的可替代性高；另一个是高端、特殊产品，保证差异性和品质性。二是，节本增效、提质增效。肉鸡养殖的成本中土地成本和劳动力成本比重较大，但是土地成本和劳动力成本的提高主要是由于工业化、城镇化的带动导致，是行业内部无法掌控的。因此，肉鸡行业的发展要借此汇率下降的契机加速发展，不再靠量取胜，更要靠质量取胜，靠节本来取胜。

王济民认为，要创新营销模式，打通营销链条的最后一千米。白羽肉鸡继续前两年的惨淡行情，黄羽肉鸡的行情要稍好于白羽。养殖企业在亏损，但是从零售角度上看，白条鸡和活鸡的价格都没有下降，零售商是一直在盈利的。这种奇怪的现象也同样出现在牛羊产品上，羊肉的零售价格一直是 60 元/千克，但是养殖户的活羊价格却在一路下滑。这就说明在农产品上，零售商的利润一直能得到保证，但是生产企业却面临价格危险。究其原因，就会发现是我们的经营模式出了问题。养殖行业大体有三种模式：一是垂直一体化企业，从养殖到屠宰加工再到熟食制作；二是公司＋养殖场（养殖基地）；三是独立养殖。这三种模式都缺少了跟消费者的直接对接，在营销上来讲就是最后的一千米没有打通。企业不论规模大小，首先要直接跟餐饮对接，如果还是寄希望于肯德基、麦当劳、超市，那么企业在今后还会面临零售商在赚钱，而养殖企业却在亏损的尴尬局面。

王济民谈到，在营销战略上，一是，企业不要一味追求注册各种各样的品种，要侧重已有品种上的营销创新。比如北京油鸡是一个好的品种，品牌知名度也较高，但是如果把"北京油鸡"改成"宫廷鸡"，那么就会扩大产品的销售区域和提高消费者的认可度。二是，抓住外部机会。曾经有一段时间流行吃鸡肉、喝扎啤、看足球，但是企业并没有就此采取任何的营销活动，没有借此机会把"吃鸡肉、喝扎啤、看足球"做成一种时尚、潮流。世界卫生组织WHO说白肉比红肉健康，同样没有看到肉鸡企业出来宣传自家品牌的鸡、扩大品牌影响力的举措。所以企业要及时抓住机会，不要盲目地抱怨负面消息多。

国家肉鸡产业技术体系信阳试验站团队成员、固始原种鸡场技术总监赵河山认为，白羽肉鸡是所有动物中最经济的动物蛋白提供者，白羽肉鸡具有产品性能单一、容易保存、运输便利的特点，但是产品本身不具有竞争力，其最主要的贡献就是解决温饱问题，其消费群体也主要是工厂、工地等。但是随着经济的低迷，工厂、工地有相当一部分不再开工或开工不足，那么白羽肉鸡的消费量就骤然减少。白羽肉鸡发展至今，其产品只是简单的冻品、分割肉或者简单加工后的熟食，那么未来白羽肉鸡的出路就要加强产品创新和销售形式创新。

国家肉鸡产业技术体系河北试验站团队成员、河北省农业科学院畜牧兽医研究所王学静副研究员谈到，创新发展方式要注重品牌营销。现在关于肉鸡的宣传基本上是网络或者平面媒体对鸡肉的负面宣传，比如说肉鸡是吃激素长大的，人吃了后产生抗药性，身体机能受到影响。肉鸡养殖企业的正面宣传和自身品牌的推广鲜有出现，以至于消费者在超市中无法判断哪一个企业的鸡肉最健康，从而就会选择其他肉类产品替代。

（三）增强对肉鸡产业发展的信心

辛国昌谈到，综合判断，2015年的整个肉鸡产业是处于供需再平衡基本探底的前夜，所以整个效益不是很理想。按农业部监测的数据来判断，2015

年禽肉产量是增长的，主要是由于水禽产量增长带动，肉鸡在产量上实际是减产的。肉鸡效益也不是很理想。其中，黄羽肉鸡好一点，主要是由于 2014 年 H7N9 事件导致整个肉鸡产业产能下调。2015 年整个畜牧业生产，不光是肉鸡这一块，包括其他肉、奶等，突出特征是增产的都减收，减产的效益好，这就说明产业的发展进入一个供需再平衡的平衡过程阶段。在经济增速放缓以后，平衡点发生位移，在这种情况下进行供需再平衡，这个过程还没有彻底完成。当这个过程完成以后，肉鸡产业的发展是会向好的，这是我们对于形势的总体判断。

王健谈到，肉鸡产业是整个畜牧业中饲料转化率最高的产业，从当前国家要节约资源、产出高效的大环境背景下，我们更应大力发展肉鸡产业。国家在"十三五"期间要大力推进精准脱贫，这会不会对肉鸡产业的消费产生正向的拉动作用？拉动效应究竟有多大？这也是我们需要研究和思考的问题。

国家肉鸡产业技术体系北京试验站站长、北京家禽育种有限公司总经理王玉玲谈到，虽然目前我国肉鸡产业发展困难，但我们也正在向辉煌的过程迈进，相信白羽肉鸡的明天是很好的。白羽肉鸡在畜禽养殖行业中还是比较规范化和标准化的，虽然现在有大量的小散户存在，产业的规模化不高，但是这种无序发展会随着产业的发展、政府的大力监管和政策法律的实施（食品安全法）逐步得到解决，从而达到整个白羽肉鸡行业的标准化程度高、规模集中度高的局面。此外，王玉玲认为黄羽肉鸡和白羽肉鸡应有各自的定位。白鸡的定位基本是食品原料，因为将来的年轻人很少会做饭，那么快餐、快消品将会发展得非常快，那么对食品原料的要求就是满足营养、便捷、低成本的特点，白鸡就恰好具有这种特质。黄鸡也有自己的市场，比如说用传统的烹饪方式炖鸡可以很好地保留黄鸡的美味。两种产品的市场销路并不冲突，因此在中国的大市场环境下可以并存。

国家肉鸡产业技术体系鹤壁试验站站长、河南大用实业有限公司副总裁郝国庆谈到，白羽肉鸡是很有发展前途的产业。一是白羽肉鸡的料肉比高。二是对于一体化的企业白羽肉鸡的药残根本不是问题，完全在可控范围内。三是父母代鸡的减少必然会带动商品代鸡的减少，市场也将达到一个重新平衡点，企业也将盈利。

（四）优化产业组织模式

王健指出，肉鸡产业"公司＋农户"的模式在整个行业提升组织程度方面做出了卓越贡献。在整个行业的发展竞争中，从生产源头向终端一体化的产业组织形式也在涌现。从发展趋势来讲，肉鸡产业是不是还能延续"公司＋农户"这样的模式，还是一体化发展或专业合作社等其他一些组织形式，这也是需要探讨和分析的事情。另外，我们也应该从肉鸡产业着手，对产业的标准化生产问题作深入的系统探讨。

黄建明谈到，白羽肉鸡产业经营模式的发展从引进之初到现在，可归结为以下三种模式：一是完全的垂直产业化，二是"公司＋农户"，三是"独立散户"。当前，三种模式基本是三分天下。这说明独立散户的占比不可小觑，但是，独立散户不采取五统一（统一供应雏鸡、统一防疫消毒、统一供应饲料、统一供应药物、统一屠宰加工）的养殖方式，其食品安全没有保障，然而由于其屠宰工艺简单使之出品率高于大型企业 3～5 个百分点，这样严重冲击了市场。所以，应该限制第三种模式发展或者倒逼其转型。

山西大象农牧集团技术经理杨文超谈到，山西大象农牧集团三年前的养殖模式是"公司＋基地＋农户"，现在改成"公司＋基地＋农场"，规模化进程推进得很快。养殖场根据合同交了鸡之后每只鸡扣 5 分钱，在有自然灾害或者重大疫情导致的亏损时公司会按照规章制度给予补偿。

（五）加强行业自律

王济民指出，要全面、深刻地认识经济新常态的特点，新常态已经对生产者、消费者、投资者产生了影响，而且会不同于以往在经济低迷时、市场不景气时企业可以暂时减量生产，等待时机好转后就可以加足马力生产的老常态，这次的新常态不是企业减量、躲避就可以重新创造辉煌的，行情有可能会好转但也不会再现历史的高利润。2015 年的 GDP 大约在 6.8％～7％，2016 年可能会比 2015 年的形势更加复杂，甚至整个"十三五"期间都有很大压力，因此企业企图等待一两年价格上涨是希望不大的，坐以待毙不如企业自力更生、自主创新谋求发展。从国外 50 年的发展经验来看，白羽肉鸡在畜牧业中所占的比重是不断增加的，我国白羽肉鸡的发展也是前途是光明的，但是道路曲折，需要企业加强自律、做好环保，争取国家支持。

郝国庆谈到，从河南白羽肉鸡发展的总体情况来看，2015 年最困难的是全产业链公司。对于全产业链公司而言，不是因为全产业链公司不想减量，而是生产步伐确实停不下来。拿屠宰厂举例来说，假如给工人放 10 天假，那么 10 天后上班的工人就非常少，工人流失后产品质量就无法保证了，所以生产不可能停下来。

山东益生种畜禽股份有限公司董事、副总经理巩新民，河北孟村县农牧局副局长铁忠路，以及黄建明等认为产量过剩的根本原因，一是行业准入门槛低，二是企业缺乏自律。此外，黄建明还谈到，应加快白羽肉鸡行业转型升级。从肉鸡产业发达的美国、巴西的发展历史来看，美国 20 世纪 80 年代左右用了将近 10 年时间完成转型，巴西也是在 20 世纪 90 年代左右用了 10 年时间完成转型。当前中国白羽肉鸡行业的转型亟需完成。一方面通过对三种养殖模式制定生产标准，加大如环保等条件的准入门槛，加强政府监管。另一方面政府加大包括祖代鸡企业在内的整合力度，提高祖代鸡企业的准入门槛，通过整合提高产业集中度，更利于行业的健康发展。

烟台大地畜禽良种有限责任公司董事长丛桂海谈到，由于受到美、法两国的疫情影响，中国政府禁止从两国进口白羽肉鸡，那么严重依赖进口的白羽肉鸡祖代受到影响，进口量的减少使得企业纷纷采取换羽的措施，虽然保证了产量，但却使白羽肉鸡的生产性能和疾病问题突出，对产业健康发展是不利的。虽说此次封关在一定程度上有利于解决产能过剩问题，但是企业用换羽解决引种量问题反而会使疫情等问题凸显而得不偿失。黄鸡的市场行情好于白鸡，就是因为黄鸡企业主动减量，主动适应市场需求，不盲目生产，从而为企业赢得利润。因此要正确对待封关问题，企业加强自律不要换羽，调整产能达到市场供求平衡，从而扭转企业由于前期的产能过剩而导致的亏损；同时趁此机会对国内的小散户企业要进行整顿，保证行业内的产品安全。

（六）高度重视食品安全

王玉玲谈到，食品安全法深受行业内自律企业的欢迎，食品安全法的严格执行就会减少甚至根除滥用药物、激素的问题。所有肉鸡企业都应严格执行食品安全法，这样中国的肉鸡产业就会越来越好。傅细明也谈到，白羽肉鸡确实存在一小部分企业在肉鸡饲养上有药物、激素使用过量，但是绝大多数正规企业的药物和激素都控制得非常严格。希望企业做好自律，在养殖规范上、食品安全上、环保上认真反省自己，确保在任何环境下都要控制产品质量和环保问题。

（七）高度重视育种工作

文杰指出，2015 年《全国肉鸡遗传改良计划》实质性开始工作，最大的一个成绩就是遴选出首批肉鸡核心育种场和扩繁场各 15 家，并开展了第一次培训。这是解决我国潜在种业危机的根本措施。今后应加快全国肉鸡遗传改良计划的推进。

黄建明和宫桂芬都谈到，对于育种问题，其他家禽种业应该是不成问题的，最需要关心的是白羽肉鸡。我国祖代鸡完全依靠进口引种，但是这两年的疫情愈加严重，进口封关会使我们陷于被动局面，不利于国内白羽肉鸡产业的长久健康发展，因此白羽肉鸡的遗传育种问题应该提到日程上来。

（八）高度重视环境治理问题

辛国昌谈到，关于环境治理问题从资源节约这个角度来说，就是要随着资源的承载能力越来越紧张，倒逼模式创新；从环境友好角度来说，现在对畜禽养殖产生的粪便污水的处理要求非常严格，已经进入特别严苛的一票否决阶段，原来畜禽养殖产生一些废尿污水往环境里排问题也不大，现在不行了。2015 年农业部畜牧业司专门在武汉开了废污处理现场会。如何做到"产出高效、产品安全、资源节约、环境友好"，应该有更为清晰的研究。

傅细明谈到，鸡粪做成有机肥需要经过较高成本的生物处理，同时还需要考虑距离的远近，因为有机肥属于区域性的产品，处理厂离消费地距离太远则运费很高，距离太近则容易导致价格低。

王济民提出，要重视养殖场的布局。养殖场如果过于分散则运输半径大，过于集中则存在粪便消化问题。那么养殖场要适当分散，跟蔬菜、水果产业结合起来，养殖场的粪便容易处理，用户也愿意购买你的肥料。

宫桂芬谈到，关于粪污处理问题，养殖大型鸡场和猪场提出，农业部在制定"十三五"规划的时候是否可将养殖场粪污处理问题的提法改变一下，将养殖场粪污处理问题的提法改为养殖场粪便利用问题，首先自己界定养殖环节产生的粪便不是污染物，是一个很好的有机肥，是一种资源。王健解释，当时称为"粪污"是指代粪便和冲洗的污水，大家现在认为粪污这个词是污染的问题。农业部和环境部沟通，以后改称粪便。此外，我们一直坚持农牧结合，种养一体化的观点，以前叫资源化利用，现在叫综合利用，也就是畜禽粪便的综合利用。

巩新民谈到，山东益生种畜禽股份有限公司从 2007 年开始，每个鸡场都建设有机肥发酵车间，生产过程产生的鸡粪都要进行无害化处理才能出厂。从 2007 年到现在处理粪便花了好几千万，就是为了解决环保问题，为了解决交叉污染问题。那么小企业首先从财力上就不具备条件也不会去做，而我们大企业投入了这些资金后，产品在市场上也不会增加竞争力，长久下去企业也会很难支撑。因此建议政府在这方面提供资金或者出台鼓励政策。

国家肉鸡产业技术体系肉鸡遗传育种岗位团队成员、广东省农业科学院畜牧研究所助理研究员严霞谈到，近几年国家对环保非常重视，2015 年是"十二五"规划的收官之年，广东省也很重视农业污染的问题，把许多没有污染处理设施的企业关闭。肉鸡养殖行业本是一个薄利产业，还要建一个成本非常高的有机肥粪污处理车间，对于企业或养殖场来说都将是一个不小的负担。因此政府能否考虑在环保上有专门的立项或者政策上的扶持。

（九）产业升级需要政府加大资金支持

国家肉鸡产业技术体系河北试验站团队成员、河北易县兰宝牧业有限公司总经理兰金利谈到，肉鸡养殖行业在几年前进入门槛较低，发展到今天提倡标准化、规模化养殖。河北易县兰宝牧业是专门从事肉鸡养殖的小型农民企业，在这个行业里艰难地发展了十几年。公司建设了标准化的鸡舍，引进了山西大象农牧集团的全套设备，其中设备 130 多万加上土建工程等共计 200 多万，设备设计使用寿命是 15 年，养殖规模为 3 万只鸡，一只鸡按全年 1 元/只的利润计算，那么全年养 6 批鸡（一天也不耽误）的情况下，一年赚的 18 万利润则全是给银行的利息。因此，类似河北易县兰宝牧业这种初具规模的小型企业急需政府补助，特别是标准化补贴。

王济民提出，希望国家对有机肥进行补贴。现在国情是一方面化肥使用过量，另一方面动物粪便没有地方处理。在这种矛盾情况下，如果有有机肥补贴，那么既降低了化肥使用量，保证了土壤质量，另一方面也解决了粪便污染问题，同时还有利于提高种植产品的质量，是一举多得的重要举措。从全世界的粪便处理经验来看，最好的办法就是还田。美国每一个养殖场都有一个储粪池，把粪便积累起来发酵，到追肥的季节就直接拉到农田。益生股份的机肥处理和圣农的发电厂，成本太高，如果领不到补贴可能连银行的利息都还不起，不适合大多数企业。因此，企业在引进粪便处理设备时一定要综合考量成本、收益。山西大象农牧集团的一栋笼养鸡舍投资需要 200 万，设备使用寿命 15 年，一年赚 20 万的利润也才 5 年的盈利期；美国一栋 2 万只的鸡舍，投资大概 10 万元，使用寿命是 30 年。二者一对比就发现了差距，在成本和利润上不如美国，那么在粪便处理上更要节约成本，中国的肉鸡产业才能长久地生存下去。

（十）推进肉鸡统计工作

文杰谈到，要再次呼吁加强肉鸡统计工作。现在肉鸡的数据一是来自FAO 公布的数据，二是依靠中国畜牧协会的数据，三是农业部的监测数据，各有各的基础和来源，但是国家统计局还是没有细分家禽方面的数据。希望家禽细分数据能成为国家统计局正式公布的数据，可以为我们的工作提供指导。

田建华在通报统计工作情况时说，在行业统计方面，我们统计里有家禽，家禽里包括鸡、鸭、鹅，鸡里面分了专用型肉鸡和专用型蛋鸡。在 2014 年，我们的统计数据只是非常准确地统计到黄羽肉鸡，从 2015 年开始，我们已经向国家统计局备案，将白羽肉鸡出栏量加进去了，同时将肉鸡饲养规模表里年出栏数量进行了细化。文杰所长和王济民所长一直呼吁能不能以国家统计局的形式把家禽的数分的更细一些，尤其是肉鸡这块。在这里向大家汇报，从 2015 年开始白羽肉鸡和黄羽肉鸡的数已经有了，就是说我们已经将基础打牢了。下一步将就相关数据的发布工作做进一步的沟通。

（十一）高度重视舆论宣传工作

辛国昌谈到，现在我们在紧张地谋划"十三五"的相关政策，制定相关产业发展规划。"十三五"是建社现代畜牧业的关键时期，也是畜牧业转型发展的关键时期。"十三五"的重要任务就是加快建设现代畜牧业。怎么加快建设现代畜牧业，具体是四个方面：产出高效、产品安全、资源节约、环境友好。从产品质量、产品安全的角度讲，现在最核心的问题是重塑信心。我们既要注重保证产品质量安全，也要重视舆论宣传工作，提振消费者信心。

宫桂芬认为，根据中国畜牧协会综合监测、调研的情况，肉鸡产量不成问题，主要是消费问题。文杰也认为，当前肉鸡生产形势跟消费者的消费信心有很大关系。H7N9 直接的影响已经消退和淡化了，但是由此带来的对消费者鸡肉消费信心的打击还是比较深远的，现在大家提起鸡肉来都很紧张它的安全性问题。因此，如何加强科学宣传，提振消费者信心，还需要大家共同讨论。

黄建明指出，近些年来，一些网络谣言对消费需求产生了不利的影响。一是消费者缺乏对白羽肉鸡的了解；另一方面是白羽肉鸡经过 30 多年的发展，媒体宣传并没有同步，造成消费者的误解。企业和行业协会要积极应对媒体的炒作，多加重视；同时政府作为官方媒体，公信力更强，政府也应该承担起辟谣、宣传责任，多管齐下，净化网络环境，引导和拉动消费。

傅细明谈到，要高度重视对鸡肉消费的宣传引导。研究发现，越发达的国家白羽肉鸡的消费量越高，越穷的国家白羽肉鸡的消费量越低。我国虽然是GDP 中等偏上的国家，但白羽肉鸡消费偏低。政府和企业都要重视宣传工作，让白羽肉鸡的节能、优质、高蛋白的特性深入人心，让消费者接受并且愿意消费。假如我国人均鸡肉的消费量即使只是增加到世界平均水平，目前企业的养殖规模都是远远不够的。

傅细明建议，先号召企业内部人员吃鸡肉，并影响其家庭成员。估计肉鸡行业从业人员亲属数量不会低于 1.5 亿人口。企业从内部员工宣传则是最有说服力的广告。圣农的案例：一是建立全公司两万三千人的微信公共平台，每周发布鸡肉健康、营养的吃法；二是每个员工每月都发 10 张优惠券，一张票可以买 1 千克鸡肉并且价格优惠 20%。一段时间后有三分之一的员工都要求再增加 10 张优惠票即增加 10 千克的消费量。虽然企业让利员工消费，但是员工的消费就是家庭的消费，就会传导到左邻右舍，这是最好的宣传方式。因此在肉鸡消费的引导促进上，宣传很重要，企业自律（产品质量、员工教导）很重要，方法也很重要。

巩新民谈到，近几年来，虽然烟台的几家企业在宣传上投入了几百万，但是现在看来是杯水车薪。大家都提到负面的报道太多，但实际上正面的宣传也是太少。如果大家对正面、负面都很了解，那么负面消息就没有生存空间了。对肉鸡消费的宣传引导需要政府和协会的支持。

杨文超认为，白羽肉鸡行业面临最大的问题还是所谓的"速生鸡"问题，消费者把药残、激素抛开首先就认为 40 天出栏就是一个罪过，这么短的饲养周期产品肯定有问题。社会上的公众人物如有的医生、教师也在传播所谓的 40 天的速生鸡不能吃。那么我们首先要做的是组织医生、教师等人群，分批次地参观大企业养殖、加工过程，让其真正了解 40 天出场的白羽肉鸡是非常健康的鸡，企业在肉鸡饲养时会严格控制药物和激素的使用，并在出栏后进行药物残留检测，保证企业出场的产品是健康、无任何副作用的产品。这些公众人物了解到了真正的情况后，在以后的工作中也不会再对受众人群做负面的引导，所以用这种方式慢慢扩散正面消息，说服力也更强，从而负面消息就没有生存的空间而自动消失了。

兰金利和严霞提出，要重视肉鸡知识的正面宣传和引导。目前的状况是老百姓一谈肉鸡就是激素、速生鸡，完全不了解这个行业。严霞讲述了三件发生在身边的事情：第一件事，有新闻媒体人员问我是不是真的有速生鸡、激素鸡。第二件事，2013 年时某公司把"42 天的鸡累计要打 10～20 次的针，你敢吃吗？"的标语挂在小区宣传栏上，对消费者造成了严重误导，反映到农业厅半个月后才把标语撕下。第三件事，学校老师教导小孩肯德基和麦当劳不能吃，因为那是快大型的鸡。这三件事情说明一个问题就是社会群众对白羽肉鸡缺乏正确的认知，这也是由于企业、行业协会和政府的宣传力度不够。

（十二）重视发挥行业协会和肉鸡产业技术体系的作用

辛国昌在发言中讲，国家肉鸡产业技术体系是引领肉鸡产业的重要技术支撑力量，或者说是肉鸡产业技术支撑的国家队，也是农业部畜牧业司特别倚重的一支力量。这几年，家禽行业在应对 H5N1、H7N9 过程中，有很多急难险重的任务，肉鸡产业技术体系都能高质量地完成，特别不容易。当时应对H7N9 时，肉鸡产业是躺着中枪，当时我们需要的数据和材料，肉鸡体系都在很短时间内能形成完整、很清晰的分析，并且有切实的依据、有大量的数据做支撑，这个很不容易。"十三五"期间，畜牧业发展面临的任务会更繁重，也希望肉鸡产业技术体系能发挥产学研相结合的独特优势，突出自身特色，对产业发展做出更大的贡献。

丛桂海认为，行业协会的作用很重要，白羽肉鸡的产业规划、祖代鸡引种量的确定、肉鸡产品的消费宣传等，这些仅仅依靠个别企业是很难达到效果的。虽然益生股份、民和集团和山东三家上市公司均在消费广告上投入不少资金，但也只是杯水车薪。行业协会作为行业领导者联合企业的力量，牵头白羽肉鸡的产业规划和产品宣传工作，会取得更好的效果。中国畜牧业协会将来也会像美国大豆协会发挥着对本行业重大贡献作用。黄建明提到，为拉动白羽肉鸡的消费，企业和协会也正在加大力度研究以白羽肉鸡为主要食材的菜谱，适合普通家庭的消费习惯和层次。

赵河山提出，要充分发挥白羽肉鸡协会的作用。企业家们应该真诚地组建一个行业协会，赋予其真正的权威，并在经费上予以支持，让协会有足够的资本去对抗外在的负面因素，对行业形成保护膜的作用。现在不是一两个企业就可以解决关于白羽肉鸡产业的负面消息问题、祖代鸡引种数量的问题、产品的研发等问题，必须由统一的组织集合大家的力量，齐心协力共渡难关。

王济民提出，要探索对肉鸡养殖实行价格保险。生猪推出了价格指数保险，但是肉鸡保险该采用哪种形式，企业是否有好的经验或者实践模式可供参考，我们国家肉鸡体系、协会可以帮助总结和跟政府部门协调，探讨肉鸡适合哪种保险。兰金利也认为，肉鸡保险的落实非常重要。现在育肥猪有保险，希望协会或者有关部门协调肉鸡产业的保险事宜，如果出现疫病、自然灾害或者像近几年断崖式下跌的时候，能够给企业或者农户相应的补偿。

表8　肉鸡产业景气预警灯

季度	Z01	Z02	Z03	Z04	Z05	Z06	Z07	Z08	Z09	Z12	预警指数得分
2000.02	绿	深蓝	绿	浅蓝	浅蓝	浅蓝	绿	绿	绿	绿	浅蓝
2000.03	绿	绿	绿	绿	绿	红	绿	绿	绿	绿	绿
2000.04	绿	绿	绿	绿	绿	绿	绿	绿	绿	绿	绿
2001.01	绿	绿	绿	绿	绿	红	红	红	绿	红	黄
2001.02	绿	绿	绿	绿	绿	黄	绿	绿	绿	绿	绿
2001.03	绿	绿	绿	绿	绿	绿	绿	绿	绿	绿	绿
2001.04	绿	浅蓝	绿	绿	绿	深蓝	绿	浅蓝	绿	绿	
2002.01	绿	浅蓝	绿	绿	绿	深蓝	红	红	绿	红	
2002.02	绿	浅蓝	浅蓝	浅蓝	绿	绿	绿	绿	绿	绿	浅蓝
2002.03	绿	绿	绿	绿	绿	绿	绿	绿	绿	绿	绿
2002.04	绿	绿	绿	绿	绿	深蓝	绿	绿	绿	绿	绿
2003.01	绿	绿	绿	绿	绿	绿	红	红	黄	红	黄
2003.02	绿	绿	绿	浅蓝	绿	绿	绿	绿	绿	绿	绿
2003.03	绿	绿	绿	黄	绿	绿	绿	绿	绿	绿	绿
2003.04	浅蓝	红	黄	黄	深蓝	黄	绿	绿	红	绿	绿
2004.01	红	绿	绿	绿	红	绿	红	红	红	红	红
2004.02	浅蓝	红	绿	绿	绿	红	绿	绿	黄	绿	绿
2004.03	绿	绿	绿	红	绿	绿	绿	绿	绿	绿	绿
2004.04	深蓝	浅蓝	绿	深蓝	深蓝	绿	绿	深蓝	绿	深蓝	
2005.01	红	浅蓝	绿	绿	红	浅蓝	红	红	绿	红	黄
2005.02	黄	绿	绿	绿	绿	绿	绿	绿	浅蓝	绿	绿
2005.03	绿	浅蓝	绿	绿	绿	绿	绿	绿	绿	绿	
2005.04	深蓝	浅蓝	浅蓝	深蓝	绿	浅蓝	绿	绿	绿	绿	深蓝
2006.01	绿	绿	绿	绿	绿	绿	红	红	绿	红	黄
2006.02	浅蓝	绿	浅蓝	绿	绿	绿	绿	绿	浅蓝	浅蓝	
2006.03	红	绿	黄	红	绿	黄	绿	绿	绿	绿	黄
2006.04	红	绿	黄	红	绿	绿	绿	绿	绿	绿	绿
2007.01	绿	黄	绿	黄	绿	黄	红	红	绿	红	红

季度	Z01	Z02	Z03	Z04	Z05	Z06	Z07	Z08	Z09	Z12	预警指数得分
2007.02	绿	绿	绿	绿	绿	绿	绿	绿	绿	绿	绿
2007.03	红	红	红	红	绿	绿	绿	绿	红	绿	红
2007.04	浅蓝	红	绿	浅蓝	深蓝	绿	绿	绿	绿	绿	绿
2008.01	绿	红	黄	绿	浅蓝	绿	红	红	黄	红	红
2008.02	绿	绿	绿	绿	绿	绿	绿	绿	绿	绿	绿
2008.03	深蓝	绿	浅蓝	绿	绿	绿	绿	绿	深蓝	绿	浅蓝
2008.04	绿	浅蓝	深蓝	绿	红	深蓝	绿	绿	深蓝	绿	浅蓝
2009.01	绿	深蓝	绿	绿	绿	深蓝	红	红	深蓝	红	绿
2009.02	绿	绿	绿	绿	绿	绿	绿	绿	浅蓝	绿	绿
2009.03	绿	黄	绿	绿	绿	红	绿	绿	绿	绿	绿
2009.04	绿	绿	绿	绿	绿	绿	绿	绿	红	绿	绿
2010.01	绿	绿	绿	绿	绿	绿	红	红	黄	红	黄
2010.02	绿	绿	深蓝	浅蓝	黄	黄	绿	绿	绿	绿	绿
2010.03	黄	绿	红	黄	绿	绿	绿	绿	绿	绿	绿
2010.04	绿	绿	黄	黄	绿	绿	绿	绿	黄	绿	绿
2011.01	绿	绿	黄	绿	绿	绿	红	红	红	绿	黄
2011.02	绿	绿	绿	绿	绿	绿	绿	绿	绿	绿	绿
2011.03	黄	黄	红	黄	绿	黄	绿	绿	绿	绿	黄
2011.04	绿	绿	绿	绿	绿	绿	绿	绿	深蓝	绿	绿
2012.01	绿	绿	绿	绿	绿	绿	红	红	红	绿	绿
2012.02	绿	绿	深蓝	浅蓝	绿	绿	绿	绿	浅蓝	绿	浅蓝
2012.03	浅蓝	黄	绿	绿	深蓝	绿	绿	绿	浅蓝	绿	浅蓝
2012.04	绿	绿	绿	绿	绿	深蓝	绿	绿	绿	绿	浅蓝
2013.01	绿	绿	绿	绿	绿	绿	红	红	红	绿	黄
2013.02	浅蓝	绿	深蓝	绿	绿	绿	绿	绿	绿	绿	绿
2013.03	绿	绿	黄	黄	绿	绿	绿	绿	绿	绿	绿
2013.04	绿	绿	绿	绿	绿	浅蓝	绿	绿	绿	绿	绿

注：本表为产业预警篇中"我国肉鸡产业价格预警分析框架及其设计"的表格。